学校事故の
法務と対処法
Q&A
改訂版

弁護士 関口　博
弁護士 菊地　幸夫　共著

は　し　が　き

　本書は，平成9年6月に，旧版が出版された「学校事故と訴訟Ｑ＆Ａ」がその前身である。
　旧版の出版当時，まだ「学校事故」という言葉自体があまり普及していなかった。その後，裁判例の集積もあり，「学校事故」というタイトルのつく書籍が何冊か出版された。
　本書も，平成22年11月に「学校事故の法務と対処法Ｑ＆Ａ」とタイトルを変え改訂版を出版したが，幸いにも好評を得て，版元品切れとなったので，この機会に判例等を見直し，更新改訂版として出版するものである。
　本書は，その後の，判例や実務の進展をもとに，最新の学説判例をできるだけフォローし，学校関係者や生徒の父兄にも役立つように再構成した。
　また，初版の出版当時は，先例がほとんどなかった「学校の倒産」も，平成16年には東北文化学園大学が，平成17年には萩国際大学が，平成26年には千葉国際高校が（より正確にはこれらを運営する学校法人が），それぞれ民事再生手続を申し立てるという事態が生じた。今後，少子化の進展とともに，学校の経営状況の悪化，学校の倒産という事態も予期しなければならない。このような学校の倒産が，学校事故で被害者となった生徒から私立学校に対する損害賠償請求にどのような影響を及ぼすのか，他方，これを補うものとして，損害保険等の保険にそのようなものがあり，どのように機能するのか，本書では，これらにつき項目を設けている。
　また，今回追補した判例において目を引くのが次の２点である。
　まず第１に国公立高校の公務員たる個人の責任追求である。
　これについては，既に，国公立学校の教師等に対し，公務員としてその過失を理由に国家賠償法に基づく損害賠償を請求する場合，その責任を負うのはもっぱら設置者たる国・地方公共団体であって，公務員たる教師は個人責任を負わないとするのが判例の立場である（最二

小判昭53.10.20民集32・7・1367等）。このように判例としては確立しているが、その後においても、なお、公務員個人をも被告とする事案がいくつか見られる（Q36）。多くは柔道、剣道といった武道においてであり、原告側は上記最高裁判例を踏まえつつも、なお、それなりの説得力のある主張がなされている。これに対する判決はいずれも相応の理由を付して公務員個人に対する請求を棄却するものであるが、事案を検討すると、武道というのは名前だけの「しごき」であったり、さらに虐待とも言える酷い事案がある。これが私立学校であれば、被告たる教員は使用者責任により、連帯して賠償責任を負うのに、公立学校ではただ、公務員であるというだけで、賠償責任も負わず、刑事責任もたいていは不問に付され、ただ、形だけの行政処分で済まされる場合が少なくない。これで許されて良いのかというのが原告の不満であり、それを代理する原告訴訟代理人弁護士の思い入れと推察される。将来的には何らかの手当が必要かもしれない。

　第2に請求認容額が2億円を超える、事案がいくつか見受けられる。大阪高裁平成27年1月22日判決・判時2254号27頁（Q24）テニス部の部活の事案と福岡地裁平成27年3月3日判決・判時2271号100頁（Q27）運動会の騎馬戦の事案である。これらは生徒が重篤な後遺症を負い将来の介護費用を含めたこともあってどうしても高額になるものであるが、通常の交通事故の重篤な後遺症の事案よりも比較的に大きな認容額となっている。

　いずれも県立高校の事案で、支払能力に問題はなかったと思われるが、仮に私立高校の場合その資力の点から問題がないと断言できない。こういった場合に備えて、損害保険の加入が必要とされることもあり得る。

　本書が、学校の危機管理等に関する参考文献の一つとして広く役立つことを期待したい。

　　　平成28年8月

　　　　　　　　　　　　　　　　　　　　　　弁護士　関口　博

目　　次

I　学校事故の意義と現状の概観（国公私立共通）

Q1　学校事故の意義……………………………………………………… 2
Q2　学校事故への対応…………………………………………………… 4
Q3　学校事故の類型……………………………………………………… 7
Q4　損害賠償……………………………………………………………… 9
Q5　学校事故の法的責任………………………………………………… 11

II　学校事故についての損害賠償請求の理論構成

1　国・公立学校における学校事故と根拠法──────── 16

Q6　国家賠償法1条に基づく損害賠償請求………………………… 16
Q7　国家賠償法2条に基づく損害賠償請求………………………… 19
Q8　民法709条・715条に基づく損害賠償請求…………………… 23
Q9　民法717条に基づく損害賠償請求（工作物責任）…………… 26

2　私立学校における学校事故と根拠法──────── 28

Q10　民法415条に基づく損害賠償請求（債務不履行責任）……… 28
Q11　民法709条に基づく損害賠償請求（不法行為責任）………… 32
Q12　民法715条に基づく損害賠償請求（使用者責任）…………… 37
Q13　民法717条に基づく損害賠償請求（工作物責任）…………… 40

3　民法と国家賠償法との適用関係──────── 43

Q14　民法と国家賠償法との適用関係………………………………… 43

i

Ⅲ　国・公立学校における学校事故についての損害賠償請求

1　国家賠償法1条に基づく損害賠償請求　　　48

- Q15　一般的要件……………………………………………………48
- Q16　公権力性………………………………………………………51
- Q17　公務員の範囲…………………………………………………54
- Q18　加害公務員の特定……………………………………………56
- Q19　職務関連性……………………………………………………59
- Q20　故意の意義……………………………………………………62
- Q21　過失の意義……………………………………………………63
- Q22　注意義務の範囲………………………………………………64
- Q23　水泳に係る事故と教員の注意義務…………………………73
- Q24　柔道，ラグビー等の部活動中の事故と教員の注意義務…84
- Q25　いじめに係る事故と教員の注意義務………………………99
- Q26　職務遂行中の自家用車の使用による交通事故……………102
- Q27　運動会・体育祭と学校事故…………………………………105
- Q28　遠足と学校事故………………………………………………117
- Q29　違法性の意義…………………………………………………130
- Q30　懲戒行為の違法性……………………………………………132
- Q31　因果関係………………………………………………………135
- Q32　責任能力1・責任能力の意義………………………………138
- Q33　責任能力2・加害者に責任能力がない場合………………141
- Q34　責任能力3・加害者に責任能力がある場合の監督義務者の責任…149
- Q35　損害賠償の主体1・損害賠償は誰に対して請求できるか…153
- Q36　損害賠償の主体2・公務員個人は損害賠償責任を負うか…156
- Q37　損害賠償の主体3・県費負担教職員の加害行為による損害賠償義務者…164
- Q38　損害賠償の主体4・県費負担教職員の加害行為における求償……167

2 国家賠償法2条に基づく損害賠償請求 — 171

- Q39 損害賠償請求の要件 …………………………………… 171
- Q40 損害賠償責任と公務員の故意・過失 ……………… 177
- Q41 「公の営造物」とは何か ……………………………… 181
- Q42 公の営造物の設置または管理の瑕疵 ……………… 188
- Q43 損害賠償は誰に対して請求できるか ……………… 195
- Q44 瑕疵が肯定されたもの ………………………………… 199
- Q45 瑕疵が否定されたもの ………………………………… 202
- Q46 学校開放の留意点 ……………………………………… 205

Ⅳ 私立学校における学校事故についての損害賠償請求

1 民法415条（債務不履行）に基づく損害賠償請求 — 208

- Q47 私立学校と児童・生徒間の契約関係の成立 ……… 208
- Q48 安全配慮義務の内容 …………………………………… 211

2 民法709条（不法行為）に基づく損害賠償請求 — 217

- Q49 学校事故と不法行為責任 ……………………………… 217
- Q50 不法行為責任と債務不履行責任の優先関係 ……… 222
- Q51 不法行為責任と債務不履行責任の要件・効果 …… 224
- Q52 私立学校における学校事故の裁判例 ……………… 227
- Q53 私立幼稚園における学校事故の裁判例 …………… 236

3 民法715条（使用者責任）に基づく損害賠償請求 — 246

- Q54 学校事故における使用者責任 ………………………… 246
- Q55 学校設置者が使用者責任を免れる場合 …………… 253
- Q56 損害賠償責任を負う者が複数ある場合の関係 …… 256

4　民法717条（工作物責任）に基づく損害賠償請求 —— 260

- Q57　学校事故における工作物責任 …………………………… 260
- Q58　学校設置者が工作物責任を免れる場合 …………………… 265

V　損害賠償請求に係るその他の問題

　1　損害賠償の範囲 —— 268

- Q59　学校事故における損害賠償の範囲 …………………………… 268
- Q60　死亡した児童・生徒の損害賠償請求権 …………………… 275
- Q61　近親者固有の慰謝料請求権 ………………………………… 279

　2　過失相殺 —— 282

- Q62　過失相殺の意義 ……………………………………………… 282

　3　損益相殺 —— 287

- Q63　損益相殺の意義 ……………………………………………… 287

　4　遅延損害 —— 291

- Q64　遅延損害金の発生時期 ……………………………………… 291

　5　消滅時効 —— 294

- Q65　時効の起算点と時効期間 …………………………………… 294

　6　学校倒産 —— 298

- Q66　学校倒産と事故の賠償・保険制度 ………………………… 298

VI 損害賠償請求訴訟の過程

- Q67 訴訟手続の概要……………………………………… 306
- Q68 訴　状……………………………………………… 310
- Q69 答弁書……………………………………………… 313
- Q70 本案前の申立……………………………………… 318
- Q71 本案に対する答弁………………………………… 322
- Q72 口頭弁論手続……………………………………… 326
- Q73 証拠調べ…………………………………………… 331
- Q74 判決の内容………………………………………… 336
- Q75 控訴手続…………………………………………… 340
- Q76 上告手続…………………………………………… 344

VII 学校事故についての和解・調停

- Q77 和解の意義・手続・効力………………………… 350
- Q78 調停の意義・手続・効力………………………… 357

VIII 損害賠償認容判決と仮執行

- Q79 仮執行制度の概要………………………………… 364

IX 学校事故についての刑事上の責任

- Q80 教職員に刑事上の責任が問われる場合………… 368
- Q81 故意による行為についての責任………………… 377
- Q82 過失による行為についての責任………………… 384
- Q83 刑の執行猶予……………………………………… 391
- Q84 未成年者に対する処分…………………………… 396

X 学校事故についての行政上の責任

Q85 懲戒処分 …………………………………………………… 404

XI 学校教育活動以外の場での児童・生徒の事故

Q86 地区子ども会活動と事故責任 ………………………… 408
Q87 社会教育活動と事故責任 ……………………………… 410
Q88 スポーツ少年団活動と事故責任 ……………………… 411

XII 判決の読み方・探し方

Q89 判決を読むポイント …………………………………… 414
Q90 判決を探すには ………………………………………… 418

判例索引 …………………………………………………… 421

I 学校事故の意義と現状の概観(国公私立共通)

学校事故の意義

質問

学校の設置者が責任を負う学校事故とはどのようなものでしょうか。

回答 一般的には，学校教育活動に伴う教職員の不法行為に基づく事故や，学校の施設・設備の設置管理上の瑕疵に基づく事故であって，児童生徒等が直接被害を被るものということができる。

解説 一 学校の建物・敷地内において発生する事故や災害，また学校の建物・敷地の内外を問わず学校教育活動に伴って発生する事故・災害にはさまざまなものがあり，その発生の原因や被害者も多様である。

学校事故という用語は，確立した定義を持つものではないが，一般的にはおよそこれらの学校に関連するすべての事故や災害を意味するものではなく，その原因が，学校教育活動に伴って発生したもの，または学校の施設・設備の使用に伴って発生したものであって，園児・児童・生徒・学生に負傷・死亡等の被害を与えるものとして用いられている。

このような意味では，単なる火災，震災や学校における金銭の盗難等，学校への訪問者の事故や災害，教職員の労働災害や公務災害などは除外される。しかし，一方，例えば学校外で行われる部活動，修学旅行や実習など学校教育活動に伴って発生した児童生徒等の負傷・死亡等は，学校事故に含まれ，また，学校の施設・設備の使用に伴って発生した児童生徒等の負傷・死亡等は，それが学校教育活動に伴うものであるか否かとは関係なく学校事故に含まれることになる。

二 ただし，学校の設置者（国立学校にあっては国，都道府県立学校にあっては当該都道府県，市町村立学校にあっては当該市町村，私立学校にあっては当該学校法人）に法的な責任を生じる学校事故とは，学校教育活動に伴う教職

I 学校事故の意義と現状の概観（国公私立共通）

員の不法行為（「不法行為」については32頁参照）に基づく事故や，学校の施設・設備の設置管理上の瑕疵（設置管理上の「瑕疵」については40頁参照）に基づく事故であって，児童生徒等が直接被害を被るものということができよう。

　三　なお，学校の設置者が負う責任は，一般的には民事上の責任（損害賠償責任）であるが，その他学校側に問われる法的責任には，刑事上の責任，行政上の責任（国公立学校の場合）もありうることについては11頁参照。

学校事故への対応

質問

学校事故への対応としては、どのような点に心がけたらいいのでしょうか。

回答 被害児童生徒等への適切な処置、保護者への連絡、状況把握、設置管理者への連絡等、初期の対応を的確に行うことが必要であり、そのためにも、日頃から緊急時の対処についての体制づくりに努めることが必要である。また、教育委員会も、学校に緊急の事態が生じた場合には、学校を積極的に支援することが必要である。

解説 一 学校事故が発生した際、学校側の初期の対応がまずかったために保護者等の不信感を招き、訴訟等に発展するというケースが多い。学校側としては、まず、事故が起こらないよう児童生徒の行動等に十分注意を払っておくことが大切なことは言うまでもないが、不幸にして事故が発生した場合には、事故の実態や原因を正確に把握するなど、的確な対応を速やかにとるよう努めることが必要である。その際、学校内の事故であるから、児童生徒に対する教育的な配慮が必要であることは当然としても、だからといって、問題を学校内だけで処理しようとして、ことさらに真相を隠したり、あるいは責任逃れと言われるような態度や処理を行うことのないよう十分留意する必要がある。また、重大な事故が発生した場合には、警察の捜査や報道関係者の取材等への対応も必要となってくる。このような場合、学校としての対応方針について教職員の間で意思統一が図られていないと、思わぬ混乱を招き、学校に対する非難が起こることにつながりかねない。特に、学校運営の責任者である校長は、学校事故への対応など学校における危機管理の重要性について十分認識し、いざ事故が起こった場合にどのような対応方法をとるべきか日頃から心がけ、教職員間で検討・徹底しておくことも必要である。

Ⅰ　学校事故の意義と現状の概観（国公私立共通）

　二　学校事故が発生した場合，その態様や負傷等の被害の程度も多様であるため，必ずしも一律の対処の仕方があるわけではないが，次のような諸点に留意することが必要であろう。

　①　被害児童生徒等への適切な処置

　被害児童生徒等に対しては速やかに医師への受診・治療等の対処を行う必要があるが，特に頭部を打った場合などは移動させることによって，かえって容態が悪化することもある。このため，状況に応じ，学校医や養護教諭など専門的知識を有する者の的確な指示が必要な場合もあることに留意すべきである。

　②　保護者への連絡

　被害児童生徒等の保護者に対しては，事故の内容や処置について速やかに連絡をとることが必要である。

　③　状況把握

　事故の当事者や関係者から，早急に事情を聴取するなど，速やかに事故状況についての情報把握に努めるとともに，情報が交錯して正確な状況を誰も知らないということのないよう，担当者を決めるなどして情報を一元的に管理することも重要である。また，把握した情報については，時系列を追って正確に記録しておくことが重要である。

　④　設置管理者への連絡

　事故の発生につき，設置管理者である教育委員会等に速やかに状況を報告することが必要である。特に重大な事故が発生した場合など，事故現場の混乱等から，的確な判断が下せない場合もありうるため，教育委員会等の指示により的確な対応を確保することも必要である。

　⑤　教育委員会による支援

　公立学校の場合，特に，教育委員会においても，学校に緊急の事態が生じ，保護者や地域住民に対する説明，関係機関との連絡調整，マスコミへの対応等が必要な場合には，教育委員会が直接対応するなどの支援を行うとともに，学校に教育委員会の職員を派遣するなどの方法により学校を積極的に支援するよう努めることが必要である。

⑥　緊急時の対処についての体制づくり
　児童生徒の学校教育活動には多少なりとも危険が伴うことを認識し，平素から事故が起こった場合など緊急時を想定して校内における対処の在り方を，職員間で検討・徹底しておくことも必要である。

Ⅰ 学校事故の意義と現状の概観（国公私立共通）

　学校事故の類型

学校事故の類型にはどのようなものがあるのですか。

回答　人の行為に起因するものとして，教職員の行為に起因する事故，児童生徒の行為に起因する事故，学外協力者の行為に起因する事故，第三者の行為に起因する事故などがあり，物に起因するものとして，学校の施設設備の設置管理上の瑕疵に起因する事故がある。

解説　学校事故の類型を，その原因に関して分類すれば，例えば次のようなものが考えられる。

一　人の行為に起因するもの

1　教職員の行為に起因するもの

例えば，体育の授業中に生徒の能力をはるかに超えた練習を行ったために生徒が負傷した場合等がこれにあたる。

2　児童生徒の行為に起因するもの

例えば，生徒同士のけんかにより生徒が負傷した事故について，それまでの経緯等により事故の発生があらかじめ予見できたにもかかわらず，なんら対策を講じていなかった場合等がこれにあたる。

3　学外協力者の行為に起因するもの

例えば，部活動の監督に委嘱されていた生徒の保護者の部活動指導上の不注意で生徒が負傷した場合等がこれにあたる。

4　第三者の行為に起因するもの

例えば，対立する他校生徒グループの一方が教室に乱入するなどしてけんかとなり生徒が負傷した事故について，それまでの経緯等により事故の発生があらかじめ予見できたにもかかわらずなんら対策を講じていなかった場合等がこれにあたる。

二　物に起因するもの
　例えば，ジャングルジムの腐食のため，これに乗った生徒が倒壊等によって負傷した場合など学校の施設・設備の設置管理上の瑕疵に起因する場合等がこれにあたる。

I 学校事故の意義と現状の概観（国公私立共通）

  損害賠償

損害賠償の制度はどのようになっていますか。

回答　民法または国家賠償法の規定の適用がある。

解説　一　損害賠償とは、他人に与えた損害を補填して損害がないのと同じ状態にすることをいい、学校教育活動中に発生した事故により児童生徒が死傷した場合には、被害者またはその保護者から、それによって生じた損害の賠償を求められることがある。

これらの損害賠償の請求は民法または国家賠償法の規定に基づき行うものであるが、教職員に故意もしくは過失があり、または学校施設の設置管理に瑕疵があり、それによって学校事故が生じた場合のみ損害賠償を請求することができる。請求の対象は、教職員もしくはその使用者（国公立の場合は国、地方公共団体である。）または学校施設の設置者となる。

二　民法709条においては、損害賠償義務の生ずる一つの事由たる不法行為は、①被害者に損害が現実に発生していること、②行為者に当該行為を行うについて故意または過失のあること、③行為そのものが違法であること（正当防衛、緊急避難等違法性阻却事由がないこと）、④行為者に結果を認識する能力すなわち責任能力があること（未成年者、心神喪失者でないこと）、⑤行為と損害の発生との間に相当因果関係があること、の五つをその成立要件としている。また、民法715条は、いわゆる使用者責任を定めており、学校事故については、例えば、不法行為を行った教員に対し使用者としての地位にある者（学校設置者）が、教員について選任、監督上の相当の注意を行っていた場合などの一定の場合を除いて、教員の不法行為について損害賠償の責任を負うことになる。

さらに，国公立学校の教職員のような公務員が行った不法行為や国立学校のような営造物の設置または管理に瑕疵があったために損害を生じたときは，国家賠償法の規定の適用が考えられる。
　民法では，学校設置者が教職員の選任，監督上相当な注意をした場合には，学校設置者は使用者責任を免れる旨を規定しており，この場合，加害者個人に対する請求しかできなくなる。一方，国家賠償法では，このような免責条項はなく，したがって，民法によるよりも国家賠償法によるほうが被害者に有利であるので，国家賠償法に基づき国や地方公共団体に損害賠償請求するのが，学校事故にかかる損害賠償請求訴訟においても通例である。

【参考条文】
　民法 709 条，712 条，713 条，715 条，720 条
　国家賠償法 1 条

I 学校事故の意義と現状の概観（国公私立共通）

学校事故の法的責任

学校事故について，学校側に問われる法的責任にはどのようなものがあるのですか。

回答 　学校側の法的責任としては，民事上の責任，刑事上の責任，行政上の責任を問われる可能性がある。

解説 　学校では，日々教育活動が展開されているが，不幸にして学校事故が起きた場合には，民事上の責任，刑事上の責任，行政上の責任の三つの観点からその責任関係を考えていかなければならない。民事責任は，被害者の損害の填補についての責任すなわち損害賠償責任であり，刑事責任は，社会の法秩序維持を目的として国家によりなされる責任追及であり，行政上の責任は，職員の服務義務違反に対して公務員関係における秩序維持を目的として任命権者によりなされる責任追及である。

一　民事上の責任

民事責任は，学校事故によって現実に生じた被害者の損害を填補させることによって，加害者・被害者間の権利利益の均衡を図ろうとするものである。この点についての法令上の規定としては，民法709条以下の諸規定がある。まず，709条では，不法行為の要件と効果を定めている。712条と714条において，未成年者が不法行為を行った場合に，その行為の責任を弁識する能力をもっていないときは，賠償の責任はなく，そのかわり，その未成年者を監督すべき法定の義務がある者（親権者，後見人など）またはそれに代わって監督する者（教員など）が，監督義務を怠らなかったことを立証しない限り，その損害を賠償する責任を負うべきことを定めている。また，715条では，使用者責任を規定している。

以上が不法行為に関する一般的な規定の概要であるが，公務員の不法行為に

ついては，国家賠償法の規定の適用がされる場合が多い。それは，教員等の公務員が「その職務を行うについて」行った不法行為により他人（通常児童・生徒）に損害を加えた場合には，国または公共団体がその損害賠償責任を負うものと規定されている（同法1条1項）。なお，この規定による国または公共団体の賠償責任は，公務員の選任監督権者としての責任ではなく，公務員の責任に代わる責任，つまり一種の代位責任と解されるので，国または公共団体が，公務員の選任監督に注意を怠らなかったことを立証しても，賠償責任を免れることはできず，そのかわり，公務員に故意または重大な過失があったときは，その公務員に求償することができる（同法1条2項）。

次に，国家賠償法2条に規定する公の営造物の設置または管理の瑕疵に基づいて学校事故が発生した場合にも，損害賠償の問題が生ずる。ここで公の営造物とは，公の目的に供用される有体物をいい，校舎，プール，鉄棒，臨海学校の飛込み台などがその例である。また，「設置または管理の瑕疵」とは，営造物の設定，建造または維持，修繕，保管に不完全な点があることをいうが，どのような場合に不完全な点があるとされるかは個々，具体的に考慮されるべきことであるが，一般的にいえば，営造物が通常予想される危険に対して通常備えるべき安全性を備えているかどうかによって判断されるものといえよう。

　二　刑事上の責任

刑事責任は，行為者の道義的ないし社会的責任を追及し，犯罪を未然に防止するための制裁である。どのような場合にどのような刑事責任が課されるかは，刑法をはじめとする刑罰法令の定めるところである。学校事故の発生に伴って生じる刑罰としては，業務上過失致死傷罪，暴行罪，傷害罪などが多い。

　三　行政上の責任

行政上の責任は，懲戒処分という形をとるが，これは，国や公共団体が使用者としての立場から独自の判断によって，雇用関係にある公務員に対して公務員関係の秩序維持という観点から行う一種の制裁である。地方公務員である校長や教員が行政上の責任を問われるには，地方公務員法29条1項に規定する事由に該当しなければならない。このような場合には，懲戒処分の権限をもつ者

は，その公務員に対して，諸般の事情を考慮して，戒告，減給，停職，免職のうちのいずれかの処分を行うことができる。なお，具体の行為に対し，実際に懲戒処分を行うかどうか，懲戒処分を行う場合にどの程度の処分とするかについては，基本的には任命権者の裁量に属している。

【参考条文】
民法709条，710条，711条，712条，714条，715条
国家賠償法1条，2条，3条
地方公務員法27条，29条

II

学校事故についての損害賠償請求の理論構成

1 国・公立学校における学校事故と根拠法

国家賠償法1条に基づく損害賠償請求

　公立中学に通っている息子が，授業中ささいなことで教師の体罰を受け負傷しました。学校側と話し合ったのですが，誠意がないので訴訟を起こしたいと思います。このような場合どのような法律を根拠に請求するのでしょうか。

回答　国家賠償法1条により国または公共団体に賠償責任を追求していくことになる。

解説　一　本件のような国公立学校における事故については，その損害賠償請求が，国家賠償法1条の適用の対象となるのか，従前は裁判例も分かれていた。

　すなわち，国家賠償法1条は，「国又は公共団体の公権力の行使に当る公務員が」その職務を行うについて，故意または過失によって違法に他人に損害を加えたときに，国または公共団体が，これを賠償する責任を負うという制度である（同法1条）。

　そこで，「公権力の行使」を文字どおり読むと，果たして国公立学校の教諭の生徒に対する関係が公権力の行使にあたるのか問題とされた。

　二　この点から，当初の裁判例の中には，国家賠償法1条の「公権力の行使」を，国家統治権に基づく優越的な意思の発動，つまり狭義の権力作用のみをいうと解したうえ，「学校教育の本質は，学校という営造物によってなされる国民の教化，育成であって，それが国または公共団体によって，施行される場合でも国民ないし住民を支配する権力の行使を本質とするものではない。このことは学校を設置できるものが国または公共団体だけに止まらず，私立学校

Ⅱ　学校事故についての損害賠償請求の理論構成

の設置を目的として設置された法人をも含む（教育基本法第6条，学校教育法第3条参照）ことから考えてもわかるであろう。したがって学校教育は，国または公共団体によってなされると，学校法人によってなされるとを問わず，いわゆる非権力作用に属するものである。それ故，公教育に従事する公務員は公権力の行使に当たるものではない……」（東京高判昭29.9.15）として国家賠償法に基づく請求を否定した判例があった。

　三　これに対し，その後の判例は国家賠償法1条の適用を国公立学校の事故にも認めるのが主流である。ただ，これには構成がいくつか分かれている。

　まず一つの流れとしては，国家賠償法1条の「公権力の行使」を狭義の権力作用ととらえながら（狭義説），この公権力の行使には特別権力関係も含まれるとする見解である。例えば「技術科の授業行為は国家賠償法1条にいう公権力の行使に該当するか否かを検討するに，元来，公権力の行使概念は，営造物利用上の特別権力関係をも当然含むと解するところ，同条の解釈に限り公権力の概念から特別権力関係を除外すべき合理的な根拠はない。そして，生徒の公立学校利用関係は特別権力関係と解するのが相当であり，授業における教官の生徒に対する命令的指示は右特別権力関係の行使の一態様と認めるべきである。」（広島地三次支判昭42.8.30）とする裁判例がある。

　また，同じく狭義説にたちながら，教育活動を「公権力の行使」とみる見解がある。例えば，「クラブ顧問教諭のクラブ活動における活動は，単なる一私人としての助言ではなく，優越的な意思を内在する公的な活動であり，国家賠償法にいう公権力の行使に当たるといわなければならない。」（千葉地判昭49.9.9）とする裁判例がある。

　四　これに対し，今日の圧倒的多数の裁判例は，国家賠償法1条の「公権力の行使」を広義に解し，非権力作用も含まれるとする見解にたつ。すなわち，「公権力の行使とは，国又は地方公共団体がその権限に基づき，優越的な意思の発動として行う権力作用のみに限らず，純然たる私経済作用及び同2条にいう公の営造物の設置管理作用を除くすべての作用を包含するものと解するのが相当であるところ，……教師の行う教育活動は，同条にいう公権力の行使に当

1 国・公立学校における学校事故と根拠法

たるものというべきである」（横浜地判昭57.7.16）と判示されており，最高裁もこの上告審で「国家賠償法1条1項にいう『公権力の行使』には，公立学校における教師の教育活動も含まれると解するのが相当」とし，かかる見解を支持している（最二小判昭62.2.6）。

　五　このように，国公立学校の教育活動に伴って生じる事故に国家賠償法1条の適用を肯定するのが今日一般判例の見解であり，その中でも最後に記載した公権力広義説がもっとも主流をなすものといえる。

アドバイス　本文中に述べたように，国公立学校の教育活動に伴って生じる事故に，国家賠償法1条の適用を肯定するのが今日一般判例の見解であり，その中でも公権力広義説がもっとも主流をなすものといえる。

【参考条文】
国家賠償法1条

【参考判例】
（長野地判昭54.10.29　判時956・104）
○　(2)　そこで考えるに，公立学校の在学関係は，教育行政と切りはなした本来の教育の分野においては，優越的な意思が支配し他方がこれに服従する関係にあるとみるべきではない。
　さらに現行の教育関係法規をみても，公立高校であると私立高校であるとを問わず，学校教育法・教育基本法の適用をうけ，両者は同一の目的をもつ教育機関であるとされているのであって，教育の分野においては本質的な差異を認めていない。そこで，公立学校の在学関係と私立学校のそれとでは，法律上その性質において異なるものではないから，公立高校の在学関係をとくに被告の主張する特別権力関係と解すべき，合理的な理由はない。
　その在学関係は，後記のとおり，教育法上の合意を基調とするものというべく，その法律上の性質は契約関係と解すべきである。
　しかし，そのような関係の下にあっても，かならずしも国賠法の適用は排除されるものとはいえない。
　けだし，国賠法1条にいう「公権力の行使」とは，これを広義に解するを相当とするから，公共団体の作用のうち，非権力的な作用もこれに含まれると解すべく，従って，公共団体の公立高校生徒に対する作用も国賠法1条にいう「公権力の行使」というをさまたげない。
　しかして，両者の適用関係は，ある範囲において競合し，いわゆる請求権の競合関係が生ずるものと解すべきである。

II 学校事故についての損害賠償請求の理論構成

 国家賠償法2条に基づく損害賠償請求

公立中学に通っている子供が，夏の臨海学校で，浅瀬に放置してあった移動式の飛込み台から飛び込み頸椎損傷の大けがを負いました。このような場合学校設置者に対し損害賠償の請求をなし得るのでしょうか。できるとしてそれはどのような法律が根拠になるのでしょうか。

回答 国家賠償法2条により学校設置者たる公共団体に賠償責任を追求していくことになる。

解説 一 本件のように，国公立学校における学校施設の設置，管理に起因する事故が生じたときは，もっぱら国家賠償法2条の適用の問題となる。

国家賠償法2条に基づく損害賠償責任が発生するためには，「道路，河川その他の公の営造物の設置又は管理に瑕疵があったために他人に損害を生じたこと」が必要である。

ここにいう「公の営造物」とは，国または公共団体の特定の公の目的に供される有体物ないし物的設備をいうとされ，校舎，運動場，プールはすべて公の営造物に含まれる。

設問の移動式飛込み台のような動産たる性質を有するものが公の営造物に含まれるか，民法717条の「工作物」の意義との対比で問題となるが，裁判例はいずれも肯定し，中学校の臨海学校用に使われた飛込み台（東京高判昭29.9.5)，小学校の校庭におかれた運動用具たる鉄パイプ製の移動式雲梯（京都地判昭47.11.30) 等はいずれも公の営造物にあたるとされる。したがって，公の営造物は広く動産類を含み，机，いす，黒板等も含まれることになる。ただし，人的設備は含まれないから，教師の授業その他の教育活動は公の営造物に含まれない。

1 国・公立学校における学校事故と根拠法

二 次に「設置又は管理の瑕疵」における「瑕疵」とはその物が通常有すべき安全性を欠いていることをいい，過失の存在を必要としない。そして，通常有すべき安全性を具備するか否かは，当該営造物の構造，用法，場所的環境および利用状況等諸般の事情を総合考慮して，具体的，個別的に判断される。

三 ちなみに，臨海学校に使われた飛込み台に関する東京高判昭29.9.5の事案は，中学校の臨海学校用として使用中の飛込み台を，波が荒いために陸地へ移動中，水深約1メートルの浅瀬でいったん停止して休息していたところ，飛込み禁止の指令を知らない中学校3年生が右台から飛び込んで海底に衝突し，頸椎骨折で死亡したというものであり，原審である東京地判昭28.11.21は，右事故は，被害生徒が飛込み禁止の指令を知りながら危険な姿勢で飛び込んだためであるとして，設置者である東京都葛飾区の国家賠償法2条に基づく責任を否定したものであり，これに対し，控訴審判決である右判例は教官のなした飛込み禁止の指令が十分徹底されなかったものであるとして，同区に同条の責任を肯定し，ただ被害生徒にも過失があったとして相当額の過失相殺をしたものである。

|アドバイス| 本文中に述べたように，国家賠償法2条の「公の営造物」の概念は民法717条の「工作物」の範囲より広い，この点，国公立学校では救済の範囲が広がっている。

【参考条文】
国家賠償法2条

【参考判例】
（金沢地判平10.3.13 判夕988・173)
○ 〈事案〉中学3年生が体育の水泳授業中プールで飛び込みをしてプールの底で頭部を打ち，頸髄損傷等の重傷を負った事故につき，プールの設置管理に瑕疵があるとして損害賠償請求が認容された事例

〈判旨〉「…以上検討したところからすれば，本件プールは，本件事故発生当時，生徒の飛び込み台からの飛び込みを伴って使用されるプールでありその水深，飛び込み台の存在及びその高さにおいて，そのようなプールとして通常有すべき安全性

Ⅱ　学校事故についての損害賠償請求の理論構成

を欠いた設置管理上の瑕疵があったと認められる。」

（松山地八幡浜支判昭60.1.25　判時1156・129）
○　本件校舎は、中学校校舎であり、その施設の設置、管理においては、中学生の発育ないし行動態様に応じた安全性を有すべきであることは論を俟たないところ、2階廊下の外側に面する窓の腰壁の高さについては、同所からの生徒の転落事故が発生することのないよう十分な高さを確保する必要があり、仮に建物の設計上、右の高さを低くとどめざるを得ない場合には、手すりを設けるなど転落防止用設備を設置して安全上の配慮をなすべきである。
　　結局、教育施設として相応しい外観や採光、通風の確保と児童、生徒の安全上の配慮の両面から学校校舎窓の腰壁の高さが決定されなければならないが、安全上の配慮からすれば、中学校校舎では、利用者である中学生、ことにその低学年層は身心ともに未発達で時には危険な行動に出やすい年代であること、教室前廊下は生徒が普通に通行するだけではなく、休憩時間などには生徒の集る場となり、その際、事の善悪は別として中学生の年代では生徒間の悪ふざけ行為も行なわれやすいことを考慮すると、中学校校舎の2階以上の廊下の外側に面する窓の腰壁の高さは、生徒が起ったままの姿勢から飛び上がることなく容易に腰掛け得る程度の高さであったり、また、他の生徒の悪ふざけ行為などにより生徒が窓際から外へ身を乗り出す状態となった場合でも容易に生徒の身体の重心より上の部分が外に出てしまい、生徒が身体のバランスを失って転落し易い程度の高さであってはならないといえる。
　　右の観点からすると、本件校舎2階廊下の外側に面する腰壁の高さが61センチメートルの高さしかなかったことは、生徒の転落防止の面からみて、その安全上の配慮を欠いていたものといわざるを得ず、右腰壁の高さが、八幡浜市内のみならず愛媛県下南予地区の3市内における中学校校舎の中で、最低の高さであり、その平均的高さと比較して約20センチメートル程も低いものであったことは右判断を裏づけるものである。
　　もっとも、本件校舎2階廊下窓の腰壁の高さを61センチメートルにとどめたのは、昭和35年の本件校舎建築当時、校舎内の照明設備を欠いていたことから、自然の採光を十分確保する趣旨により、そのようにしたもので、当時としては合理的根拠に基づく設計と評価できるものである。しかしながら、その後本件事故発生までには約20年を経過しており、この間に校舎内の照明事情はもとより、中学生の平均身長の伸びや情緒面の変化が生じていることは当裁判所に顕著な事実であって、長い年月の経過によるこれらの事情の変化に即応して校舎内の生徒の安全確保の観点から右腰壁の高さについては再検討がなされるべきであったといえる。
　　また、八代中学においては、生徒指導の面から機会ある度に生徒に対し廊下では走らない、つ̇ば̇え̇ないことの注意を徹底し、本件校舎2階廊下の外側窓の拭き掃除

1　国・公立学校における学校事故と根拠法

　を生徒が腰壁に乗ってすることを禁じていたことは前叙のとおりであるが，かかる生徒指導の面からだけの安全配慮には自ずと限界があり，本件校舎2階の外側窓には，前記腰壁の高さからして，本件事故後設置されたように横さんを取り付けるなど物理的な転落防止用の設備を設置すべきであったといわなければならない。

　したがって，本件校舎は，右の点において中学校校舎として本来具有すべき安全性を欠いていたものというべく，その設置又は管理に瑕疵があったものといわざるを得ない。

　　※つばえる：方言，特に子供などがふざけてじゃれあう状態で，大きな声を出したり，走り回ったりと，程度のひどいものを言う。

Ⅱ　学校事故についての損害賠償請求の理論構成

　民法709条・715条に基づく損害賠償請求

　私の息子はある公立中学に通っていますが，体育の授業中教師にひどい体罰を受け大けがを負いました。公立学校のこのような学校事故の場合，国家賠償法1条による請求が通例とのことですが，私としては教師個人が許せず，民法709条により賠償を直接この教師に請求したいのですが可能でしょうか。

回答　国家賠償法1条は民法715条，709条の特別規定であり，本条の適用がある以上，公務員個人の責任を問えないのが原則である。

解説　一　国公立学校の教育活動に伴って生じる事故については，国家賠償法1条の適用を肯定するのが今日の一般判例の傾向である。

　この国家賠償法1条が適用された場合，被害者は国または公共団体に対してのみ賠償を求めることができるのが原則であり，公務員たる教諭ら個人に対しては賠償を求めえない。この点は私立学校の同様な事故の場合教諭ら個人に対しても，その使用者たる学校法人に対しても賠償を求めることができることと相違している。

　これは，そもそも学校事故のような人身事故に基づく損害賠償請求権は，本来金銭に見積もれない生命，身体の損害を，金銭賠償により填補ないしは回復させることを目的とするものであるから，国または公共団体に対して賠償義務が認められる場合は，その賠償能力に欠けるところはなく，その目的は十分に達せられるからである。

　このように，原則として，被害者は公務員たる教諭ら個人に対しては賠償を求められない。

　二　ただし，学校事故の事案ではないが，国家賠償に関する判例によっては，「加害公務員に故意又は重大な過失があったときは自らも民法709条の規定に

1 国・公立学校における学校事故と根拠法

よる責任を負担せざるを得ず，そのような場合の加害公務員と国又は公共団体の責任は不真正連帯債務の関係に立つ」（東京地判昭46.10.11下民集22・9＝10・994）とする下級審判例もあり（また，現に公務員たる教諭個人を被告とする例もないではなく），必ずしも常に，個人の責任が否定されるわけではない。

三　なお，民法715条の使用者責任と国家賠償法1条の国・公共団体の責任とは，後者は前者に対して特別法の関係にたつ，すなわち，国家賠償法1条の責任は「公権力の行使」にあたる公務員の違法行為について，使用者責任と同じような趣旨に基づき，使用者責任の場合よりも責任を強化するという形で，国・公共団体の責任を認めるものだからである。

アドバイス　国家賠償法1条の適用がある以上，公務員個人の責任が認められないのが原則であるが，例外が認められる余地がまったくないのではなく，感情のこじれで教諭個人が被告とされるケースも少なからず見受けられる。

【参考条文】
国家賠償法1条
民法709条，717条

【参考判例】
（最判昭46.9.3　判時645・72）
○　しかし，公権力の行使に当たる国の公務員が，その職務を行なうについて，故意又は過失によって違法に他人に損害を加えたときは，国がその被害者に対し賠償の責に任ずるのであって，本件のような事実関係のもとにおいては，公務員個人は被害者に対して直接その責任を負うものではないと解するのが相当である。

（東京高判平16.2.25　判時1856・99）
○　控訴人らは，公務員に故意又は重大な過失が存する場合には，当該公務員個人にも損害賠償責任を肯定するのが相当であり，この限りにおいて最高裁判所の判例法理は変更されるべきであると主張する。
　しかしながら，公権力の行使に当たる国の公務員が，その職務を行うについて，

Ⅱ　学校事故についての損害賠償請求の理論構成

故意又は過失によって違法に他人に損害を与えた場合には，国がその被害者に対して賠償の責に任ずるのであって，公務員個人はその責を負わないものと解するのが相当である（最高裁判所昭和28年㈲第625号同30年4月19日第三小法廷判決・民集9巻5号534頁，最高裁判所昭和49年㈲第419号同53年10月20日第二小法廷判決・民集32巻7号1367頁等参照）。したがって，控訴人らの上記主張は採用することができない。

1 国・公立学校における学校事故と根拠法

 民法717条に基づく損害賠償請求（工作物責任）

　ある公立中学に通っている長女が，先日休み時間中に階段の手すりに寄りかかっていたところ，それが折れて下に落ち大けがを負ってしまいました。このような場合，国家賠償法2条の「公の営造物」として責任を問えるとのことですが，民法717条の土地工作物責任でも法的責任を問えるのでしょうか。両者はどのような関係になるのでしょうか。

回答　国公立学校における学校事故について民法717条に基づく損害賠償請求は認められず，国家賠償法2条が適用される。すなわち，国家賠償法2条は民法717条の特別法の関係にたつ。

解説　一　国家賠償法2条は「道路，河川その他の公の営造物の設置又は管理に瑕疵があったために他人に損害を生じたときは，国又は公共団体は，これを賠償する責めに任ずる」と規定している。しかし，もともとこの営造物に関する責任は，公権力の行使の関係ではなく，私法上の責任と考えられていたので，国家賠償法の制定以前は民法717条が適用され，国または公共団体の責任が認められていた。

　例えば，学校事故の判例の嚆矢ともいえる大正5年6月1日徳島市立小学校遊動円木事件においては，市の管理する小学校の木造の遊動円木に，3人以上乗ることを禁じられているのに，小学校3年の児童ら10人が上がり，遊動円木の支柱根元が腐敗挫折して右児童が1人死亡したという事案につき，設置者たる徳島市には右腐敗を放置した注意義務違反があるとして，同市に民法717条の責任を肯定している。

　二　その後，国家賠償法2条が制定されたことにより，公の営造物の瑕疵に対する責任を民法717条から分化させたものである。そのため，国家賠償法2

II 学校事故についての損害賠償請求の理論構成

条は民法717条に対して特別法の関係にたつ。

したがって、設問のように、国公立学校の公の営造物の設置または管理の瑕疵に基づく事故の場合、民法717条ではなく国家賠償法2条が優先的に適用される。

実際にも、民法717条の「土地の工作物」より国家賠償法2条の「公の営造物」の範囲のほうが広く解されており、こう考えても被害者の保護に欠けることはない。

　右のように、国家賠償法2条は、民法717条の特別法の関係にたつので、優先して適用される。

【参考条文】
国家賠償法2条
民法717条

【参考判例】
（東京高判昭29.9.15　下民集5・9・1523）
○　「公の営造物」とは、広く公の目的に供せられる物的施設を指称し、建物ないし土地の定着物に限らず、また一時的に借り入れにかかるものであっても差し支えない。

2　私立学校における学校事故と根拠法

 民法415条に基づく損害賠償請求（債務不履行責任）

質問

　私立中学に通っていた私の息子は，体育の授業中事故に遭い重い後遺症が残りました。これまで学校側と賠償について話合いをしてきましたが誠意を示してくれません。そのため，弁護士に依頼して，訴訟を起こそうと思いますが，このような事故の時効は3年とも聞き，また，ある人の話では債務不履行責任ということで10年は時効にかからないとも聞きました。実際はどうなのでしょうか。

回答　近時，いわゆる安全配慮義務違反を理由とする債務不履行責任で損害賠償責任を認める判例が増加し，時効は10年との判断が大勢を占めている。債務不履行責任による構成は，不法行為責任に比し時効と立証責任の点で被害者側に有利である。

解説　一　私立学校における学校事故については，民法709条，715条による不法行為責任とは別に，在学契約関係に基づいて，この契約の債務不履行として民法415条を根拠にいわゆる安全配慮義務違反に基づく損害賠償を認める判例が近時増加してきている。

　すなわち，私立学校においては，学校法人と生徒またはその法定代理人との間においては私法上の契約関係が存在し，この契約の内容は，生徒またはその法定代理人においては，学校の指導に服して教育を受けまたは受けさせ，定められた授業料を納入する等の義務を負い，学校法人においては，生徒に対し施設を提供し，その雇用する教師に所定の教育をさせる等の債務を負担させるもの（在学契約）で，この在学契約から生ずる付随義務として，学校法人に対し，生徒の教育過程での安全を保護すべき債務があるとされるものである。こ

の場合，生徒に対して直接安全配慮義務を負うのは学校法人であり，教師等学校の教育活動に携わるものは，学校法人の安全配慮義務の履行補助者ということになる。

この安全配慮義務の内容は，一義的に定まっているものではなく，具体的な義務の内容，義務違反の存否については，当該活動・施設の危険性の程度や対象となる生徒の年齢・判断能力等の諸要素によって判断される。

判例は，安全配慮義務の具体的判断基準は安全配慮義務の生じる具体的状況によって定まるとしており，その内容は不法行為責任（民法709条）における「過失」とほぼ同じである。

二　民法の不法行為の構成（709条・715条）によらず安全配慮義務違反の構成による主張がなされる理由は，主として，①時効と，②立証責任からである。

まず時効については，不法行為責任によるときは，民法724条によりその損害賠償請求権は損害および加害者を知った時から3年で消滅時効にかかるが，安全配慮義務に基づく損害賠償請求権は民法167条1項によるべきこととされ，請求権の行使が可能となった時から10年で消滅時効にかかることになり，安全配慮義務に基づく請求のほうが一般的に被害者に有利である。

次に立証責任については，従来から，過失の存否の立証責任は，不法行為の構成においては被害者側が，債務不履行の構成においては債務者側が，これを負担すべきであるとされてきた。そして，前述のように，安全配慮義務は契約関係に付随する義務と解されるところから，安全配慮義務の主張立証責任は，この義務の履行を主張する債務者側が負担することになる。したがって，この点でも被害者側に有利であると一応はいえる。ただし，不法行為による構成によっても，事実上の推定や蓋然性の理論によって，安全配慮義務違反による構成とほぼ同じ結論に達しうるものと解され，両者間に著しい差はない。

三　右の消滅時効の点と立証責任の違いのほかにさらに細かくいえば，③遅延利息の起算日，④遺族らの固有の慰謝料請求に差異がある。

すなわち，不法行為に基づく損害賠償請求権の遅延利息の起算日は，不法行

2 私立学校における学校事故と根拠法

為による損害賠償債務が，不法行為の時から遅滞に陥ることから，不法行為の時とされるのに対し，安全配慮義務に基づく損害賠償請求権は，債務不履行に基づく損害賠償請求権が，期限の定めのない債権として成立し，催告によって遅滞を生じる（民法412条3項）とされることから，催告の翌日から遅延利息が生じるという相違がある。

また，不法行為に基づく損害賠償請求権においては，遺族らの固有の慰謝料請求が明文上認められる（民法711条）のに対し，安全配慮義務に基づく請求については認められない点に相違がある。

アドバイス 近時の下級審判例では，この安全配慮義務違反による構成をとる例が多い，この構成は，もともとは，不法行為の3年の時効の壁を破るために構成されてきたものである。その反面学校設置者としては相当長期にわたって責任を追及される可能性が残るということになる。

【参考条文】
民法415条，709条，714条

【参考判例】
（山形地判昭52.3.30　判時873・83）
○　叙上認定の事実からすると，日大山形高校の体操部活動は国民体育大会，インター・ハイ等に代表選手を出場させることをその一つの目標として行われて来たものであるが，日常の部活動については一般的な計画の樹立の見るべきものがなく，特に生徒の生命，身体の安全をそこなう虞のある体操種目つり輪等についての安全保護対策として精神的にも未熟で冒険心，英雄心等に駆られて自己の技術以上の技をしがちな生徒にこれを抑制させ，又本件事故当日のように国民体育大会に出場予定のレギュラー・グループの編成があったのであるから，下級生のみで編成された他のグループに対する安全配慮としては技術的にも精神的にも優れた上級生ないし他の適当な指導教師を配するか自らこれにあたる等の措置をとってこれを監督し，もって不測の事故の発生を未然に防止し生徒の生命，身体の安全を保持すべき義務があったのにかかわらず，被告日大の履行補助者である体操部指導担当教諭金田正は前記認定のようにこれらを怠ったため，原告光正の過失と相俟って本件事故を惹起させたものといわなければならないから，被告日大は原告光正に対し安全保持義務の不履行によって生じた同人の損害を賠償する義務がある。

Ⅱ　学校事故についての損害賠償請求の理論構成

（東京地判平2.6.25　判時1366・72）
○　1　正人と被告学園の間に，正人が学校教育を受けることを主たる目的とする在学契約が存在したことは当事者間に争いがない。そして，被告学園は，右在学契約の付随義務として生徒の行動について生じる危険を防止すべき安全配慮義務を負い，右安全配慮義務の一内容として，生徒が学校の管理下にある間は，学校の施設・設備によって生徒の生命身体に不測の損害が生じないように適切に施設を管理し，また，学校の施設・設備による事故を防止するために常日頃から生徒に対して危険性の高い施設・設備に関して注意を与え，生徒がそのような施設・設備に近寄らないように措置を講ずるとともに，教職員に対しては生徒が危険な設備に近寄らないように監督するよう指導すべき義務を負うものと解される。したがって，学校の施設・設備による生徒の受傷事故については，その事故発生が具体的に予見できる場合には，基本的にこれを管理すべき被告学園に責任があるというべきである。

2 私立学校における学校事故と根拠法

 民法709条に基づく損害賠償請求（不法行為責任）

　私立学校の学校事故の場合，安全配慮義務違反による債務不履行責任に基づく損害賠償が認められるというのが判例の主流とのことですが，民法709条の不法行為に基づく損害賠償責任が問題となる場合があるのでしょうか。

回答　教師の個人責任を問う場合や生徒間の事故で加害生徒に責任能力ありとして加害生徒の責任を問う場合に問題となる。

解説　一　私立学校における学校事故において，民法709条に基づく不法行為責任が問題となるのは，①教師等の個人責任を問う場合と，②生徒間の事故で加害生徒に責任能力ありとして加害生徒の責任を問う場合である。

　（ただし，②については私立学校独自の問題ではなく国公立学校でも同様な適用関係となる。）

　二　国公立学校の場合，被害者は国家賠償法上，国または公共団体に対してのみ賠償を求めることができ，公務員である教師ら個人に対しては賠償を求めえないのであるが，私立学校の場合，民法の不法行為責任により教師個人に対しても賠償を求めることができるという相違点がある。

　これは，人身事故に基づく損害賠償請求権は，本来金銭に見積れない生命，身体の傷害を，金銭賠償により填補または回復させることを目的とするものであるから，国または公共団体に対して賠償義務が認められる場合にはその賠償能力に欠けるところはないから（簡単にいえば，国や公共団体にお金がなくて賠償金を出せないということは通常考えられないから），その目的は達せられるので，国または公共団体の賠償責任と重畳的に，公務員たる個人の賠償義務を認める必要性に乏しいと思われるからである。

II 学校事故についての損害賠償請求の理論構成

　三　この民法709条の不法行為責任の成立要件は，①加害行為者に故意・過失があること（故意・過失），②加害行為者の行為に違法性があること（違法性），③加害行為と児童生徒の被った損害との間に因果関係があること（因果関係），④加害行為者に責任能力があること（責任能力）である。

　ちなみに，学校法人に対して使用者責任（民法715条）や安全配慮義務違反に基づく責任（民法415条）を問う場合にも，（前者の場合は被用者として，後者は履行補助者としての）教師等の行為がこれらの要件を満たしていることが必要である。

　四　生徒間事故では，右の①ないし④の要件のうちとりわけ生徒が未成年者であることから責任能力が問題となる。

　責任能力につき詳しくは後の章にゆずるが，学説上は遅くとも小学校を終える12歳程度の年齢になれば，通常類型の不法行為については一般的にみて責任能力があると考えてもよいとされる。

　なお，生徒間事故で生徒に責任能力がないとされる場合，教師等の代理監督者責任（民法714条2項）を問う場合にも，加害児童・生徒の行為が責任能力以外の点，すなわち右の①ないし③の要件を満たしていることが必要とされる。

　アドバイス　私立学校では，国公立学校と異なり，教師個人が民法709条により責任追及され，訴訟において被告となる可能性がある。現実に被告とされた例はそう多くはないともいわれるが，事故前後において被害者側の感情を著しく害したようなとき，やはり被告とされる場合がある。学校側敗訴の場合でも，学校法人から賠償を得るのが一般的であり，本来，被害者にとってもあまり実益のないことなので，無用な感情の行き違いがないよう心得るべきである。

【参考条文】
　民法709条，712条，714条

2　私立学校における学校事故と根拠法

【参考判例】
（熊本地判昭50.7.14　判タ332・331）
○　Aは大学時代に空手を習い，初段の技量を有していたことから，付属高校長花田衛に委嘱されて昭和45年4月から空手部の顧問（部長）となり，本件事故発生当時もその任にあった。当時における空手部の練習は，放課後前記道場で，主に2年生の被告Y_1，同Y_2らと1年生が参加して，キャンプの被告Y_1の指図により行なわれていたところ，Aは，被告Y_1，同Y_2が初段であるほか，1年生部員は段も級も有しなかったことを知っていた。また，A自身も大学時代空手を習っていただけでなく，被告Y_1らが1年生のとき，部員と練習中，左胸部付近の骨を痛めたこと等から空手の練習は一つ誤ると生命身体に危険を及ぼすおそれがあることを知っていた。しかも，空手部において，昭和42, 3年頃，上級生が下級生に対し，暴力を振るうという事件があり，Aは，昭和45年4月顧問（部長）を前任者から引継いだとき，部員を集めてそのような問題を起こさないように注意をしたことがあった。

（2）　しかるに，Aが空手部の運営をキャプテンの被告Y_1に任せていて，本件事故当日も同部の練習に立会わなかったことは当事者間に争いがない。そして〈証拠略〉によれば，次の事実が認められる。

Aは昭和45年4月，付属高校空手部顧問（部長）に就任当初は，部員に注意を与えたり，練習に立会い指導もしていたが，前記のとおり練習中負傷して以来，次第に練習に立会わなくなり，昭和46年3月，被告Y_1がキャプテンになったが，その当時から練習その他部の運営はキャプテンに任せきりにしており，時折，付属高校の校庭で行なわれている練習を職員室から見たり，帰途，立寄って10分位見てゆく程度で，部活動ごとに練習方法等につき部員と話し合ったり，部員に対し守るべき事柄を教えたり，あるいは練習に立寄って指導するということは殆んどなかった。本件事故当日もいつものように放課後前記道場で空手部の練習が行なわれることを知っていながら，練習に立会わなかったばかりでなく，何らの配慮もしなかった。

〈証拠判断省略〉

（3）　右認定事実に徴すると，Aが空手部の指導教師としてなすべき前記注意義務を怠ったことは明らかであり，しかも，右注意義務を怠らなければ，本件事故が発生せずにすんだ蓋然性は極めて高いといわねばならない。

してみると，Aの右指導の怠慢も，被告Y_1，同Y_2の前記不法行為と共同不法行為を構成するものというべきである。

Ⅱ　学校事故についての損害賠償請求の理論構成

 民法 715 条に基づく損害賠償請求（使用者責任）

質問

　ある私立学校の教師が放課後のクラブ活動の時間に誤って生徒にけがを負わせてしまいました。このような場合，学校法人としてはどのような責任をどのような法的構成で負わされるのでしょうか。

回答　学校法人に対しては主として民法 715 条の使用者責任で責任の追及がなされる。ただし，安全配慮義務違反に基づく責任（民法 415 条）を追及される例も近時多くなってきている。

解説　一　私立学校において学校事故が発生した場合，被用者である教師等に故意もしくは過失がある場合には，学校法人は民法 715 条の使用者責任に基づいて損害賠償責任を問われることが多い。

　この使用者責任は，通説によればいわゆる報償責任の原理に基づくものであり，使用者が他人を使用することによって，自己の活動範囲を拡張し，利益を納める可能性を増大させているのであるから，それに伴って生ずる損害もまた負担すべきであるとする考え方に基づくものとされる。

　二　私立学校の学校事故における使用者責任の成立要件は，①学校法人と教師等の間に使用関係があること（使用関係），②学校の事業の執行中に事故が生じたこと（事業の執行），③教師等の行為が一般の不法行為の成立要件（故意過失・違法性・因果関係）を満たしていること，④学校法人に被用者に対する選任監督上の責任がなかったことである。

　三　使用関係

　教師等の学校の教育活動にあたるものが学校法人と使用関係にあるか否かは，雇用契約や委任契約のような法律上の契約に基づくことは必ずしも必要でなく，学校法人と教師等との間に実質的な指揮監督関係（服従関係・指揮命令）があることが必要とされる。使用者責任の中心は他人の労働を支配してい

る点にあるからである。

したがって，学校法人の専任の教職員だけでなく，兼任教職員や臨時的に雇用の関係にある職員あるいは学校法人とは法律上の契約関係にない運動部のコーチなども，学校法人の実質的な指揮監督関係にある場合には，学校法人と使用関係にあるとされる。

四　事業の執行につき

この成立要件が必要とされるのは，被用者の加害行為によって使用者が責任を負うのは使用者の活動が拡張されたと認められる範囲のものに限るためである。そこで，被用者の不法行為が使用者の事業の範囲内のものと認められる場合に限られる。そして使用者たる学校法人の事業の範囲内とみられるためには，その事故が学校の業務と密接不可分の関係にある業務か学校の付随的業務であって（使用者の業務の範囲内），教師の職務の範囲内において生じたこと（被用者の職務の範囲内）が必要である。

教師等の職務の範囲内において生じた事故であったか否かは，その行為が職務と関連して一体不可分の関係にあるものか，行為者の意思に関わらず，職務行為と牽連関係があり，客観的・外形的にみて社会通念上職務の範囲に属するとみられるものであることを要する。そこで，正課活動，課外活動，学校行事における教育活動，教育指導中の行為，およびこれらの教育活動開始前や終了後の学内での事故，教師の自主的判断による教育活動の指導の場合や，ハイキング，登山などでクラスで志望した生徒を自主的に引率して行ったときなども職務上の行為に該当するとされる。

五　選任・監督

学校法人や校長等の代理監督者が被用者たる教師の選任監督に相当の注意をしたか，または相当の注意をしても事故が生じたであろうことを証明したときは，賠償責任を免れる（民法715条1項但書）。

相当の注意をしたか否かは，まず選任については，教員免許等を有する有資格者を選任しただけでは足らず，その教育活動に適した技能の有無や教育に携わるものとして適した性格のものであるなどを調査する必要がある。また，監

督については内部規律を設けたり，平素の概括的な訓戒や説諭では足りず，一定の危険性の予想される場合にはより具体的な回避のための体制を整えたり，指示注意をする等しなければならない。ちなみに判例は免責事由をほとんど認めない。

六　使用者責任の結果，使用者（民法715条1項）と使用者に代わって被用者を選任監督する代理監督者（校長等）（民法715条2項）が責任負担者となる。

被用者たる教師等は，独立して一定の不法行為責任（民法709条）を負い，この責任と使用者・代理監督者の責任とは競合し，不真正連帯債務の関係になる。

七　なお，近時使用者責任に代わって，安全配慮義務（債務不履行責任）に基づき学校法人に損害賠償責任を追求する場合が多くなってきている。両者の相違は，①時効期間，②立証責任，③遅延損害金の発生時期，④遺族の固有の賠償請求権の有無の点である。詳しくは安全配慮義務（民法415条）の項参照。

アドバイス　民法715条1項の但書の免責がほとんど認められない結果，学校法人が責任を負うか否かの争点は，「事業の執行につき」で問題となる場合が多い，しかし，この点も本文中に記載したように，判例はかなり広範囲に責任を肯定する傾向にある。

【参考条文】
民法715条

【参考判例】
（熊本地判昭50.7.14　判タ332・331）
○　(3)　右認定事実に徴すると，Aが空手部の指導教師としてなすべき前記注意義務を怠ったことは明らかであり，しかも，右注意義務を怠らなければ，本件事故が発生せずにすんだ蓋然性は極めて高いといわねばならない。
　　してみると，Aの右指導の怠慢も，被告Y_1，同Y_2の前記不法行為と共同不法行為を構成するものというべきである。

2 私立学校における学校事故と根拠法

(三) よって、被告熊本学園が付属高校の設置者であり、Aが同校空手部の指導担当教師であることは、前記のとおりであるから、被告熊本学園は、高等学校教育という事業のため、同教師を使用するものとして、民法第715条第1項に基づき、本件により生じた損害を被告Y₁、同Y₂と各自連帯して賠償する義務があるというべきである。

(最判平4.10.6　判タ815・130)
(私立大学の応援団員が上級生から暴行を受けて死亡した事故につき学校法人の使用者責任が認められた事例)

○　上告理由について原審は、「㈠　被上告人らの二男である亡Mは、上告人が設置するH大学に昭和58年4月に入学し、応援団に入団したが、同年8月28日、29日に学外で実施された応援団の夏期合宿練習において、上級生から気合入れの名の下に違法な暴行を受け、右暴行に起因する急性硬膜下血腫に基づく脳圧迫により同年9月6日死亡した、㈡　応援団は、学生の自治組織である学友会から公認されない有志団体として結成され、大学構内の建物の一部を上告人に無断で占拠し、部室として使用していたが、上告人から黙認されており、構内において練習を続けていたほか、年1回講堂を借り、乱舞祭と名付けて、学長の挨拶文も掲載されたパンフレットまで用意し、練習の成果を学内で発表していた、㈢　昭和46年ころ以降大学の非常勤講師が応援団相談役に就任しており、また、昭和56年に学内で開催された講演会を一部の学生が妨害する挙に出た際、大学当局が応援団に当該講演者の警護を依頼したこともあった、㈣　応援団においては、気合入れの名の下に、上級生から下級生に対する、手拳で顔面を殴る、腹部などを足蹴りし、竹刀で臀部を殴るなどの、度を超える違法な暴力行為が恒常的に公然と行われ、大学当局もこれを十分に承知していた、㈤　Mが入団した昭和58年4月以降、大学当局に対し、応援団に入団した新入生の退団希望を認めてもらえない等の苦情が持ち込まれ、顔面打撲の診断書を示す者さえあったので、同年6月、大学の各部長を構成員とする執行部会議は、自由な退団を認めるよう応援団を指導することを決め、学生部長が応援団の幹部である上級生らにその旨を伝え善処を求めたが、右幹部らは、殴ることも練習の一部で暴力ではないと弁明し、その論は社会的に通用しないという同部長の説得にも応じなかった、㈥　そして、応援団は、その後も気合入れを伴う練習を続け、大学当局側は直接これを是正させる措置を採らなかったところ、本件死亡事故が発生した。」以上の事実を確定した上、右事実関係の下においては、同大学の執行部会議、教授会等は、応援団に対し、暴力行為を止めるよう強く要請、指導し、応援団がこれに従わない場合には、部室として使用されている建物の明渡しを求め、あるいは練習のための学内施設の使用を禁止し、応援団幹部に対する懲罰処分(停学、退学など)を行うなどの具体的措置を採る義務があったのに、これを怠った過失が

II 学校事故についての損害賠償請求の理論構成

あり，したがって，上告人は不作為による不法行為に基づく責任を負うと判示した。

原審の右事実認定は，原判決挙示の証拠関係に照らして首肯するに足りるところ，右事実関係の下においては，上告人の被用者である前記執行部会議，教授会等の構成員たる職員は，原判示の具体的な作為義務を負うに至ったものであり，かつ，このような措置を採ることは上告人の事業の範囲に属するものと解されるから，上告人には民法715条1項に基づく責任があるというべきである。

上告人の責任を肯定した原判決の判示中には，学校法人自身の在学契約上の義務と当該学校法人の被用者の不法行為法上の注意義務とを混同しているかのような部分があって，その説示において必ずしも適切でない憾みがあるが以上の趣旨をいうものとしてこれを是認することができる。

2　私立学校における学校事故と根拠法

 民法 717 条に基づく損害賠償請求（工作物責任）

質問

私立高校に通っている子供が，先日，休み時間中に階段の手すりに寄りかかっていたところ手すりが折れ，転落して大けがを負いました。このような場合，学校にどのような法的責任を追及していけるのですか。

回答　私立学校の施設・設備に起因する事故で児童・生徒に被害が生じた場合，民法 717 条の工作物責任が問題となる。適用が土地に接着した不動産的施設に限られるのが国家賠償法 2 条の営造物責任と違う点であり，この点で国公立学校の事故の場合と適用範囲が異なってくる。

解説　一　私立学校の施設・設備に起因する事故で児童・生徒に被害が生じた場合，工作物責任が問題となる。すなわち，学校の施設・設備が「土地ノ工作物」であってその設置または保存の瑕疵が事故の原因であるときは，民法 717 条により占有者または所有者がそれぞれ損害賠償責任を負うことになる。この工作物責任の根拠は，いわゆる危険責任，すなわち，他人に損害を生じせしめるかもしれない危険性をもった瑕疵ある工作物を支配している以上は，その危険について責任があるとする考え方に基づくものである。

工作物責任が成立するためには，①土地の工作物によること，②土地の工作物の設置・保存の瑕疵によることが必要である。以下，学校事故に即して国家賠償法 2 条と比較しつつこれらの要件を検討する。

二　土地の工作物

土地に接着して人工的に作り出されたあらゆる設備が，土地の工作物とされる。私立学校の施設の場合，校舎・校庭・プール・滑り台，などがこれに含まれる。

民法 717 条が危険責任に基づく無過失責任を定めたものであるとの理解か

Ⅱ 学校事故についての損害賠償請求の理論構成

ら，これをできるだけ広く解釈しようという努力が行われているものの，条文の文言上の限界から不動産的施設を指し動産的施設は含まれないものとされる。この点，国家賠償法2条の「公の営造物」が，地図掛棒・電気かんな・移動式雲挺等を含むとされるのに対し，差異がある。

このように，同じく学校事故に起因する事故であっても，国公立学校の学校施設である動産的施設が「公の営造物」とされて被害者救済の範囲が広いことに対比して，私立学校のほうがその範囲が狭くなることの差異がある。結局，私立学校の場合，動産的施設が問題となるのは，工作物責任ではなく，教師等の施設管理の過失として扱っていくことになろうが，いずれにせよ，立法論として問題のあるところである。

三 土地の工作物の設置，保存の瑕疵

設置または保存の瑕疵とは，その種の工作物として通常備えるべき安全な性状を欠いていることを意味し，これは，国家賠償法2条にいう「設置または管理の瑕疵」とほぼ同義であると解されている。そして，設置の瑕疵は原始的瑕疵を，保存・管理の瑕疵は維持，修繕，保管等による後発的瑕疵を指すと解されている。

アドバイス 国家賠償法に比して適用の範囲は不動産的なものに限られるという点において相違があるが，土地工作物に関して事故が発生した場合，免責がほとんど認められない。その意味で時として学校法人に酷と思われる場合もある。ただ，判例上（国家賠償の事案を含めて），過失相殺を認めるケースも多く，この点で妥当性を図っているといえる。

【参考条文】
民法717条

【参考判例】
（大阪地判昭48.1.17 判タ302・212）
○ 落下してきたサッカー・ボールによる通行人の受傷事故につき，グランドの設置に瑕疵を認めた事例

2　私立学校における学校事故と根拠法

　「…次に，右グランドが被告の占有かつ所有にかかる学校用地内にあって，そこでは被告の設置にかかる明星高等学校および明星中学校の生徒達がサッカーのクラブ活動を定期的に行っていること，グランドのすぐ西隣は，交通量の激しい舗装道路であるが，ボールの逸出を防止する設備としては，被告がグランドと道路との間に高さ5.8メートル弱の金網塀を設けているだけであり，サッカーのゴール・ポストは，この塀から20メートル位の個所にあることは，当事者間に争いがない。そして，現場検証の結果によれば，この高さの塀は，右道路側から北側の隣家に面してもグランドを囲んで延びていることが認められるのであるが，《証拠略》によれば，右グランド内で生徒達が球技中，大小各種のボールがこの塀をこえて道路上に隣家の領域にと絶えず飛び出すことが明らかである。そうとすれば，被告の占有かつ所有にかかる右グランドおよびこれに附属の土地の工作物たる金網塀は，ボール逸出による人的物的の損害を防止するための施設として設置に瑕疵があるものというべきであり，本件の事故は，右の瑕疵に基因して発生したものにほかならない。それ故，民法第717条第1項に従い，被告は，本件事故によって原告に生じた損害を賠償する責に任ずべきものである。」

3 民法と国家賠償法との適用関係

 民法と国家賠償法との適用関係

　私は私立中学の教員をしていますが，先日，公立中学の教員と話をしているうち，同じ中学でありながら，いわゆる学校事故の場合，学校側の責任の内容・範囲が違うような印象を受けました。実際にどのように違うのか整理して説明してください。

回答　学校事故により教師等学校側に賠償責任を課す場合を大きく分類すると，①教師等学校側の故意過失に基づいて責任が成立するものと，②教師等学校側の故意過失を問題としないで学校施設の設置・管理（保存）に瑕疵があったことを理由に責任が成立するものがあり，①では国公立学校には国家賠償法1条，私立学校には民法715条が，②では国公立学校には国家賠償法2条，私立学校には民法717条がそれぞれ適用され，それぞれの適用範囲にも若干の差異がある。

解説　一　学校事故により教師等学校側に賠償責任を課す場合を大きく分類すると，①教師等学校側の故意過失に基づいて責任が成立するものと，②教師等学校側の故意・過失を問題としないで学校施設の設置・管理（保存）に瑕疵があったことを理由に責任が成立するものがある。

二　教師等学校側の故意過失に基づく事故

1　国家賠償法1条の適用

　国家賠償法1条の責任は，「公権力ノ行使」にあたる公務員の違法行為について，使用者責任と同じような趣旨に基づき，使用者責任の場合よりも責任を強化する形で，国・公共団体の責任を認めるものである。すなわち国家賠償法1条は民法715条に対して特別法の関係にたつ。

3 民法と国家賠償法との適用関係

そこで，まず，国公立学校において事故が生じた場合，教師等に故意過失がある場合，国家賠償法1条の適用があるのか，国公立学校の教師等の授業その他の教育活動が「公権力の行使」にあたるのか，学校教育の本質は人間の教化・育成であって，非権力作用であるとも考えられ問題となった。

この点判例は，あるいは「公権力の行使」を広義に解して，教育活動のような「非権力作用」もこれにあたるとする見解（福岡地飯塚支判昭43.10.9下民集10・10・2121），あるいは教育活動を特別権力関係とみて「公権力の行使」にあたるとする見解（広島地三次支判昭42.8.30下民集18・7＝8・899）などその構成は分かれるが，「公権力の行使」にあたるとするのが通説・判例の立場である。

2 私立学校の事故（教師等に故意過失がある場合）との比較

右のように，国公立学校における教師等学校側の故意過失に基づく学校事故については，国家賠償法が適用される。これに対して私立学校において同じ態様の事故が発生した場合，民法の不法行為の規定（民法709条・同715条）が適用されるため，両者の救済方法が異なることになる。

国家賠償法による場合と民法による場合とは，次のような違いがある。

㈠ 教師等の個人に責任を追及できるか

国家賠償法1条によると被害者は国または公共団体に対してのみ賠償を求めることができ，公務員たる教師ら個人に対しては賠償を求めえないのであるが，民法の不法行為によるときは，教師ら個人に対しては709条により，その使用者たる学校法人に対しては715条によりそれぞれ賠償を求めることができる。

㈡ 学校設置者の免責の可否

国家賠償法によるときは，国または公共団体が免責されることはないが，民法の不法行為に関する規定によれば，教師等不法行為者の選任監督に過失がないときは学校法人は免責される。ただし，かかる過失がないことの立証責任は学校法人側にあり，立証に成功することはほとんどないのが実状である。

㈢ 教師等の不法行為者に対する求償権

不法行為を行った加害教師等に対する求償権について，国家賠償法では，国または公共団体は教師等の不法行為者に故意または重大な過失がある場合にの

み求償権を取得するが，民法の規定によるときは教師等に軽過失しかない場合でも求償権を取得する。ただし，実際に教師に軽過失しかない場合，求償権を行使するのはまれであると思われる。さらに，信義則により，求償権の全部または一部が認められないことも考えられる。

三　学校施設の設置・管理（保存）に瑕疵があったことを理由に責任が成立するもの

　1　国家賠償法2条の適用

国公立学校における学校施設の瑕疵による学校事故については，国家賠償法2条が適用される。国家賠償法2条は，公の営造物の瑕疵に対する責任を民法717条から分化させたものであり，前者は後者に対して特別法の関係にたつ。

国家賠償法2条の「公の営造物」とは，行政主体により公の目的に供用される有体物ないし物的設備をいうものとされ，校舎，運動場，プールなどのほか，地図掛棒，電気かんな，机，いすのような土地建物と接着性のない動産も公の営造物とされる。

次に「瑕疵」とは，その物が通常有すべき安全性を欠いていることをいい，過失の存在を必要としない。通常有すべき安全性を具備するか否かは，当該営造物の構造，用法，場所的環境および利用状況等諸般の事情を総合考慮して，具体的，個別的に判断される。

　2　私立学校の事故の場合との対比

私立学校の施設・設備に起因する事故で児童・生徒に被害が生じた場合，工作物責任が問題となる。すなわち，学校の施設・設備が「土地ノ工作物」であって，その設置または保存の瑕疵が事故の原因であるときは，民法717条により占有者または所有者がそれぞれ，損害賠償責任を負うことになる。

工作物責任が成立するためには，①土地の工作物によること，②土地の工作物の設置・保存の瑕疵によることが必要である。

「土地の工作物」とは，土地に接着して人工的に作り出されたあらゆる設備をいう。私立学校の施設の場合，校舎・校庭・プール・滑り台などがこれに含まれる。

3 民法と国家賠償法との適用関係

　民法717条が危険責任に基づく無過失責任を定めたものであるとの理解から、これをできるだけ広く解釈しようという努力が行われているものの、条文の文言上の限界から不動産的施設を指し動産的施設は含まれないものとされる。この点前述のように、国家賠償法2条の「公の営造物」が、地図掛棒・電気かんな等を含むとされるのに対し、差異がある。

　このように、同じく学校事故に起因する事故であっても、国公立学校の学校施設である動産的施設が「公の営造物」とされて被害者救済の範囲が広いことに対比して、私立学校のほうがその範囲が狭くなることの差異がある。

　結局、私立学校の場合、動産的施設が問題となる場合は、工作物責任ではなく教師等の施設管理の過失として扱っていくことになろうが、いずれにせよ、立法論として問題のあるところである。

　次に、「設置または保存の瑕疵」とは、その種の工作物として通常備えるべき安全な性状を欠いていることを意味し、これは国家賠償法2条にいう「設置または管理の瑕疵」とほぼ同義であると解されている。そして、設置の瑕疵は原始的瑕疵を、保存・管理の瑕疵は維持、修繕、保管等による後発的瑕疵を指すと解されている。

　したがって、土地の工作物に該当する場合は、民法717条による救済と国家賠償法2条による救済との間には差異がない。

アドバイス　同じ学校事故といいながら、国公立学校と私立学校とでは適用される法律も異なり、要件も微妙に異なっている。しかし、両者間の解決ができるだけ同じようになるように判例は努力しているようにみられる。また、例えば、教師個人の責任は問われないとされる国公立学校においても、現実に教師個人が被告とされる例がないわけでもないことに注意すること。

【参考条文】
民法709条、715条
国家賠償法1条、2条

III 国・公立学校における学校事故についての損害賠償請求

1　国家賠償法1条に基づく損害賠償請求

　一般的要件

国家賠償法1条による損害賠償請求の要件はどのようなものですか。

回答　国家賠償法1条による損害賠償請求の要件は,
① 当該行為の主体が,国または公共団体の公権力の行使にあたる公務員であること
② 公務員の職務行為であること
③ 当該職務行為に違法性があること
④ 公務員に故意または過失があること
⑤ 被害者に損害が発生したこと
⑥ 公務員の行為と損害との間に因果関係が存在すること
である。

解説　一　国家賠償法1条は,「国又は公共団体の公権力の行使に当る公務員が,その職務を行うについて,故意又は過失によって違法に他人に損害を加えたときは,国又は公共団体が,これを賠償する責に任ずる。」（1項),「前項の場合において,公務員に故意又は重大な過失があったときは,国又は公共団体は,その公務員に対して求償権を有する。」（2項）と規定している。

同条1項は,憲法17条によって,公務員の不法行為による国または公共団体の損害賠償責任が規定されたことを踏まえて,公権力の行使に当たる公務員がその職務を行うについて,故意または過失によって違法に他人に損害を加えた場合には,賠償責任を負うのは違法行為を行った当該公務員ではなく,国また

は公共団体に賠償責任があるとして，その責任を明らかにしたものである。

本条1項が適用され，国または公共団体の責任が認められるためには，「回答」列記の要件が必要である。

また，2項は公務員個人の責任について，当該公務員に故意または重大な過失があったときは，国または公共団体は，当該公務員に対して求償権を有するとしている。

さて，要件①から⑥の詳細については，別項に譲るとして，公務員個人に対する請求の可否について，述べることとする。

国または公共団体が国家賠償法1条1項の責任を負う場合に，被害者は，民法709条等の規定に基づき，当該公務員個人に対して損害賠償を請求することはできないとするのが，判例・通説である。

その理由として，規定の文言（「国又は公共団体がこれを賠償する責に任ずる」）のほか，国または公共団体に十分な資力がある以上，資力の乏しい公務員個人への請求を認める必要はないこと（被害者の報復感情の満足は損害賠償制度の目的ではない。），公務員個人への請求を認めると，公務員の職務執行が萎縮し，行政の停滞をもたらすおそれがあること，軽過失の場合に直接請求を認めることは，国家賠償法1条2項の求償権の規定とそごすること，国家賠償法附則において，従前認められていた登記官吏，公証人，戸籍吏等の個人責任に関する規定が削除されたこと等を挙げている。

二　なお，最高裁判所は否定説をとっており，確立した判例となっている。

①　最三小判昭30.4.19（民集9・5・534，判時51・4）

県知事が行った町農地委員会の解散命令により名誉を棄損されたとする者が，県知事個人および農地部長個人に対して損害賠償を求めた事案

「右請求は，被上告人等の職務行為を理由とする国家賠償の請求と解すべきであるから，国または公共団体が賠償の責に任ずるのであって，公務員が行政機関としての地位において賠償の責任を負うものではなく，また公務員個人もその責任を負うものではない。従って，（中略）県知事個人，農地部長個人を相手方とする請求は理由がない」

1　国家賠償法1条に基づく損害賠償請求

②　最二小判昭53.10.20＝芦別国賠訴訟（民集32・7・1367，訟月24・12・2555，判時906・3，判タ371・43）

刑事事件の捜査および訴追に故意または重過失があったとする者が，国ならびに担当検察官および警察官個人に対し，損害賠償と謝罪広告を求めた事案

「公権力の行使に当たる国の公務員が，その職務を行うについて，故意又は過失によって違法に他人に損害を与えた場合には，国がその被害者に対して賠償の責に任ずるのであって，公務員個人はその責を負わないものと解すべきことは，当裁判所の判例とするところである。」

アドバイス　国家賠償法1条に基づく責任追及において，公務員個人に対する請求が認められないことは，その後の下級審判例でも同様に判示されている。しかし，このことは逆に，国家賠償請求訴訟において公務員個人が被告とされる事案がままあることを示している。

【参考条文】
憲法17条
民法709条

Ⅲ 国・公立学校における学校事故についての損害賠償請求

公権力性

　学校における教育活動は，国家賠償法１条１項の「公権力の行使」にあたるのでしょうか。

回答　通説・判例は，学校における教育活動は，国家賠償法１条１項の「公権力の行使」にあたると解している。

解説　一　国家賠償法１条１項によれば，「国又は公共団体の公権力の行使に当る公務員が，その職務を行うについて，故意又は過失によって違法に他人に損害を加えたときは，国又は公共団体が，これを賠償する責に任ずる。」ものとされている。したがって，教職員の授業中等の行為に起因する事故による損害賠償請求について国家賠償法１条が適用されるためには，まず第一に教育作用が「公権力の行使」に該当することが前提となる。逆に，教育作用が公権力の行使に該当しないとすれば，教職員の行為に起因する損害賠償を国または公共団体に対して請求するためには民法715条（使用者の責任）に基づいてこれを行うこととなる。しかし，民法は，学校設置者（使用者）が教職員（被用者）の選任監督上相当な注意をした場合には，学校設置者（使用者）は使用者責任を免れる旨を規定しており（同法715条１項但書），この場合，民法709条による加害者個人に対する請求しかできなくなる。これに対し，国家賠償法にはこのような免責条項はない。したがって民法によるよりも国家賠償法によるほうが被害者に有利であることから，まず第一次的に国家賠償法１条１項に基づき国または地方公共団体に損害賠償を請求するのが，学校事故にかかる損害賠償請求訴訟においても通例となっている。

　二　次に，「公権力の行使」の解釈については，学説は広狭三説に分かれる。
　第一説（狭義説）は，「公権力の行使」とは，公権力作用，すなわち国家統治権に基づく優越的意思の発動たる作用を指すとする。つまり，国または公共

1　国家賠償法1条に基づく損害賠償請求

団体が国民または住民に対し，命令したり，強制したりする作用だとするのである。

　第二説（広義説）は，国または公共団体の行為のうち私経済作用を除くすべての公行政作用を含むとする。この説に立てば，権力作用に加えて非権力的公行政作用が含まれることとなる。

　第三説（最広義説）は，私経済作用に属する公務員の行為を含めて一切の公務員の職務上の行為を含むとする。

　三　判例は，公権力について，次のように述べている。

①　京都地判昭47.7.14（判時691・57，判タ283・168）

京都市内の風致地区にガソリンスタンド建築用の土地の取得を計画していた者が，同市職員から事前相談形式による違法な行政指導を受けたとして損害賠償を求めた事案

「国家賠償法1条1項の「公権力」とは，国または公共団体の作用のうち，純然たる私経済作用と，同法2条によって救済される公の営造物の設置・管理作用をのぞくすべての作用を指称すると解するのが相当である。」

②　東京高判昭52.4.27（高民集30・2・78，判タ357・253）

クラブ活動中にけがをした者が，クラブ活動の指導監督である県立高等学校教諭の行為について，県に対して損害賠償を求めた事案

「国家賠償法1条にいう「公権力の行使」という要件には，国または地方公共団体がその権限に基づく統治作用としての優越的意思の発動として行う権力作用のみならず，国または地方公共団体の非権力作用（ただし，国または地方公共団体の純然たる私経済作用と，同法第2条に規定する公の営造物の設置管理作用を除く。）もまた，包含されるものと解するのが相当である。」

また，最二小判昭62.2.6（裁判集民事150・79，判時1232・100，判タ638・137，判地自31・32）は，「国賠法1条1項にいう「公権力の行使」には，公立学校における教師の教育活動も含まれるものと解するのが相当であ」るとして，国公立学校における教師の教育活動が公権力の行使にあたることを明らかにしている。

Ⅲ 国・公立学校における学校事故についての損害賠償請求

さらに，判例は，教育作用が公権力の行使に該当するか否かについて個々の事例につき次のように判断している。

① 中学校経営の臨海学校に参加中，飛込台から海中に飛び込んだ中学校生徒が頸椎を骨折し入院加療後死亡した事件において，東京高判昭29.9.15は，学校教育の本質は学校という営造物によってなされる国民の教化，育成であってそれが国または公共団体によって施行される場合でも国民ないし住民を支配する権力の行使を本質とするものではなく非権力作用に属するものであり，教員は公権力の行使にあたったとはいえず国家賠償法1条の損害賠償義務はない，としている（もっとも本件においては同法2条適用）。

同旨のものとして，松山地西条支判昭40.4.21がある。

② 中学校技術科の工作授業中電気かんなにより中学校1年生の生徒が手指四指に重傷を受け，これを切断するに至った事件について，広島地三次支判昭42.8.30は，元来公権力の概念は営造物利用上の特別権力をも当然含むものであるところ，第1条の解釈に限り公権力の概念から特別権力を除外すべき合理的な根拠はないのであり，授業における教員の生徒に対する命令的指示は特別権力行使の一態様と認めるべきであるとして国家賠償法1条の適用を肯定している。

③ 特別教育活動（水泳訓練）中36名の女子中学生が死亡した事件において，津地判昭41.4.5は，「公権力の行使」とはその権限に基づき優越的な意思の発動として行う権力作用に限らず，権力作用以外の作用すなわち非権力作用（純然たる私経済作用と公の営造物の設置管理作用を除く。）を包含すると解するを相当とするとしている。

同旨のものとして，福岡地飯塚支判昭34.10.9がある。

> [アドバイス] 「公権力」というと，いかにも支配力のある「権力者」といったイメージがあるが，判例は，条文の解釈上，主として，被害者救済の観点から，「公権力」をできるだけ広汎に解釈している。

【参考条文】
民法715条

1 国家賠償法1条に基づく損害賠償請求

 公務員の範囲

国家賠償法1条1項の「公務員」とは，国または地方公共団体に任用された公務員に限られるのでしょうか。

回答 　国家賠償法1条1項の「公務員」とは，国または地方公共団体に任用された公務員に限らない。

解説 　国家賠償法1条1項の「国又は公共団体の公務員」とは，公務員法上の公務員に限定されない。法令により公権力を行使する権限を与えられていれば，身分上は全くの私人であっても，また，国または公共団体からの報酬がなくとも，その公権力の行使については同項の適用があるとするのが判例・通説である。

㈠　公務員性を肯定した裁判例としては，以下のようなものがある。

(1)　県立高校野球部監督に委託されていた生徒の父兄

判例では，「本件高校は野球部の監督を生徒の父兄に委託しており，本件事故当時の監督は野球部の練習にほとんど毎日のように立ち会って指導していたことが認められるところ，国家賠償法1条にいう『公務員』には組織法上の公務員のみならず委託・委嘱を受け，または派遣されるなどして国や公共団体のため公権力の行使に該当する職務の一端を担当する者をも含むのであるから，右監督も前同条の『公務員』に該当するものと解される」と判示されている（浦和地判平元.3.31）。

(2)　医師

①　拘置所長の委託により被収容者を手術した開業医（大阪地判昭48.9.19下民集24・9～12・650，判時720・40）

②　道路交通法104条により公安委員会から精神病者等の診断をする医師に指定された指定医（津地判昭55.4.24判時994・94）

Ⅲ 国・公立学校における学校事故についての損害賠償請求

③ 精神衛生法29条の措置入院者に対する関係における精神病院の医師および看護士（福岡地判昭55.11.25判時995・84，判タ433・52）

④ 精神衛生法による精神鑑定医（大阪高判昭55.12.24判タ444・124）

(3) その他

① 非常勤の消防団員（秋田地判昭47.11.10下民集23・9～12・616，判時695・101）

② 市が開催する地方競馬の審判員として，市の要請により派遣された地方競馬全国協会職員（金沢地判昭50.12.12判時823・90）

㈡ 公務員性を否定した裁判例としては，以下のようなものがある。

① 精神衛生法29条に基づき精神障害者の入院・治療行為にあたる精神病院の従業員（宇都宮地足利支判昭50.12.23下民集26・9～12・993，判時811・29，判タ332・170）

② 国家公務員の定期健康診断で検診を行った医師（最一小判昭57.4.1民集36・4・519，訟月28・11・2147，判時1048・99，判タ473・133）

③ 刑事事件における鑑定人（東京地判昭59.6.25下民集35・5～8・349，訟月31・1・17，判時1122・34）

　ここでいう公務員とは「公権力の行使」を委託された全ての者をいう。校区員の概念は，身分上の概念ではなく，機能上の概念である。公務員であることを否定した判例は，その職務が「公権力の行使」にあたらないとされたために，公務員性も否定されたものである。

1　国家賠償法1条に基づく損害賠償請求

　加害公務員の特定

加害公務員は特定されていることが必要ですか。

加害公務員は，必ずしも特定されている必要はない。

国家賠償を請求するためには加害公務員をどの程度特定することを要するかが問題となる。裁判例は，当該公務員の所属する主体（国または公共団体）およびその組織上の地位ないし所属する部署を明らかにすれば足り，加害公務員の氏名等による特定まで必要ではないとの判断を示す傾向にある。以下，主な裁判例を紹介する。

①　東京地判昭39.6.19（下民集15・6・1438，訟月10・7・944，判時375・6，判タ162・205）

デモ隊の排除をした機動隊員により暴行を受けたが，機動隊員の特定ができなかった事案

「国家賠償責任が，公務員に代わって負担する代位責任を定めたものではなく，公務員の行為に起因して直接負担する自己責任を定めたものと解するときは，公務員の特定の点については，最小限，その公権力の行使にあたった公務員が行政組織の上でいかなる地位にあり，換言すれば行政機構上のどのような部署に所属している者であるかが解明されるならば，これによって国家賠償法上のその他の要件を満たすかぎり国または公共団体の賠償責任を問うことができるものと解するのが妥当であり，たとえ同一部署に同じ地位の公務員が複数おり，そのうちの誰であるかは確定できないけれども，そのうちの一人の行為によって損害を受けたことが確認できるならば敢えてそれ以上に加害者（公務員）を他の同僚から区別できるまで特定しなければならないものではない。」

②　東京高判昭43.10.21（下民集19・9＝10・628，訟月14・11・1246，判

Ⅲ 国・公立学校における学校事故についての損害賠償請求

時536・18, 判タ227・101)

国または公共団体の公権力の行使にあたる公務員の違法な職務執行行為によって損害を被った者が国または公共団体に対し損害賠償を請求するには加害者を特定することを要しない。

③ 大阪地判昭44.5.20（判タ237・205）

集団対集団の場面における加害行為については加害者たる公務員個人の識別は必ずしも必要でなく、国または公共団体所属の公務員により職務遂行上なされた有責の加害行為であることの特定で足りるが、加害者の所属集団の識別さえできないときは国または公共団体の賠償責任は否定される。

④ 東京地判昭48.3.29（判時701・84）

機動隊員10名くらいの者が短時間に暴行を加えたうえ駆け去った場合に、被害者にその加害者を個人的に特定させることはほぼ不可能なことを要求するものであり、加害者が警視庁機動隊所属の警察官であることが認められれば、それ以上にその加害者が個人的に特定される必要はない。

⑤ 最一小判昭57.4.1（民集36・4・519, 訟月28・11・2147, 判時1048・99, 判タ473・133）

「国又は公共団体の公務員による一連の職務上の行為の過程において他人に被害を生ぜしめた場合において、それが具体的にどの公務員のどのような違法行為によるものであるかを特定することができなくても、右の一連の行為のうちのいずれかに行為者の故意又は過失による違法行為があったのでなければ右の被害が生ずることはなかったであろうと認められ、かつ、それがどの行為であるにせよこれによる被害につき行為者の属する国又は公共団体が法律上賠償の責任を負うべき関係が存在するときは、国又は公共団体は、加害行為不特定の故をもって国家賠償法又は民法上の損害賠償責任を免れることができない。」

⑥ 東京地判昭61.2.14（判時1207・81, 判タ591・92）

警視庁機動隊員の暴行が警備活動に伴って故意に惹起されたことが証明されれば、氏名の特定までは必要がない。

1　国家賠償法1条に基づく損害賠償請求

> **アドバイス**　国家賠償法1条の損害賠償責任の性質論について代位責任説，自己責任説の争いがあり，代位責任説の立場によれば，公務員の特定が必要となるはずであるが，この立場によっても，最近は公務員の特定を必要としないとする見解が有力である。判例は上記のように特定不要説に立つものが主流である。

Ⅲ 国・公立学校における学校事故についての損害賠償請求

 職務関連性

職務関連性の判断基準は、どのようなものでしょうか。

回答 客観的・外形的にみて、加害公務員の行為が社会通念上職務の範囲に属するとみられる場合には本条が適用される（外形標準説）とするのが通説・判例である。

解説 国家賠償法1条1項に規定する「その職務を行うについて」とは、民法715条1項の「その事業の執行について」と同義であるとされる。

したがって、公務員の加害行為があっても、それが職務とは全く無関係に行われたものについては、当該行為者が被害者に対し民法上の不法行為責任を負うことはあっても、教育委員会等が国家賠償法に基づく損害賠償責任を負うことはない。

ただし、加害行為が職務行為自体である場合はもちろん、職務遂行の手段としてなされた行為や、職務の内容と密接に関連し、職務行為に付随してなされる行為も含まれる。また、客観的に職務行為の外形を有すれば足り、加害公務員の主観的な意図は問わない。要するに、客観的・外形的にみて、加害公務員の行為が社会通念上職務の範囲に属するとみられる場合には本条が適用される（外形標準説）とするのが通説・判例である。以下、主な裁判例を紹介する。

① 最二小判昭31.11.30（民集10・11・1502、判時95・11、判タ67・62）

巡査がもっぱら自己の利を図る目的で、制服着用のうえ、警察官の職務執行を装い、被害者に対して不審尋問のうえ、被害者から提出させた金員を奪取する目的で所持の拳銃で同人を射殺した事案

「原判決は、その理由において、国家賠償法第1条の職務執行とは、その公務員が、その所為に出づる意図目的はともあれ、行為の外形において、職務執

1　国家賠償法1条に基づく損害賠償請求

行と認め得べきものをもって，この場合の職務執行なりとするのほかないのであるとし，即ち，同条の適用を見るがためには，公務員が，主観的に権限行使の意思をもってした職務執行につき，違法に他人に損害を加えた場合に限るとの解釈を排斥し，本件において，梅津巡査がもっぱら自己の利をはかる目的で警察官の職務執行をよそおい，被害者に対し不審尋問の上，犯罪の証拠物名義でその所持品を預り，しかも連行の途中，これを不法に領得するため所持の拳銃で，同人を射殺して，その目的をとげた，判示のごとき職権濫用の所為をもって，同条にいわゆる職務執行について違法に他人に損害を加えたときに該当するものと解したのであるが，同条に関する右の解釈は正当であるといわなければならない。けだし，同条は公務員が主観的に権限行使の意思をもってする場合にかぎらず自己の利をはかる意図をもってする場合でも，客観的に職務執行の外形をそなえる行為をしてこれによって，他人に損害を加えた場合には，国又は公共団体に損害賠償の責を負わしめて，ひろく国民の権益を擁護することをもって，その立法の趣旨とするものと解すべきであるからである。」

②　大阪地判昭41.10.31（訟月13・6・669）

看守長が民事裁判の法廷において職務上知りえた原告の性格，素行等について偽りの証言をして，原告を侮辱し名誉を棄損して精神的損害を与えたとされた事案

「民事裁判においては日本の裁判権に服するものが証人として証言を求められた場合は原則としてその尋問に応じて過去の事実，状態につき自ら認識したところを供述することが義務付けられているのであるから刑務所の職員が裁判所によって証人として出頭を命ぜられ，法廷において証言した場合においても，それが本来の職務の範囲に属する行為でないことは明らかであり，その証言の内容が過去の職務の執行上知り得たこと（刑務所の看守長として職務の執行中受刑者個人に関して知り得たこと）であったとしても，それは職務の執行中ないし関連して知り得たというにすぎないことであって，その知り得たことに関して民事法廷において証言すること自体は裁判権に服するものの義務としてなされるものであって，本来の「職務を行うについて」とは関係のないとこ

Ⅲ 国・公立学校における学校事故についての損害賠償請求

③ 岐阜地判昭56.7.15（判時1030・77）

消防団の実施したしば焼き行為が国家賠償法上の「職務を行うについて」にあたるかどうか争われた事案

「国家賠償法1条にいう「職務を行うについて」とは，当該公務員の職務行為自体及びこれと一体不可分の関係にある行為並びに職務行為と密接に関連し，客観的，外形的にみて社会通念上職務の範囲に属するとみられる行為を指すと解すべきである。（中略）そこで，（中略）本件しばやき実施のいきさつ，慣行，態様等を考え合わせれば，本件しばやきは，消防団員の職務行為と密接に関連し，客観的，外形的にみて社会通念上職務の範囲に属する行為にあたると認めることができる。」

④ 広島地呉支判平5.3.19

担任する児童に猥褻行為を繰り返していた小学校教諭が，当該行為が発覚したことから，当該児童を殺害した事案について，猥褻行為および殺害行為は公立学校の教育活動という公権力の行使にあたる同教諭の職務行為の外形の中にあったとして，県および町に対する損害賠償請求を認めた事案

「本件猥褻行為は，その職務行為の外形の中にあるものであり，同児の在学中，同児及びその保護者に対して自己の行為を謝罪し，同児が受けた心身の打撃を回復させるよう努めることは右の如き立場の担任教諭として，職務上当然の義務でもある。（中略）本件殺害行為は，（中略）職務たる謝罪行為と截然とは分かち難く，複合的に結び付いた一体のものと評価すべきであり，（中略）職務行為の外形の中にあったと認めるのが相当である。」

アドバイス　外形標準説によっても，現実には，公務員の具体的な行為がそれに該当するか否か明確でないような事例もあり，判断にあたっては類似した判例をできるだけ検索して参考にすべきである。

1　国家賠償法1条に基づく損害賠償請求

　故意の意義

学校事故における「故意」の意義は，どのようなものでしょうか。

回答　故意とは，一定の結果の発生すべきことを意図して，または結果の発生すべきことを認識ないしは予見しながらそれを容認して，行為をする心理状態をいう。

解説　「故意・過失」は主観的責任要件である。
　国家賠償法1条1項に基づく責任の内容は故意と過失で差がなく，事案の解決のためには過失を認定すれば十分であるためか，裁判例上，故意責任を認定している事例は少ない。
　ところで民法の不法行為法にあっては，故意とは，一定の結果の発生すべきことを意図して，または結果の発生すべきことを認識ないしは予見しながら，それを容認して行為をする心理状態をいう。
　国家賠償法1条1項にいう「故意」，「過失」も基本的には右同様に考えればよい。

アドバイス　ここでいう故意の意義は一般の人にはなじみづらいものであるが，範囲を特定するためにどうしても難解な定義になることを理解してほしい。

Ⅲ　国・公立学校における学校事故についての損害賠償請求

 過失の意義

学校事故における「過失」の意義は，どのようなものでしょうか。

回答　「過失」とは，通常尽くさなければならない注意を怠る場合を指す。

解説　国公立学校の教員の職務に関し発生した学校事故による損害賠償については，民法ではなく国家賠償法が適用になり，国，地方公共団体がもっぱら責任を負うとするのがほぼ確立した判例だが，この責任の発生も，教員に故意または過失があることが前提となる。問題となるのは大部分が過失である。

「過失」とは，通常尽くさなければならない注意を怠る場合を指す。この注意義務違反には，結果発生の予見が可能であり，それを予見しておくべきであったのにそれを怠ったという「予見義務違反」と，予見した結果の回避が可能であり，回避すべくなんらかの措置をとるべきであったのにそれを怠ったという「結果回避義務違反」が含まれる。すなわち，結果の予見または回避のいずれかに非難すべき落度があった場合に過失を認定されるのである。

1 国家賠償法1条に基づく損害賠償請求

 注意義務の範囲

教員に要求される注意義務の範囲は、どこまででしょうか。

　教員は、学校における教育活動およびこれと密接不離の生活関係について児童生徒の発達段階に応じた注意義務を負う。

　教員が職務上要求される注意義務の範囲は法令上明らかではないが、判例を整理すると一定の基準を設定することができると思われる。通常「注意義務の範囲」として論じられているところを、注意を及ぼすべき範囲の問題と、口頭注意で足りるかどうかというような注意の内容・程度の問題を一応区別して考えてみる。

㈠　注意義務の範囲

まず、注意義務の範囲については、

①　教員は親権者のように児童生徒の全生活関係について監督義務を負うものではなく、学校における教育活動およびこれと密接不離の生活関係についてのみ監督義務を負う。

②　ただし、その範囲は、対象となる児童生徒の発達段階により若干広狭がある。

ということである。

①に関しては、具体的に問題となるのは、授業開始前、休憩時間、放課後の事故、教員の勤務時間外のクラブ活動の場合の事故などである。

ア　放課後については、放課後の教室での小学校児童のけんかの場合に「教場での教育活動が終了した以上は、全員が退室下校するのを見届けなければ児童の安全を保持しえないと予測しうるような特別の事情がない限り、担任教師には最後まで教室に在室して児童を監督すべき注意義務は存しない」と判示されており（高松高判昭49.10.31）、一般には注意義務の対象となる生活関係か

Ⅲ 国・公立学校における学校事故についての損害賠償請求

らは除かれている。

　イ　始業前については、小学校で予鈴から授業開始の間に起きた事故の場合に「少なくとも校長は、第一予鈴の時刻から授業開始までの間、校内において、児童間のけんかないしその類似行為による傷害事故が発生することのないよう、児童を保護し監督する義務があった」とする判決がある（大阪地判昭51.2.27）。

　ウ　休憩時間については、「教育活動がなされる時間ではなく、一応生徒が各自自由に過ごしうる時間ではあるが、授業時間の合間であり、教員、生徒は休憩、あるいは授業の整理、準備等をするのが通常であって、学校における教育活動が終了し、生徒が下校することが予定されている放課後や自宅にいるのとは違って、学校教育活動と質的、時間的に密接な関係を有し、休憩時間中の生徒の行為であるからといって教員の監督が及ばないと解するのは相当ではない」とされている（京都地判昭51.11.25）。

　エ　クラブ活動については、これはまさしく学校教育活動そのものであるから、教員の勤務時間を越えて実施される場合においても、「これを実施する限り、指導担当教師は、勤務時間外においてもその職務上の義務として生徒の生命自体の安全について万全の注意を払うべき」（熊本地判昭45.7.20）とされ、一般的には注意義務がある。ただし、学校の教育計画外で児童生徒が自主的に集まって練習等を行った場合は別である。なお、中学校のバレーボール部の練習に関し、一般的に注意義務があるとしつつ、「課外のクラブ活動が本来生徒の自主性を尊重すべきものであることに鑑みれば、何らかの事故の発生する危険性を具体的に予見することが可能であるような特段の事情がある場合は格別、そうでない限り、顧問の教諭として、個々の活動に常時立会い、監視指導すべき義務までを負うものではない。」と判示したものがある（最二小判昭58.2.18）。

　オ　生徒会活動については、中学校の生徒会の事務引継の話し合いに集合していた際、他の生徒が投げたチョークが左眼に当たり負傷した事案について、「生徒会活動は生徒の自主的、実践的な態度を育てるという目標のもとに行わ

1　国家賠償法1条に基づく損害賠償請求

せている特別活動の一つであるから，担当教諭としては，必ずしも，個々の生徒会活動に常時立会い，あるいは監督指導をすべき義務を負うものではなく，また，本件事故の発生を具体的に予見することが不可能であったのであるから，担当教諭に，当日，生徒会役員に対する適切な指導を怠った過失があったということはできない」と判示したものがある（佐賀地判平9.1.28）。

次に，②については，後述する注意義務の内容・程度の場合とは異なり，必ずしも明確な差異を見いだせないが，抽象的には，「中学校においては生徒は責任能力に近い事理弁識能力を有し，かつ幼稚園や小学校と異なり，教員は生徒の学校における教育活動ないしこれに準ずる活動についてのみ生徒と接触することを考えれば……学校における教育活動及びこれと密接不離の生活関係についてのみ監督義務を負うものと解するのが中学校教員の地位，権限及び義務に照して相当と解する」と述べている判決があり（東京地判昭40.9.9），この文言からみると，発達段階，学校段階が進むほど若干狭く解しようとすることがうかがえる。

㈡　注意義務の内容・程度

さらに，注意義務の内容・程度についても，

①　児童生徒の発達段階に応じて，その自らの危険を判断し，回避することのできる能力が低いほど教員の注意義務の内容・程度が厳しいものとなる。

②　当該教育活動が危険性の高いものであるほど教員の注意義務の内容・程度が厳しいものとなる。

ということがいえるであろう。

①について，例を挙げると，

ア　幼稚園児の場合，その判断能力，行動能力は極めて低いことを考慮して，単に口頭で園児に危険から遠ざかるよう注意を与えるだけではなく，物理的に危険から遮断されるような具体的措置をとるべきことを判決は要求している。例えば，園児が教諭が床に置いた熱湯入りのやかんにつまずいて熱湯を浴び，やけどをした事例について，教諭が口頭でやかんに注意するよう注意を与えていただけではとうてい注意義務を果たしたとはいえず，熱湯の入ったやか

Ⅲ　国・公立学校における学校事故についての損害賠償請求

んを教室の床に置いたこと自体重大な過失であるとして責任を認めた判例がある（東京地判昭45.5.7）。

イ　小学校については、低学年と高学年ではかなり事理弁識能力が異なるので、注意義務も学年によって異なってくる。しかし、小学校の低学年の場合でも、小学校の１年生の児童が熱湯入りのやかんを運ぶ途中で転び、やけどを負った事例について、担任教諭は「ストーブ、やかんの取扱いの危険を十分意識し、教え子に対し学級会等を通じて常々十分の注意を与えてきた」ので過失はないとした判例があり、（徳島地判昭45.10.11）、口頭注意も有効とみる場合があるという点で、幼稚園とはかなり異なった判断がなされていると考えられる。

ウ　中学生については、「中学１年生の場合、幼児や小学校低学年の児童と比較すれば、心身の発達も相当進み、判断力、行動能力も備わりつつあるから、生徒自身が危険箇所の発見、危険回避の行動、自己規制等をある程度なしうることは期待できるけれども、心身の発達程度は成人に比して未熟であるから、教職員に課せられた右注意義務は相当高度のものというべきであり、13歳前後の通常の判断力、行動力によってもなお危険発生の可能性がある箇所を早期に発見し、生徒に適切な注意を与え、その行動を監視して、生徒の生命、身体の安全を確保すべき注意義務がある」と判示するものがある（長野地判昭52.1.21）。

エ　高等学校生徒については、ほぼ成人に近い能力を有するため、教員の注意義務はかなり軽減されている。

例えば、担当教員指導のもとでの柔道部の夏期特別練習中に１年生部員が負傷した事例につき、「高等学校生徒は、……ほぼ成人に近い弁識能力を備え、自らの行動とその結果を理解し、自らの行動を自主的に決定する能力を概ね具有していると解されるから、校長及び教員としては、生徒の自主的判断と行動を尊重しつつ、なお不十分とみられる判断力、理解力、責任感、自主性を助長し、常識ある社会人に育成するという教育活動の目的に従い、生徒の判断、行動に助言、協力、指導を与え、その逸脱を防止すれば足り、生徒の判断過程及

1 　国家賠償法1条に基づく損害賠償請求

び行動と結果を逐一監視する義務まで負うものではない」と一般論を述べ，担当教員の過失を否定した（大阪地判昭49.4.26）。

　このように，一般には高等学校の教員には逸脱のないよう「かじ取り」をすることが要求される程度である。ただし，この判決でも「当該生徒の判断力，体力，運動能力等が著しく劣る状態にあることが，教育活動を担当する教員において明らかな場合には，当該教員が当該生徒の特殊性に応じた教育活動をなし，これに応じた監護義務を負うことは言うまでもないところである」と判示するように，生徒の能力については，高校生一般としての判断だけでなく具体的な判断も加味することが必要である。

　②の点については，例えば，体育時間中の前方空中回転の練習について，自ら，または十分習熟した補助者が練習に立ち会って，補助，監督，指導をするか，それができないときは練習を差し止めさすべきであるとする判決がある（大阪地判昭47.8.30）。危険性が高い，すなわち事故発生の予見可能性が高いということで，極めて高い注意義務が要求されているといえよう。水泳訓練についても，その危険性の高さにかんがみ高い注意義務が課されている。

【参考判例】
　　（大阪地判平24.11.7　判時2174・86）
　○　林間学校における事故の例
　〈事案〉市立小学校5年生の林間学舎中に起こった宿泊施設における転落事故について，引率教員に過失があるとして市の国家賠償責任が認められた事例（過失相殺4割）（認容額32万9044円）
　　「(2)　被告の責任
　　ア　教員らの過失
　　(ｱ)　原告らの主張(ｱ)について
　　原告らは，本件出窓の危険性に照らすと，教員らには，子どもらに対し，施設の安全性や危険防止方法について指導をし，それでも危険が生じ得る場合は，子どもたちの近くにいて，危険を防止する措置を講じるべき注意義務があると主張する。しかしながら，本件出窓は，カウンター部分までの高さが80センチメートルあり，小学校5年生の体格（原告一江の場合，身長約150センチメートルである）を考慮すると，カウンター部分に座るなど，子どもの不適切な行動が関与しなければ，本

Ⅲ 国・公立学校における学校事故についての損害賠償請求

件出窓それ自体に生命身体に対する危険性があるとは認められない。また，子どもらは，10歳前後と未熟な年齢であるが，相応に理解力を有する年齢でもあるから，前記本件出窓の構造に照らすと，教員らが常に客室に入って近くで監督しなければ，子どもらの生命身体に危険が及ぶとは認められない。そうすると，この点に関する原告らの前記主張は採用できない。

(ｲ) 原告らの主張(ｲ)について

　小学校の教員は，その職務上，教育活動において子どもらの生命身体の安全に配慮すべき注意義務を負うと解するべきである。殊に，林間学舎のように，子どもらが親権者の監護状況を離れて，日常生活における状況と比較して，相対的に少ない教員らにより，日常生活と異なる生活空間で，友人らと宿泊するような場合には，子どもらの監護が，日常生活の場合と比べて手薄になる反面，子どもらが非日常的な体験をすることで，通常であればしないような行動に出る蓋然性が高いのであるから，子どもらを引率して，学校教育の一環として林間学舎を実施した本件小学校の教員らは，子どもらに対し，その安全に配慮して，生命身体に対して危険があると具体的に予見可能な場合には，生命身体に対する危険性があることを告げるなどした上で，そのような危険な行為をしないように適切な指導をし，子どもらが遵守すべき内容を注意喚起すべき注意義務を負っているというべきである。

　これを本件についてみると，前記(1)のとおり，23号室が林間学舎の宿泊場所として使用されたこと，林間学舎に参加した児童らは，判断能力の未熟な10歳前後の子どもであること及び本件出窓のカウンター部分の奥行きが39センチメートルもあり，その上に腰掛けることや乗ることができる構造であることからすると，原告一江ら子どもが，林間学舎という普段の学校生活とは異なる環境の中で，多少羽目をはずして，部屋の中で移動を伴う遊びを始めることや，その遊びの際などに本件出窓のカウンター部分に上がることも，十分想定し得る事態といえるし，教員らにおいてもこのような子どもらの行動は容易に予見できたというべきである。また，前記一のとおり，林間学舎は７月22日の夏の時期に実施されたこと，前記(1)エのとおり，23号室には，本件出窓のほかに，部屋の南側に網戸が設置された出窓があり，扇風機が置かれていたものの，クーラー等の冷房機器は設置されていなかったことからすると，戌田が，子どもらに対して，「網戸のついていない窓を開けてはならない」旨の指導をしていたとしても，前記(1)エのとおり，別の教員が網戸の付いていない本件出窓のガラス窓が開けられているのを確認していながら，直ちに窓を閉めるように指示していないことに照らすと，子どもらが，暑さをしのぐために網戸のついた出窓のみならず，本件出窓を開けることもやむを得ない状況にあったと推認できる。これからすると，教員らにおいて，子どもらが本件出窓を開けるという行為も十分予見し得たというべきである。

　そして，前記のとおり，①教員らにおいて，子どもらが，暑さをしのぐために本

1 国家賠償法1条に基づく損害賠償請求

　件出窓を開けること及び遊びの中などで本件出窓のカウンター部分に上がることを具体的に予見できたといえること，②本件出窓のガラス窓が開けられた状態でカウンター部分に上がれば誤って転落する危険があることに照らすと，教員らは，子どもらに対して，本件出窓のカウンター部分に上った場合，誤って転落する危険性があることについて十分に指導をした上で，ガラス窓を開放しないように指示したり，カウンター部分に上がらないように注意喚起したりすべき注意義務を負っていたと認められる。加えて，戊田が，26号室において，網戸のない出窓を開放しないように指導を徹底したことにより，26号室の子どもらがその指導を遵守していたことなどに照らすと，教員らの指導に子どもらが従っていた可能性は高く，前記注意義務を尽くしていれば，転落の結果を防止できた蓋然性があると認められる。
　しかるに，本件小学校の教員らは，前記指示や注意喚起を怠った過失があり，これにより，本件事故が発生したと認められる。
　　イ　被告の主張について
　(ｱ)　被告は，原告一江が本件出窓のカウンター部分に上がり，開放された窓部分に体をもたれかからせるというのは，異常な行動であり，予見することができなかったと主張し，戊田も当該主張に沿った供述をする。しかしながら，前記(1)イのとおり，戊田は，原告一江らに対して，各部屋では「トランプ等をして静かに遊ぶ。うるさくしない。暴れない。走らない。」旨の指導をしていることからすると，原告一江らが部屋で移動を伴う遊びを始める一般的可能性があることは認識していたといえる。また，戊田は，カウンター部分に上がるかもしれないとは思っても，出窓から飛び降りたり，出窓から他の部屋に移ったりすることはないと判断した旨証言していることからすると，子どもらが本件出窓のカウンター部分に上がること自体の可能性は考慮していたというべきであるから，教員らにおいて，子どもらがカウンター部分に上がることを予見できなかったとはいえない。さらに，前記のとおり，教員の一人が，23号室において，子どもらが本件出窓のガラス窓を開けたままにしている状況を確認していること，林間学舎が暑い時期に行われていることからすると，子どもらが，ガラス窓を開けたままにすることも十分に予見可能であったといえる。以上を考慮すると，子どもらが，ガラス窓を開けたまま，本件出窓のカウンター部分に上がることの予見可能性はあったと認められる。加えて，本件出窓のカウンター部分は，奥行きが39センチメートル，幅が狭い部分でも162センチメートルもあり，子どもであれば完全にカウンター部分に上がることが可能な広さがあること，子どもらが林間学舎で非日常的な時間を過ごしており，日常生活ではとらない行動に及ぶ可能性があることは十分に予見可能であったと認められる。これらからすると，原告一江の行為が，予見不可能な異常な事態であったとまではいえず，本件小学校の教員らにおいても，予見することができなかったとはいえない。
　(ｲ)　また，被告は，教員らが，必要な指示及び注意をしており，結果回避措置を

Ⅲ　国・公立学校における学校事故についての損害賠償請求

講じていたとも主張する。しかしながら，前記(1)イないしエのとおり，窓の開閉に関する指示については，戊田が網戸のない出窓のガラス窓の開放を禁止する一方で，他の教員が一定の場合にはガラス窓を開けることを許容するなど，指示内容が一貫しない場面があったことのほか，教員らは，主として，ガラス窓から虫等が入ることを防止するために開放することを禁じたに過ぎないから，このような指示をもって，子どもらの生命身体に対する危険を防止するための措置として評価することはできない。

(ウ)　さらに，被告は，林間学舎の目的は，子どもらが教員の手を借りずに協力して共同生活を過ごし，自主性と責任感を養うものであるから，その目的に応じた結果回避措置を定めるべきである旨主張する。確かに，前記(1)カのとおり，林間学舎は，自主性，社会性及び協調性等を養うことを目的に掲げて実施されていることからすると，教員らが，常に子どもらの行動を監督することはその実施目的に沿うものでなく，特に危険な野外活動をする場合は別として，宿舎内においてそのような注意義務が課されるものとは認められないことは，前記ア(ア)で説示したとおりである。しかしながら，前記ア(イ)のとおり，林間宿舎においては，子どもらが日常生活ではとらないような危険な行動に及ぶ可能性があることに照らすと，自主性を尊重するとの理由で，子どもらの生命身体に対する危険を防止すべき措置を講じる義務を免れるというべきではない。そして，本件出窓を開放しないように指示したり，本件出窓のカウンター部分に上がらないよう注意喚起したりするなどの措置は，子どもらに生命身体の安全に対する自律的な判断をさせるための前提となる措置であり，このような指導をすることが前記林間学舎の目的を阻害するものとはいえないことからすると，前記林間学舎の目的に照らしても，教員らが，前記ア(イ)で判示した結果回避措置を講じることを免れ得るものとはいえない。

ウ　国家賠償法1条に基づく責任

教員らが，前記ア(イ)の注意義務を尽くしていれば，原告一江は，事前に本件出窓のカウンター部分に上がることの危険性を把握し，教員らの指導に従って，本件出窓から転落しないよう注意を払った行動をとることができていたというべきであるから，教員らの指導によって，本件事故の発生を回避することができたといえる。そうすると，公務員たる教員らの過失によって，本件事故が発生したといえるから，被告は，国家賠償法1条に基づき，原告らに生じた損害を賠償すべき責任を負うというべきである。

（過失相殺について）

(ウ)　過失相殺

前記(2)のとおり，本件事故は，原告一江が，前日にも丁原屋に宿泊していたため，本件出窓と地面との距離などからして落下した場合における危険性を十分に認識できていたにもかかわらず，他の子どもらと鬼ごっこをして遊んでいる際に，本

1 国家賠償法1条に基づく損害賠償請求

　件出窓が開いた状態にあることを確認することなく，閉まっているものと思い込み，本件出窓のカウンター部分に腰掛けて後方に体重をかけようとして上半身を本件出窓側に傾けたため，そのまま窓から建物外に転落したというものである。本件出窓の窓ガラスは，引き違いの構造であるから，事故の発生が夕刻であることを考慮しても，本件出窓全体の様子を確認したり，窓越しに聞こえる外の音に注意を払ったりするなどの注意を払えば，本件出窓の窓ガラスが開いていることに十分気づくことができたにもかかわらず，原告一江は，遊びに気をとられて，ガラス窓の開閉状況を十分に確認しないまま本件出窓のカウンター部分に上がり，後方にもたれかかったものと認められる。そうすると，本件出窓の開閉状況の確認を怠って前記行為に及んだ原告一江にも，相応の過失があったというべきであり，前記判断は，原告一江の年齢に照らしてもさほど困難であるとは認められないことからすると，この点を考慮して，4割の過失相殺を施すのが相当である。

Ⅲ 国・公立学校における学校事故についての損害賠償請求

 水泳に係る事故と教員の注意義務

公立高等学校の生徒がプールでの体育の授業中飛込みを練習していて負傷しました。このような場合，指導にあたっていた教員の注意義務の範囲について教えてください。

回答　体育の授業，特に水泳の授業には必然的に危険性が内在しているものなので，指導にあたる教員は，児童・生徒の能力を勘案し，発生する可能性のある危険を予見し，これを回避すべき適切な防止措置等をとらなければならない。

具体的には，指導にあたる教員には，児童・生徒の発達段階と能力に応じた指導計画を立てること，児童・生徒の安全に配慮した適切な指導を行うこと，危険がある場合には，それに対する適切な対応策をとること，監視体制をとること，事故が起きた場合の救助措置をとること等の義務が課せられている。

これらの措置をとらず事故が発生した場合は，指導にあたる教員の過失が認められることになる。

解説　一　指導計画

体育の授業は，身体の積極的運動をその主たる内容とすることから，他の教科に比べ，授業内容それ自体に危険性が内在しているといえる。したがって，その指導する内容と程度が児童・生徒の能力との関係において適切なものであることが重要であり，指導にあたる教員は児童・生徒の発達段階と能力に応じた指導計画を立てるべき義務を負っている。

裁判では，高校１年生の体育の水泳授業の初日に，泳力調査のためスタート台から逆飛込みをさせ，生徒がプールの底に頭部を激突させ重傷を負った事故について，「任意選択的であるとはいえ，最初の水泳実技の日に生徒に対しスタート台からの飛び込みを行わせたことは，その際の指導の仕方，注意の方法

1 国家賠償法1条に基づく損害賠償請求

の不備とも合わせて，安全義務を尽くさなかった過失ありといわざるをえない」と判示している（福岡地判昭63.12.27）。

二 指導方法

体育の授業のように授業内容そのものに危険性が内在するものであっても，学習指導要領や指導書等に基づき，適切に指導計画が立てられているような場合には，当該種目を授業にとりいれたこと自体に過失が認定されることは少ない。しかし，指導にあたっては，児童・生徒の身体，生命の安全に配慮しなければならないことから，危険性を高めるような指導をしたり，十分な準備もなく，いきなり高度な技術が必要な行為をさせたりして事故が起こった場合は，指導にあたっていた教員には，指導上の過失があるとされることがある。

裁判では，危険性の高い「助走つき飛込み」により，中学校3年生が頭部をプールの底に激突させ重傷を負った事故について，「『助走つき飛び込み』法の指導を実施するにあたり，踏み切る位置，滑らないで踏み切れる場所の確保，プールの十分な深さなどについての適正な場所の設定，右指導の目的の十分な説明，前記危険を除去するための適切，丁寧な指導をなすべき注意義務が存すると認められるところ」，「具体的な指導を一切行うことなく生徒に『助走つき飛び込み』を試みさせたものであるから，同人が水泳の指導を行う体育教師として原告の身体の安全を保護し，事故を防止すべき注意義務を怠ったことは明らかである」と判示している（横浜地判昭57.7.16）。

また，高校の水泳の授業中，逆飛込みをした生徒がプールの底に頭部を激突させ頚椎損傷の障害を負った事故について，「教諭が，逆飛び込みに伴う重大な危険性を理解しておりながら，本件プールの深さ（水深約1.4メートル）からみて，被控訴人ら生徒がプールの底で頭を打つことはないものと軽信し，同人らに対し，何ら右の危険性を認識させる説明をすることなく，漫然と，『顎を引いて両手を前に伸ばして，手から入水するように。』などと，とおりいっぺんの指示と指導を繰り返し，前記の説明・指導をせずに飛び込ませたことに起因するというべきである」と判示している（大阪高判平6.11.24）。

さらに，スタート台からの飛び込みの練習について，「同教諭は，生徒に対

III 国・公立学校における学校事故についての損害賠償請求

して，自信のない者はスタート台を使う必要がない旨を告げているが，生徒が新しい技術を習得する過程にある中学校3年生であり，右の飛び込み方法に伴う危険性を十分理解していたとは考えられないので，右のように告げたからといって，注意義務を尽くしたことにはならないというべきである。」と判示したものがある（最二小判昭62.2.6）。

三　事故回避のための措置

体育の授業はそれ自体に危険性が内在しているから，これを指導する教員は，どのような危険が内在するかを的確に予見し，事故回避のための適切な措置をとることが要求される。そのためには，児童・生徒の能力や身体状況，授業の実施場所の安全等を確認する必要があり，状況に応じた適切な対応策をとるべき義務を負っている。

裁判では，児童・生徒の能力の把握という点から，市立中学校の体育授業として実施された逆飛込みで2年生の男子生徒が重傷を負った事故について，「担当教諭としては，原告の逆飛び込みの技術を正確に把握したうえで，スタート台から安全に逆飛び込みができるようになるまで，前記の段階的指導方法により繰り返し逆飛び込みの練習をさせるべきであり，それまでは，原告のスタート台から立位での逆飛び込みをさせてはならない注意義務があったというべきである」と判示し，担当教員の過失を認定している（宮崎地判昭63.5.30）。

また，身体状況の把握という点から，中学校の水泳授業の際，2年生の男子生徒が体に痙攣のような兆候を示して溺死した事故について，裁判例では「1回目のタイム測定を受けてから2回目のため泳ぎ始めるまでに余り時間がなかったことが認められるけれども，右認定事実からすると，疲労により溺れたと認められる証拠はないうえに，年齢，校内水泳大会で優勝したことがあることなどからすると，疲労を回復しないままに泳いだとは認められないので，担当教諭に安全配慮義務違反があったとの原告らの主張は理由がない」と判示して，担当教員の過失を認めなかったものもある（神戸地判平2.7.18）。

なお，プールでの夏休み中の中学校の水泳部のスタート練習において，中学1年の男子生徒が，中学3年生の指示に従って，フラフープの輪をくぐってプ

1　国家賠償法1条に基づく損害賠償請求

ールに飛び込んだ際，プールの底に頭を打ちつけ頸椎損傷になった事故について，「持ち出していたフラフープの使用方を問い，その適切な使用方法を教示するか，事情によってはその使用を禁止するなどして，生徒が危険な行為に及んだり，生徒に危険が生じたりしないように，生徒の身体の安全に配慮すべき注意義務があった」と判示して，水泳部の顧問教諭の過失を認めたものがある（東京地判平13.5.30）。

四　監視体制

水泳のように，事故が発生しやすく，しかもいったん事故が生じれば児童・生徒の身体・生命に重大な結果をもたらす授業の場合は，直ちに異常が発見できるような体制を整えておく必要がある。その体制の程度は，児童・生徒の能力，指導内容の危険性も勘案し判断する必要がある。

裁判では，監視体制の整備という点から，小学校の水泳の授業中，女子児童が深浅両部分に二等分されしかも水が混濁していて水底が見通せないプールにおいて溺死した事故について，「同女が浅部と深部との境界附近を遊泳していた時期のあることは明らかであり，（中略）その状態を機敏にとらえて適宜の処置を採り得ず，さらに同女が水面下に沈んで浮上しないことに気付かず，結局本件事故を防止し得なかったことは，多数の児童を監視することの困難さを考慮しても，未だこれを目して不可抗力とはいい得ず，両被告が前記事前の一般的注意にたより過ぎ，水泳開始後の個々の児童の動静に対する注意が不足した結果であるというべくそれ自体両被告の過失といわなければならない」と判示している（松山地西条支判昭40.4.21）。

五　救助体制

危険が伴う授業の場合は，万が一の事故に備え，救命用具等を準備したり，応急処置をとりうる体制を整えておくことが必要である。

裁判では，救助体制の整備という点から，中学校の水泳授業の際，2年生の男子生徒が体に痙攣のような兆候を示して溺死した事故について，「担当教諭がトレシャツ，トレパン姿であったこと，本件中学校では，水泳の授業中に生じる事故のため特別の救助体制を整えていなかったことが認められるが，それ

Ⅲ 国・公立学校における学校事故についての損害賠償請求

だからといって，本件水泳授業の態勢に落度があったということはできない。そのうえ，前記認定のとおり担当教諭は生徒を直ちに引き上げ，学校から救急官署への連絡も時間を置かずになされたのであるから，本件中学校に救助態勢整備義務違反があったとの主張は失当である」と判示して教員の過失を否定しているものもある（神戸地判平2.7.18）。

六　事後措置

不幸にも事故が発生した場合は，教員は被害を最小限にするための適切な措置をとらなければならない。具体的には，被害児童・生徒の状態を的確に把握すること，被害児童・生徒の状態に応じて養護教諭の判断を仰いだり，医師にみせたりすること，被害児童・生徒の傷害等に対して適切な処置をすることなどである。このほかにも，事後措置として被害児童・生徒の保護者への事故報告がある。

中学校で行われた体育の授業の飛込みテスト中に3年生の男子生徒が心不全により死亡した事故について，裁判例では「体育担当教師としての地位，責任から考えれば，同被告としては体育の授業中生徒が心臓発作に襲われる場合が起こることは皆無ではないのであるから，かかる場合にとるべき応急措置としての心臓マッサージについても知識，方法を当然に心得ていなければならないもので，本件事故当時（昭和45年）においても右知識方法は独り医師にのみ要求されるものではなく，体育教師にも要求されるものである」と判示している。なお，この判決においては担当教員の過失は認めているものの，心臓マッサージを施した場合の蘇生率が高率であるとはいえないところから，結局因果関係は否定している（千葉地判昭49.11.28）。

学校で児童・生徒になんらかの事故が生じた場合，現に児童・生徒の身体に傷害が生じているとき，現に傷害は生じていなくてもそれが予見できるとき，傷害は予見できないがなんらかの危険が予見できるときには，児童・生徒の保護者に連絡し，適切な措置をとるよう助言する義務があるといえる。

裁判では，小学校の体育の授業で，サッカーの試合中に小学校6年生の男子児童が同級生の蹴ったボールを右目に受け，外傷性網膜剥離により後日失明し

1　国家賠償法1条に基づく損害賠償請求

た事故について,「万一,学校における教育活動の過程で事故が発生し,現に児童の身体,健康等に被害が生じ,あるいは被害の発生が予見できる場合は言うに及ばず,現在被害の発生は予見できなくても,事故の状況からして後刻何らかの被害が生ずることを否定できない場合には,学校ないし教師はその事後措置義務の一つとして,児童の保護者に対し事態に則して速やかに事故の状況等を通知し,保護者の側からの対応措置を要請すべきであると解するのが相当である」と判示している(東京高判昭58.12.12)。

危険が内在する体育の授業においては,指導の教員には児童・生徒の生命,身体に対する高度の注意義務が課せられている。

【参考条文】
国家賠償法1条

【参考判例】
(福岡地判昭63.12.27　判時1310・124)
○　前記認定の事実によると,小袋教諭が本件当日生徒に25メートルを泳がせたことについては,あらかじめ中学校在学時における水泳実技の履修状況や水泳能力を調査し,事前に柔軟体操,準備運動等を行なわせたなどの点からみて,安全配慮に懈怠があったとはいえず,また本件プールの構造設計は,公的な指導規準にも適合し,成人の体格でも十分使用しうるものであるから,通常有すべき安全性に欠けるものとはいえず,本件において,小袋教諭が生徒に対しスタート台からの逆飛び込みをさせたからといって,とりたてて過失責任を問うことはできない。
しかしながら,泳力調査のために,いかに任意選択的であるとはいえ,最初の水泳実技の日に,生徒に対しスタート台からの逆飛び込みを行わせたことは,その際の小袋教諭の指導の仕方,注意の方法の不備とも合わせて,安全保護義務を尽くさなかった過失ありといわざるをえない。すなわち,

1　逆飛び込みを含めて飛び込み技術は,水中での泳ぎとは別の実技であって,泳力調査ないし各生徒の泳ぎの習熟度を調べるのが目的であれば,まず足からでも安全に入水させるなどして,主眼を水中での泳ぎに向けることで足りること,

2　水泳実技の教育においては,飛び込みは飛び込みの実習で指導するのが望ましく,特に逆飛び込みは,入水角度を誤るなど生徒の飛び込み方のミスにより事故につながる危険性の高いものであり,過去にも学校事故の生じた例のあることは顕

Ⅲ 国・公立学校における学校事故についての損害賠償請求

著な事実であることを考えると，逆飛び込みを主題とする安全かつ段階的な指導方法を講じる必要があったこと，

　3　本件当日は，生徒が高校に入学した後の最初の水泳実技の日であったのに，中学校在学時における水泳実技の履修状況や水泳能力を調査しただけで，簡単にスタート台からの逆飛び込みを生徒自身の任意選択に任せて容認したのは，指導教師としていささか安易な態度であったこと，

　4　しかも，小袋教諭は，生徒のスタート開始前に，逆飛び込みにつき，とおりいっぺんの注意と身振りでの説明をしただけであって，実際に模範演技を示すとか，入水直前まで及び水中では眼を明けること，入水角度など，事故防止の具体的指示にも欠けていたものであり，その口頭注意も十分には生徒に行きわたっていなかったこと，

　以上の諸点に鑑み，小袋教諭には，本件授業担当教師（被告の公務員）として指導上の過失があったのであるから，その余の原告ら主張の責任原因につき判断するまでもなく，被告は，国家賠償法1条に基づき，原告らが本件事故によって被った被害を賠償する責任がある。

（横浜地判昭57.7.16　判時1057・107）

○　松浦は，右指導を工夫した理由として，生徒が飛び込む際の「けり」が弱い点を補うためであったとするが，そもそも「けり」の弱さを矯正するものとして，右方法が妥当であるか否かについても強い疑問があるうえ（本来右弱点の矯正は陸上での筋力，足のバネの強化によってなされるものである。）仮に右方法をとることが有益であったとしても，この方法で踏み切りを行なえば空中へは通常の場合よりは高く上ることになり，その結果水中に深くまで進入してゆきやすくなることや，踏み切りの方向を誤ることにより極端に高く上がってしまい，空中での身体のコントロールが不可能になることなどの危険は充分に予測しうるのである。

　従って，松浦には「助走つき飛び込み」法の指導を実施するにあたり，踏み切る位置，滑らないで踏み切れる場所の確保，プールの十分な深さなどについての適正な場所の設定，右指導の目的の充分な説明，前記危険を除去するための適切，丁寧な指導をなすべき注意義務が存すると認められるところ，前記3で認定したとおり，同人は，通常の設置基準に基づいて設置された中山中学校プールで，最高部で27センチメートル，最低でも20センチメートルの高さを有し（原告一郎が「助走」した位置からすれば，高さは更に加わる。），かつ，水面側に傾斜したスタート台において，右方法についての具体的な指導を一切行なうことなく生徒に「助走つき飛び込み」を試みさせたものであるから，同人が水泳の指導を行なう体育教師として原告一郎の身体の安全を保護し，事故を防止すべき注意義務を怠ったことは明らかである。

1 国家賠償法1条に基づく損害賠償請求

　　（大阪高判平6.11.24　判時1533・55）
○　本件事故は，遠藤教諭が，逆飛び込みに伴う重大な危険性を理解しておりながら，本件プールの深さ（水深約1.4メートル）からみて，被控訴人ら生徒がプールの底で頭を打つことはないものと軽信し，同人らに対し，何ら右の危険性を認識させる説明をすることなく，漫然と，「顎を引いて両手を前に伸ばして，手から入水するように。」などと，とおりいっぺんの指示と指導を繰り返し，前記の説明・指導をせずに飛び込ませたことに起因するというべきである。したがって，遠藤教諭の被控訴人に対する安全対策ないし指導は万全ではなかったといわざるをえず，それゆえ，本件事故の発生につき，遠藤教諭には前記注意義務違反，すなわち事故防止を怠った過失があったといわなければならない。

　　（宮崎地判昭63.5.30　判タ678・129）
○　本件プールのスタート台前面の水深は，技術の未熟な者がスタート台から逆飛び込みの練習を行うには構造上危険であり，しかも，原告昌克は中学2年生としては体格が大きく，スタート台からの逆飛び込みによる危険性が特に高かったのであるから，大塚教諭としては，原告昌克の逆飛び込みの技術を正確に把握したうえで，スタート台から安全に逆飛び込みができるようになるまで，前記の段階的指導方法により繰り返し逆飛び込みの練習をさせるべきであり，それまでは，原告昌克にスタート台から立位での逆飛び込みをさせてはならない注意義務があったというべきである。しかるに，大塚教諭は，前記認定のとおり保健体育部の水泳指導計画案に形式的に従い，中学校1年生時の復習という形で逆飛び込みの段階的練習を短時間実施しただけで，生徒全員にスタート台からの逆飛び込みを行わせたものであり，その結果，原告昌克がプールサイドでの練習においても相当不安定な飛び込みをしているのを見落し，これに適正な個別指導をすることなく，スタート台からの逆飛び込みをなさしめた過失があるというべきである。

　　（神戸地判平2.7.18　判タ741・225）
○　三　邦夫の死亡が学校側の過失によるものかについて検討する。
　　1　安全配慮義務違反について
　《証拠略》によれば，邦夫が1回目のタイム測定を受けてから2回目のため泳ぎ始めるまでに余り時間的間隔がなかったことが認められるけれども，右認定事実からすると，邦夫が疲労により溺れたと認められる証拠はないうえに，前記認定の邦夫の年齢，校内水泳大会で優勝したことがあることなどからすると，邦夫が疲労を回復しないままに泳いだとは認められないので，担当教諭に安全配慮義務違反があったとの原告らの主張は理由がない。
　　2　監視義務違反について
　中学生のプールでの水泳の授業の際にも監視台を設置し，全体監視者を置く必要

Ⅲ 国・公立学校における学校事故についての損害賠償請求

があるとの原告らの主張は,《証拠略》に照らし採用し難い。また,前記認定のとおり,水島教諭は目の前で溺れた邦夫を直ちに引き上げたのであるから,仮に原告らの主張するような監視台や全体監視者があったとしても,邦夫の異状の発見がより早くなったと認めることはできないから,監視台等がなかったことと邦夫の溺死との間には因果関係がないというべきである。

3　救助態勢整備義務違反について

原告らが救助態勢整備義務違反と主張している点についても同様である。すなわち,《証拠略》によれば,水島教諭がトレシャツ,トレパン姿であったこと,本件中学校では,水泳の授業中に生ずる事故のための特別の救助態勢を整えていなかったことが認められるが,それだからといって,本件水泳授業の態勢に落度があったということはできない。そのうえ,前記認定のとおり,水島教諭は邦夫を直ちに引き上げ,学校から救助官署への連絡も時間を置かずになされたのであるから,本件中学校に救急態勢整備義務違反があったとの主張は失当である。

4　救助義務違反について

水島教諭が座ってタイム測定をしていたという事実は認められない。原告らは,同教諭が水着姿でなかったこと,上から引き上げる者がいなかったこと,事前に事故が生じた場合の連絡態勢が整えられていなかったことを非難するけれども,これらのことにより邦夫の救助が殊更に遅れたことは認められない。

邦夫がプールの水を吸引していたのに,水島教諭が専ら心臓マッサージを施した点について検討する。《証拠略》によれば,溺水を吸引して意識のない者についての一般的蘇生法は,気道確保,人工呼吸,心臓マッサージであり,これらをこの順で行うものであることが認められる。一方,《証拠略》によれば,溺れた者に意識がなくても,呼吸をしていれば人工呼吸の必要がないことが認められ,この点に注目して,プールサイドに引き上げられた直後の邦夫の容体は水島,斎両教諭の観察したところを総合検討すると,邦夫の呼吸は弱いながらも継続していることが確認されたものの,鼓動は確認できないほど衰微していたということができ,水島教諭が,これらの事情から判断して蘇生法の第一段階として心臓マッサージを選択したことは,必ずしも不相当であったということはできず,かつ,同教諭の右選択が突発事故における咄嗟の判断であることをも考慮すると,同教諭の蘇生法の実施につき過失があったということはできない。

そうすると,後から考えて,水泳授業の態勢として必ずしも万全でなかった点はあるにしても,それらを本件中学校ないし担当教諭の過失と評価することは困難であるうえ,これらと邦夫の死亡との間に因果関係を認めることもできない。

（松山地西条支判昭40.4.21　下民集16・4・662）

○　注意力に乏しくまた泳げない者もある児童多数を対象に水泳練習を実施するにあたっては,その指導監督にたずさわる者は,児童にプールの性状を認識させ注意を

1　国家賠償法1条に基づく損害賠償請求

　　促すと共に，万一の事態に備えて常にプール内の動勢に注目し，事故の発生を防止すべき注意義務を負うことは多言を要しない。そこで被告両教諭についてこれをみるに，前記二の㈡の⑴記載の練習経過及び被告豊田，同乗松各本人尋問の結果によって認められる，本件水泳練習の何日か前に被告乗松において校内マイクを通じ約1時間に亘って注意事項を放送し，前日にはこれをプリントにして児童に配布し，更に練習開始にあたっても被告豊田において深浅の境界に注意するよう告げている事実によってみれば，両被告は事故防止のためにかなりの配慮を行っており練習開始までの段階では間然するところがなかったというべきである。しかしそれにも拘らず渡部美智子が深みに陥ったについては，あるいは同女が深浅の境界への注意を怠ったか，それとも自己の水泳能力を過信したか，いずれにしても同女が浅部と深部の境界附近を遊泳していた時期のあることは明らかであり，（その点につき同女にも過失のあったことが推定されるが）その状態を機敏にとらえて適宜の処置を採り得ず，さらに同女が水面下に沈んで浮上しないことに気付かず，結局本件事故を防止し得なかったことは，多数の児童を監視することの困難さを考慮しても，未だこれを目して不可抗力とはいい得ず，両被告が前記事前の一般的注意にたより過ぎ，水泳開始後の個々の児童の動静に対する注意が不足した結果であるというべくそれ自体両被告の過失といわなければならない（男子組を受持っていたからといって，被告乗松の監督責任が男子のみに限られるものでないことはあえて多言を要しない）。

　　（千葉地判昭49.11.28　判タ320・222）
○　被告照井の体育教師としての地位，責任から考えれば，同被告としては体育の授業中生徒が心臓発作に襲われる場合が起ることは皆無ではないのであるから，かかる場合にとるべき応急措置としての心臓マッサージについての知識，方法を当然に心得ていなければならないもので，本件事故当時（昭和45年）においても，右知識方法は独り医師にのみ要求されるものではなく，体育教師にも要求されるものである。このことは井原校医がかけつけるまでに昭彦の救護に当った体育主任相内弘照，養護教諭立花広子らについてもいえることである。
　　（中略）
　　右蘇生時間内（午前10時59分頃から11時03分頃までの間で，井原校医が到着する以前である。）に被告照井や学校側が蘇生法たる心臓マッサージを施用しなかったことは，同被告らにかかる知識がなかったとはいえ，かかる知識を有していなかったことが非難に値する以上，結果的に非難せられなければならない。
　　しかしながら，右措置をとらなかった不作為と，死亡との間の因果関係を考察するところ，心臓マッサージを施用した場合の蘇生率が相当程度の高確率であるとするならば，そこに当然因果関係の成立を認めなければならないが，このような確率を認むべき証拠はない。即ち，前掲証拠その他の証拠によっても右蘇生法が最も適切な方法であって，これを施用することによって蘇生する可能性があるということ

は認定できても、施用すれば必ず蘇生する或いは高い確率で蘇生するとまで認定することはできない。この点の認定ができないかぎり、人工マッサージの不施用と死亡との間に因果関係を認めることはできないといわねばならない。

これを要するに、被告らは昭彦の突然の心臓発作について何らその原因を与えたものではない。ただ右発作から死に至る極めて時間的に短かい過程において、医師でない被告らにとって極めて困難なものであったとはいえ当然の義務である蘇生のための適切な措置を過失によりその知識がなかったためとりえなかったのである。しかし右措置をとったからといって必ず蘇生するものとは限らず、蘇生しないこともあり、単に蘇生の可能性があるというに過ぎないものであるから、右不作為と死との間には因果関係があるとはいえないということになる。即ち被告らが右措置をとらなかったがために昭彦が死亡したということはできないのである。

（東京高判昭58.12.12　判時1096・72）

○　万一、学校における教育活動の過程で事故が発生し、現に児童の身体、健康等に被害が生じ、あるいは被害の発生が予見できる場合は言うに及ばず、現在被害の発生は予見できなくても、事故の状況からして後刻何らかの被害が生ずることを否定し得ない場合には、学校ないし教師はその事後措置義務の一つとして、児童の保護者に対し事態に則して速やかに事故の状況等を通知し、保護者の側からの対応措置を要請すべきであると解するのが相当である。

これを本件についてみるに、前認定の事実によれば、本件事故のために控訴人の右眼には事故後間もなく異常が生じたわけであるが、板倉教諭が安否を確認しても、控訴人からの特段の訴えがなく、その行動、態度等にも格別の変化もみられないという前記状況下においては、同教諭の側からは控訴人の右眼に生じた異常を認識することは不可能であったといわなければならない。したがって、この段階では板倉教諭としては前認定の方法による経過観察をすれば足り、控訴人主張の方法による経過観察の義務まで負うものではないというべきである。しかしながら、板倉教諭にとっては、本件事故の直後、控訴人のところに近寄って行った段階で、控訴人はじめ他の目撃者に聞き質すことにより事故の状況を的確に把握することは極めて容易なことであったはずであり、本件事故が至近距離から他のプレイヤーによって蹴られたサッカーボールが控訴人の顔面右眼部を直撃するという態様のものであったことからすれば、同教諭としては、現に控訴人から特段の訴えがなくても、後刻、本件事故のために控訴人の身体、健康等に何らかの被害が生ずることを否定し得ないとの認識を持つべきであったということができる。そうだとすれば、同教諭は、学校生活の場において事故後の控訴人の身体、健康等の状況を観察するのみではなく、一般生活関係の側面において保護者による観察を可能にするため、事故後、速やかに保護者に対し事故の状況を通知すべきであったということができるところ、同教諭がこれをしなかったことは弁論の全趣旨に照らして明らかである。

1 　国家賠償法１条に基づく損害賠償請求

柔道，ラグビー等の部活動中の事故と教員の注意義務

質問

　公立高等学校の生徒が，柔道，ラグビー等の部活動中に負傷したような場合，指導にあたっていた教員の注意義務の範囲について教えてください。

回答　柔道，ラグビー等の部活動は学校教育の一環として位置付けられており，これを実施する学校は正課授業の場合と同様参加する生徒の生命身体の安全を期するため万全の措置をとるべき義務を負っている。このことを反映して，部活動に関する判例も，正課授業の場合と同様に，活動計画の策定といった準備段階から，実施する際の指導方法や監視等の状況，事故が発生した場合の措置に至るまで種々の段階にわたって多様な義務を問題としている。このため，指導にあたる教員は，生徒の能力を勘案し，発生する可能性のある危険を予見し，これを回避すべき適切な防止措置等をとらなければならない。

　具体的には，指導にあたる教員には，児童・生徒の発達段階と能力に応じた活動計画を立てること，生徒の健康状態と能力を把握すること，生徒の安全に配慮した適切な指導を行うこと，立会，監視の体制をとること，事故が起きた場合の救護等の事後措置をとること等の義務が課せられている。このほか，各種の大会や対外試合等であれば，大会の主催者，運営者等にも安全義務が課せられている。

　これらの措置をとらず事故が発生した場合は，指導にあたる教員のほか，さまざまな段階で当該事故に関与した者に過失が認められることになる。

解説　一　大会の主催者，運営者等
　柔道，ラグビー等のように生徒の生命身体に対する危険性が内在している種目について競技会等を開催するにあたっては，主催者，運営者等は

その内在する危険性に対し、計画の準備段階から実施段階に至るまで、適切な措置をとることが必要である。

裁判では、高等学校校長会が主催する体育大会の柔道種目に出場した県立定時制高校4年生の柔道部員が、試合中対戦相手に投げられ負傷した事故について、「本質的に危険が内在している柔道競技を主催するに際してこれに関係する者は、一般に、右危険が発現しないように、予見可能な危険の態様すべてにわたって、事故発生を防止すべき注意義務を負うものと解するを相当とするところ、右義務は、試合自体に限らず、競技の運営ないしその準備にも及んでいるというべきである」と判示している（長野地判昭54.10.29）。なお、同判決では個々の状況について検討を加えた結果、校長会の過失を否定している。

二　校長の指導助言

校長には、直接指導にあたる教員が果たさねばならない注意義務と内容を異にするが、学校の管理責任者として、部活動の指導にあたる教員に事故防止に関して適切な指導助言を与える義務がある。

裁判では、市立中学校1年生の柔道部員が、高校生との約束稽古の際に背負い投げの技をかけられて頭部を強打し負傷した事故について、「公立中学校の校長ないし教員が中学校における教育活動につき生徒を保護監督すべき義務があることは、学校教育法上明らかであり、本件柔道クラブ活動が特別教育活動の一環として行われていたことは前記のとおりで、これは正規の教育活動に含まれるものであるから、右柔道クラブ活動を企画、実施するに際しては、柔道練習に内在する危険性に鑑み、校長、クラブ指導担当教師が職務上当然生徒の生命、身体の安全について万全を期すべき注意義務が存することはいうまでもない」として、校長の過失を認定している（熊本地判昭45.7.20）。

三　活動計画

事故を防止するために、対象となる生徒の年齢、知能、体力、技能等に応じた適切な活動計画を策定する必要がある。

特に合宿等の場合は、平常よりもある程度厳しい練習が課されることがあり、対象生徒の経験、技量、体力等に比較して過度にわたらない範囲において

1　国家賠償法1条に基づく損害賠償請求

は認められるものと考えられるが、この場合は参加する生徒の健康状態や技量等をより適切に把握することが必要であろう。

裁判では、「クラブ活動としてのスポーツも、学校教育の一環としてなされるものである以上、生徒の心身の健全な発達に資することを目的とすべきであるから、徒らに生徒に困難を強いあるいはこれを危険に曝すものであってはならないが、反面、単なる安易な遊戯に堕すべきものでもなく、生徒の発達段階に応じた適度な修養、鍛練を含むことが望まれるものと考えられる。（中略）合宿においては、その目的からして、平常の練習よりもある程度厳しい訓練が課されることも、対象生徒の経験、技量、体力等に比して過度にわたらない範囲においては是認されるものと言わなければならない」と判示している（鳥取地判昭54.3.29）。なお、同判決では、個々の状況に検討を加え、校長、指導担当教員の過失を否定している。

四　生徒の健康状態と能力の把握

部活動においては、指導担当教員が生徒の判断能力、技能を適切に把握し、これに見合った指導が行われることによって、事故の防止につながることから、生徒の健康状態と能力の把握は重要である。特に、激しいスポーツの種目を実施する場合は、その指導にあたる教員は、生徒の健康状態や技能、体力等に留意し、疲労が激しい場合や技能が未熟な場合には、試合への出場を見合わせる等生徒の安全を配慮すべき義務を負っている。また、相手方と激しく接触したり衝突したりすることが多いラグビーにあっては、相手方と技能、体力等に差があればあるほど危険性が増大すると考えられるから、相手方チームの実力にも注意を払う必要がある。

裁判では、生徒の健康状態の把握という点から、高校3年生のラグビー部員が夏期合宿において、他校の部員とスクラムを組んだ際、脊髄損傷の重傷を負った事故について、「基本的には、真昼（午前10時頃から午後2時頃まで）の暑い時間帯での練習を避け、適度の休憩時間を設けるなど、毎日の練習時間、休憩時間、練習内容、参加部員の水準等を総合して、夏期という疲労しやすい時期における合宿であることを考慮しても、参加部員に過度な負担を強いる程

のものであったとは認め難く、既に3年生でこれまでほぼ同様の夏期合宿に二度参加し、前年冬には全国大会にいわゆるレギュラーとして参加までした原告についてはなおさらであったと考えられる。従って、前記認定のとおり、合宿期間に入り、まだ3日目であり、しかも当日の練習開始から2時間余りしか経過していなかった本件事故時において、原告が異常に疲労していたとは認められず、しかも本人からもその旨の申し出がなされていないのであるから、原告が疲労から組み遅れることを予見することは困難であったと認められ、原告に練習を続けさせたことにつき、教諭に指導監督上特段欠けるところはなかったというべきである」と判示している（水戸地判平2.4.24）。

また、部員生徒の技能、体力の把握という点からは、高等学校校長会が主催する体育大会の柔道種目に出場した県立定時制高校4年生の柔道部員が、試合中対戦相手に投げられ負傷した事故について、被害生徒は熱心に練習に参加して基本的技を反復して練習しており、対外試合の経験はなかったものの、初段の段位を有していて、同校の他の有段者に比較して実力が劣るということもなかったことなどから「このような状況の下で、指導教諭が原告が本件大会での試合を遂行しうる技量を有するものと判断したうえ、同人の本件大会参加に承諾を与えた措置は、同教諭がその教育専門的立場から負わされている指導上の安全を配慮する義務に何ら違反するものではない」と判示している（長野地判昭54.10.29）。

さらに、県立高校1年生の柔道部員が柔道練習中に上級生のかけた左大外刈りのため後頭部等を強打して死亡した事件について「初心者に対する安全第一の立場から、亡厚志の体力、技能、受身の熟達度、疲労の程度等を個別的に観察して正しく把握し（中略）両者の技術、体格、体力等の差異による事故の危険度を考えて（中略）適切な指導をするとかして、危険の発生を未然に防止すべきであった」として指導教諭の過失を認定している（松江地出雲支判昭54.3.28）。

このほか、「ラグビー競技は、球を持って疾走する相手方をタックルで倒して球を奪うことを内容とする格闘技ともいうべき激しいスポーツであって、競技

1　国家賠償法1条に基づく損害賠償請求

中相手方と接触，衝突して負傷，死亡するという事故が発生する危険がないということはできないから，高校のクラブ活動として行われるラグビー部の指導者としては，高校生チームを成年男子チームと対戦させるにあたっては，相手方チームの技能，体力を考慮するほか，高校生の技能，体力，体調等にも注意し，両チームの技能，体力等に各段の差があるようなときは，その対戦をとりやめるなどして，両チームの技能，体力等の差に起因する不慮の事故が起こることのないようにすべき注意義務がある」と判示している（最二小判昭58.7.8）。

　五　適切な指導

　指導担当教員は，練習中や試合中の不慮の事故を避けるため，対象となる個々の生徒の性状や能力に応じた適切な指導をすべき義務を負っている。ただし，生徒が相応の技術を習得していて，スポーツに不可避的に伴う危険が現れた事故のような場合には，指導担当教員の過失がないとされる場合がある。

　判例では，国立高等専門学校2年生の柔道部員が，同僚部員と乱取り練習中に負傷した事故について，「当時，被控訴人自身が大外刈りを含む柔道の基本的技に対する受身の術を習得していたものの，相手が用いた返し技を受身の術を習得したものですら受身を誤るほどの見事さできまったため生じた偶発的なものというべきであるから，指導担当教官が被控訴人に乱取りの練習をさせた点に責められる謂れはなく，同人らに過失はなかったものというほかはない」と判示している（福岡高判昭55.9.8）。

　また，県立高校のラグビー部員が，他校との練習試合中に傷害を負った事故について，「教諭が転倒時の受け身のしかたや頸部筋力の強化等の安全のための基礎訓練をなおざりにしていたと認めるべき根拠はなく，前掲証拠によれば，むしろ，安全のために必要な訓練は充分に施していたと認めることができる」として，指導担当教員の過失を否定している（東京高判昭57.11.22）。

　六　立会・監視

　部活動は，同好の生徒が任意に参加して行う活動であるため，特に生徒が高学年で相当の技術，判断能力を有している場合には，顧問教員が常にこれに立ち会う義務があるとはいえないが，重大事故が発生する危険性を有している種

Ⅲ　国・公立学校における学校事故についての損害賠償請求

目の場合には，顧問教諭等の適切な指導者が練習に立ち会って，事故を防止すべき義務がある。

裁判では，立会・監視の必要性については，生徒の学年が高いか低いか，当該種目の初心者かどうか，当日の練習方法が初めてかどうか，技術を習得しているかどうか，また，立会・監視していても偶発的に起きたものか，などの種々の状況により判断は異なっている。

事故当日退部を申し出ていた県立高校1年生の柔道部員が，有段者である上級生を相手に練習中，上級生の背負い投げ等により意識不明となり，死亡した事故について，「柔道部の指導教諭としては共同して部員の健康管理および事故防止について監視し助言し，かかる点に欠けるところのないようにすべき義務があり，特に新入部員の入った新学期の4月，5月の上旬などは，新入部員につきいまだ柔道部の活動に耐えうる体力や技能ができていない虞れが充分に感ぜられるところであるから，自ら，あるいは部員を介して新入部員の練習状況を充分に監視し把握すべく，しかも退部の申出をした者の中には，性格的に一応撤回したもののまた練習中嫌気がさしたり，練習に身が入らず受身を仕損じるといった事故も考えられるのであるから，かかる者に特に注意を払うべき義務があり，しかもこのように重点をおいて監視するときは，部員が40名位であっても充分に監視できるものと考えられる」としたうえで，指導担当教員の過失を認定している（千葉地判昭49.9.9）。

また，高校3年生のラグビー部員が夏期合宿において，他校の部員とスクラムを組んだ際，脊髄損傷の重傷を負った事故について，「本件事故当時，教諭がスクラムの位置から遠く離れた位置にいたという点についても，前記認定のとおり，教諭自身，フォワード，バックス全体を見渡せる位置にいたうえ，スクラムの付近にはラグビーの経験のあるOB3名が指導にあたっていたというのであるから，何ら指導上の過失ということはできない」として，指導担当教員の過失を否定している（水戸地判平2.4.24）。

七　救護等の事後措置

万が一事故が起こったときは，適切な応急措置をとり，必要があれば養護教

1 国家賠償法1条に基づく損害賠償請求

諭にみせるとか，医師の診断を仰ぐ等被害の拡大を防止するための救護措置をとらなければならない。また，保護者への通知，適切な助言も必要である。

裁判では，国立高等専門学校2年生の柔道部員が，同僚部員と乱取り練習中に負傷した事故について，「指導教官は，被控訴人が柔道場東端付近で倒れているのを知らされるや，その容態をみて，脳内出血を疑い，直ちに頭部を冷やす等の応急措置をさせると共に，被控訴人を病院に収容するために救急車の出動を要請していることが明らかであり，従って，指導教官は本件事故後適切な救護措置を講じたものというべきである」として，指導教官のとった措置に過失はないとしている（福岡高判昭55.9.8）。

なお，部活動中ではないが，中学校の生徒同士のけんかがあり，顔に膝げりを受け鼻骨を骨折した事件について，本件事件後，担任教諭が児童を帰宅させた時点では，「被上告人の鼻は少しはれ，鼻血が少し出ていた程度であったこと，被上告人は帰宅を希望していたこと，同教諭は，被上告人が帰宅した後，被上告人宅に連絡することに努め，本件事件発生当日の午後6時過ぎころ，被上告人の母に電話をし，本件事件の概要を伝えるとともに，被上告人を病院へ連れていくことを要請していること，その結果，同日7時ころ，被上告人は医師の診察を受けることができたことの各事実が存在する」ことから，「本件事件による被上告人の負傷について，担任教諭として必要とされる事後の措置義務を履行したものというべきである」と判示したものがある（最高判平13.7.13）。

アドバイス 部活動であっても正課授業と同様に，適切な活動計画の策定，生徒の健康状態と能力の把握，適切な指導，立会・監視，事故が生じた場合の救護措置等，多くの義務が課せられている。

【参考条文】
国家賠償法1条

【参考判例】
（長野地判昭54.10.29 判時956・104）
○ ところで，前記のような本質的に危険が内在している柔道競技を主催するに際し

III 国・公立学校における学校事故についての損害賠償請求

てこれに関係する者は、一般に、右危険が発現しないように、予見可能な危険の態様のすべてにわたって、事故発生を防止すべき万全の措置を講ずる注意義務を負うものと解するを相当とするところ、右義務は、試合自体に限らず、競技の運営ないしその準備にも及んでいるというべきである。
（中略）
　同校柔道部は定時制高校という時間的に制約された環境の中で、1日30ないし40分間、週4日の練習を継続的に行い、受身などの基本的技を反復練習しており、原告優はほとんど欠かさず出席して練習していたのである。また原告優は、対外試合の経験がなかったけれども、柔道初段の段位を有し、同校柔道部の他の有段者に比較して実力が劣るということはなかったのであり、他に同人の柔道技量が未熟であること、健康状態が適していなかったことなどにより、右対外試合に出場しうる能力が欠けていたと判断しなければならなかった事実は何ら認めることができない。このような状況の下で、指導教諭中野が原告優が本件大会での試合を遂行しうる技量を有するものと判断したうえ、同人の本件大会参加に承諾を与えた措置は同教諭がその教育専門的立場から負わされている指導上の安全を配慮する義務に何ら違反するものではない。

（熊本地判昭45.7.20　判時621・73）
○　公立中学校の校長ないし教員が中学校における教育活動につき生徒を保護監督すべき義務があることは、学校教育法上明らかであり、本件柔道クラブ活動が特別教育活動の一環として行われていたことは前記のとおりで、これは正規の教育活動に含まれるものであるから、右柔道クラブ活動を企画、実施するに際しては、柔道練習に内在する危険性に鑑み、校長、クラブ指導担当教師が職務上当然生徒の生命、身体の安全について万全を期すべき注意義務が存することはいうまでもない。
（中略）
　本件柔道練習において、被告坂口および訴外村元春雄の両名が指導監督者に指定され、訴外白石礼介が学校からの委嘱を受けて実技指導に当っていたことは当事者間に争いがなく、本件事故発生当時、右村元は生活指導主任会議に、被告坂口はＰ・Ｔ・Ａ役員総会に出席して不在であり、前記白石もまだ本件柔道練習にきていなかったことは被告らの自認するところであり、《証拠略》によれば、右村元および被告坂口の両名は、本件柔道練習は通常午後4時30分ごろから始められ、他方前記白石が実技指導に赴く時刻が午後5時から午後5時30分ごろまでの間であるのが常であることを知っていながら、自らは月に2回位顔を出す程度で専らその指導を右白石に委せ、当日もいつものように本件柔道練習が始められるであろうし、現に行われていたことを熟知しながら、本件柔道練習につき何等の配慮もしないで漫然と学校を退出したことが認められ、他に右認定を左右するに足りる証拠はない。
　そうだとすると、被告坂口は、本件柔道練習についての指導監督義務を放棄した

1 国家賠償法1条に基づく損害賠償請求

　　　に等しく、同被告においてすくなくとも実技指導者の白石がくるまで自ら指導監督に当るなり、他にこれを依頼するなどし、生徒の生命身体の安全確保につき適切な措置をとっていたならば、本件事故の発生を防止しえたであろうと考えられるので、この点に同被告の過失が存するものといわねばならない。
　　　被告高田が校長として被告坂口を監督すべき義務を負うことは明らかであり、前記のような被告坂口の本件柔道練習についての指導監督について適切な指導助言をしたことの認められない本件においては、その注意義務を怠ったものであるというのほかはない。

　　（鳥取地判昭54.3.29　判時941・105）
　○　クラブ活動としてのスポーツも、学校教育の一環としてなされるものである以上、生徒の心身の健全な発達に資することを目的とすべきであるから、徒らに生徒に困難を強いあるいはこれを危険に曝すものであってはならないが、反面、単なる安易な遊戯に堕すべきでもなく、生徒の発達段階に応じた適度な修養、鍛錬を含むことが望まれるものと考えられる。しかも、スポーツとしての性質上、ある程度の技量及び成績の向上を目的とすることも必然的に生ずるのであり、むしろそのような目的に向って努力を積むところに教育的効果を期待し得るとも言えるのであり（もとより成績至上主義に陥ることは厳に慎むべきであるが）、そのような向上の過程における一つの具体的な指標として総体のような対外試合を設定し、かつ、そのために本件合宿のような特別の訓練期間を設けることも首肯し得ないことではなく、このような合宿においては、その目的からして、平常の練習よりもある程度厳しい訓練が課されることも、対象生徒の経験、技量、体力等に比して過度にわたらない範囲においては是認されるものと言わなければならない。
　　（中略）
　　　本件合宿の計画ならびに実施にあたり、北尾、西村、永本、杉原のいずれにも注意義務に反する点が存したとは認められず、したがって本件事故は、右の者らの過失に基づくものではなく、結局なんびとも、予測も回避もできない突発的な不慮の事態であったと判断せざるを得ない。

　　（水戸地判平2.4.24　判地自76・35）
　○　このような見地から、前記認定にかかる本件合宿での練習状況等をみるに、《証拠略》によれば、財団法人日本ラグビーフットボール協会の通達等の文書には、原告らが請求原因第3項㈠(2)(ア)②において主張するとおりの記載があることが認められるが、形式的には、原告ら主張のラグビー協会の文書等に多少反するものであっても（もっとも、証人滑川正昭の証言によれば、本件事故はヘッドギアを着用していても防ぎ得なかったものと認められるし、本件全証拠によるも、その他原告ら主張の通達文書等の内容に多少反すること自体が直ちに本件事故と相当因果関係を有

Ⅲ 国・公立学校における学校事故についての損害賠償請求

するとは認められない。)，基本的には，真昼（午前10時頃から午後2時頃まで）の暑い時間帯での練習を避け，適度の休憩時間を設けるなど，毎日の練習時間，休憩時間，練習内容，参加部員の水準等を総合して，夏期という疲労しやすい時期における合宿であることを考慮しても，参加部員に過重な負担を強いる程のものであったとは認め難く，既に3年生でこれまでほぼ同様の夏期合宿に二度参加し，前年冬には全国大会にいわゆるレギュラーとして参加までした原告司についてはなおさらであったと考えられる。従って，前記認定のとおり，合宿期間に入り，まだ3日目であり，しかも当日の練習開始から2時間余りしか経過していなかった本件事故時において，原告司が異常に疲労していたとは認められず，しかも本人からもその旨の申し出がされていないのであるから，原告司が疲労から組み遅れることを予見することは困難であったと認められ，原告司に練習を継続させたことにつき，滑川教諭に指導監督上特段欠けるところはなかったというべきである。

また，原告らは，本件事故当時，スクラム練習をしていた相手方が他校であり，しかも疲労の度合が格段に違ったという点を強調するが，前記認定のとおり，平素は，日立一高の方が千葉南高よりスクラムの力が勝っており，本件事故当時疲労度に差がある状態でも，同校と互角にスクラムを組んでいたというのであるから，特にこの点で指導監督上配慮すべきであったとは考えられない。

さらに，本件事故当時，滑川教諭がスクラムの位置から遠く離れた位置にいたという点についても，前記認定のとおり，滑川教諭自身，フォワード，バックス全体を見渡せる位置にいたうえ，スクラムの付近には，ラグビー経験のあるOB3名が指導にあたっていたというのであるから，何ら指導上の過失ということはできない。

その他，滑川教諭に本件事故と相当因果関係のある具体的な指導上の過失があったと認めるに足りる証拠はない。

（松江地出雲支判昭54.3.28　判時940・99）

○　初心者に対する安全第一主義の立場から，亡厚志の体力，技能，受身の熟達度，疲労の程度等を個別的に観察して正しく把握し，前記記載のごとく約1時間にわたる過度な練習中亡厚志に疲労が現われている場合には，これを看過することなく直ちに休憩を与えるとか，山崎に高度の危険性を内在する左大外刈で亡厚志を投げさせるのであれば前記のような両者の技術，体格，体力等の差異による事故の危険度を考えて，「強く刈らない」「刈足を高く上げない」「受身を助けてやる」などといった適切な指導をするとかして，危険の発生を未然に防止すべきであったにもかかわらず，吉野教諭はこれを怠った過失により，本件事故を惹起せしめたものである。

（最二小判昭58.7.8　判時1089・44）

○　ラグビー競技は，球を持って疾走する相手方をタックルで倒して球を奪うことを内容とする格闘技ともいうべき激しいスポーツであって，競技中相手方と接触，衝突して負傷，死亡するという事故が発生する危険がないということはできないか

1　国家賠償法1条に基づく損害賠償請求

　　ら，高校のクラブ活動として行われるラグビー部の指導者としては，高校生チームを成年男子チームと対戦させるにあたっては，相手方チームの技能，体力を考慮するほか，高校生の技能，体力，体調等にも注意し，両チームの技能，体力等に格段の差があるようなときは，その対戦をとりやめるなどして，両チームの技能，体力等の差に起因する不慮の事故が起こることのないようにすべき注意義務があることはいうまでもないが，原審は，この点について，靖仁が補充員として参加したプイコンチームの対戦相手である東芝機械チームについて，単に年齢22, 3歳の者をもって構成された静岡県下Bリーグ上位の実力を有するとの事実を認定しただけで両チームが高校生に勝る技能，体力を有すると認めるのが相当であるとするにとどまり，本件において，果して同チームの技能，体力が具体的に靖仁ら高校生の技能，体力に比較してどの程度勝っているものであり，従って高校生を同チーム相手の練習試合に参加させることによって死亡事故等が発生することを予測させるまでの技能，体力の較差があったかどうか等について何ら審理しないままたやすく岩沢教諭の前記のような注意義務違反を認定している点で，原審の右認定判断には，過失に関する法令の解釈適用を誤り，ひいて審理不尽，理由不備の違法があるものというべく，右違法が判決の結論に影響を及ぼすものであることも明らかであるから，この点をいう論旨も，理由がある。

　　（福岡高判昭55.9.8　判時997・128）
○　被控訴人は，本件事故の際，自分がしかけた大外刈りに対し，乙山から大外刈りをもって切返され，結果的に，その受身が充分でなかったために後頭部を打ったものであり，極めて不運な出来事であるが，それは，当時，被控訴人自身大外刈りを含む柔道の基本的技に対する受身の術を習得していたものの，乙山が用いた返し技が受身の術を習得したものですら受身を誤るほどの見事さできまったために生じた偶発的なものというべきであるから，山下らが被控訴人に乱取りの練習をさせた点に責められる謂れはなく，同人らに何ら過失はなかったものというほかない。

　　山下は，被控訴人が柔道場東端付近で倒れているのを知らされるや，その容態を見て，脳内出血を疑い，直ちに頭部を冷やす等の応急措置をさせると共に，被控訴人を病院に収容するために救急車の出動を要請していることが明らかであり，従って，山下は本件事故後適切な救護措置を講じたものというべきであるから，被控訴人の右主張は失当である。なお，被控訴人が収容された渡辺外科医院が頭部外傷の専門医でなかったとしても，右病院への収容は，救急車の出動要請をうけた消防署員によってされたものであるから，この点について山下が非難される謂れはないものというべきである。

　　（東京高判昭57.11.22　判タ490・68）
○　(1)　熊谷工業ラグビー部の練習量は，高校の課外教育活動であるクラブ活動としては，かなり大きかったと認められる。しかし，そのことの結果は，部員生徒の正

Ⅲ 国・公立学校における学校事故についての損害賠償請求

課や課外の勉強量の減少となって現れるが，肉体的な疲労の蓄積となる程のものではないと認められる。

(2) 従って，当日も，部員生徒の疲労の心配という理由から東京遠征を差し控えるべきであったとはいえないものと認められる。

(3) 部員生徒の疲労防止のために遠征前に練習量を減じたり，前日の練習を休むべき必要はなかったものと認められる。

(4) 部員生徒に対して，東京遠征の日，対戦相手校，消化予定ラウンド数をなるべく早く知らせることが望ましいが，それを知らせなかったとしてもそれが原因となって部員生徒が練習試合に意欲を持たなかったとか更にそれが肉体的疲労をもたらしたとは認められない。

(5) 当日の準備運動の時間が何分であったかについては争いがあるが，第3ラウンド開始時は既に50分のラウンドを消化しているのであるから，第1ラウンド開始前の準備運動の多少は全く影響がなかったものと認められる。

(6) 本件事故は第3ラウンド開始後5分位の時に発生したのであるから，第1ラウンドから通算すると，55分位ということになる。翌50年度から高校生の試合時間は60分とされたことからみても，事故時に実や他の部員が異常に疲労していたとは認められない。

なお，森教諭が，転倒時の受け身のしかたや頸部筋力の強化等の安全のための基礎訓練をなおざりにしていたと認めるべき証拠はなく，前掲証拠によれば，むしろ，安全のために必要な訓練は充分に施していたものと認めることができる（頸部強化の鍛練としては，首懸垂，肩車上げ，1対1で組合って行う首ねじり等を行い，雨天の時は体育館内で回転運動，倒立運動を行っており，そのほか上級生になると，フォワードでは特に3対3等のスクラムを組み首を強化する訓練を行っていた。）。

（千葉地判昭49.9.9 判時799・93）

○ 柔道部の指導教諭としては共同して部員の健康管理および事故防止について助言し，かかる点に欠けるところのないようにすべき義務があり，特に新入部員の入った新学期の4月，5月の上旬などは，新入部員につきいまだ柔道部の活動に耐えうる体力や技能ができていない虞れが十分に感ぜられるところであるから，自ら，あるいは部員を通して新入部員の練習状況を十分に監視し把握すべく，しかも退部の申出をした者の中には，性格的に一応撤回したもののまた練習中嫌気がさしたり，練習に実が入らず受身を仕損じるといった事故も考えられるのであるから，かかる者に特に注意を払うべき義務があり，しかもこのように重点において監視するときは，部員が40名くらいであっても十分に監視できるものと考えられる。

しかるに共同して監視に当った被告羽鳥および被告京徳は，練習中亡義照が意識を失ったことなどにまったく気づかなかったため，何らの指示も与えていないのであるから右監視の義務を怠った過失があったものといわねばならない。

1 国家賠償法1条に基づく損害賠償請求

(大阪高判平27.1.22 判時2254・27)
○ 部活のテニスと熱中症の判例
〈事案〉県立高校のテニス部の屋外の練習中に部員が倒れて心停止となり重度の後遺症が生じた事故について,部員の熱中症の罹患とこれによる心筋障害が原因であるとの1審原告らの主張は認められないとして1審原告らの損害賠償請求を全部棄却した原判決を取り消し,熱中症の罹患による重度の心筋障害が心停止の原因であると認め,顧問の教諭の注意義務違反を認めて損害賠償金の支払を命じた事例(認容総額2億3775万2305円)
〈判旨(一部・義務違反の有無について)〉
　イ　生徒の体調等に配慮した練習軽減措置等の義務違反の有無について
　(ア)　公立学校の教育活動に伴う事故については,国家賠償法1条の「公権力」に学校教育活動も含まれるものと解されるので,同法1条の適用が認められることは当然である。また,課外のクラブ活動であっても,それが公立学校の教育活動の一環として行われるものである以上,その実施について,顧問の教諭には,生徒を指導監督し,事故の発生を防止すべき一般的な注意義務がある。もっとも,高校の課外クラブ活動は,生徒の成長の程度からみて,本来的には生徒の自主的活動であるというべきである。そして,その練習内容についても,部員である生徒の意思や体力等を無視して顧問が練習を強制するような性質のものではなく,各部員の自主的な判断によって定められているのが通常であると考えられるから,注意義務の程度も軽減されてしかるべきである。しかしながら,顧問が練習メニュー,練習時間等を各部員に指示しており,各部員が習慣的にその指示に忠実に従い,練習を実施しているような場合には,顧問としては,練習メニュー,練習時間等を指示・指導するに当たり,各部員の健康状態に支障を来す具体的な危険性が生じないよう指示・指導すべき義務があると解するのが相当である。

　前記認定の事実によれば,本件テニス部では,顧問であるB教諭が練習メニュー,練習時間等を各部員に指示し,各部員は,これに忠実に従った練習を行っていたことが認められる。そうである以上,本件において,B教諭には,本件練習メニューを指示するに際して,各部員の健康状態に支障を来す具体的な危険性が生じないように指導しなければならない義務があったというべきである。

　(イ)　学校教育,とりわけスポーツにおける熱中症の危険性については,本件事故以前から広く周知されているところであり(甲34,50,79の2,80,84,136ないし139),本件高校においても同様の広報活動が行われてきた(甲140)。そして,本件事故当時,熱中症の危険については社会的にも広く認知されていたことは被控訴人も自認するところである。

　ところで,熱中症の危険因子としては,スポーツの強度や負荷の程度が重要であることはいうまでもないが,このほか,既に説示したように,①気温・湿度,②暑さに対する慣れ(暑熱馴化),③水分補給,④透湿性・通気性の良い帽子・服装の

Ⅲ 国・公立学校における学校事故についての損害賠償請求

着用，⑤生活習慣（睡眠不足，風邪，発熱，下痢などの体調不良等）が発症に影響を及ぼす要因になると考えられる。

　本件練習の内容は前記認定のとおり濃密なものであったところ，平日の練習が午後4時から午後6時30分までであったものが，それを超過する3時間程度のものになっていた上，通常の練習の時間帯よりもより日差しが強くなりやすい時間帯に設定されたことを考慮すると，その練習メニューは，女子高校生である部員らに対する負荷の程度は相当に重いものであったというほかない。さらに，本件練習当日は，本件高校の定期試験の最終日であり，生徒である部員らがその試験勉強のために十分な睡眠をとることができていない可能性があることはB教諭も認識していたことが認められる（証人B）。また，本件事故当日は初夏であり，既に前日等において当該地域では25度を超える気温となっており（甲13の3，52），当日は天候も良く，本件テニスコート内の気温が上昇して30度前後となるであろうこと，本件テニスコート内にはめぼしい日陰もなかったこと，控訴人X_1が帽子を着用していなかったこと（B教諭はこれを認識していた〈乙20〉。）についても，練習当初の約30分間指導していたB教諭は認識し，少なくとも十分に認識し得たといえる。加えて，当時キャプテンになったばかりであった控訴人X_1にとっては，本件事故当日は，B教諭がほとんど立ち会わない中でキャプテンとして部員らを指示しながら練習をした初めての日であるから（甲29），その練習の配分の指示や段取り等に馴れていなかったと考えられ，その真面目な性格（証人B）に鑑みても，B教諭の事前のメモによる指示に忠実に従い，無理をしてでも，率先して練習メニューをこなそうとすることがB教諭において想定できたと認められる。

　以上の各事情を踏まえると，本件練習に立ち会うことができず，部員の体調の変化に応じて時宜を得た監督や指導ができない以上，B教諭においては，控訴人X_1を含めた部員らの健康状態に配慮し，本件事故当日の練習としては，通常よりも軽度の練習にとどめたり，その他休憩時間をもうけて十分な水分補給をする余裕を与えたりするなど，熱中症に陥らないように，予め指示・指導すべき義務があったといえる。

　それにもかかわらず，B教諭は，前記認定のとおり通常よりも練習時間も長く，練習内容も密度の高いメニューを控訴人X_1に指示した上，水分補給に関する特段の指導もせず，水分補給のための十分な休憩時間を設定しない形で練習の指示をしていたことが認められる（甲125ないし127，証人B）。

　したがって，B教諭は，上記義務に違反したものというほかない。

(2)　C校長の義務違反の有無について

　控訴人らは，C校長には，健康管理態勢整備義務違反がある旨主張する。

　C校長の教諭らに対する事故予防の研修を行う義務の有無については，一般論として校長が教諭に対しこのような研修を行うことは望ましいといえるが，このような法的義務を負っているとまではいい難い。

1　国家賠償法1条に基づく損害賠償請求

　　C校長の本件事故当日の本件練習につき顧問教諭を立ち会わせる義務の有無については，学校長が，教諭を部活動の練習に立ち会わせる義務を負うのは，顧問教諭自身が立会義務を負う場合に限られると解されるところ，B教諭が本件練習に立ち会うべき義務を負担していたと認め難いことは上記説示のとおりであるから，C校長が本件事故当日の本件練習に顧問教諭を立ち会わせる義務があったとは認められない。この点に関する控訴人らの主張は理由がない。

　　校外での部活動にAEDを携行させたり，顧問教諭が部活動に立ち会っていないときの緊急事態の連絡態勢に係る指導等をしなかったりしたとする点については，本件練習の際にはAEDは携行されていなかったところ，本件事故は，本件高校から1kmほど離れた本件テニスコートで起きたが，同コートは，たつの市の中心部に位置する市営の整備された施設であり，隣接する体育館には同コートの管理者であるたつの市の職員が常駐しており，本件事故当時，高校生である本件テニス部の部員も20名程度揃っていた。そして，本件事故当日，控訴人X_1が倒れた直後に119番通報がされ，本件テニスコートの直近に消防署があったこともあり，通報の約3分後には救急車が現場に到着し，その6分後である同日午後3時11分には救急隊員によってAEDを用いた救命措置がとられている（甲9，10）。そうすると，仮に，本件練習の際にAEDが携行され，B教諭等が控訴人X_1の状況を把握して実際にAEDの使用を試みることになったとしても，同コートと控訴人X_1が実際に倒れた場所との距離をも併せ考えると，これが実際に使用される時刻が上記同日午後3時11分より早かったと認めることは困難であるといわざるを得ない。そうすると，本件において，C校長が，学校長として，本件練習の際にAEDを携行させなかったことと控訴人X_1の障害との間に相当因果関係を認めることはできず，以上のことからすると，控訴人ら主張のように，C校長において，B教諭が部活動に立ち会っていないときの緊急事態の連絡態勢を整えることを部員らに指導等しなかったとしても，本件においては，そのことと控訴人X_1の損害との間に因果関係があるとはいえない。したがって，この点に関する控訴人らの主張は採用できないことに帰する。

　4　B教諭の義務違反と控訴人X_1の受傷（後遺障害）との因果関係の有無（争点(1)関係）

　　前記2及び3によれば，B教諭には，前記3(1)イのとおりの義務違反があり，これにより控訴人X_1は熱中症に罹患し，これにより重度の心筋障害が生じたものといえる。

Ⅲ 国・公立学校における学校事故についての損害賠償請求

 いじめに係る事故と教員の注意義務

　いじめに係る事故と教員の注意義務について留意すべき点はどのようなものがあるでしょうか。

回答　いじめは，特定の児童生徒に対して暴行等が繰り返し行われ，いじめの関係が長期にわたって継続することが多いことから，いじめによる被害についての予見可能性が認定される可能性が高く，さらに，いじめは，児童生徒の心身の健全な発達に大きな影響を及ぼし，重大な事態を引き起こすおそれがあることから，予見可能性が認められれば，結果を回避する義務も高くなる。

解説　一　いじめは，偶発的で一過性のけんかなどとは違って，特定の児童生徒に対して暴行等が繰り返し行われ，いじめの関係が長期にわたって継続することが多いことから，いじめによる被害についての予見可能性があると認定される可能性もそれだけ高いといえる。また，いじめは，陰湿で残忍な方法で行われることが多いため，児童生徒の心身の健全な発達に大きな影響を及ぼし，ひいては，いじめを受けた児童生徒が登校拒否や自殺に至るなど，重大な事態を引き起こすおそれがある。したがって，教員に対しては，いじめによる生徒の生命や身体等に対する重大な被害の発生について予見可能性があると認められれば，その結果を回避する義務の程度も高いといえる。

　二　特に，学級担任は，担任する児童生徒と接する機会が多く，その指導について大きな責任を有しているのであるから，日頃から児童生徒の生活実態をきめ細かく把握し，いじめを早期に発見するように努めなければならない。また，いじめがあった場合には，それによる児童生徒の身体等への被害の発生を阻止し，児童生徒の心身の安全を確保するために，加害生徒に対して適切な指導を行うなど，迅速かつ的確な対応をとらなければならない。

1 国家賠償法1条に基づく損害賠償請求

　三　教員が，このような注意義務を怠り，漫然としていじめの発生に気づかなかったり，また，いじめに気づいても適切な指導をとらなかったために，児童生徒の生命，身体等に被害が生じた場合には，教員に過失があるとして，学校側等に対する損害賠償が認められることになる。

　四　また，いじめを受けていた生徒から学校側に対して，いじめに対する具体的な相談や申告があった場合には，学校側は関係生徒や保護者等から事情聴取をするなどして，その実態を調査し，実態に応じた適切な防止措置をとることが求められることから，損害賠償を認められる可能性が高くなるといえる。判例でも，「いじめについての学校側の安全保持義務は，既に一定の事実が把握されており，その事実だけからしても重大かつ深刻ないじめの存在が推察されるという時のほか，生徒やその家族からの具体的な事実の申告に基づく真剣な訴えがあったときは，前記のいじめの特質に思いを致して決してこれを軽視することなく，適切な対処をしなければならないということになる。」と判示されている（福島地いわき支判平2.12.26）。さらに，生徒から具体的な申告がない場合であっても，学校側が，対教師暴力や対生徒暴力を頻繁に行っていた生徒の動向を認知していた事案について，「学校側は，日頃から生徒の動静を観察し，生徒やその家族から暴力行為（いじめ）についての具体的な申告があった場合はもちろん，そのような具体的な申告がない場合であっても，一般に暴力行為（いじめ）等が人目に付かないところで行われ，被害を受けている生徒も仕返しをおそれるあまり，暴力行為（いじめ）を否定したり，申告しないことも少なくないので，学校側は，あらゆる機会をとらえて暴力行為（いじめ）等が行われているかどうかについて細心の注意を払い，暴力行為（いじめ）等の存在が窺われる場合には，関係生徒及び保護者らから事情聴取するなどして，その実態を調査し，表面的な判定で一過性のものと決めつけずに，実態に応じた適切な防止措置（結果発生回避の措置）を取る義務があるというべきである。」とし，損害賠償を認めた判決も出されている（大阪地判平7.3.24）。

アドバイス　教員としては，日頃から注意深く，生徒の動静に注意すべきであり，あわせて，生徒に関する些細な情報にも注意深く

Ⅲ 国・公立学校における学校事故についての損害賠償請求

し，少しでも問題がありそうであれば，適切な対応を取るべきである。

【参考条文】
国家賠償法1条

【参考判例】
（東京高判平14.1.31　判時1773・3）
○　公立中学2年生が自殺した事件について，担任教諭にいじめの続発及び生徒の自殺を防止できなかった安全配慮義務違反があるとされた事例。
　「公立中学校における教員には，学校における教育活動及びこれに密接に関連する生活関係における生徒の安全の確保に配慮すべき義務があり，特に，生徒の生命，身体，精神，財産等に大きな悪影響ないし危害が及ぶおそれがあるようなときには，そのような悪影響ないし危害の現実化を未然に防止するため，その事態に応じた適切な措置を講じる一般的な義務がある。」
　「公立中学校におけるいじめの被害生徒が自殺した事件において，担任教諭が，本件いじめ行為が複数回にわたり行われ，これに対するその都度の注意，指導が功を奏しなかった段階で継続的指導措置を講じていれば，その後のいじめ行為の続発を阻止することができ，被害生徒において本件自殺に至らなかったであろうといえるから，担任教諭の安全配慮義務違反と本件自殺との間に因果関係（相当因果関係）がある」

1　国家賠償法1条に基づく損害賠償請求

　職務遂行中の自家用車の使用による交通事故

教員が職務遂行中に自家用車を使用して交通事故を起こした場合，教育委員会が賠償責任を負うことがあるのでしょうか。

回答　職務遂行中の行為であれば，教育委員会が賠償責任を負うこともある。

解説　一　教員が故意または過失により，交通事故を発生させ，第三者に損害を与えたときは，教員個人が民法上の不法行為として賠償責任を負うのが基本であるが，加害者である教員の交通事故を発生させた行為が職務を行うについてなされたものである場合には，その使用者である地方公共団体に民法715条の使用者責任が生じることがある。また，教員の交通事故を発生させた行為が「公権力の行使」にあたると認められる場合には，都道府県教委または市町村教委が国家賠償法上の賠償責任を負うことがある。交通事故に係る賠償責任については，強制保険（自賠責保険）および任意保険の範囲内で解決されるのが通例だが，損害額が大きく，それらの保険で損害を補填できない場合には，国家賠償法上の賠償責任が都道府県教委や市町村教委に生じることも考えられる。

二　また，判例では「事業の執行とは，外観上事業執行と同一の外形を有する行為を含む」とされており（大判昭15.5.10），公用車を使用しても自家用車を使用しても職務遂行中の行為であれば，「公権力の行使」と認められる可能性が高い。

三　教員の交通事故を防止するためには，出張等の際，安易な自家用車の使用を事前に制限するための規程を服務監督権者である教育委員会が制定しておくことも考えられる。規程を制定し，不要不急の際の安易な自家用車の公用使用や無理な運転日程を組んでいるような場合の公用使用を禁止するとともに，

III 国・公立学校における学校事故についての損害賠償請求

万一の事故の際に十分な補償が行えるような任意保険に加入していることを使用を承認する際の条件とすることなどにより，教員の交通事故を減少させるとともに，事故により地方公共団体が賠償責任を負う場合を減らすことが一層可能になると考えられる。

アドバイス　　教員としては，交通事故を起こさないように，無理のないスケジュールを組むこと，特に部活の指導の過程で発生する事案が散見されるので，疲れすぎた場合には運転を控えること等を考えるべきである。

【参考条文】
国家賠償法1条
民法709条，715条

【参考判例】
（鹿児島地判平12.5.19　判地自211・50）
○　県立高校の課外クラブ活動の顧問教諭が対外試合への送迎時に自家用車で惹起した交通事故によって同乗させていた生徒に傷害を負わせたことについて，右運転行為は，県の事業の執行につきなされたものであるとして民法715条に基づき損害賠償責任が認められた事例。

「乙山の運転行為が，被告の「事業ノ執行ニ付キ」（民法715条1項）なされたものとして，被告が使用者責任を負うかどうかについて検討する。

〔証拠略〕によれば，本件事故は，薩南工業高校教諭で同校女子バレーボール部顧問である乙山が，原告ら同部員を引率し，日曜日に他校との練習試合に赴くため，自己所有の本件自動車に同乗させ，試合会場に向かっていた途上で起こした事故である。

ところで，〔証拠略〕によれば，鹿児島県では，中学校・高等学校の対外運動競技等への参加は，公共交通機関を利用することを原則としているが，公共交通網の整備がされていない郡部の場合には，公共交通機関の利用は極めて不便であり，校外試合など部活動等に支障をきたす場合もあり，従来から，個々の教員や保護者の好意に頼り，教員の自家用車や保護者の自家用車等を利用することが多かった。本件事故当日の薩南工業高校と枕崎高校との練習試合の実施及び日程は，両校バレーボール部の顧問教諭同士の話しあいによって平成7年4月16日（日曜日）の午前9時と取り決められたが，当日は日曜日であり，学校からスクールバスが出されることはなく，また公共交通機関の利用も困難な状況にあり，顧問教諭である乙山及び丙川春子の自家用車を利用して原告らバレーボール部員を引率したものであり，その

1 　国家賠償法1条に基づく損害賠償請求

　ことは学校長も黙認していた。
　右認定事実によれば，乙山は，学校長の黙認の上で，薩南工業高校における課外クラブ活動の顧問教諭としての業務の一環として本件自動車を運転したものと認められるから，同人の運転行為は，被告の「事業ノ執行ニ付キ」なされたものと解される。
　したがって，被告は，乙山の使用者として民法715条により，原告が本件事故により被った損害を賠償する責任がある。」

Ⅲ 国・公立学校における学校事故についての損害賠償請求

運動会・体育祭と学校事故

私の息子の通学している県立高等学校では，以前，運動会の騎馬戦で騎馬を組んでいた生徒が転倒し，大けがを負ったことがあるそうです。このような場合，指導に当たっていた教員の注意義務について教えてください。また，体育祭や運動会あるいはその準備の過程で発生した事故で判例上問題となった競技について説明してください。

回答 運動会の騎馬戦により生徒が重症を負った事案があり，これにつき判例は，①騎馬戦の練習段階における生徒に対する指導等の義務違反，②運動会当日の騎馬戦における監視体制をあらかじめ整えておくべき義務の違反を認定して，安全配慮義務違反を認定した。

さらに，学校側の過失が認められた事案として，県立高校の体育大会の種目として8段ピラミッドを採用し，授業中に練習中，崩壊し，最下段の生徒が重傷を負った事案，市立中学の体育祭に備えてのむかで競争の練習中に生徒が転倒受傷した事案など，があげられる。

解説　一　学校の安全配慮義務と体育祭・運動会

学校の安全配慮義務の根拠は私立学校においては在学契約であるが，判例上，国公立学校においてもこのような契約関係を認められるか，認められない場合も信義則を根拠にこの義務を認めるのが一般的である。そこで，公立高校の設置者である県は，学校教育の際に生じうる危険から入学した生徒の生命，身体等を保護するために必要な措置をとるべき一般的な義務を負っているものと解される。

この安全配慮義務の具体的判断基準については，判例上安全配慮義務の生じる具体的状況によって定まるとされ，個々のケースについて判断されることになる。

1 国家賠償法1条に基づく損害賠償請求

　体育祭ないし運動会も，学校教育の一環として行われるものであり，分類的には学校行事として，学習指導要領において，特別活動の一つとして位置づけられている。そして，修学旅行や臨海学校のような校外で行われる行事とは異なり，校内学校行事として，生徒が日頃慣れ親しんだ場所で行われるものである。しかし，日常的な定まった教育活動と異なり一時的要素の強いものであり，校外学校行事と同様に，生徒の危険に対する対応能力が充分に備わっているとはいいがたい。そのため，どのような危険が伴うかは予測しがたい面があり，担当教諭等には十分な計画策定，適切な指示・注意，事故が発生した場合の対応等危険を防止し，生徒の安全を図るための措置を講じるべき高度の注意義務が課せられている。

　二　体育祭・運動会における注意義務

　これらの注意義務を分説すれば次のようになる。

　1　計画策定・運営方法と安全義務

　このように，校内学校行事においては，生徒の危険に対する対応能力が十分に備わっているとはいいがたく，どのような危険が伴うかは予測しがたい面があることから，これに参加する生徒の安全を期するために学校側には事前に十分に計画を練り，運営方法を検討する等の注意義務が課せられる。

　2　生徒に対する指示・注意と安全義務

　学校側が生徒に対する適切な指示・注意を尽くすこと。一般に対象となる生徒の学年・年齢が低くなるにつれて具体的な指示・注意が要求される。

　3　監視体制と安全義務

　一定の場合には教諭が生徒の動静を監視して行事の進行状況等を把握し，危険な状態が発現すれば直ちに対応できるようにしておく必要がある。

　4　救急体制・救護措置と安全義務

　学校行事を実施する際には，その有する危険性の程度に応じた救護体制を整え，事故が発生した場合には適切に対応する必要がある。

　三　騎馬戦と注意義務（福島地判平11.9.2判タ1027・244）

　判例で，県立高校の運動会での騎馬戦競技中，複数の騎馬が押し合い一塊り

Ⅲ 国・公立学校における学校事故についての損害賠償請求

になって転倒し，第四頸椎脱臼骨折等の重傷を負った事故について，県に安全配慮義務違反があったとして損害賠償責任が認められた事案があり，以下これを基に騎馬戦における注意義務について検討する。

1 本件騎馬戦の態様

本件で問題となった騎馬戦は，大将落としといわれるもので，対戦相手の騎士（大将）を先に引きずり落とした方が勝つというルールの騎馬戦である。

2 計画策定等における義務違反について

右判例は，騎馬戦における騎馬は安定性に乏しく，騎馬が崩壊した場合には，その構成員が身体に多大な衝撃を受ける危険性があるのであるから，騎馬戦を運動会において実施する場合には，騎馬戦を実際に行う生徒の身体の安全を確保するため，右危険に十分留意した計画等を行うべきである，と判示しつつも，

「しかし，……高等学校学習指導要領においては，特別活動の指導計画の策定にあたっては，学校の創意を生かすとともに，生徒の発展段階や特性を考慮し，教師の適切な指導の下に，生徒自身による実践的な活動を助長することが要請されている事実が認められるところ，生徒の体力，気力の充実等，心身の健全な発展をはかる等の学校教育における体育的行事の目的にかんがみれば，競技方法等の騎馬戦の計画策定については，競技者が負傷等事故に遭遇する可能性が極めて高い競技方法を採用する場合でない限り，生徒・学校間の協議等により任意に選択することが許されると解される。」とし，結局，本件騎馬戦実施に際しての計画策定等についての義務違反はないと判示する。

3 練習における生徒に対する指導等の義務違反について

教師の指導義務について，右判例は，教師自身が騎馬戦の危険性を認識，理解し，生徒の騎馬戦の経験，生徒の運動能力等を十分に把握し，生徒に対し，騎馬戦における安全確保のための注意，指示，指導を行うべきであったとし，具体的な指導義務として以下のとおり判示する。

「……騎馬を組んでいる馬役の一方の意思のみでは組み手がなかなか外れず，倒壊の際，騎馬の構成員の1人に多大な圧力が生じる可能性があるという

1　国家賠償法1条に基づく損害賠償請求

危険性が騎馬戦にはあるのであるから，教諭は，右練習段階において，騎馬の倒壊の仕方，組み手の外し方等についての指導・訓練をすべきであったということができる。ところが，本件全証拠によるも，本件運動会の練習において，原告Tも，F（筆者注：一緒に騎馬を組んでいた生徒）も，教諭，ブロックのリーダー等から組み手を外すことや，騎馬の倒壊に関する注意事項の説明，指導等を受けたことを認めることができない。」とし，「したがって，本件騎馬戦に関して，被告の履行補助者である指導担当教諭らは，騎馬戦についての危険性を認識，理解し，練習段階で，生徒に対し，騎馬の倒壊の仕方，組み手の外し方等につき説明，指導等をすべき義務があったにもかかわらず，これを怠ったものというべきである。」と練習等における生徒に対する指導等の義務違反を認める。

4　本件騎馬戦における監視体制について

さらに，右判例は多数の騎馬が集中することの予見可能性とそれに対する監視体制の不備について以下のとおり判示する。

①「……本件騎馬戦では大将落としの方法が採用され，1騎対複数騎の対戦が禁止されておらず，試合時間が90秒と制限されていたため，短時間のうちに大将騎馬に敵の攻撃騎馬が集中し，それから大将騎馬を守るために，守備の騎馬がやはり大将騎馬の付近で守備をし，そのために大将騎馬付近に多数の騎馬が集中する可能性があることは，本件騎馬戦開始当時，教師らにおいて十分に予測できたものである。」

②「また，本件騎馬戦においては，前年度実施の騎馬戦における審判の配置方法（対戦する一方のブロックの騎馬それぞれに審判員を帯同させる方法）とは異なり，担当騎馬を決めずに各ブロックに同数の審判員をつける方法が採用され，大将騎馬の審判員以外の各審判員には担当騎馬が決まっていなかったのであるから，ある1騎の騎馬に複数の審判員が注目し，審判員が全く監視していない騎馬が出てくる可能性があった。実際，占部教諭は，目の前の騎馬についての審判をしていた時は，他の騎馬を見る余裕はなかった。」

として，結論として以下のように監視体制の義務違反を認める。

「したがって，指導担当教諭らには，本件騎馬戦に伴う事故を回避するため，騎馬の動向を注視して，対戦騎馬の一方が倒壊しそうになったり，複数の騎馬が集中して一緒に倒壊しそうになったりして，生徒が負傷する危険が生じたような場合には，直ちにこれに対応して，対戦を中止させたり，騎馬の構成員の転落，転倒を防止したりする等の措置をとることができる監視体制を予め整えておくべき義務があったというべきところ，指導担当教諭らは，右義務の履行を怠ったものである。」

5　被告の責任＝安全配慮義務違反

右のようにこの判決は，生徒に対する説明指導義務違反と監視体制を整えておくべき義務の違反を認め以下のとおり被告県の安全配慮義務違反を認定する。

「本件事故は，被告の履行補助者である指導担当教諭らにおいて，本件騎馬戦の練習段階で馬の倒壊の仕方，組み手の外し方等についての説明，指導等をすべき義務に違反し，更に，本件騎馬戦にあたり，馬の構成員の転落，転倒を防止する等の措置を採ることができる監視体制を整えるべき義務に違反したことによるものというべきであるから，被告は，原告Tに対する安全配慮義務に違反したものであり，本件事故による損害を賠償する責任がある。」

四　人間ピラミッドと注意義務（福岡地判平5.5.11判時1461・121）

人間ピラミッドの事故例として，県立高等学校の体育大会の種目として8段のピラミッドを採用し，授業中に練習中，崩壊し，最下段の生徒が頸椎骨折等の傷害を負った事故について，指導教官らの過失が認められた事案があげられる。

1　人間ピラミッドの危険性について

被告の県は本件において，「ピラミッドは，ラグビー等とは異なり，比較的安全なスポーツであり，事故の予測可能性はなく，段階的な練習等もしており，指導教諭に過失はなかった。」と主張したが，これに対して，右判決は，人間ピラミッドに内在する危険性を詳細に判示した上で，本件の高校における体育大会での8段ピラミッド採用の経緯を見ても，それまで，この高校におい

1　国家賠償法1条に基づく損害賠償請求

て8段のピラミッドを成功させたことはなく，前年の平成元年の7段を2回失敗していたのであり，8段であれば，土台を構成するものの付加が増加するのは当然であり，崩落による事故発生の可能性もより高いといわなければならないと判示し，以下のように教員らの注意義務違反を認定する。

2　教員の注意義務違反

「M教諭ら4名は，いずれも高校，大学時代に自らピラミッドに参加した経験はないか，あっても5，6段程度であり，殆どがS高校赴任後での経験であって，ピラミッド参加の人員の選定，生徒らに対する注意等を見ても……『全体が崩れそうなときは，特に上の者について早く下りるように注意していた。』という程度であって，特にピラミッドについての高度の技術，指導力，経験を有していたとは認められない」

「また，……指導のための年間計画表の作成がされていたものの，夏休み前のスポーツ授業でされたのは簡単な組体操であり，準備運動や筋力運動あるいはピラミッドの補助運動と評価される程度のものであり，8段ピラミッド実施の上での経験の基礎となったとは認めがたい。そして，他に宮本教諭らが特に7段ピラミッドに失敗した経験を生かすべく，その反省の上に立って慎重に8段ピラミッドの完成，練習を実施しようとしたと認めるべき証拠はないから，夏休み以前に8段ピラミッドを目的とした基礎練習は殆どなされなかったという他ない。」と判示し，左記のとおり教員の注意義務違反を認定する。

「本件事故は，M教諭らにおいて，8段ピラミッドが極めて成功が困難で，危険性のあることを十分に認識せず，これを安易に採用し生徒らの危険回避の方法等を工夫することなく，また，ピラミッド組立のための段階的な練習，指導をすることなく，一気に実践の組立に入り，練習2日目で5段以上の高段を目指したことにより生じたものであり，指導に当たったM教諭らの注意義務の違反によるものであるから，被告県はこれにより原告らが被った損害を賠償する義務がある。」

五　むかで競争と注意義務（神戸地判平12.3.1判時1718・115）

市立中学校の例であるが体育祭に備えてのむかで競争の練習中に，生徒が転

Ⅲ 国・公立学校における学校事故についての損害賠償請求

倒受傷した事故につき，指導教諭に過失があるとして賠償請求が認められた例がある。

運動会や体育祭は生徒のみならず父兄も楽しむ一大イベントではあるが，華やかな反面，事故も少なからず発生する。一時的要素の強い「イベント」であるが故に生徒の危険に対する対応能力が十分に備わっていない点が多々あり，そのためにどのような危険が伴うか予測しがたい面がある。担当教諭らは十分な計画の策定，適切な指示・注意，事故が発生した場合の対応等危険を防止し，生徒の安全を図る措置を講じる義務があり，マニュアル化して，担当する教員の意思疎通を十分はかる必要がある。

【参考条文】
国家賠償法1条1項
民法415条，709条，715条

【参考判例】
（福岡地判平5.5.11　判時1461・121）
○　本文の人間ピラミッドの事故に関する事案で人間ピラミッドの危険性に関して判示する部分を以下に引用する。
　「人間ピラミッドは各種体育大会等において広く行われる種目であり，高等学校学習指導要領において指導すべき体育の科目として定められている体操の範疇に入る組体操として高等学校における体育授業の一内容と解することができるものの，一般的にみて，上部の者が前後左右へ転落する危険はもとより，上部の者ないしは中位の者がほぼ真下に崩落することにより下段の者がその下敷きになる危険を内包することを否定できない。ことに参加者数が増えるに従って高さ，人数等の点で下段の者らの負荷は大きくなるばかりか，中央に押す力も強く働いて揺れを生じ，かつ，バランスを失して崩落しやすくなり，崩落が下段の1か所に集中し，その結果下段の者に過重な負荷がかかる危険があることは見易い道理である。
　特に，本件のような高さ5メートルにも及ぶ8段のピラミッドは完成間際はもちろん，途中においても崩落する危険があることは当然であるが，この危険性は更に，参加者数のみならず参加生徒の個々的及び全体的な体力，筋力，精神力，集中力，協調力等の資質不全，習熟度の不足ないし指導者の未熟等の要因によって容易に増幅されるものであり，指導する教師らにこの危険性が予見できないことはありえない。

1 国家賠償法1条に基づく損害賠償請求

　　したがって，8段のピラミッドを体育大会の種目として採用するに当たっては，参加生徒の資質，習熟度，過去の実績等について慎重な検討を必要とするものというべきである。」

　（神戸地判平12.3.1　判時1718・115）
○　「右認定の事実によれば，本件のような20人近くの集団でもって走る早さを競うむかで競争は，足が揃わず転倒するおそれがあり，転倒に至れば転倒した生徒に他生徒が将棋倒し様に倒れかかるなどして，生徒が負傷する危険が容易に予測でき，むかで競争競技の実施自体に危険が伴うものである。その危険性にかんがみると，むかで競争の練習を指導するについては，なによりも競技の危険性に配慮して，勝敗よりも安全確保に留意し，歩行から駆け足へと段階的に十二分に練習を積んだ後に，競技形式と同様の練習に移行すべきであり，目標タイムを設定しての競技形式と同様の練習は，生徒が競技に十分習熟した練習日程の最終段階において行うべき義務があるというべきである。」
　　「……J中学校においては，平成6年の体育祭の早朝練習には担任か副担任が立ち会うことは実行されていたが，むかで競争の具体的な練習方法について，安全に配慮して段階的に練習することの申し合わせや指導がなされていないこと，Y教諭は，原告を含めたクラスの生徒に対し，足踏み，歩行，駆け足の順に実技練習させているが，安全に関しては，ふざけてしないこと，かけ声を出して足を揃えること，体を密着することの注意をした程度で，負傷をしないように速度を抑えることや，当初はゆっくり走らせる工夫や注意をすることなく，練習初期の段階から目標タイムを設定し，実際の競技と同様になるべく速く走らせる方法によって練習を実施指導していたものであり，Y教諭には，むかで競争の危険性を配慮した練習方法をとるべき注意義務を尽くさなかった過失があるというべきである。
　　被告は，M市内の他の中学校においては，むかで競争が実施されており，むかで競争自体が危険な種目でないと主張し，証人Yは，J中学校以外でもむかで競争が実施されており，危険であるとの認識を有していなかった旨証言するが，前記認定判断のとおり，本件のようなむかで競争は危険性が存する競技であると認められ，危険な競技でないとの認識自体が学校管理者や指導担当教諭の安全配慮不足の基因とはなりえても，Y教諭の過失を否定する論拠とならないことは明らかである。」

　（福岡地判平27.3.3　判時2271・100）
○　騎馬戦・国家賠償
　　〈事案〉県立高校の生徒であった原告X_1が，体育祭の騎馬戦で落馬し，第7頸椎以下完全麻痺の後遺障害を残す受傷をした治療費等の賠償とX_1の両親が慰謝料を被告県に対し請求した事案（認容額2億0067万4164円）。

Ⅲ 国・公立学校における学校事故についての損害賠償請求

「ア 騎馬戦一般ないし本件騎馬戦の性質
　そもそも騎馬戦とは，通常3名が手を組んで馬を作り，その上に1名の騎手が乗って1騎の騎馬を構成し，一定の勝敗条件の下で他の騎馬と優劣を競う競技である。勝敗条件としては，騎手が身につけた帽子若しくは鉢巻を取られ又は風船を割られた側を負けとするもののほか，騎手が落馬し又は騎馬が崩れた側を負けとするものが考えられる。
　いずれの型の勝敗条件を採用するにせよ，複数名の人間が組むそれ自体安定した体勢とはいい難い騎馬が，少なくとも2騎，騎手同士互いに手の届く範囲で攻防を繰り広げる以上，馬の接触，騎手の落馬，騎馬の崩壊等の危険が生じうることは容易に想定できる。中でも後者の型は，騎手の落馬又は騎馬の崩落といった事態を生じさせることを競技の目標とするものであるから，このような危険の発生が当然に予定されているものといわざるを得ない。
　ここで，本件敗北条件をみるに，騎馬が崩れたときという条件はもちろんのこと，騎手の頭部が馬の腰部を下回ったときという条件も，それが充足されたときの騎手の体勢は，正常であれば馬が組む手に乗る騎手の脚部が位置する高さであるところの馬の腰部よりも騎手自身の頭部が低くなるというものであって，騎手の落馬に直結する可能性が極めて高いから，本件騎馬戦は，騎馬の崩壊又は騎手の落馬といった事態の発生が当然に予定される後者の型に属するものというべきである。
　加えて，騎馬戦は，例えばサッカー，野球及びバスケットボール等のスポーツと異なり，学校教育における通常の授業の種目として取り入れられることはまずなく，年に2度の運動会や体育祭の本番又はそれに向けた練習で経験するか否かという頻度でしか行われない競技であるから，生徒が騎馬戦に習熟しているといった事態は通常想定し難い。現に，A高校においてこれを上回る頻度で騎馬戦を実施していたといった事実は，何ら主張立証されていない。
　このように，本件騎馬戦は，本件敗北条件のために騎手の落馬や騎馬の崩落といった事態が発生する蓋然性が極めて高度であったにも関わらず，実際に落下する生徒の側において騎馬戦におけるこのような事態に対処する経験をさほど積んでいないという性質の競技であったといえ，かつ，こうした事情は，体育祭における騎馬戦の実施を決定し，また本件敗北条件を含むルールを設定した指導担当教諭らにおいて当然に認識し得たものである。
　したがって，本件騎馬戦の実施に当たっての本件義務の内容及び程度は，このような本件騎馬戦の性質を踏まえて検討するべきものである。
　イ　本件騎馬戦の実施に当たっての本件義務の内容及び程度
　上記の本件騎馬戦の性質，とりわけ騎手が落下する高度の蓋然性を有していることを踏まえれば，本件騎馬戦を体育祭で実施するに当たり，騎手の落下に起因して生徒の生命身体の安全が害される事態を防止するために，校長及び指導担当教諭ら

1 国家賠償法1条に基づく損害賠償請求

が果たすべきであった本件義務には，少なくとも以下の内容が含まれる。
　(ア)　生徒に対し，騎馬戦の危険性及び安全確保の手段を指導する義務
　騎手が落下する蓋然性が極めて高い競技であることを生徒に周知するとともに，競技中は騎手同士が互いの体に手を掛けて組み合っており，そのままでは手を地面につく等の危険回避行動が取れないことから，落下時には必ず互いに手を放して，危険回避行動に移るべきことを繰り返し指導する。
　(イ)　生徒に十分な事前練習，とりわけ落下時の危険回避行動の練習をさせる義務
　授業等の時間を用いて，騎馬戦に参加する全ての生徒に，事前に十分な練習をさせる。
　特に，騎手が落下した際に危険回避行動を取れるよう，落ち方につき段階を踏んで入念な練習をさせるべきである。
　具体的には，最初は畳やマットの上等転落時の危険が相対的に小さい場所で騎馬を組ませ，1騎の状態で騎手が転落時に取るべき行動を反復練習させる。次に，2騎を組ませた状態から，転落時に騎手が互いに手を放して危険回避行動を取る，その一連の動作を反復練習させる。騎手が危険回避行動に慣れるに従い，場所をグラウンドに移し，あるいは実戦形式を取り入れるなど，実際の体育祭に近い環境で練習させる，といった方法が考えられる。
　(ウ)　本件騎馬戦の審判員を務める教員に対し，危険防止措置を取って生徒の負傷を防止できるよう指導，訓練する義務（前記第2の1(3)ア(イ)）
　(エ)　審判員を危険防止措置が取れるよう配置し，また生徒に受傷の危険が発生した場合には審判員をして危険防止措置を取らせる義務（前記第2の1(3)イ）
　本件敗北条件の下で実施される騎馬戦における騎手が落下する態様としては，騎馬の崩落に伴う下方向への落下と，騎馬の形が維持された状態であっても，騎手が互いに相手の頭部を馬の腰部より下に下げようともみ合う過程でバランスを崩すことによる左右いずれかの方向への落下が想定される。そして，騎手は，足場が不安定な状態で，馬から落ちないよう相手から掛かる力に抵抗して反対の方向に力を入れる上，馬は，騎手の落下を避けかつ騎馬が崩れないように，騎手の動きに合わせるため力ずくで体勢を変化させるから，それらの力の均衡が崩れれば，騎手がもみ合っていた側とは反対の方向に急に落下することも十分に考えられる。
　したがって，審判員が危険防止措置を取ることにより騎手の落下に伴う危険から生徒を守ろうとする場合には，そもそも騎手が落馬するおそれの低い段階で勝敗を決し対戦を止めるか，又はこのように急激な落下方向の変化が生じた場合にも生徒を受け止められるよう，対戦する騎馬1組に対し複数の審判員を配置することが求められていたというべきである。
　(3)　校長及び指導担当教諭らが本件義務に違反したこと
　ア　前記認定事実のとおり，本件騎馬戦に先立ち，参加する生徒全員に対してA

III 国・公立学校における学校事故についての損害賠償請求

高校が実施した練習又は説明は，9月4日の講習会及び同月5日の予行演習のみであった。講習会においては，G教諭が代表の生徒に騎馬を組ませて騎馬戦のルールや危険性の説明を行ったものの，原告X_1を含む大半の生徒は騎馬を組むこともなく，また実戦形式の練習は行われなかった。また，予行演習においても，移動の仕方や審判の配置，判定位置等の確認こそ行われたものの，実戦形式での演習は行われなかった。

この程度の説明ないし練習の機会では，本件騎馬戦に参加する生徒，とりわけ騎手を務める生徒が，転落の危険を正しく認識し，かつそれに対処する能力を身につけるのに十分でないことは明らかであって，校長及び指導担当教諭らは，生徒に対して安全確保の手段を指導し，かつ生徒に十分な事前練習をさせる義務に違反したものである。

イ　また，本件騎馬戦においては組み合う2騎の騎馬に対し1名の割合で審判員が配置されていたが，1名では，騎馬同士がもみ合うなかで騎手の落下する方向が急に変化し，審判員が予測した側とは反対の方向に落下した場合に騎手を受け止めることができないから，危険防止措置を取り得るよう複数の審判員を配置する義務に違反している。

(4)　以上に対し，被告は，高校生である生徒には騎馬戦における騎手転落の危険性の認識及び相当程度の危険回避能力があり，それを前提とすれば本件義務の履行としては被告が実施した練習及び説明で十分であったと主張する。

しかしながら，高校生が一般に落下の際の頭頸部受傷の危険性及び落下時に手をつく等により危険回避できることを認識しているとしても，騎手は落下する直前まで相手の騎手と組み合っており，しかも自分が先に落下しないよう相手の騎手から最後まで手を離さないでおこうとする傾向の強い騎馬戦の競技中，落下までの僅かな時間で相手から手を放して危険回避行動に移る能力を有しているとまではいえない。

また，被告は，本件騎馬戦のルールを大将落としから一騎打ちに変更し，殴る蹴る等の暴力行為を禁止し，かつ騎手にはラグビーのヘッドキャップの着用を義務付けることで本件義務を果たしたと主張する。

しかしながら，当該ルールの変更により，3騎以上の騎馬が入り乱れることにより生じる危険を低下させることができても，2騎の騎馬が互いに相手の騎手の体勢を崩そうと組み合うことにより騎手が落下する危険性は変わらない。また，騎手や馬に暴力行為を禁じても，本件敗北条件の下では，騎手同士が体勢を崩すためにつかみ合う以上，騎手が落下する危険性は何ら減少しない。さらに，ラグビーのヘッドキャップは，その構造上，頭頂部，こめかみ，額及び耳の周辺を保護する機能を有するものではあるが，騎手が頭から落下した場合に頸部に掛かる負荷を著しく減らすものではないから，ヘッドキャップの着用義務付けによって騎手が落下する危

1 国家賠償法1条に基づく損害賠償請求

険に対処する義務を履行したとは到底評価できない。
(5) 小括

以上のとおり，本件事故は，校長及び指導担当教諭らにおいて，事前に生徒に騎馬戦の危険性及び転落時に取るべき安全確保の手段を指導し，かつ十分な練習をさせる義務に違反し，更に本件騎馬戦に当たり，騎手が落下する方向が急激に変化したとしても審判員が危険防止措置を取ることができるように，対戦する騎馬1組に対し複数の審判員を配置する義務に違反したことにより発生したというべきである。」

Ⅲ 国・公立学校における学校事故についての損害賠償請求

遠足と学校事故

以前テレビのニュースで，学校の遠足に行った小学生が崖から転落して死亡したという痛ましい事故が報道されていました。このような場合，学校側の責任はどのようになるのでしょうか。

回答 その遠足についての事前注意・調査，引率方法，生徒に対する指示・注意，救助体勢・救護措置のそれぞれについて安全義務違反がなかったかについて判断され，責任内容が定まる。

解説 一 学校の安全配慮義務と遠足

学校の安全配慮義務の根拠は私立学校においては在学契約であるが，判例上，国公立学校においてもこのような契約関係が認められるか，認められない場合も信義則を根拠にこの義務を認めるのが一般的である。そこで，公立小学校の設置者である市区町村は，学校教育の際に生じうる危険から入学した生徒の生命，身体等を保護するために必要な措置をとるべき一般的な義務を負っているものと解される。

この安全配慮義務の具体的判断基準については，判例上安全配慮義務の生じる具体的状況によって定まるとされ，個々のケースについて判断されることになる。

遠足は，学校教育の一環として行われるものであり，分類的には学校行事として，学習指導要領において，特別活動の一つとして位置づけられている。そして，修学旅行や臨海学校と同様に校外で行われる行事である。

もともと，一時的な要素の強い教育活動であることから，生徒の危険に対する対応能力が充分に備わっていない面があり，さらに，校外で実施されるところからどのような危険が伴うか予測しがたい面がある。

このようなことから，担当教員等には，充分な事前調査と計画及び適切な指

1　国家賠償法1条に基づく損害賠償請求

導，事故が発生した場合の対応策等事前の準備が要請される。

ちなみに，遠足に出かけて公園で遊んでいた小学校4年生の女生徒の転落死亡事故に関する浦和地判平3.10.25（判時1406・88）は，この点につき，次のように判示する。

「……小学校における遠足が学校外における行事であって時として思わぬ危険が存在すること，小学生は未だ判断力，自制心が十分でない上，危険に対処する経験も乏しい反面好奇心や冒険心が旺盛で，行動も活発であるところ，これに野外の遠足に伴う解放感が相乗され易いことは経験則上明らかである。従って，小学校校長及び右遠足の実施に携わる教員には，校内における教育活動以上に児童の安全確保上特段の注意と綿密な準備が要求される。」

二　事前注意・調査と安全義務

原則として，現地調査（下見）を実施するなどして，事前に目的地の状況，とりわけ危険な場所・個所の存在についてよく調査し，現状を正確に把握し，現地の状況を正確に把握したうえで，児童に昼食や自由行動を指示するにあたっては，それに相応しい安全な場所を選ぶべき注意義務があるというべきである（前掲浦和地判平3.10.25同旨）。

そして，右の浦和地裁判決は，下見について以下のように具体的にその不十分さを判示する。

「……しかし，右のような下見は，昼食をとることが予定されている場所の下見としては必ずしも十分であったと言えない。

即ち，昼食をとり終えた児童が集合時間まで遊ぶことは容易に予測でき，とりわけ同所が芝生広場であってみれば，児童がここを走るなどして行動範囲を広げてみたくなることも明らかである。

そして，本件斜面がH教諭自身危険を感じたような急な斜面であった以上，児童が走った勢いで斜面の下方まで行ってしまうことは，容易に予測できることである。

このような地形の状況をふまえて考えると，児童を遠足に引率する教員としては，斜面の下方がどのようになっているかを見分しておくべきであり，ま

Ⅲ 国・公立学校における学校事故についての損害賠償請求

た，この部分を見分しておけば，本件崖の存在を容易に現認することができたことは明らかである。そしてこれを現認していれば，児童に対し，単に走ることが危険であることを注意するにとどまらず，本件崖に近づかないように指示するなど，これに対処する方法を講ずることができたものと考えられる。

しかるにH教諭は，本件斜面の下方部分を十分に下見しなかったため，本件崖の存在に気がつかなかったのであるから，同教諭には，下見に関し過失があったと言わざるを得ない。」

ただし，小学校5年生の遠足登山での生徒の転落死亡事故が問題となった新潟地判昭60.9.17（判地自63・44）は，本件登山コースが小中学校の遠足や家族連れの登山コースとして利用され，一般的に安全手軽な登山コースと言われていることや，本件事故以前には転落事故は1件もなかったことを認定して，「引率教諭が下見をしなかったことについては，……合理的な理由が認められるから，この点について引率教諭に安全保持義務に違反した過失があるとはいえない。」として，過失を否定する。

したがって，下見が必ずしも必要なものではなく，遠足の候補地等（毎年行っているところかとか，小学生にも安全とされている場所か等）諸般の事情によって異なってくる。

三 引率方法と安全義務

引率方法についても相当な注意義務が求められる。ペースが適切であったか，教員の数が少なすぎてはいないか等である。

この点前記の小学校5年生の行事として実施された遠足登山の際の生徒の転落死亡事故に関する新潟地判昭60.9.17は，登山のペースが速すぎなかったか否か，万一の場合に備えて引率教諭間で連絡を取り合うためトランシーバーを携帯すべきか否かが問題となったが，本件判決は「本件遠足の進行速度は標準所要時間に近いものといえ，速すぎるとはいえない。そして，その間2回の休息がとられており，これが適切な休息でないと認めることはできず……また，引率教諭が児童を統制することなく，児童の自由に任された登山が行われたことを認めるに足りる証拠はない」「なお，原告らは，引率教諭らがトランシー

1　国家賠償法1条に基づく損害賠償請求

バーを携帯しなかった事実を非難するが，トランシーバーを携帯していた場合，児童の状態について連絡が容易で，これについてより把握しやすいということはいえるものの，右判示のように本件遠足の登山進行速度が不相当と認められない以上，トランシーバーの不携帯をもって安全保護義務に違反した過失があるということもできない。」と判示し，これらの点につき過失を否定する。

四　生徒に対する指示・注意と安全義務

遠足のように，通常の教育環境とは異なった場所で行われる行事においては，それに参加する生徒自身に危険に関する判断能力が備わっていないため，引率教諭は事前に実施場所について調査するとともに，現場においても危険性について留意し，生徒に対して指示・注意を与える義務がある。

市立中学1年生が登山活動中に転落死した石鎚山転落事故国家賠償事件において，松山地今治支判平元.6.27（判時1324・128）はこの点につき以下のとおり判示する。

「右事実によると，原告が帽子を取るためにおりた崖は，転落の危険性の大きい場所であったのであるから，引率者のひとりであるM教諭としては，原告が帽子を取ることの許可を求めたことに対しては，これをやめるよう指示すべきであったのであり，石鎚山登山の経験がないため，その崖の状況について自ら判断することができないのであれば，登山経験のあるT教諭に意見を求めるなどして崖の状況を確認すべきであったもので，そうすれば，原告が下りたところが非常に危険な所であることを認識することができ，したがって，原告が下りることを禁止して本件事故の発生を防止することができたはずである。しかるに，M教諭は，原告が崖を下りることを一旦はやめるよう指示したものの，原告が簡単に取れそうである旨言ったことから，その場所の危険性についての判断を誤り，結局これを許可したものであり，この点において，同教諭には過失があるといわなければならない。」

右判決は，生徒から帽子を取ることについて許諾を求められた事案であることから，教員の義務がいっそう強化された事案であると思われる。

他方，前掲の遠足に出かけて公園で遊んでいた小学校4年生の女生徒の転落

Ⅲ 国・公立学校における学校事故についての損害賠償請求

死亡事故に関する浦和地判平3.10.25は,

　原告の,①教頭その他の教員らは,遠足の一行が同公園に到着した後,児童に対し,「走ってはいけない。」などと抽象的・一般的な注意事項を伝達しただけで,斜面の下方に崖があるからそちらに近づかないようにとの注意を与えないまま解散した。②児童たちが展望台下方の斜面に分散して食事をしているにもかかわらず,教頭その他の教員らは児童たちから離れて展望台付近で食事をし,見回りをするなどして児童たちの行動を把握することを怠った,との主張に対して次のように判示して責任を否定する。

　「……遠足の一行がB公園に到着した後,H教諭が児童に対し,斜面で走ってはいけない旨の注意をしたことは……争いがない。

　原告らは,遠足の一行が到着した後にM教頭らが本件斜面の安全確認をして崖の存在を児童らに指摘しなかったことを過失を基礎付ける事実の一つとして主張するが,下見を実施した上に遠足の当日にも57名の児童を待機させて安全確認をすることを求めることは妥当ではないから,右主張は採用できない。

　……,児童らは,本件斜面内の芝生広場に散らばって昼食をとったこと,M教頭,Hほか2名の教諭は,一通り児童らの間を見回った後テレビアンテナ近くに設置されていたベンチで昼食をとったことが認められる。

　……遠足の一行がB公園に到着した後,H教諭が児童に対し,斜面で走ってはいけない旨の注意をしたことは既に判示したとおりであり,右注意に背いて走る児童がいることまでをM教頭,Hほか2名の教諭が予測して,昼食時間中休まず見回りをすることを求めるのは妥当ではない。また,前記のような本件斜面の形状に照らせば,M教頭,Hほか2名の教諭が高い位置にある……のベンチで昼食をとったことも不適切であったとまでは言えない。」

　五　救護体制・救助措置と安全義務

　遠足のように生徒が日常慣れ親しんでいない場所で実施される学校行事では,いついかなる事故が生じるか予測できない面がある。そこで,これを引率する教諭は,事故が発生した場合に備えて適切な救助体勢を整え,いったん事故が発生したときは,適切な救助措置を講じるべき義務がある。

1　国家賠償法1条に基づく損害賠償請求

　これにつき，小学校の遠足の際に，5年生の生徒が小石につまづいて谷底へ転落した事故に関する前掲新潟地判昭60.9.17は，救助活動に関して以下のとおり判示し，引率教諭の過失を否定する。

　「C助教諭が本件現場から谷底まで降りるのに要した時間は，救助隊が要した時間（約8分間）の半分ぐらいの時間であったこと，A教諭は，C助教諭より先に谷へ降り始めたが，谷底にはC助教諭より遅く，C助教諭がEに人工呼吸をし始めた頃着いたもので，その間に要した時間は10分もかかっていないこと，A教諭及びC助教諭は，いずれも児童から本件事故の発生を聞き，躊躇なく谷へ降り始めたもので，救助活動は連続して行われたことが認められる。」

　「本件事故発生からF小学校の教職員に救助通報を頼むまでの時間は，本件事故発生後A教諭が谷底に降りてEを発見するまでの時間に，D教諭がA教諭から救助連絡を行う旨の指示を受け，F小学校の教職員に救助通報を頼むまでの時間ということになり，それは10分内外の時間であると推認でき，これによれば，引率教諭らは本件事故発生後，迅速かつ適切な救助活動を行ったものというべきである。そして，引率教諭がロープを携帯していれば右救助活動がより早く行い得たと認めるに足りる証拠はなく，引率教諭の救助活動上の過失はないというべきである。」

アドバイス　冒頭で述べたように，遠足は，もともと，一時的な要素の強い教育活動であることから，生徒の危険に対する対応能力が充分に備わっていない面があり，さらに，校外で実施されるところからどのような危険が伴うか予測しがたい面があり，生徒がはしゃいだり興奮したりするのでなおさらである。

　ただいたずらにリスクを強調していては学校行事としての遠足自体成り立たないので，判例等を踏まえて，担当教員等には，充分な事前調査と計画及び適切な指導，事故が発生した場合の対応策等事前の準備をしたうえで，遠足に望むことが要請される。

Ⅲ 国・公立学校における学校事故についての損害賠償請求

【参考条文】

国家賠償法1条1項
民法415条，709条

【参考判例】

（浦和地判昭61.12.25 判時1252・86）
○ 公立中学の2年生男子生徒が校外活動で林間学校に行く途中，河原で昼食をとった際に，岩場から転落溺死した事案で，引率教師の安全義務につき以下のとおり判示する。
「1 まず，本件林間学校の実施にあたり事前に本件岩場を引率教師が下見し，その危険性について生徒に警告すべきであったという原告らの主張についてみるのに，前記認定のとおり，M中学校の教師は，本件林間学校実施前に本件川原を下見しておらず，引率教師らは誰も事前に本件岩場の存在及び後記認定のような岩場の危険性についての認識をもたず，林間学園に参加する生徒に対しその旨の警告は与えていなかったことが認められるが，他方，本件川原はK市教育委員会の担当者が下見をし，林間学園に参加する生徒らに昼食をとらせる場所として適当であると判断して，現地指導者講習会に出席したH教諭を通じてM中学校に右昼食場所の指示をしており，このような場合，指示を受ける学校側としては，右指示が明らかに不合理と感じられる等特段の事情がない限り，右指示を信頼すれば足り，旧ら事前に下見を実施して，当該場所の安全性を確認するまでの法的義務までは負っていたとはいえない。したがって，右の点についてM中学校引率教師らに違法はない。
2 次に，引率教師らは一行が昼食をとるため本件川原に到着した時点において，川原周辺の危険箇所の発見に努めるべき義務を負っていたとの原告らの主張について検討する。
……ところで，本件引率教師らは，本件川原で昼食をとるにあたり，その周辺の見回り，確認等をしなかったことは前に認定したとおりであるが，右見回り確認等の必要性は，当該場所における活動目的と密接な関連性を有するものと考えられるところ，一行が本件川原に立寄ったのは，前述のとおり昼食をとるのが目的であって，同所でその他の活動を行うことを目的としたものではなかったこと，また，O教頭らは，本件川原を昼食場所と決定するにあたり，当日同所付近にいた線路工夫に川原の状況を確認していること，そして，右確認で得た知識をもとに，生徒らに対し，引率教師らが，昼食は，本件川原で各班ごとにとること，水に近いところに寄るななどの注意を与えていること（なお，本件川原で休憩した目的をふまえるならば，本件川原で昼食をとることという指示の中には，本件川原から離れて行動しないようにという意味内容が含まれていると解されるところ，右意味内容は黙示的なものであるにしても，中学2年生程度であれば，通常認識しうるものというべき

1 国家賠償法1条に基づく損害賠償請求

である。）しかも，本件岩場は，先に認定したとおり，本件川原の中心からみても比較的距離があり，その様相も表面が小石，砂利等で被われて平坦な本件川原とは明らかに異なっていたから，右のような理解は容易であったと解されることなどの諸事情に照らすと，本件岩場に及ぶまでの範囲を引率教師らが，生徒らを昼食のため解散させる前に調査をしてその危険性について警告する義務まで負っていたとはいえない。

……はいえ，引率教師としては，生徒の動静に注意し，生徒が本件川原より離れて行動するというような具体的状況が生じた場合は，当然それに気づき，生徒が危険に近づくことを防止し，生徒を危険から引き離し，事故の発生を防止するため具体的状況に応じた適切な処置を講ずべき義務がある。

ところが，これまで認定した事実と……証拠を総合すると，昼食のため解散したころから生徒の中には本件川原を離れて本件岩場に赴くものがあり，その数は次第に増えて本件事故直後には20名近くに及んでいたこと，しかるに引率教師らは別紙図面の「教師」と記載した位置に1か所に固まって昼食をとるなどしていて7名もおりながら誰一人右の生徒らの動きに終始気づかず，したがって本件岩場に赴いたIらが危険に近づくことを阻止し事故の発生を防止するような適切な措置もとらなかったことが認められる。そうすると，O教頭ほか6名の引率教師には，右義務に違反した違法があるといわざるをえない。

そして，前掲証拠によれば，右引率教師らが昼食をとった場所と本件岩場の間には，柳，アカシア，イタドリなどの木立や繁みが介在し，本件岩場方面の視界が妨げられてはいたが，もし生徒の動きにつき注意してさえいれば生徒の動きに気付くことができ，しかもわずかの移動で，本件川原から本件岩場方面を見通すことは，可能であったことが認められるから，右義務違反につき引率教師らには過失があるとみるべきである。」

（横浜地判平23.5.13　判時2120・65）

○　修学旅行の事案

〈事案〉本件は，被告が設置する高等学校の生徒2名が，修学旅行中に水難事故に遭い死亡したことから，生徒らの両親である原告らが，引率教員らには生徒に危険箇所を告知するなどの注意義務違反があったとして，国賠法1条1項に基づく損害賠償を求めた事案である。裁判所は，教諭らには事前調査義務・注意喚起義務に違反した過失があり，教諭らの上記注意義務違反と両生徒の死亡との間には因果関係が認められるとしたうえで，損害額の認定につき教諭らの過失は相当大きいが，両生徒も水難事故の発生を全く予見できないわけではないとし，両生徒の過失割合は4割が相当として，被告に対し，請求を一部認容した損害額の支払を命じた事例（認容額それぞれ410万6927円・但し，原告らは，本件事故による両生徒の死亡

Ⅲ 国・公立学校における学校事故についての損害賠償請求

に関し、スポーツ振興センターから災害共済給付・死亡見舞金として1家族当たり2800万円を、被告から横浜市学校事故見舞金・死亡見舞金として1家族当たり300万円をそれぞれ受け取っている。)
「(2) 両教諭の注意義務違反について
　ア　公立学校の教員は、その職務上、教育活動を行うに際し生徒の生命及び身体の安全を保持する義務を負い、修学旅行等の学校行事も、教育活動の一環として行われるものである以上、教員が、その行事により生ずるおそれのある危険から生徒を保護し、事故の発生を未然に防止すべき一般的な注意義務を負うものであることはいうまでもない。したがって、修学旅行の引率教員は、このような安全保持義務の一内容として、生徒の集合場所、見学場所、活動場所等について十分な事前調査を行い、危険箇所の有無等を確認するとともに、その調査、確認に基づいて、生徒の学年、年齢や状況に応じた適切な安全指導を行う義務を負うものと解される。
　そうであるところ、1で認定したとおり、被告が設置する学校が修学旅行等の学校行事を実施する場合の安全指導、安全管理等の指針を示した本件手引及び本件要項においては、修学旅行等を実施するに当たっては、あらかじめ十分な実地踏査を行い、現地の状況や危険箇所の有無等を確認し、それに基づき指導すること、水泳（海での水遊びを含む）を行う場合の安全に関する確認事項として、気温、水温、流れ等の環境条件及び危険箇所を把握し、周知すること、海岸等での危険に対し十分な配慮をすることなどが要請されていた。
　しかも、本件修学旅行は、横浜市内の高校に通う生徒らが、暮らし慣れた環境を離れ、沖縄県の中でも最南端の有人島である波照間島を訪れるというものであり、波照間島においては、監視員もいない、自然のままの海水浴場であるニシ浜で海に入ることが予定されていた。沖縄の海はさんご礁海域にあるのであって、そのことだけで、神奈川県の海とは異なることは明らかであった。
　上記の事情からすれば、両教諭には、本件行程において海に入ることが予定されていたニシ浜の東屋前の浜辺及びその周辺に関し、竹富町役場、石垣海上保安部等の関係官公署に問い合わせるなどして、危険箇所の有無及び沖縄で海に入る場合の注意点等の情報を収集した上、これを基に十分な実地踏査を行う義務があったというべきである。この調査を行えば、ニシ浜の一角に、地形的にリーフカレントが発生しやすい危険な場所である本件事故現場が存在することを把握することができたのであって、両教諭には、危険な場所が存在することを生徒に対し適切に注意喚起すべき義務があったと解すべきである。
　イ　本件修学旅行は、高校3年生を対象としており、高校3年生ともなれば、一般に、心身発達の程度は、成人のそれに匹敵するということができる。
　しかしながら、修学旅行があくまで教育活動の一環として行われるものであることからすると、危険な場所の探索まで全て生徒の自主的な行動に任せるというのは

1 国家賠償法1条に基づく損害賠償請求

　妥当ではない。
　本件修学旅行が，横浜の高校に通う生徒にとっては未知の領域ともいえる沖縄県の最南端の有人島を訪れるものであることにも照らすと，両教諭が，旅行雑誌を調べ，本件旅行業者の担当者から報告を受けるなどしただけではリーフカレントの存在を知ることができなかったのと同様に，生徒らにおいても，リーフカレントによる危険を自ら察知し，回避することは困難であったと考えられる。
　したがって，一般的な高校3年生に期待される判断能力等を前提としても，両教諭は，アの事前調査義務及び注意喚起義務を免れるものではない。
　被告は，本件クラスの生徒の中には教諭の指示等に反して行動するような者はいなかったとか，本件高校では，生徒の自主性やその判断を十分に尊重する教育を行っていたなどと主張するが，そのようなことが，両教諭の義務を軽減させる方向に働くものではない。なお，甲2号証中の本件事故当日G教諭がニシ浜で撮影した写真を見る限り，「海にはTシャツを着て入ること」とのG教諭の指示は守られていないようであり，波照間島，少なくともニシ浜における生徒の開放感を表すものといわざるを得ない。
　ウ　被告は，本件事故当時，リーフカレントの存在及びその危険性についての周知度は極めて低く，両教諭には，本件事故の発生に対する予見可能性がなかった旨主張する。
　確かに，1で認定したとおり，本件事故当時，公刊されていた沖縄方面の旅行雑誌にリーフカレントの存在及び危険性を指摘するものはなく，本件旅行業者の担当者からもそのような情報の提供はされず，竹富町においても，ニシ浜の危険箇所に関する積極的な広報活動は行っていなかった。したがって，リーフカレントの存在及び危険性が周知されていたとはいい難い状況にあった。
　しかしながら，両教諭が，修学旅行の引率教員として生徒の安全を預かる立場にあったことからすれば，周知されている危険についてのみ調査すれば足りるのではなく，目的地特有の危険はないかを調査すべきなのである。知らないから調べなくてよいということにはならない。
　両教諭が，関係官公署に問い合わせをしていれば，海上保安庁のDVD又はパンフレットの交付を受けることができ，これらでは，リーフカレントは，リーフに切れ目がある海で発生することが説明されていたのであるから，かかる知識を基にニシ浜の実地踏査を行っていれば，本件事故現場の海中に，ところどころリーフの間が深み（切れ目）になっている箇所があることを砂浜からでも容易に確認することができた。それにより，本件事故現場でリーフカレントが発生することも予測することができたということができる。
　エ　被告は，ニシ浜では，水遊び程度が予定されており，水泳が予定されていたわけではないと主張し，証人Hは，水遊びとは，沖の方へ行ったり，長い距離を泳

Ⅲ 国・公立学校における学校事故についての損害賠償請求

いだりするのではなく，浜辺で遊んだり，魚を見たりする活動を想定していた旨供述する。

しかしながら，既にみたように，本件手引では，水遊びは水泳と同列に扱われている。また，生徒らは，「海で遊ぶ＝海に入る＝海で泳ぐ＝海水浴をする」と理解していたのである（乙１）。

したがって，水遊びが予定されていたことが，両教諭の調査義務を軽減させるものではない。

オ　被告は，本件事故現場は，本来の活動場所であった東屋前の浜辺から約200ｍも離れており，両教諭は，本来の活動場所からかなり距離のある場所について事前調査義務を負うものではない旨主張する。

しかしながら，本件事故現場は，東屋前の浜辺とつながった同じニシ浜の一角であり，この場所が，堤防等の海岸構造物又はブイやロープ等の目印によって明確に区切られていたなどの事実はない。そして，互いを見渡すことは十分可能であった。このような位置関係において，200ｍ程度の距離であったことからすると，生徒が本来の活動場所である東屋前の浜辺から外れて本件事故現場の海に入る可能性があったというべきである。

したがって，本件事故現場も，両教諭が事前調査を果たすべき範囲に含まれる。

カ　以上のとおりの調査等の義務があったにもかかわらず，１で認定したとおり，両教諭は，ニシ浜の東屋前の浜辺及びその周辺の危険箇所の有無や沖縄で海に入る場合の注意点について，関係官公署に問い合わせをすることはなく，波照間島の下見にも行かなかった。そのため，本件事故現場のリーフカレント発生の危険性や，本件事故現場が遊泳区域外であったことを把握せず，したがって，これらのことを本件クラスの生徒に対し伝えることもなかった。

両教諭には，事前調査義務及び注意喚起義務に違反した過失があるといわざるを得ない。

事前調査の方法として，市販の旅行雑誌を読み，旅行業者の担当者から情報提供を受けたというだけでは，調査を尽くしたということはできない。

そして，両生徒は，本件事故現場がリーフカレントが発生しやすい危険な場所であることを知らずに同所で海に入り，本件事故発生地点において，リーフカレントによって沖へ流された可能性が高いのであるから，両教諭の上記義務違反と両生徒の死亡との間には因果関係が認められる。」

（過失相殺事由について）

(1)　両生徒は，本件事故当時，満17歳の高校３年生であったから，このような年齢及び学年に相応して，成人に匹敵する判断能力の下，危険箇所を発見し，これを回避する自主的な行動をとることが期待されていた。

しかるに，１で認定したとおり，両生徒は，Ｇ教諭の「Ｈ先生のところへ行くこ

1　国家賠償法1条に基づく損害賠償請求

　と」「先生のいるところで海に入ること」「引率教員がいないところでの，生徒同士だけの海水浴はしないこと」との指示に反して，本件事故現場の海に対応する浜辺が，指示された目的地及び活動場所ではないことを十分認識しながら，本件事故現場で海に入ったものである。その上，G教諭の「深いところや，沖には行かないこと」との指示に反して，海中を，水面が胸より上に来るような地点（本件事故発生地点）まで沖に向かって進み，そこで本件事故に遭った。さらに，証拠（甲23の2，24の1）によれば，Bは，泳ぐことが苦手で，海に行ったことは2回くらいしかなかったこと，Dも，泳ぐことが苦手で，海に行ったことはなかったことを認めることができる。
　これらのことからすると，本件事故に至るまでの両生徒の行動には，両生徒の年齢及び学年に相応して備わっていることが期待される判断能力等に照らし，かなり軽率な面があったことは否定できない。そして，これが本件事故の一因となったことは明らかである。
　原告らは，両生徒は，本件事故現場の危険性について全く知らされておらず，情報を与えられていなかったから，損害の発生を予見し，回避することが不可能であり，過失相殺をする前提を欠く旨主張する。
　しかしながら，本件事故が，海に入るという本来的に生命及び身体に対する危険性をはらむ行動の中で起きたことからすれば，過失相殺の前提としての予見可能性及び回避可能性は，海一般の危険性に対するそれがあれば足りるというべきである。本件事故に至るまでの両生徒の行動は，海一般の危険性という観点からみても，軽率なものであったといわざるを得ない。本件事故当時のニシ浜は，リーフ内は一見穏やかな海であったとしても，リーフの外側には白波が立っていたこと，沖に向かう流れを感じていた生徒もいたことからすると，両生徒において，水難事故の発生を全く予見することができないという状況ではなかったというべきである。
　したがって，原告らの上記主張は採用することができない。
　(2)　そこで，両教諭と両生徒の過失を勘案するに，両教諭は，2で認定した関係官公署への問い合わせ及び実地踏査といった事前調査義務や，リーフカレントを含む海浜流の危険性に関する注意喚起義務を全くといっていいほど果たさなかったのであるから，その過失は，相当大きいものというほかない。
　特に，ニシ浜の遊泳区域の範囲を竹富町役場に問い合わせるなどして調査しなかったことは，仮に両教諭が，かかる調査だけでも行っていれば，ニシ浜の東屋前の浜辺から東に外れた場所が遊泳区域外であることを把握し，そのことを生徒に対し適切に注意喚起することにより，本件事故の発生を防ぐことができた可能性があるという点において，両教諭の過失の程度を判断するに当たり重視すべき事情ということができる。
　これまでみてきた本件事故の発生に対する両教諭及び両生徒の各過失の内容及び

Ⅲ　国・公立学校における学校事故についての損害賠償請求

程度に照らすと，両教諭の過失の方が，両生徒の過失よりも大きいというべきであり，両生徒の過失割合は4割とするのが相当である。」

1 国家賠償法1条に基づく損害賠償請求

 違法性の意義

国家賠償法1条1項の「違法」の意義はどのようなものですか。

回答 国家賠償法1条1項にいう「違法」とは，公務員が個別の国民に対して負担する職務上の法的義務に違背することをいうと解されている。

解説 公権力の行使は，国民の権利に対する侵害を当然に内包し，法の定める一定の要件と手続のもとで国民の権利を侵害することが許容されているから，権利侵害があることをもって公権力の行使を直ちに違法とすることはできない。また，権利侵害の程度が大きいからといって違法性の有無・程度の判断が左右されることも不合理である。したがって，その適法・違法は，あくまで，その公権力の行使が公務員の職務上の法的義務（公権力の行使にあたって遵守すべき行為規範）に沿うものか否かで判断されるべきである。

そして，この違法性は，抗告訴訟において問題とされる公権力行使（行政処分）の違法性とも区別される。すなわち，抗告訴訟において問題とされる行政処分の違法性の問題については，当該処分の効力を維持すべきかどうかという観点から，実体上または手続上の要件を充足しているか否かが判断されるが，国家賠償法において問題とされる行政処分の違法の問題については，権利ないし法的利益を侵害された当該個別国民に対する関係において，その損害につき国に賠償責任を負わせるのが妥当かどうかという観点から，行為規範（職務上の法的義務）違背があるか否かが判断される。「個別の国民に対して負担する職務上の法的義務に違背」とは，このような意味である。したがって，職務上の法的義務であっても，もっぱら公益目的のものや，行政の内部的な義務等，個別の国民に対して負担する義務でないものに違背しても，国家賠償法上は違

Ⅲ　国・公立学校における学校事故についての損害賠償請求法とならない。

　　【参考条文】
　　国家賠償法1条

　　【参考判例】
　　（最一小判昭60.11.21）
○　国家賠償法1条1項は，国又は公共団体の公権力の行使に当たる公務員が個別の国民に対して負担する職務上の法的義務に違背して当該国民に損害を加えたときに，国又は公共団体がこれを賠償する責に任ずることを規定するものである。

1　国家賠償法1条に基づく損害賠償請求

懲戒行為の違法性

児童生徒に対する懲戒行為が違法となるのはどのような場合ですか。

回答　校長および教員は，教育上必要があると認めるときは，児童生徒に懲戒を加えることができるが，体罰は禁止されている。

解説　学校教育法11条は，「校長及び教員は，教育上必要があると認めるときは，監督庁の定めるところにより，学生，生徒及び児童に懲戒を加えることができる。ただし，体罰を加えることはできない」と規定している。

懲戒を行うことができるのは，校長および教員であるが，学校教育法施行規則13条2項は，「懲戒のうち，退学，停学及び訓告の処分は，校長がこれを行う」と規定している。ここに掲げられている退学，停学および訓告は，学校全体の意思表示としてなされるものであり，学校の責任者である校長が行うこととされている。退学および停学は，児童生徒が学校で教育を受けることができるという法律的な地位に変動を生ずるものであり，法的な効果を伴う懲戒である。

退学，停学および訓告のほかにも，懲戒の方法がある。すなわち，単に児童生徒をしかったり，起立させたりするような，ごく日常的な教育活動に付随して行われる事実行為として行われる法的効果を伴わない懲戒である。このような事実行為としての懲戒は，校長および教員が行うことができる。

懲戒は，教育上の必要性に基づいて行われるものであり，児童生徒の心身の発達に応ずるなど教育上必要な配慮をしなくてはならないことが定められ，また，懲戒のうち，退学については公立の小・中学校，盲・聾・養護学校に在学する学齢児童生徒を除き，(1)性行不良で改善の見込がないと認められる者，(2)

学力劣等で成業の見込がないと認められる者，(3)正当の理由がなくて出席常でない者，(4)学校の秩序を乱し，その他学生又は生徒としての本分に反した者，のいずれかに該当した場合行うことができるとされている（学校教育法施行規則13条）。懲戒を行うかどうか，どのような懲戒を行うかを決定するにあたっては，児童生徒の性格，平素の行状，本人や他の児童生徒に及ぼす訓戒的効果など諸般の事情を考慮して，形式的，機械的になったり，感情的，報復的になったり，不公平，不当になったりしないよう十分配慮しなければならない。

また，学校における体罰は禁止されている。体罰の意義については，昭和23年に示された法務庁の見解によれば，「懲戒の内容が身体的性質のものである場合を意味する。すなわち，①身体に対する侵害を内容とする懲戒—なぐる，けるの類—がこれに該当することはいうまでもないが，さらに，②被罰者に肉体的苦痛を与えるような懲戒もまたこれに該当する。例えば，端座，直立等特定の姿勢を長時間にわたって保持させるというような懲戒は体罰の一種と解されなくてはならない。」とされている。

しかしながら，ある特定の行為が体罰なのかどうかの判断はなかなか困難であり，機械的には判断できない。前記の法務庁の見解においても，「該当児童の年齢，健康，場所的及び時間的環境等，種々の条件を考え合わせて肉体的苦痛の有無を判定しなければならない。」と述べている。

校長および教員が児童生徒に懲戒を行うにあたっては，まず，体罰の意義を十分に理解し，体罰に至らないよう注意しなければならない。参考として，法務庁が発表した「生徒に対する体罰禁止に関する教師の心得」（昭和24年）に示されたものを以下に列挙する。

①　用便に行かせなかったり食事時間が過ぎても教室に留め置くことは肉体的苦痛を伴うから体罰となる。

②　遅刻した生徒を教室に入れず，授業を受けさせないことはたとえ短時間でも義務教育では許されない。

③　授業中怠けた，騒いだからといって教室外に出すことは許されない。教室内に立たせることは体罰にならない限り懲戒権内として認めてよい。

1　国家賠償法1条に基づく損害賠償請求

④　人の者を盗んだり，こわしたりした場合など，こらしめる意味で，体罰にならない程度に，放課後残しても差し支えない。

⑤　盗みの場合などその生徒や証人を放課後尋問することはよいが自白や供述を強制してはならない。

⑥　遅刻や怠けたことによって掃除当番などの回数を多くするのは差し支えないが，不当な差別待遇や酷使はいけない。

【参考条文】
学校教育法11条
同法施行規則13条

【参考判例】
（長崎地判昭59.4.25　判時1147・132）
○　教師が，生徒に忘れ物を取りに帰らせることは生活指導措置として，教育の一端として首肯できるものであり，懲戒の範囲を逸脱した違法なものと認められない。

Ⅲ 国・公立学校における学校事故についての損害賠償請求

 因果関係

質問

国家賠償法1条1項は,「故意又は過失によって違法に他人に損害を加えたときは」と規定し,損害と加害行為との間の因果関係を要件としていますが,その意義はどのようなものでしょうか。

回答　因果関係については,国家賠償法特有の問題はなく,民法の不法行為法における議論がそのままあてはまる。従来の通説は,加害行為と損害との間に相当因果関係が必要であるとしていたが,近時,この相当因果関係説に疑問を呈する見解が有力になっている。

解説　従来の通説は,加害行為と損害との間に相当因果関係が必要であるとしていた。

すなわち,まず,加害行為と損害との間に条件関係(Aという事実がなかったならば,Bという事実も生じなかったであろうと考えられる関係)がなければならないが,これだけで因果関係があるとすると,因果の連鎖が無限に広がることになり,適当でない。そこで,因果関係の範囲を「相当な」範囲に限定することにし,その具体的基準として,原則として通常生ずべき損害(通常損害)の賠償をもって足りるとしつつ,例外的に,当事者(加害者)が特別の事情によって生じた損害(特別損害)の発生を予見しまたは予見すべかりしときには,右特別損害についても賠償すべきものとしたのである。

これに対して,近時,このような相当因果関係説に疑問を呈する見解が有力になっている。この見解によれば,従前,相当因果関係とよばれていたものは,加害行為がなければ損害は発生しなかったであろうという事実的因果関係の問題と,事実的因果関係の存在を前提として,損害のうちどの範囲のものを被害に賠償させるのが相当かという法的価値判断としての損害賠償の範囲ないし保護範囲の問題とに分けて考えるべきであるとされる。そして,事実的因果

1　国家賠償法1条に基づく損害賠償請求

関係の存否は，事実問題であるから証明の対象となり，原告にその主張立証責任があるのに対し，保護範囲は法的評価の問題とされる。

生徒間のいじめまたは教師の懲戒行為と生徒の自殺等に関する裁判例として，次のようなものがある。

①　最三小判昭52.10.25は，高校3年男子生徒が授業中の態度や過去の非行事実につき担任教師から3時間余にわたり応接室に留め置かれて反省を命じられ，頭部を数回殴打されるという違法な懲戒を受け，翌日自殺した事案につき，右懲戒と自殺との間に相当因果関係がないとした原審の判断を是認。なお，第一審（福岡地飯塚支判昭45.8.12），第二審（福岡高判昭50.5.12）は，いずれも相当因果関係を否定。

②　福島地いわき支判平2.12.26（判時1372・27）は，中学1年時から1人の同級生から長期間継続的に悪質苛烈な暴力や金銭強要等を受けていた中学3年の男子生徒が，自殺直前にも4万円にのぼる金銭強要を受けたため空き教室で盗みをしているところを教師に発見され，加害生徒から金銭強要を受けていることを告白したが，教師が右事実を重視せず盗みについてだけ指導し，加害生徒は冗談との弁解で切り抜けた後被害生徒を報復のため探し回る事態となり，被害生徒の母親が盗みの件で学校に呼び出された日の朝に姿を消し，翌日夜自殺したという事案につき，学校側（校長，教頭，教諭ら）がいじめを認識して適切な手段を講ずるべきであったのに講じなかった過失と被害者生徒の自殺との間には相当因果関係があるとした。相当因果関係の認定について「本件いじめが悪質重大ないじめであることの認識が可能であれば足り，必ずしも自殺することまでの予見可能性があったことを要しない」と判示しており，自殺について予見可能性がなくても自殺につき賠償責任を負うとしたのか，いじめの認識があれば当然その延長としての自殺について予見可能性が肯定されるとしたのかなど，その理解の仕方について見解が分かれている。

③　新潟地判昭56.10.27（判時1031・158）は，同級生から繰り返し乱暴を受けていた定時制農業高校4年生の男子生徒（当時19歳）が自殺した事案につき，教師が被害生徒の自殺を予見し，これを防止する措置がとれたと認めるこ

Ⅲ 国・公立学校における学校事故についての損害賠償請求

とは困難であるとして、学校設置者の過失を否定。

④ 長崎地判昭59.4.25（判時1147・132）は、宿題のノートを忘れて教師から叱責され、往復に1時間半を要する自宅から持参するようにと帰された中学3年の男子生徒が帰宅後自殺した事案につき、相当因果関係を否定。

⑤ 岐阜地判平5.9.6（判時1487・83）は、県立高校2年の陸上競技部女子生徒が同部顧問教諭から体罰や悔辱的な説教を受け、自殺の前日にも同教諭から長時間直立の姿勢を保持させたまま執拗に怒鳴るなどの説諭を受け、間近に迫っていた合宿等の練習に参加することを許可されず、帰宅後もひどく落ち込んだままで夕食もとらずに自室にひきこもり、両親が慰めても涙を流すばかりであり、その翌朝自室で自殺したという事案につき、右体罰や悔辱的な言動は自殺の直接の原因であるとは認め難く、また、教師において自殺を予見することはおよそ不可能であったとして相当因果関係を否定しているが、被害生徒の生前の精神的損害につき慰謝料300万円を認容した。

⑥ 福岡地飯塚支判昭34.10.9（下民集10・10・2121）は、校内で発生した盗難事件に関する取調べに際し教諭から暴行を加えられた被害生徒が精神分裂病に罹患した事案につき、精神分裂病の原因は内因性（遺伝性）素質が主因であり、これに種々の外因性要因が誘因として作用するものであって、殴打の事実を発病の原因とすることはできないことなどを理由として、被害生徒の病的素質は特別の事情に当たり、教諭は特別事情を予見しまたは予見すべきであったとはいえないとして、被害生徒の精神分裂病罹患と暴行との因果関係を否定。

【参考条文】
国家賠償法1条

1 国家賠償法1条に基づく損害賠償請求

責任能力1・責任能力の意義

質問

　私の息子は小学校5年生ですが，クラスの特定の友人から年中いじめにあい，その親にもやめさせるようお願いしていたところ，先日やはりその友人に大けがを負わされました。このような場合，加害者本人と両親に法的責任を追及できるのでしょうか。

回答　加害者である友達が民法上責任能力を有していると判断されるか否かにより，その友達を被告とするかその両親を被告としてその監督責任（民法714条）を追及していくか構成が違ってくる。小学校5年生程度では責任能力なしとされるものと思われ，両親を被告として監督責任を追及していくべきであろう。

解説　一　責任能力とは，自己の行為が違法なものとして法律上非難されるものであることを弁識しうる能力，つまり行為の違法性認識能力である。

　民法は，故意・過失を不法行為の要件とする過失責任主義をとっている（民法709条）が，故意・過失があるといえるためには，理論上当然に一定の判断能力を有していることが予定されており，そのため民法は，「自己の行為の責任を弁識するに足りる知能を備えていなかった」未成年者（712条）および「精神上の障害により自己の行為の責任を弁識する能力を欠く状態にある間の者」（713条）は損害賠償責任を負わない旨を規定する。

　二　このうち学校事故で主として問題となるのは，生徒間の事故で加害生徒の責任を問う場合である。その加害生徒がはたして「自己の行為の責任を弁識するに足りる知能」，言い換えれば責任能力を具備するに至っているか否かが問題となる。

　このような責任能力を有するか否かは，年齢によって画一的に定まるもので

III 国・公立学校における学校事故についての損害賠償請求

はなく，各個人について具体的に判断され（各自の知能環境等），さらに不法行為の態様（例えば傷害・窃盗といった類型の不法行為と名誉棄損といった不法行為とは必要とされる能力が異なる。）によっても，また故意と過失の区別によっても異なる。学説上は，遅くとも小学校を終える12歳程度の年齢になれば，通常の類型の不法行為については一般的にみて責任能力があるといってよいとされる。

　三　次に判例をみると，①被用者である11歳11か月の少年店員が，使用者のため自転車で得意先に商品を配達する途中歩行者に衝突受傷させ，被害者から店主に使用者責任に基づき損害賠償請求された事案につき，少年の責任能力を認めた（大判大4.5.12民録21・629 少年店員豊太郎事件）のに対し，②12歳2か月の少年が遊技中友人の顔面に向け空気銃を発射して左眼を失明させ，被害者から親権者に対し未成年者の監督責任を追及された事案につき，加害行為の法律上の責任を弁識するに足りる知能を要するとして少年の責任能力を否定した事案（大判大6.4.30民録23・715 光清撃ツゾ事件）がある。

　このように，判例は，被害者が使用者の責任（715条）を追及する場合と監督者の責任（714条）を追及する場合とで，未成年者の責任能力に関する判断基準を多少異ならしめているが，これは被害者保護の意図によったものと解されている。すなわち，使用者責任の場合は，少年に責任能力ありとしなければ被害者を救済できないのに対し，監督者の責任を追及する場合は，少年に責任能力なしとしなければ被害者を救済できないからである。

アドバイス　学校事故の場合は，（少年を被用者とする）使用者責任は問題とならず，したがって，責任能力は比較的高めに設定されるものと思われる。しかし右に引用した判例は古いものであり，これに全面的に依存するわけにはいかない。

【参考条文】
　民法709条，712条，713条，715条

1 国家賠償法1条に基づく損害賠償請求

【参考判例】
（東京地判平13.11.26　判タ1123・228）
○〈事案〉本件は，当時世田谷区立A中学校1年生であった訴外B（13歳1か月）が，授業中，教室の中で，同級生に対して投げた椅子が，原告甲野花子の左頭部に当たり，その結果，原告甲野花子は頭部打撲症等の傷害を受けたとの事実関係の下，原告甲野花子は，前記事故を原因として，心因性歩行障害及び心的外傷後ストレス障害を発症し，その結果，通学することができなくなったとして，訴外Bの両親である被告乙川次郎らに対しては親権者としての監督義務違反に基づき，学校の設置管理者である被告世田谷区に対しては生徒の監督義務違反及び見張りをつけるとの約束不履行を理由として，国家賠償法1条1項ないしは債務不履行に基づき損害賠償請求している（甲事件）。また，原告甲野花子の両親である原告甲野太郎及び同甲野春子は，被告らに対し，前記事故及びその後の学校の措置により精神的損害を受けたとして，慰謝料請求をしている（乙事件）事案である。（判旨は責任能力に関する判断部分のみ引用）

「(1)　訴外Bの責任能力の有無について
　ア　責任能力とは，自分の行為の結果が違法なものとして法律上非難され何らかの法的責任が生じることを認識しうる精神能力をいうところ，これは年齢によって画一的に定まるものではなく，個人ごとに，かつ，不法行為の態様との関係で，具体的に考えていくのが相当である。
　イ　これを本件についてみるに，訴外Bは，本件事故当時，13歳1か月であるものの，争いのない事実等及び証拠（甲6の1，丙3，8，証人H【8頁】）並びに弁論の全趣旨によれば，本件において，訴外Bは，H教諭の指示に反して，Kと教室の床の上でもみあいをし，H教諭から再度注意を受けた直後，Kに向けて椅子を投げていること，制止したH教諭に向かっても，机を投げようとしていること等が認められ，本件証拠に顕れた訴外Bの行動は，年齢相応とはいえない短絡的なものと評価するのが相当である。また，証拠（甲35，丙7）によれば，訴外Bは，本件事故以前も，授業中に奇声を発したり，掃除用のロッカーにこもるなどの行為をしていることが認められる。
　ウ　以上によれば，訴外Bは，本件事故当時，自己の行為の意味と結果を弁識又は予見し，これに従って自らの行為を律することができる知能を備えていなかったものと認められ，訴外Bは，本件事故当時，責任無能力者であったと認めるのが相当である。」

Ⅲ 国・公立学校における学校事故についての損害賠償請求

責任能力2・加害者に責任能力がない場合

小学校4年生の息子が，先日クラスの友人の不注意で大きなけがを負わされました。このような場合，誰にどのような責任を追及していくべきなのでしょうか。

回答 これらの者を監督すべき法定の義務ある監督義務者および監督義務者に代わってこれらの者を監督する代理監督者が，賠償責任を負う。

解説 一 未成年者に責任能力がない場合には，民法714条によりこれらの者を監督すべき法定の義務ある監督義務者（親権者・後見人など）および監督義務者に代わってこれらの者を監督する代理監督者（幼稚園の保母・学校の教師等）が，その監督義務を怠らなかったことを立証できない以上，賠償責任を負うことになる。

この責任は，監督者に加害行為自体について故意・過失のあることを要件としていないものの，監督義務を怠ったという意味で過失を要件として，その挙証責任を転換している（監督義務者らが監督義務を怠らなかったことの立証責任を負う。）ことから中間責任であるといわれている。ただ，判例は，監督者がその監督を怠らなかったことの免責を容易に認めない。

なお，このように監督者が本来別人格の責任無能力者の責任を負う根拠は，監督者は，責任無能力者が社会生活をおくるについて保護・監督すべき義務があるにもかかわらず，その監督を十分に尽くさなかったための加害行為であることと，監督者の責任を認めることによって被害者救済をはかろうとする点にある。

二 監督義務者の責任の要件
1 責任無能力者の加害行為が，責任能力以外は一般的不法行為の要件を備

1　国家賠償法1条に基づく損害賠償請求

えていること

　例えば，その行為が違法性を欠く場合には，監督者は本条による責任を負わない。

　判例は子供の鬼ごっこの際の傷害行為につき，違法性がないとして，親の責任を否定する（最判昭37.2.27民集16・2・407）

　2　法定の監督義務者・代理監督者において監督義務を怠らなかったという主張証明がないこと（民法714条1項但書）。

　監督にあたって用いるべき注意の程度は，原則として「善良な管理者の注意」である。すなわち，職業・地位・地域等による分化を含みつつも，通常人の判断能力を基準とする一般的・客観的な基準によるべきである。監督義務者の監督義務の具体的内容は，右の基準を具体的状況（被監督者の性格・年齢・発達程度・環境・具体的危険の予測される場面の状況）に適用されることによって得られる。

　次に監督義務の及ぶ範囲は，親権者や後見人のように，被監督者の身上を看護すべき任務を負う者の監督義務は，本人の生活関係の全般に及ぶのに対し，小学校・幼稚園のようにその任務が特定の生活場面に限られている者の監督義務は，その生活場面（例えば小学校での生活）およびこれと密接に関係する生活関係に及ぶにすぎない。

　三　効果

　監督者は，被監督者の加害行為によって生じた損害を賠償しなければならず，これにつき被監督者に求償することはできない。

　責任者が並存するときは，複数監督者に不真正連帯債務の関係が成立し，賠償のため出捐した法定監督義務者は代理監督者に対して求償することができる。

> [アドバイス]　この責任は児童生徒に責任能力がない場合に問題となるので，事実上中学校，高等学校では問題とならず，小学校，幼稚園の教師等の責任として問題になる。また，本文で述べたように，小学校，幼稚園の教員等のように，その任務が特定の生活場面に限られている者の監督

Ⅲ 国・公立学校における学校事故についての損害賠償請求

義務は，その生活場面およびこれと密接に関係する生活関係に及ぶにすぎない。そして，その義務の程度は最終的には判例に依拠することになる。

【参考条文】
民法712条，713条，714条

【参考判例】
（高松高判昭48.4.9　判時764・49）
○　公立小学校の校長や児童の担任教諭が，学内において，一定の場合に，児童を保護監督すべき義務を負担していることは，学校教育法等に照らし明らかであるが，右校長や担任教諭の監督義務は，学内における児童の全生活関係に亘るものではなく，学内における教育活動ないしこれに準ずる活動関係に関する児童の行動部分に限定されるべきであって，それ以外の児童の生活行動については，その監督義務はないものというべく，このことは，一審原告ら主張の如く，小学校の児童の知能が未発達であるとか，保護者の意思を抑えて通学登校をさせているからといって異るものではないと解するのが相当である。蓋し，親権者や後見人等の無能力者の法定監督義務者は，無能力者の家庭内にいると家庭外にいるとを問わず，原則としてその全生活関係において，法律上これを保護監督すべきであるから，その監督義務は，無能力者の生活関係の全部に亘るのであるが，小学校の校長や担任教諭については，その教育活動の効果を十分に発揮させる必要から，法定監督義務者の監督義務を一時的に排除し，或いは，これに代って児童を指導監督し，かつ，これを保護する権利義務が与えられているのであるから，その監督義務は，右教育活動と関係のある児童の行動部分に限り，それ以外の教育活動と無関係な行為には及ばないと解すべきであるからである。しかして，民法714条に規定する無能力者の法定監督義務者の責任は，もともと，無能力者の加害行為に対する責任を，家族的生活協同体の代表者に負わせるのが相当であるとの理念に基づくものであるから，親権者・後見人等の法定監督義務者の責任は，無能力者の生活関係の全部に亘るけれども，小学校の校長や担任教諭の責任は，前記の如き監督義務の範囲に限定されるものと解すべく，したがって，小学校内における児童間の不法行為についても，そのすべてについて校長ないし担任教諭が責任を負うべきではなく，校長ないし担任教諭の教育活動ないしこれに準ずる活動関係において発生した不法行為であって，通常その発生が予想され得る性質のあるものについてのみその責任を負い，それ以外のものについては責任を負わないものと解するのが相当である。よって，小学校の校長ないし担任教諭は，学校内における児童間の不法行為のすべてについて，責任を負うべきであるとの一審原告らの主張は失当である。

1　国家賠償法1条に基づく損害賠償請求

（浦和地判昭60.4.22　判タ552・126）
（小学4年の児童が放課後，他の児童の「いじめ」によって負傷した事故につき，学校設置者および加害児童の親の損害賠償責任を認めた事例）
○　四　被告M夫，同M子の責任

　被告M夫が昭和44年6月28日生のN夫の父であり，被告M子がその母で，いずれもその共同親権者であることは，前記のとおり原告と右被告両名との間に争いがないから，本件事故当時，右被告両名は，N夫の親権者として同人を監督すべき法定の義務を負っていたことは明らかである。

　そして，右当時N夫は，満10歳であって，この程度の年齢の児童は，一般に未だ，自己の行為の意味と結果を弁識又は予見し，これに従って自らの行為を律することができる知能を具えていないとみるべきであるから，N夫は右当時責任無能力者であったと認めて妨げない。

　そうすると，被告M夫及び被告M子は，N夫に対する親権者としての監督義務を怠らなかったことを主張立証しない限り，民法714条1項に基づき本件事故により原告が被った損害を賠償すべき責を負うべきであるが，この点に関し，右被告両名は，教育機関に子を委託することを義務づけられている親は，教育機関の指導と助言に基づき子を養育していくものであることを前提として，本件事故は，その指導と助言が不充分であったことが原因となって，教育機関の保護範囲内で突発的に起った事故であるから，親の責任は免除される旨主張する。

　なるほど，小学校の校長や担任の教諭には，その教育活動の効果を十分に発揮する必要上，法定監督義務者の監督義務を一時的に排除して，児童を指導監督する権利義務が与えられているのであり，したがって，学校内で起きた児童の違法行為に関しては，学校側のみが責任を負担し，親権者はその責任を負わない場合のあり得ることは，これを認めなければならない。

　しかしながら親権者は，その子たる児童が家庭内にいると家庭外にいるとを問わず，原則として子どもの生活関係全般にわたってこれを保護監督すべきであり，少なくとも，社会生活を営んでいくうえでの基本的規範の一つとして，他人の生命，身体に対し不法な侵害を加えることのないよう，子に対し，常日頃から社会生活規範についての理解と認識を深め，これを身につけさせる教育を行って，児童の人格の成熟を図るべき広汎かつ深遠な義務を負うといわなければならないのであって，たとえ，子どもが学校内で起した事故であっても，それが他人の生命，及び身体に危害を加えるというような社会生活の基本規範に牴触する性質の事故である場合には，親権者が右のような内容を有する保護監督義務を怠らなかったものと認められる場合でない限り，（学校関係者の責任の有無とは別に）右事故により生じた損害を賠償すべき責任を負担するものというべきである。

　しかして，被告M夫及び被告M子が，親権者として右のような内容の保護監督義

Ⅲ　国・公立学校における学校事故についての損害賠償請求

務を果たしたかについては、被告M子本人の供述中に、同被告の家庭では、N夫に対し、弱い者いじめはしないように云い聞かせていた旨の供述部分があるけれども、かかる説諭のみをもってしては、右のような保護監督義務を尽くしたとは到底いえないし、他に被告M夫及び被告M子において右義務を怠らなかったと認めうる証拠はない。

　また、被告M夫及び被告M子は、小学生の年齢の子どもにあっては、あるときは加害者であった者が次には被害者となり、逆にあるときは被害者であった者が次には加害者になるというように、加害者、被害者の立場は常に転換する可能性があるから、一つの事故の被害者も相応の割合で損害を負担すべきである旨主張するけれども、右のような理論は、何人も加害者にも被害者にもなりうる可能性がある事故を想定し、その事故が発生した場合に被害者が被ることのあるべき損害は、経済的には、社会全体の負担において填補すべきであるとの理論としては格別、およそある不法行為が発生した場合、その加害者の法的責任を限縮する根拠理論として用いることは当を得ないというべきであるから、右の主張はそれ自体失当といわざるを得ない。

　従って、被告M夫及び被告M子は、N夫の前記行為によって原告に生じた損害の賠償責任を免れることはできないと解すべきである。

（千葉地判平24.11.16　ＬＬＩ／ＤＢ　判例秘書登載）
　（公立小学校の6年生の授業中に児童A（当時11歳8か月の女児）が手に持って振った鉛筆が児童Bの左眼に刺さった事故について、児童Aの責任能力が否定され、その両親の民法714条に基づく不法行為責任が認められる一方、上記事故の発生及びその後の措置について教職員の過失は認められないとして、学校設置者である市の国家賠償責任が否定された事例）
○「(1)　民法714条に基づく責任につき検討するに、上記3記載のとおり、被告Bには責任能力が存しない。
（両親の責任）
　(2)ア　本件事故は、小学校の正課授業中に起こっているものの、被告Bは、本件事故当時小学校6年生で、心身ともに発達途上であり、日頃の家庭における教育の影響を強く受ける年齢であったことからすると、学校事故であることのみをもって、監督義務を免れるとは認められない。
　イ　被告Dは、被告Bに対し、彫刻刀やナイフの取扱いについて注意を与えていた旨供述する（丙16、被告D10頁）。
　しかし、本件事故は、鉛筆という小学生が常日頃使用する物の取扱いに関し、相手に負傷させることが当然予想されるような危険な行為を行ったがゆえに生じたのであり、しかも、被告Bが原告の色鉛筆を、原告から何度も返してほしい旨言われ

1　国家賠償法1条に基づく損害賠償請求

たにもかかわらず，これを返さなかったことに起因して生じたものであることからすれば，本件事故が全くの偶発的事故であるとは評価することができず，被告Bの個人的な注意能力の不備と性格上の問題とがあいまって発生したものと評価できる。

　そうすると，上記被告Dの供述をもってしても，被告Bの親権者である被告両親が，被告Bに対し，日頃家庭において物の取扱い方や人とのコミュニケーションについて十分に注意するよう指導監督を尽くしたとも認めるに足りず，その他，被告両親は，被告Bに対する監督義務を怠らなかったと認めるに足りる証拠はない。

　(3)　したがって，被告両親は，民法714条1項に基づき，不法行為責任を負う。」

(1)　本件事故発生までのIの過失について

ア　前記認定事実に，証拠（原告，I，甲1）を合わせれば，次の事実が認められる。

(ｱ)　原告が休み時間に被告Bに対して色鉛筆を返してほしい旨告げたときは，特段大きな声ではなく（原告2頁），4時間目の授業開始から上記指示が終わるまではやり取りを中断し，その後の原告と被告Bとのやり取りは小声でなされた。授業中の教室内は，地名を探す作業をしている間，多少のざわつきはあった。（原告3，6～7，16，17頁），原告及び被告Bの座席の前の座席の児童や通路を挟んで隣の座席の児童は，原告と被告Bのやり取りに気づいていないか，気づいていたとしても何をしていたのかはわかっていなかった（I8頁，原告18頁）。

(ｲ)　他方，Iは，児童らに地名探しの指示を出した後，廊下側の座席の列と教室中央の座席の列の間を，黒板側から教室後方に向けて歩き，廊下側の座席の生徒たちの手元を見て指導をしているときに（I3頁，原告18頁），上記指示をしてから10秒ないし10数秒程度の短時間の後，前から2番目の座席付近にいるとき，原告らの付近の座席の児童から呼ばれた（I4頁，原告18頁，甲1）。

(ｳ)　原告が，腰を浮かして被告Bの方へ右手を伸ばす動作を開始してから，本件鉛筆が原告の左眼に刺さるまで，10秒もかかっておらず（原告18頁），原告が腰を浮かせた際にも机が音を立てることもなかった（原告17頁）。そうすると，地名探しの指示がされるまでの間はもちろん，その後も，上記児童らよりも離れた場所にいたIが原告と被告Bの会話を聞くなどして，両者の間にいさかいが生じていることに気付くことはできなかったものと認められる。

イ　また，原告及び被告Bは，もともと問題があり注意をして監督していなければならないような児童ではなかったこと（甲24，丙4～7，I1頁）からすると，原告らとは離れた位置の児童に指導している短時間の間も，Iが原告と被告Bを特に注視すべき義務を負うべき事情があったとはうかがえない。

ウ　そうだとすると，Iが，児童に呼ばれるまで本件事故の発生に気づかず，本件事故発生前に原告と被告Bに注意を与えることがなかったとしても，Iに本件事

Ⅲ 国・公立学校における学校事故についての損害賠償請求

故の発生を未然に防ぐ義務を怠る過失があったとは認められない。
（担任Ｉ，校長，教頭らの責任）
(2) 本件小学校長，教頭及びＩの日常の指導における過失について

証拠（乙４，10，原告９頁）によれば，Ｉは，原告らが５年生のときに，鉛筆を持ち歩くときには危険防止のためにキャップをつけるなどするよう指示するなど，鉛筆の危険性について指導し，６年生のときには包丁，彫刻刀及びカッターの取扱い及び学校生活での事故が起きる危険性について指導していることが認められるので，本件小学校長，教頭及びＩに，日常の指導における過失は認められない。

(3) 本件事故発生後の教頭及びＩの過失について

ア 甲30号証の２及び後掲各証拠によれば，以下の事実が認められる。

教頭及びＩは，平成19年９月27日午前11時45分頃，原告から左眼に鉛筆が入った旨を聞き（Ｉ５頁），職員室で，教頭は，原告に対し，鉛筆がどのように入ったかを尋ねたが，原告は泣くばかりで答えず（教頭５頁），教頭が原告の頭に手を添えて正面の上から，Ｉが原告の肩に手を置いて横から原告の左眼を，ともに近くから見ても，傷や出血は確認できず，鉛筆の芯が刺さったという認識はなかった（乙11，Ｉ５頁，20頁，教頭１，２，４，５，７頁）。

その上で，Ｉは，同時46分頃，原告の自宅へ電話をしたところ，不在であった（乙10）。そこで，緊急連絡先となっていた原告の祖父母宅へ電話をしたところ，Ｍ病院が掛かり付け医であると聞いたので（乙10），教頭は，同病院に電話をかけたが，非常勤医しかいないため診察できないと告げられた（乙11）。しかし，教頭は，同病院担当者から，Ｋ病院又はＮであれば診察してもらえる旨聞いたので，同時56分頃，地域の総合病院であるＫ病院（乙６，11）へと電話をしたところ，同病院の担当者から，すぐに原告を連れてくるよう言われた（乙11）。

教頭は，同日午後０時05分頃，同人の車に原告を乗せて，Ｋ病院へと向かい，同時25分頃，Ｋ病院に到着した。

イ 本件事故は，小学校の正課授業内で生じた事故であるところ，教頭及びＩは，本件事故の発生を認識した以上，原告の状態を観察し，適切な措置を施す義務を負う。

しかし，上記認定のとおり２名が見ても傷が確認できなかったことからすると，涙で覆われた原告の左眼に鉛筆の芯が刺さったことによる傷を認めることは困難であったといえる。

また，教頭及びＩが，原告の左眼に鉛筆が入ったことを認識してから，Ｋ病院の担当医に原告を連れてくるよう言われるまでの間は約10分であり，同病院に到着するまで約40分であったこと，Ｋ病院は地域の総合病院であり，同病院の担当者から救急車を呼ぶよう指示はなく，後に呼ぶべきであったとも言われなかったこと（教頭３頁）に加え，上記のとおり，左眼の傷を認識することは困難であったことから

2 国家賠償法2条に基づく損害賠償請求

　すると，救急車を要請しなかった教頭及びIの措置が不適切であったとまでは認められない。

　したがって，本件事故発生後の教頭及びIには，過失が認められない。

　(4)　以上より，本件小学校長，教頭及びIに過失は認められないので，船橋市は，国家賠償法1条1項に基づく責任を負わない。

Ⅲ 国・公立学校における学校事故についての損害賠償請求

 責任能力 3・加害者に責任能力がある場合の監督義務者の責任

　私の息子は中学校の 2 年生ですが，先日上級生から暴行を受け，骨折する大けがをしました。暴行をしたこの生徒はふだんから素行が悪く問題のある生徒で，その親もこれを知りながら放置していたようです。
　このような場合，その生徒に対してはもちろんその親（親権者）に対しても法的責任を追及することができるのですか。

回答　親権者の監督上の不注意と損害との間に因果関係が存在するならば，一般の不法行為の原則に基づいて，親権者も未成年者と並存的に責任を負うと解するのが近時の判例・学説である。

解説　一　未成年者に責任能力がない場合には，民法 714 条により未成年者の監督につき懈怠があった監督義務者が責任を負うが，責任能力のある未成年者が加害行為を行った場合には，監督者はたとえ責任があると思われる場合でも，その責任を問われることはないのだろうか。
　この点につき，かつての学説・判例は，未成年者が責任能力を有する場合は監督義務者はなんらの責任も負わないとしていた。
　二　しかしこの点については，以下のような不都合が指摘されていた。
　すなわち，①未成年者は資力が乏しく賠償能力のないことが多いので，未成年者に責任能力があれば監督義務者は責任を負わないというのでは，被害者は救済されない。②この不都合に対し，判例は責任能力年齢を高く設定することにより民法 714 条の適用を可能にし，被害者の救済をはかろうとしたが，この方法にも限界がある。③監督者責任を問うには，行為者の責任無能力を被害者において証明しなければならないというのでは，被害者にとって不利である。④未成年者と監督義務者のいずれを被告として賠償を請求すべきかは，責任能

力の判定が容易でないため被害者は困難な選択をせまられる。⑤監督義務者に監督義務違反があっても，被監督者が責任能力者であれば，賠償責任を免れるというのは，過失責任主義に反し不当である。

　三　そこで，右のようなあまりにも被害者の救済に欠けるというそれまでの判例・学説の問題点を克服するために，次のような学説が生じた。

　これは，未成年者に責任能力がある場合にも，監督義務者の監督義務懈怠自体を民法709条の一般原則によってとらえて，監督者の不法行為責任を問うことができるとするもので，被害者は，監督義務者の過失およびその無能力者の行為との因果関係を証明すれば，監督義務者による賠償を請求しうるとする（松坂説）。

　この学説は次のような根拠に基づく。すなわち，監督義務者は，無能力者が加害行為をしないように監督すべき義務を負担していること，民法714条の「責任無能力者がその責任を負わない場合において」というのは，同条但書との関連において読むべきで（つまり，1項但書の場合には過失の推定があるという意味にすぎない。），監督義務者の責任についてまで民法709条の一般原則を制限する趣旨ではないと解すべきであるとする。

　四　最高裁判例（最判昭49.3.22民集28・2・347）もこの説に従うに至った。

　この最判は，中学3年の15歳の少年が小遣い銭欲しさから友人を殺害し，所持金を奪った事案につき，右中学生の責任能力を認めるとともに，両親の親権者としての監督上の不注意と損害発生との因果関係を認め民法709条の責任を肯定し，「未成年者が責任能力を有する場合であっても監督義務者の義務違反と当該未成年者の不法行為によって生じた結果との間に相当因果関係を認めうるときは，監督義務者につき民法709条に基づく不法行為が成立するものと解するのが相当であって，民法714条の規定が右解釈の妨げとなるのではない」と判示している。

　このように，親権者の監督上の不注意と損害との間に因果関係が存在するならば，一般の不法行為の原則に基づいて，親権者も未成年者と並存的に責任を負うと解するのが近時の判例・学説である。

Ⅲ　国・公立学校における学校事故についての損害賠償請求

アドバイス　未成年者に責任能力がある場合も，未成年者は資力が乏しいのが通常であるから，事実上は親の責任を追及し，親に賠償を支払ってもらうのが妥当という実際上の必要性からこの責任を認める見解は生じた。逆にいえば，親は子供が成人するまで子の不法行為に責任を問われる可能性があるということである。この責任を回避するためには，普段から親としての相応の監督を尽くしていなければならないのはむしろ当然といえようか。

【参考条文】
民法709条，712条，714条

【参考判例】
（浦和地判昭58・11・21　判タ521・169）
○　3　被告一郎，同伸子の責任
　《証拠略》によれば，被告Bには，本件事件以前にも凶器準備集合の非行歴があり，その際，警察から呼出を受けたことがあるが，その後も素行は改まらず不良徒輩との交際が続き昭和56年5月ころからいわゆる暴走族グループを結成する相談に加わり，同年6月に近隣の少年20数名で暴走族グループ「曼珠沙華」を結成し，右グループ構成員はしばしば，いわゆる特攻服など特異のみなりで集団行動を重ねていたことを認めることができる。
　右認定事実によれば，被告一郎及び同伸子は，被告Bの親権者として，同被告が凶器準備集合という非行をおかしたことを知り，また，右のような暴走族グループに属し，その行動に加わっていたことを知り，あるいは，容易に知りえたと推認されるところ，かかる少年の親権者として被告Bの日常の素行及び交友関係に注意し，不良徒輩との交際をやめるよう特に十分に指導監督すべき注意義務があるのにこれを怠り，被告Bをして前記暴走族グループに構成員としてとどまるままに放置し，本件事件を惹起するに任せたというべきであるから，民法709条，719条により，本件事件により原告が被った損害を賠償すべき責任を負うべきである。

（秋田地判平7.9.22　判タ903・192）
（中学生が休憩時間中校内トイレ内で上級生に暴行を受けた事故について，加害中学生の親や学校側の損害賠償責任が認められなかった事例）
○　四　被告親権者らの責任（争点(2)）
　1　被告乙野S郎及び同乙野T子は同乙野Z郎の，同丙野K子は同丙野三郎の，

2 国家賠償法2条に基づく損害賠償請求

　同丁野K及び同丁野Y子は同丁野四郎のそれぞれ親権者であり（当事者間に争いがない），被告二郎ら3名に責任能力が認められるにしても未成年者であることから，被告親権者らはそれぞれの子を監護教育すべき義務を負っている。

　被告親権者らが，右監護教育義務に違反し，本件暴行を発生させたと認められる場合には，不法行為責任（民法709条）を負うが，法定監督義務者としての責任（民法714条）の場合とは異なり，一般的に監護教育義務を怠ったというのでは足りず，子が他人の生命身体等に対し危害を加えることがある程度具体的に予見されたにもかかわらず，それを阻止すべき措置を故意・過失によって採らなかった場合にその責任が認められると解するのが相当である。

　そこで，被告親権者らに本件暴行発生の予見可能性があったかを検討する。

　2　証拠（甲11，乙1の2，10，証人O，原告G子本人，被告丙野三郎本人，被告乙野テツ子本人）及び弁論の全趣旨によれば，被告二郎ら3名が原告一郎を継続的にいじめていたことはないこと，被告親権者らは，その子の服装について学校から注意を受けたことがある程度で，いじめとか，暴行事件でT中側から指導等を受けたことはないこと，被告丙野三郎が原告一郎に変形学生服を売却したことについて，本件暴行発生前には，被告親権者らいずれに対しても，天王中側及び原告らから，何らの申し入れ，指導等はなく，変形学生服の売買を知らなかったことが認められる。

　3　右認定事実及び一で認定した本件暴行発生の経緯からすれば，被告親権者らは，いずれも，その子が原告一郎に対してはもとより，誰か他人に暴行を加えるおそれがあると具体的に予見することができる状況にはなかったと認められる。

　したがって，被告親権者らに，不法行為責任を認めることはできない。

Ⅲ 国・公立学校における学校事故についての損害賠償請求

 損害賠償の主体1・損害賠償は誰に対して請求できるか

学校事故が発生した場合，誰に対してどのような責任を追及できるのですか。国公立学校の場合，私立学校とはどのように違うのですか。

回答 学校事故の類型等により，また学校設置者の違い等により，国・公共団体，学校法人，監督義務者，生徒本人等が責任負担者となる。

解説 一 学校事故により教師等学校側に賠償責任を課す場合を大きく分類すると，①教師等学校側の故意過失に基づいて責任が成立するものと，②教師等学校側の故意過失を問題としないで学校施設の設置・管理（保存）に瑕疵があったことを理由に責任が成立するものがあり，これとは別に，③生徒間事故で加害生徒の責任を問う場合があげられる。誰に対して損害賠償を請求しうるかは，これらの事故の類型等により異なる。

二 教師等学校側の故意過失に基づいて責任が成立する場合の責任負担者

1 国公立学校の場合

学校設置者である国または公共団体が責任負担者となる（国家賠償法1条）。この場合教師等個人は責任を負わない。

2 私立学校の場合

学校設置者である学校法人が民法715条に基づいて責任を負う。

教師個人も民法709条に基づいて責任を負う。

三 教師等学校側の故意過失を問題としないで学校施設の設置・管理（保存）に瑕疵があったことを理由に責任が成立する場合の損害賠償義務者

1 国公立学校の場合

学校設置者である国または公共団体が責任負担者となる（国家賠償法1条）。

2 私立学校の場合

2 国家賠償法2条に基づく損害賠償請求

学校設置者である学校法人が民法717条に基づいて責任を負う。

四 生徒間事故で加害生徒の責任を問題とする場合

生徒の責任能力がなければ，生徒個人は責任を負わず（民法712条），法定監督義務者（親権者・親権代行者・後見人等）もしくは代理監督義務者（私立学校の教員等）が責任負担者となる（民法714条）。

生徒に責任能力がある場合，原則として生徒本人が責任負担者となるが，親権等監督義務者の監督上の不注意と損害との間に因果関係が存在するならば，一般の不法行為責任（民法709条）に基づいて，親権者等も未成年者と並存的に責任を負うとするのが近時の学説・判例である。

アドバイス 　損害賠償を請求する場合に大切なことの一つは，誰を被告とするかである。資力のない者を被告とした場合，仮に勝訴しても，結局支払いがなされないおそれがあるからである。国・公共団体を被告とする国家賠償請求は支払いの点に関しては最も確実である。

【参考条文】
民法709条，712条，714条，715条，717条
国家賠償法1条，2条

【参考判例】
（千葉地判平4.2.21　判時1411・54（いわゆる習志野市立中学体罰訴訟））
○　三　被告らの責任について
　1　被告市の責任
　被告乙山が本件当時被告市の公権力の行使にあたる公務員であったことは，当事者間に争いがなく，既に認定したとおり，被告乙山が，その職務である教育活動の過程において，原告に対して暴行を加え，傷害を負わせたものであるから，三橋校長の職務上の義務違反によって被告乙山の本件行為が誘発されたと認められるか否かにかかわりなく被告市は，国家賠償法1条1項に基づき，被告乙山の本件行為によって原告が被った損害を賠償すべき責任があるものと認められる。
　2　被告乙山の責任
　国又は公共団体の公務員がその職務を行うについて，故意又は過失によって違法に他人に損害を加えた場合には，国又は公共団体が，その被害者に対して損害賠償の責任を負い（国家賠償法1条1項），当該公務員個人は，直接被害者に対して損

Ⅲ 国・公立学校における学校事故についての損害賠償請求

害賠償責任を負うことはなく，当該公務員に故意又は重大な過失があったときは，国又は公共団体は当該公務員に対して求償権を有する（同法1条2項）ので，国又は公共団体からの当該公務員に対する求償権の行使という方法でのみ当該公務員に責任を負担させることができると解するのが相当である。

　したがって，被告乙山の原告に対する損害賠償責任は認められない。

2 国家賠償法2条に基づく損害賠償請求

 損害賠償の主体2・公務員個人は損害賠償責任を負うか

　国公立学校において，公務員たる教師個人は損害賠償責任を負うのでしょうか。また，加害者たる公務員に対して求償権を行使するための要件とはどのようなものなのでしょうか。

回答　公務員たる教師個人は損害賠償責任を負わないとするのが判例である。加害者たる公務員に対して求償権を行使するためには公務員個人に故意または重過失があることを要する。

解説　一　公務員の個人責任

　国公立学校の教師等に対し，公務員としてその過失を理由に国家賠償法に基づく損害賠償を請求する場合，その責任を負うのはもっぱら設置者たる国・地方公共団体であって，公務員たる教師は個人責任を負わないとするのが判例の立場である（最二小判昭53.10.20民集32・7・1367等）。これは，そもそも人身事故に基づく損害賠償請求権は，本来金銭に見積れない生命，身体の損害を金銭賠償により塡補ないしは回復させることを目的とするものであるから，国または公共団体に対して賠償義務が認められる場合には，その賠償能力に欠けるところはなく，その目的は十分達せられるはずだからである。

　それゆえ，国または公共団体の賠償責任と併せて公務員たる教師ら個人の賠償義務を認める必要性は乏しいといえる。

　ただ現実には，被害者から，国または公共団体と同時に教師等あるいは校長を被告として訴訟に及ぶ例がないとはいえず，被害者においては，損害の金銭による賠償のみでは満足できず，教師ら個人に対する私的制裁もしくは報復感情の充足のために訴訟を利用すると思われるケースもある。

　なお，下級審判例ではあるが，加害公務員に故意または重大な過失があったときは，自らも民法709条の規定による責任を負担せざるをえず，そのような

場合の加害公務員と国または公共団体の責任は不真正連帯債務の関係にたつとするものがある（東京地判昭46.10.11下民集22・9＝10・994）が，むしろ例外的なものであろう。

二　求償の要件

国・公共団体から違法行為を行った公務員に対する求償が認められるのは，その者に故意または重大な過失があった場合に限られる（国家賠償法1条2項）。

これは軽過失でも求償権を認める民法715条3項と対比されるところであり，公権力の行使という行為の特殊性から，公務員の責任を政策的に軽減したといわれているが，一般に被用者についてはその責任を軽減するのが妥当とされ，判例においても民法715条3項の求償権の範囲を一定の範囲に制限したものもある（最判昭51.7.6金融商事判例508・19）。現実においても，学校法人が軽過失にすぎない教師個人に対して求償権を行使する事案は少ないのではないかと推測される。

アドバイス　本文中に述べたように，公務員個人は損害賠償責任を負わないとするのが原則であるが，教師の体罰により児童生徒が負傷した場合など，報復感情からその教師個人も被告とされる場合がままある。

【参考条文】
民法709条，715条
国家賠償法1条

【参考判例】
（岐阜地判平5.9.6　判時1487・83）
○　「原告らは，被告乙山に対しても不法行為を理由とする損害賠償を求めているが，およそ公権力の行使に当たる公務員がその職務を行うにつき故意または過失により他人に損害を与えた場合には，国または公共団体が賠償の責めに任ずるのであって，当該公務員個人は直接に被害者に対し賠償責任を負担しないものと解するのが相当である。なぜなら，このような場合，国家賠償法1条1項により，完全な賠

2 　国家賠償法2条に基づく損害賠償請求

　　償能力のある国または公共団体が賠償の責任を負うから何ら被害者の救済に欠けるところがないのに，そのうえさらに当該公務員個人にまで直接責任を肯定しても，それは被害者の報復感情を満足させるにすぎないところ，損害賠償制度は本来損害の塡補が目的であつて加害者に制裁を加えることを目的とするものではなく，そのような報復的な賠償責任を認めるのは妥当でないからである。

　　そして，本件においては，前記のとおり，原告らの主位的請求は理由がなく，また，予備的請求については，被告乙山の春子に対する違法行為が公権力の行使に該当する結果，被告岐阜県が賠償の責めに任するのであるから，その余の点について判断するまでもなく，原告らの被告乙山個人に対する請求は理由がない。」

※　最近においても公務員個人をも被告として訴訟が起こされる例がまま見受けられる。被害者としては，行為を行った者に何らのペナルティーを課せられないことに，憤りを感じるようであり，なにか割り切れないものがあることは確かである。以下二つ高裁判例を引用する。

【参考判例】
（大阪高判平26.1.31　LLI／DB　判例秘書登載）
○　〈事案〉控訴人が，町立中学校の柔道部に所属していた長男（亡A）が練習中，頭部を負傷し，急性硬膜下血腫により死亡した事故
　　〈判旨〉
　「1　争点1（被控訴人の過失の有無及び責任原因）について
　　当裁判所も，被控訴人には，少なくとも，部員の健康状態を常に監視し，部員の健康状態に異常が生じないように配慮し，部員に何らかの異常を発見した場合には，その状態を確認し，必要に応じて医療機関への受診を指示し又は搬送を手配すべき義務があるところ，これを怠った過失があり，その過失と亡Aの死亡との間には相当因果関係が存すると認められるものの，被控訴人は，公権力の行使に当たる公共団体の公務員として，その職務を行うについて，上記過失によって違法に亡A及び控訴人に損害を与えたものであり，愛荘町は，控訴人に対し，国賠法1条1項に基づく損害賠償責任を負うが，被控訴人個人は，その責任を負わないものと判断する。その理由は，次のとおり，控訴人の当審における補充主張に対する判断を付加するほかは，原判決「事実及び理由」第3の1に記載されたとおりであるから，同部分を引用する。なお，控訴人は，それ以外にも被控訴人の義務違反を主張する（原判決5頁4行目以下の①②）が，これらが認められたとしても，上記過失と同様に，本件中学校の部活動において，柔道部の顧問として被控訴人が指導に当たる際の過失ということになるから，被控訴人個人がその責任を負うことにはならない。

Ⅲ 国・公立学校における学校事故についての損害賠償請求

(1) 控訴人は，本件事故当日の被控訴人の亡Aに対する行為は，「公権力の行使」にも「その職務を行うについて」にも当たらないから，本件事故に国賠法は適用されず，被控訴人は，民法709条に基づく不法行為責任を負う旨主張する。

しかしながら，控訴人自身，原審において，愛荘町の公権力の行使に当たる被控訴人がその職務を行うにつき，故意・過失により亡Aを死に至らしめたのであるから，愛荘町は国賠法1条1項に基づく損害賠償責任を負う旨主張し，それに基づく請求を愛荘町にしていた（訴状26頁）とおり，本件事故は，教育活動の一環として行われる本件中学校の部活動において，柔道部の顧問として被控訴人が指導に当たる中で起きたものであるところ，同項にいう「公権力の行使」には，公立学校における教師等の教育活動も含まれるものと解され（最高裁昭和62年2月6日第二小法廷判決・集民180号75頁，判例タイムズ638号137頁参照），また，部活動における指導が，その職務を行うについてされたものであることは明らかである。

なお，「その職務を行うについて」との要件を満たすには，客観的に職務執行の外形を備えていれば足りると解される（最高裁昭和31年11月30日第二小法廷判決・民集10巻11号1502頁参照）ところ，被控訴人の行為が，亡Aの生命・身体の安全に重大な危険を及ぼす現実的危険のある行為であり，控訴人の主張する「身体に外傷が生じ，又は生じるおそれのある暴行」及び「外傷を生じ得る暴行や，生徒のコンディションに配慮しなければ身体・健康障害を生じ得る練習方法を強制すること」の基準を満たすものであったとしても，部活動の指導としてされている以上，客観的に職務執行の外形を備える行為であることは否定できないから，上記結論を左右しない。

これらによれば，控訴人の上記主張は採用できない。

(2) 控訴人は，公務員の行為が「公権力の行使」や「職務」に当たるとしても，本件では，過失さえ認められれば，被控訴人個人の責任は認められるべきであり，そうでなくとも，被控訴人には重過失があるところ，当該公務員に故意・重過失が認められる場合には，加害公務員は民法709条に基づく不法行為責任を負うと解すべきであるから，被控訴人は不法行為責任を負う旨主張する。

しかしながら，前記のとおり引用した原判決の説示（原判決「事実及び理由」第3の1(7)）のとおり，公権力の行使に当たる公共団体の公務員が，その職務を行うについて，故意又は過失（重過失を含む。）によって違法に他人に損害を与えた場合は，公共団体がその被害者に対して賠償の責に任ずるのであって，公務員個人はその責任を負わないと解するのが相当である（原判決が引用した判例に加え，最高裁平成19年1月25日第一小法廷判決・民集61巻1号1頁参照）。何故なら，国賠法1条1項が，「国又は公共団体が」，賠償する責に任ずるという文言を用いているのは，賠償義務者としては，国又は公共団体のみを予定しているものと解されるし，被害者としても，国又は公共団体から確実に賠償が得られる以上，公務員個人の責

2　国家賠償法2条に基づく損害賠償請求

　任を追及させる必要はないと考えられるからである。
　控訴人の主張のうち，前記（当審における控訴人の補充主張）(1)イ⑥⑧⑨は，被害感情の慰撫や，不法行為の抑止（再発防止）や，公務員個人への制裁などの目的のために，公務員個人の責任を認めるべきであるというものである。しかし，我が国の不法行為に基づく損害賠償制度（国賠法に基づくものも含む。）は，被害者に生じた現実の損害を金銭的に評価し，これを賠償させることにより，被害者が被った不利益を補填して，不法行為がなかったときの状態に回復させることを目的とするものであり，加害者に対する制裁や，将来における同様の行為の抑止，すなわち一般予防を目的とするものではないと解される（最高裁平成9年7月11日第二小法廷判決・民集51巻6号2573頁参照）。控訴人が主張する目的は，そのような制度の目的を超えるものであるから，公務員個人の責任を認める根拠としては相当ではない。
　そして，通常の場合，公務員個人に比べて，国又は公共団体の資力が上回ることは明らかである（なお，現に，控訴人は，愛荘町から原判決で認容された金額の支払を受けていると認められる。）から，公務員個人の責任を否定しても，損害の填補という上記制度の目的に反することにはならないし，被害者から加害公務員個人への民法709条の損害賠償請求権を認めないことが，被害者の権利を不当に剥奪するものであるということもできない。
　また，国賠法1条1項は，憲法17条の規定を受けて，戦前認められていなかった国又は公共団体が権力的活動により国民らに与えた損害について賠償責任を負うべきことを定めたものであるが，このような沿革は，公務員個人の責任を認める解釈にはつながらない。また，控訴人が前記（当審における控訴人の補充主張）(1)イ③で指摘する製造物責任法3条や自動車損害賠償保障法3条や民法715条の規定は，製造業者等，自己のために自動車を運行の用に供する者又はある事業のために他人を使用する者「は，」賠償責任を負う旨定めており，国又は公共団体「が，」賠償責任を負う旨定めた国賠法1条1項とは文言を異にしている。さらに，私立中学校における教育活動や公立病院における医療行為と，公立中学校における教育活動とでは，公権力の行使としてされるか否かで違いがあり，また，私立中学校の経営者と国又は公共団体との資力にも違いがあるから，私立中学校の教師や公立病院の医師個人の責任を認め，公立中学校の教師個人の責任を認めないことが，不合理であるとまではいえない。
　そして，その余の控訴人の主張や控訴人提出の学者作成の意見書（甲45）の内容を検討しても，前記判例と異なる解釈を採るべきであるとは解されない。
　したがって，被控訴人の重過失の有無にかかわらず，被控訴人は不法行為責任を負わないから，控訴人の上記主張は採用できない。

Ⅲ 国・公立学校における学校事故についての損害賠償請求

(福岡高判平26.6.16 LLI／DB 判例秘書登載)
○ 〈事案〉県立高校の剣道部の練習中に熱中症で倒れて死亡した生徒の両親が，当時の元顧問や県などに計約8600万円の損害賠償を求めた事案。
「3 控訴人らは公務員個人の責任を問えるとの立場から以下の主張をするところ，以下のとおり当裁判所としては採用の限りではない。
 (1) 国賠法と民法との適用関係について
　控訴人らは，国賠法1条1項は，公務員個人の責任について何ら規定をしておらず，同法4条では，同法に規定がない場合には民法の規定が適用されることを指摘して，公務員個人には民法709条による責任追及が認められ，国賠法によりそれを剥奪することが許されるのかという観点から検討すべきであると主張する。
　しかしながら，国賠法4条は，同法1条又は2条に基づく国又は公共団体の損害賠償責任について，同法1条ないし3条が適用される他，民法上の不法行為の諸規定（同法710条，711条，719条，722条，724条等）が適用されることを明らかにするとともに，国賠法の適用がない損害賠償責任については，民法上の不法行為法の諸規定が適用されることを注意的に定めたものである。国賠法4条の規定によっては，国又は公共団体が国賠法上の責任を負う場合に，当該行為をした公務員個人に対しても不法行為に基づく損害賠償を請求しうるかということについては，何ら明らかになるものではなく，公務員の個人責任を否定することに支障となるものではない。
 (2) 使用者責任との均衡について
　ア　控訴人らは，求償の規定を有する民法715条の使用者責任が問われる場合にも行為者個人が同法709条により責任を問われることとの均衡を指摘し，国賠法1条2項の求償権規定は，あくまで内部における責任分担の問題であると主張する。
　しかしながら，国賠法1条2項を内部における責任分担を規定したものと解することは，同条の文理上困難と思われること，また，民法715条の使用者責任については，被用者の選任監督に過失がない場合には免責される旨の規定があり，被用者に対する求償については故意又は重過失による制限が明記されていないのに対し，国賠法上の賠償責任には免責規定はなく，公務員個人に対する求償を故意又は重過失に限定している点で異なっており，国賠法1条による賠償責任は民法715条の特別法に当たると解されることから，民法715条との均衡を理由に，公務員個人に対する責任追及を認めなければならないとはいえない。さらに，民法709条によって公務員に過失がある場合にも損害賠償責任を負うとなると，国賠法1条2項が，国又は公共団体による求償を公務員の故意又は重過失がある場合に限定していることと均衡を失することになる。これらのことからすれば，公務員個人に民法709条の損害賠償請求を認める控訴人らの見解は採用できない。
　イ　また，控訴人らは，故意又は重過失のある場合に限り公務員個人の民法上の

2　国家賠償法2条に基づく損害賠償請求

　損害賠償責任の追及を認めるべきであるとの見解も示しているが，国賠法1条1項について，当該公務員に代わって国又は公共団体が責任を負うとの免責的代位責任を認めたものと解することを前提とした場合，当該公務員の行為が故意又は重過失によるか否かは問わず，国又は公共団体のみが責任主体となるというべきである。
　そして，故意又は重過失のある場合に限るとする見解によっても，実際の提訴にあたっては，故意又は重過失が無い場合にも公務員個人が責任追及されないとは限らず，故意又は重過失の不存在を明らかにするための負担を強いることになり，国賠法1条2項の求償権規定との関係で不均衡を生じる可能性が払拭されるとはいえない。
　(3)　支払能力について
　控訴人らは，国又は公共団体に支払能力があることについては，公務員個人が損害賠償責任を負わないとする積極的な根拠にはならないと主張する。
　しかしながら，上記のとおり，国家賠償制度が被害者の被った損害を填補することを目的としていることは明らかであるところ，国又は公共団体を損害賠償責任の主体とし，これらに責任を認めれば被害者救済として十分といえるから，公務員個人に損害賠償を請求する必要はないというべきである。
　なお，控訴人らは，国公立の医療機関に勤務する医師については，医療過誤について民法上の損害賠償責任を問われることを指摘するが，医療過誤については，特段の事由がない限り，医療行為が公権力の行使に当たらないと解されることにより医師に民法上の責任が問われるのであり，これとの均衡をいうのは適切とはいえない。
　(4)　被害者の被害回復について
　控訴人らは，国賠法に基づく損害賠償には，制裁機能・違法行為抑制機能・違法状態排除機能があること，また，被害者の「被害からの回復・再生」という視点からは，加害者に対して直接的に責任を追及する手段を与えることが重要であると主張する。
　この点，国賠法上の損害賠償制度について，公務員の職務の適正に対する監視的機能（控訴人らの主張する違法行為抑制機能・違法状態排除機能も監視的機能に含まれるものと考える。）があるとしても，そのことが直ちに公務員の個人責任の追及を肯定する根拠にはならず，国又は公共団体に対して国賠法に基づく損害賠償を負わせたり，行為者である公務員に故意又は重過失がある場合に求償権が行使されることにより，監視的機能を働かせることができると考えられる。さらに，公務員個人に対する刑事責任の追及や懲戒も，公務員の職務執行の適正を担保するものといえる。この点に関連し，国又は公共団体の公務員個人に対する求償権の行使，刑事責任の追及，懲戒等が不十分であるとすれば，その制度・運用の問題として検討すべきであり，これらの制度では不十分であるとして，公務員個人に民法上の不法

Ⅲ 国・公立学校における学校事故についての損害賠償請求

行為責任を追及する根拠とすることは相当ではない。

また，控訴人らは，被害者の「被害からの回復・再生」という視点からも，公務員個人に対する責任追及の必要性を主張するが，被害者が公務員個人に対し民法上の不法行為責任を直接追及すべき合理的な理由というには未だ不十分な議論であり，採用することはできない。

(5) いわゆる萎縮効果排除論について

控訴人らは，社会的有用な行為をする私人は個人的に民法上の不法行為責任を追及されるのに対し，公務員はその責を負わないということの不合理性や，公務の中には，萎縮効果を排除することが優先されないものもあるとして，萎縮効果の排除は公務員個人の責任追及を否定する根拠にならないと主張する。

しかしながら，萎縮効果を排除することにより，公務員の公権力の行使に当たり，積極的かつ円滑な公務執行を妨げないことがひいては国民全体の利益となること，公務員の職務の適正に対する監視的機能を怠らせないという点については，前述のとおり，国又は公共団体に対する損害賠償責任の追及等により実行すべきであり，結果として私人の不法行為責任と差異は生じても公務員が個人責任を負わないことが不合理とまではいえないのであり，控訴人らの主張は採用できない。

(6) いわゆる訴訟の矢面論について

控訴人らは，いわゆる訴訟の矢面論に合理性はないと主張する。

しかしながら，前述の国賠法の解釈等から公務員個人に対する民法上の損害賠償請求は否定されるところであるが，公務員個人が被告として訴訟に関わることは証人として訴訟に関与することとは質的に異なることは明らかで，訴訟の矢面論が不合理とはいえない。

(7) 以上からすれば，公務員個人に対する民法上の不法行為責任を否定することは，国賠法の規定の解釈に適い，これを覆すべきものとは認められない。

2 国家賠償法2条に基づく損害賠償請求

 損害賠償の主体3・県費負担教職員の加害行為による損害賠償義務者

私はある市立中学の教諭ですが，いわゆる県費負担教職員にあたります。もし私のような立場のものが不注意により学校事故を起こした場合，損害賠償義務を負うのは市でしょうかそれとも県でしょうか。

回答 県ならびに市であり，被害者は双方または一方に対して損害賠償を請求しうる。

解説 一 県費負担教職員とは，市町村立学校職員給与負担法1条・2条に規定する職員である（地方教育行政の組織及び運営に関する法律37条1項）。具体的には，①市（特別区を含む。）町村立の小学校，中学校，盲学校，聾学校および養護学校の校長，教頭，教諭，養護教諭，助教諭，養護助教諭，寮母，講師，学校栄養職員および事務職員，②市（指定都市を除く。）町村立高等学校の定時制の過程を置くものの校長，定時制の過程に関する校務を整理する教頭ならびに定時制の過程の授業を担当する教諭，助教諭および講師をいう。

このような県費負担教職員という概念は，市町村財政上の理由と義務教育学校教員の人事行政上の要請から都道府県が費用を負担することになったことから生じたといわれている。

市町村立の教職員の給与は，学校設置者負担主義（学校教育法5条）の原則によれば，教職員の身分の属する市町村が負担すべきであるが，給与負担法によりその特例として都道府県が負担し，その実支出額の半分を国が負担するものとされている。

そして，市町村委員会は，県費負担教職員の服務を監督するものと規定されている（地方教育行政の組織及び運営に関する法律43条）。

二 そこで，このような身分を有する県費負担教職員の加害行為により学校

III 国・公立学校における学校事故についての損害賠償請求

事故が発生した場合，損害賠償義務者は都道府県か市町村かが問題となる。

この点について，国家賠償法3条1項は，「前2条の規定によって国または公共団体が損害を賠償する責に任ずる場合において，公務員の選任もしくは監督または公の営造物の設置若しくは管理にあたる公務員と公務員の俸給，給与その他の費用または公の営造物の設置若しくは管理の費用を負担するものとが異なるときは，費用を負担するものもまた，その損害を賠償する責めに任ずる」と規定する。この規定は，被害者が被告適格性の要件に絡んで，不当にその救済を制限されることのないように設けられた規定であるとされる。すなわち，本条項の立法段階で当初「費用を負担するものが，その損害を賠償する責めに任ずる」と規定されていたものが参議院において費用負担者と管理者が異なっているか，あるいはまた，費用の負担割合が判然としない場合には，被害者救済の精神にもとるものとして，現行のように「費用を負担するものもまた」と改められ，同時に，管理者と費用負担者との間の関係は，求償権規定（同法3条1項）を設けることによって解決しようとしたものである。

そして，県費負担教職員の場合，右のように市町村立教職員給与負担法により給与負担は都道府県によることになっているので，国家賠償法3条1項の費用負担者になることは明らかである。

他方，右に引用したように地方教育行政の組織及び運営に関する法律43条により，市町村委員会は，県費負担教職員の服務を監督するものと規定されており，要するに，市町村は県費負担教職員の監督にあたることも明らかである。

したがって，設問のように，県費負担の教職員の加害行為により学校事故が発生した場合，損害賠償義務者は都道府県ならびに市町村であり，被害者はその双方またはいずれか一方を被告として損害賠償を請求しうることになる。

アドバイス　本文で述べたように国家賠償法3条の規定は，被害者救済のための規定であり，被害者たる原告はいずれも選択することができ，便宜ではある。

2 国家賠償法2条に基づく損害賠償請求

　　【参考条文】
　　国家賠償法1条，3条
　　地方教育行政の組織及び運営に関する法律37条，43条
　　市町村立学校職員給与負担法1条，2条

　　【参考判例】
　　（広島地三次支判昭42.8.30　下民集18・7＝8・899）
○　菅原教官の職務上の不法行為につき国家賠償法1条により損害賠償責任を負担するのは被告であるか広島県であるかの問題を検討すると，菅原教官は布野村立中学校教諭であることは当事者間に争いがなく，布野村立中学校教諭は市町村立学校職員給与負担法1条，地方行政の組織及び運営に関する法律43条により，布野村教育委員会の監督をうけるので，同法3条によりこれを設置した被告も，当然原告の被った精神的損害の損害責任を有することになる。

Ⅲ 国・公立学校における学校事故についての損害賠償請求

 損害賠償の主体4・県費負担教職員の加害行為における求償

県費負担教職員の加害行為に関し，都道府県教育委員会が賠償責任を負った場合，市町村教育委員会に対して求償することができるでしょうか。

回答 県費負担教職員の加害行為に関し，都道府県教委が賠償した場合，市町村教委に対して求償できるものと考えられる。

解説 一 国家賠償法3条1項は，当該公務員の選任監督者と費用負担者とが異なるときには，両者とも損害賠償責任を負うこととしているので，被害者は，都道府県教委，市町村教委のいずれに対しても損害賠償を請求できる。この場合，国家賠償法3条2項は，「内部関係でその損害を賠償する責任ある者」（以下「賠償責任者」という）に対する求償権の規定があり，都道府県教委が損害賠償責任を負った場合に，市町村教委に対して求償することができるかが問題になる。

二 選任監督者，費用負担者のいずれをもって「賠償責任者」とするかについては，国家賠償法の文言，立法経緯等からは断定できず，また判例も明確にしていない。学説では，費用負担の中に損害賠償金を含むという解釈を主たる論拠として，費用負担者説が多数を占めている。この説を県費負担教職員について適用すると，一見，都道府県教委が費用負担者として「賠償責任者」となる。

三 しかし，市町村教委は，学校の設置者として，学校教育法5条により，「その設置する学校を管理し，法令に特別の定のある場合を除いては，その学校の経費を負担する」ものとされているので，市町村立学校職員給与負担法1条・2条は，給料その他の給与を都道府県教委の負担とする「特別の定」に過ぎず，「県費負担」に損害賠償金を含むことは基本的には予定されておらず，

167

2 国家賠償法2条に基づく損害賠償請求

したがって，市町村教委が「損害責任者」と解することが適当であると考えられる。

　四　仮に，選任監督説をとるとすると，国家賠償法が選任・監督の過誤を問題としていない点で疑問を生じるが，結論としても，あえて不適格者を任命したといった，都道府県教委による任命権の行使に固有の過誤でもない限り，市町村教委が教員の服務監督権を有することから，やはり市町村教委を「賠償責任者」と解するのが適当であると考えられる（後記判例同旨）。

　五　以上により，市町村教委が「賠償責任者」にあたり，県費負担教職員の加害行為に関し，都道府県教委が賠償した場合，市町村教委に対して求償できるものと考えられる。

　なお，国家賠償法2条1項が適用される場合，すなわち「公の営造物の設置又は管理の瑕疵」による損害の賠償については，市町村教委が設置管理者であるとともに費用負担者であるので，都道府県教委の損害賠償責任が問題とされる余地はないものと考えられる。

【参考条文】
国家賠償法2条，3条
学校教育法5条
市町村立学校職員給与負担法1条，2条

【参考判例】
　（仙台高判平20.3.19　判タ1283・110）
○（控訴人兼附帯被控訴人　福島県・被控訴人兼附帯控訴人　郡山市）
　　「控訴人は，本件体罰に関して損害賠償を命じた確定判決に基づき，被害者に対し本件賠償債務の全額を支払ったことから，本件体罰を行った乙川教諭が当時勤務していた中学校を設置管理していた被控訴人とは，本件賠償債務について不真正連帯債務者の関係にあり，しかも，被控訴人は，国家賠償法3条2項に規定する内部的求償関係における「その損害を賠償する責任ある者」に該当する旨主張する。ところで，県費負担教職員の不法行為によって国家賠償法に基づく損害賠償債務が発生した場合，被害者との関係では，当該学校の設置管理者である市町村と当該教職員の費用負担者である都道府県とが連帯して賠償責任を負担することとなるが（国

Ⅲ 国・公立学校における学校事故についての損害賠償請求

家賠法3条1項)，内部的求償関係における最終負担者となるべき者については，同法3条2項では「その損害を賠償する責任ある者」と規定しているのみであって，具体的に何ら定められておらず，解釈に委ねられていることから，以下に検討する。

ア　まず，公権力の行使に当たる公務員の違法行為や公の営造物の設置又は管理の瑕疵に基づき発生した損害賠償債務に関する内部的求償関係における最終負担者と定められている国家賠償法3条2項の「内部関係でその損害を賠償する責任ある者」とは，損害賠償債務の発生原因となった公権力の行使としての職務執行に要する費用を負担する者というべきである。職務執行に要する費用を負担する者は，当該職務の執行における損害賠償責任の発生は不可避的なものとして当然予想しているものであって，そのため，負担すべき費用には職務執行に要する費用とともに，賠償費用も当然含まれていると解するのが相当である。

イ　ところで，本件賠償債務は，県費負担教職員の教育活動中の違法行為により発生したものであるところ，控訴人が，市町村立学校の教職員に関する費用負担者となってはいるが，市町村立学校職員給与負担法1条によれば，控訴人が負担している費用の内容は，給与のほか，扶養手当，地域手当，住居手当，初任給調整手当，通勤手当，単身赴任手当及びへき地手当等の各種手当であって，いわゆる人件費に関するものに限定されており，教育活動に要する費用は含まれていない。そもそも，地方公共団体の事務を行うために要する経費は，当該地方公共団体が全額負担することとされており（地方財政法9条），学校の経費は，法令に特別の定めがある場合を除いては，その学校の設置者が負担するのが原則である（学校教育法5条）。かかる設置者負担主義の例外として，市町村立学校の教職員の上記給与及び各種諸手当についてのみ，都道府県の負担と定められたのは，都道府県の方が市町村より財政規模が大きく，より安定しており，給与等の支払に関する財政基盤をより強固なものとすることにより，学校教育の充実を図るとともに，義務教育における全国的な教育水準を維持し，併せて市町村間における教育格差を是正することにあるものと理解することができる。

ウ　以上のように，いわゆる県費負担教職員に対する費用負担の内容は人件費のみに限定され，教育活動に必要な費用については負担の対象とされていないこと，都道府県の費用負担と定められた趣旨は，上記説示のように専ら市町村立学校における教育の充実と全国的な教育水準を維持し，市町村間における教育格差の是正を図ることを目的としたものであったこと等からすると，都道府県が市町村立学校の教職員の給与等を負担していることをもって，教育活動において発生した損害賠償債務についてまでも，給与負担者が当然負担すべきものとみることはできず，本件賠償債務については，控訴人が賠償費用の最終負担者と判断することはできないというべきである。むしろ，学校教育法5条において「学校の設置者は，その設置す

2　国家賠償法2条に基づく損害賠償請求

　　る学校を管理し，法令に特別の定のある場合を除いては，その学校の経費を負担する。」と定められており，教育活動に必要な費用は上記経費に含まれているものと解することができ，教育活動において発生した賠償費用の最終負担者は，学校の経費を負担する被控訴人であるというべきである。
　　エ　被控訴人は，教職員の実質的な管理指導権限を有している者が損害賠償債務の最終負担者であるとして，県教育委員会は県費負担教職員の採用，異動等のほか，勤務条件，懲戒権などの人事全般の権限を有している者であること，市教育委員会は，人事に介入する余地がないことを主張する。しかし，被控訴人が主張するように，県費負担教職員に対する採用，勤務条件等の人事権は，県教育委員会が有しているものではあるが（地方教育行政の組織及び運営に関する法律37条1項，38条1項，42条。以下「地行法」という。），同教職員の服務を直接監督する義務を負担しているのは市教育委員会であって（地行法43条1項，2項），県教育委員会は直接の監督権を有してはいないこと，県費負担教職員は，市教育委員会その他職務上の上司の命令に従わなければならないこと（地行法43条1項，2項）とされているのであるから，県費負担教職員に対する指導監督権は，市教育委員会が第1次的に有しているというべきであり，被控訴人主張のように，県教育委員会が県費負担教職員に対する人事権を有していることをもって，県教育委員会が管理主体であるとは判断し難く，管理権限を有する者が最終負担者であるとの被控訴人の主張によっても，県教育委員会を設置している控訴人が最終負担者であると判断することはできない。」

Ⅲ 国・公立学校における学校事故についての損害賠償請求

2 国家賠償法 2 条に基づく損害賠償請求

損害賠償請求の要件

質問

　私は公立中学校の教員でバレーボール部の顧問をしております。先日，部員の生徒が練習中に，バレーボールのネットを張る支柱（ポール，鋼鉄製）に衝突して，歯を折るなどのけがをしてしまいました。このポールは以前からずっとクッション等を巻かずに使用してきたものですが，過去も何回か生徒がぶつかってけがをしています。他の教員から「営造物に関する責任」という言葉を聞きましたが，この場合は，その責任が問われるのでしょうか。「営造物に関する責任」というものについても教えてください。

回答　この場合の「営造物に関する責任」とは，国家賠償法 2 条に定められる損害賠償義務のことである。この責任は，損害発生の原因物が公の営造物であること，その公の営造物についての設置または管理に瑕疵が存したこと，それによって他人に損害を生じたことが賠償義務発生の要件とされる。本件でも，クッション等の緩衝材を使用しなかったことが設置または管理の瑕疵と判断される可能性はある。

解説　一　国家賠償法は戦後制定された現行憲法17条に基づいて設けられた法律であり，被害者の国や公共団体に対する損害賠償請求を広く認め，戦前の法制に対して抜本的にその救済を図ったものである。国家賠償法はその 1 条では国や公共団体の公務に関連した不法行為によって損害が発生した場合について， 2 条では国や公共団体の設置・管理する道路や建物等の瑕疵によって損害が生じた場合について，それぞれ被害者の国や公共団体に対する損害賠償請求権を認めている。ここでは，右 2 条の要件について考察する。

　二　国家賠償法 2 条は「道路，河川その他の公の営造物」の「設置又は管理

171

2　国家賠償法2条に基づく損害賠償請求

に瑕疵があった」場合に適用される。したがって，発生した損害の原因となった物件が「公の営造物」に該当すること，さらに，その「公の営造物」の設置または管理に瑕疵があったことが適用のための要件となる。

なお，この規定は，民法717条が定める土地工作物責任に類似するが，民法717条が損害の発生原因につき「土地の工作物」という限定をしているのに対して，国家賠償法では対象物につきそのような限定がない点，また，工作物の占有者について民法717条では免責される余地があるが国家賠償法では免責が認められていない点などに差がある。

三　道路，河川その他の公の営造物

国家賠償法2条にいう「公の営造物」とは，国または公共団体が特定の公の目的に供する有体物および物的施設をいうと解されている。

1　前記のとおり，この「公の営造物」とは建物などの土地の定着物に限られない。「有体物および物的施設」とあるように，これに含まれうるものは広範囲にわたる。例えば，法文上の道路，河川をはじめ橋梁・堤防などの土地ないしそれに付属する施設，官公庁舎・公立学校の校舎などの建物類，階段，エレベーター，防火扉などの建物に付属してこれを構成する設備，さらにプールなどももちろんこれに該当する。さらに官公庁用自動車等の車両などの動産もこれに含まれると解釈されている。学校事故との関連では，右の校舎，プールをはじめ，校庭に設置された遊具類，砂場など，また，サッカーゴール，ハンドボールゴール，テニス用審判台，朝礼台，技術科用電気かんな，地図掛棒など，学校施設・設備を構成するさまざまなものが「公の営造物」に含まれうる。なお，国立大学農学部付属植物園内のひぐまの観覧施設（檻）も「公の営造物」であるとされた。

なお，例えば犬，馬等の動物が「公の営造物」に含まれるかどうかには少々争いがあるが，裁判例ではこれを含ませて解釈されている。

さらに，「有体物および物的施設」とあることから，教師の授業内容，指示，クラブ活動の監視体制といったような人的要素をこれに含ませることはできない（宇都宮地判昭38.1.12他）。このような人的要素に瑕疵が存した場合は，国

III 国・公立学校における学校事故についての損害賠償請求

家賠償法2条ではなく，1条の適用を問題とすべきであろう。

2　「公の営造物」には，学校校舎のような人工的築造物のほか，法文自体が「河川」を例示していることから，海岸，海水浴場，湖沼などの自然のまま存在するものも含まれる。

3　公の営造物といえるためには，国や公共団体が対象物に対して所有権を有していること，ないし法令上の根拠に基づく管理権限を有していることは必ずしも必要ではなく，事実上管理を行っていることでよいと解釈されている（例えば，最判昭59.11.29）。

また，管理は継続的に行われている場合だけでなく，一時的な借入による管理が行われていた場合でも当該財産は「公の営造物」に該当しうる（東京高判昭29.9.15）。

4　「公の営造物」は，先の定義に示されるように対象たる財産が特定の公の目的に供されていることが要件となる。しかし，この点の解釈は裁判上も緩和されている。例えば，営造物として未完成であって，一時的・仮設的に設けられたような施設であっても，公の目的に供されていると評価できる場合には，当該財産は「公の営造物」と解することが可能である。

また，行政財産（国有財産法3条，地方自治法238条，公用に供し，または供すると決定された国有・公有財産）ではなく，普通財産（行政財産以外の国有・公有財産。公用に供していないし，供すると決定されてもいない財産。前記法条）として国または公共団体が管理している財産についても，そのような分類は国または公共団体の内部の事務処理の問題にすぎず，当該場合の具体的事情により当該財産が実際に果たしている機能などから，現実に公の目的に供されていると評価できれば，それを「公の営造物」というに妨げない（東京高判昭53.12.21）。

四　設置または管理の瑕疵

公の営造物の設置または管理に瑕疵があるとは，営造物の設置・保存が不完全であるために，営造物が通常備えるべき安全性を欠いていることであるといわれている。この通常有すべき安全性とは，通常の用法がなされることを前提

2　国家賠償法2条に基づく損害賠償請求

とした場合の通常予想される危険に対して安全であることを意味する。したがって，基本的には，通常予測することができないような異常な事態に対してまで対応しなければならないのではない。施設利用者が異常といえるような利用の仕方をしたことによって事故が発生したような場合は，それは設置または管理に瑕疵があったためであるとはいい難いのである。

ちなみに，この要件は先にあげた民法717条の土地工作物責任の要件の一つである「土地の工作物の設置又は保存に瑕疵がある」と同趣旨であると解されている。

1　その具体例としては，以下のようなものがある。

①　高校のプールの浄化装置の取水口に生徒（水泳部員）が足を挿入したが抜けなくなり溺死したことは，取水口に防護柵を設けなかった点でプールの設置に瑕疵があり，この危険につき各別警告しなかった点は管理に瑕疵がある（大阪地判昭56.2.25）。

②　中学校の学校備品たる地図掛棒を生徒が持ち出して振り回し，級友の眼を負傷させたことは，地図掛棒の保管が十分でないことによるものであり，公の営造物たる地図掛棒の管理に瑕疵があった（東京地判昭60.11.20）。

③　小学4年生女子が，校内広場の回転シーソーを本来の方法に反する危険な方法で使用して，付近の小学1年生に衝突させて発生した事故につき，かような危険を予見すべきであったとして，衝突防止の保護柵等の設備のない点で通常備えるべき安全性を欠いたものと判断されたケースがある（山口地下関支判平9.3.17）。

2　営造物の設置または保存に瑕疵があることにつき過失が存することが要件となるかどうかが争われている。最高裁は「営造物の設置又は管理の瑕疵とは，営造物が通常有すべき安全性を欠いていることをいい，これに基づく国又は公共団体の賠償責任については，その過失の存在を必要としない」と判示した（最判昭45.8.20民集24・9・1268）。この問題については別稿で触れるが，国家賠償法2条の責任の性質に関しては，右判例に示されるように，営造物の設置または管理の瑕疵の存在につき，当該営造物を管理する個人の主観的な過

失を要件としない立場が有力である。しかし，この判例の立場にあっても，全くの結果責任を認めるものではなく，具体的事件においては，当該状況のもとでの損害発生の予見が可能であったのか，予見が可能であったとしても損害発生を回避することができたのか，などが再三問題とされてきていて，そのような可能性が存在しない場合には，国または公共団体の責任が否定される場合がある。

 3 これに関連して，発生した事故が不可抗力といえる場合には，営造物の設置・保存の瑕疵が否定されるのではないかが問題となる。前述したとおり，民法717条の占有者に対するような免責事由が定められていない国家賠償法2条にあっても，不可抗力が免責事由となることは一般に承認されている。したがって，事故が不可抗力に基づくといえる場合は，営造物の設置または保存に「瑕疵」があったとは評価できないこととなる。

 また，事故防止措置が予算不足のためにとれないことが，発生した事故に対して国または公共団体の免責の理由になるかについても問題となる。基本的には否定的に解釈されているが，下級審などには常識を越えるような高額の費用を投入しなければ達成せられないような高度の絶対的安全対策が要求されるのか，という観点からこの問題を取り上げたものもある（大阪高判昭52.12.20）。

 五 以上の要件を満たす場合には，国または公共団体が発生した損害につき賠償の責を負う。この場合，当該営造物の設置もしくは管理にあたる公共団体等と，当該営造物の設置もしくは管理の費用を負担する公共団体とが異なる場合は，費用負担者もまた賠償責任を負う（国家賠償法3条1項）。

 六 国家賠償法2条の成立要件の概略は以上のとおりであるが，設問のバレーボールコートのポールへの衝突事故の場合はどうであろう。

 まず，公立学校のバレーボールコートに設置するポールが公の営造物であることは問題ない。

 次に，この場合に設置または管理の瑕疵が存したかであるが，バレーボールの場合，例えばテニスと比較すると，ポールの付近にプレー中のボールが飛ぶことは珍しいことではなく，ポール，さらにはポールに隣接する審判台にプレーヤーが接触することはよく見かけるところである。したがって，施設管理者

2 国家賠償法2条に基づく損害賠償請求

としては、この種の衝突事故は当然予測しておかなければならないということとなる。また、サッカーゴールとの対比で考えれば、バレーボールのポールにはネットのワイヤーを巻き取るための部分が突起しているものが多く、衝突の際にけがをする危険性はより高いといえる。一方、右の危険性を回避ないし緩和するための手段としては、専用のクッション等の緩衝材が商品化され容易に利用することができ、その利用で事故はかなり軽減できる可能性がある。

以上を前提として考えれば、ポールに緩衝材を付けずに利用して衝突事故が発生した場合、設置または管理に瑕疵があったと認定される可能性は少なくないといえよう。

アドバイス 学校事故の場合、「昔からそうしていた」という理由は、責任を免れる強い理由にはならない。特に、過去にも事故が起きていたならば、直ちに事故回避策を取らなければ、次に起きた事故については法的責任を問われると考えなければならないだろう。

【参考条文】
国家賠償法2条
民法717条

【参考判例】
（横浜地横須賀支判　昭52.9.5）
○　サッカー練習中に、ゴールキーパーをしていた中学生がゴールポストに頭部を強打して死亡した。このゴールポストの安全性につき、裁判所は次のように述べて、国家賠償法2条による請求を棄却した。「競技に必然的に随伴する行動に備える以上に、むやみに疾走する行動に備えてまでも、ゴールポストに衝突しても受傷を免れるような設備をしなければ設置または管理の瑕疵責任をのがれ得ないとすれば、中学の校庭に通常設けられている鉄棒、登り棒、バレーボールやテニスのネット、ポール、バスケットボールのゴール、支柱、号令台、野球のバックネットなど鋼製、木製の設備のすべてについて緩衝物を着装することを法律上要求するに帰しかねない。校庭から、あらゆる危険を排除することは不可能ではないにしても、そうなっては、危険と安全とを体得させる場でもある校庭に、実社会とは無縁の安全地帯を作りだすことになって、かえって教育の目的に添わないのであり、これが適当な措置であるとはいえない」

Ⅲ　国・公立学校における学校事故についての損害賠償請求

　損害賠償責任と公務員の故意・過失

　県立高校の教員ですが，サッカー部，野球部をはじめ運動部の練習に伴い，使用するボールが校庭と外の道路を隔てる柵を越えてよく道路へ飛びだします。先日は，幼児を連れた母親にシュートを失敗したサッカーボールが当たってしまい問題となりました。しかし，設置してある柵もある程度の高さがあり，運動部のボールが外へ飛びだすのを完全に防ぐのは無理ではないかと思います。防ぎきれないそのようなボールの飛びだしについても，やはり学校側は責任を負うのでしょうか。そのような場合は，われわれには過失はないのではないかと思うのですが，過失がない場合でも施設の不備については責任が生ずるのでしょうか。

回答　類似の事案で，柵等がボールの飛びだしを防ぐことができないことは，学校施設として瑕疵があるとされ賠償責任が認められたものがある。また，一般的に，国家賠償法2条の責任に関しては，公の営造物の設置または管理につき，国および公共団体の賠償責任については，その過失の存在を必要としない，とするのが判例であり，通説であるとされている。

解説　一　国家賠償法2条は，「公の営造物の設置又は管理に瑕疵があった」ことを要件としている。つまり，「公の営造物に瑕疵があった」だけでは足りないのであり，「設置又は管理」に「瑕疵」がなければならないのである。このように，法文が「設置または管理」という人の行為の存在を前提としていることから，「営造物の設置又は管理の瑕疵」の存在に関して，人の行為をどのように評価するか，考え方が分かれている。

　この点については，伝統的には主観説，客観説，折衷説が唱えられてきた。

　二　主観説は，設置または管理の瑕疵を，公の営造物を安全良好な状態に保つべき作為または不作為義務を課されている管理者が，この作為または不作為

義務に反したことにある，と表現されてきた。この立場は，瑕疵を義務違反として把握することから，そこに過失の存在を必要とする立場と親しみやすい。営造物の設置または管理の瑕疵の本質を管理者の損害防止措置の懈怠・放置としての損害回避義務違反とみる，という説も主観説の流れで把握することができる。この立場は，根本的には不法行為法の基本原理，さらには近代市民法の基本原理たる過失責任主義に基づく。生じた損害が特定の行為に起因すると考えられる場合にはじめてその行為者に対してその損害につき賠償義務を課することが可能となる，という原理をここでも重視する。裁判例においても，事故の予測可能性を問題とする事案が数多くみられるが，それは，その予測に対応した安全措置を講ずる義務を行為者に課することとなり，そこから，通常の安全性に欠けるというのは，このような措置を講じなかったこと，すなわち安全措置を講ずべき義務違反が存した，という考え方に親しむ面があり，最高裁が後述のとおり過失不要との判断を下したにもかかわらず，主観説になじむ思考は裁判例の中になお残っているともいえよう。

　この説に対しては，国家賠償法1条が既に公務員の故意・過失を問題としているのに，同2条でさらに過失責任主義をとると，同じ公務員の過失を1条と2条とに，いかにして振り分けるのか説明が困難になる，等の批判が加えられている。

　三　客観説は，国家賠償法2条にいう「瑕疵」とは，営造物が通常有すべき安全性を欠いていることであり，その有無は，客観的に，営造物の安全性の欠如が，営造物に内在する物的瑕疵，または，営造物自体を設置し管理する行為によるかどうかによって判断される。この立場は，瑕疵が認められるためには，安全性欠如が設置または管理上のものである限り，その安全性欠如の理由が管理者の管理義務違反によるかどうかを問わないとし，管理者等の過失を不要とする。そして，判例もこの立場にあると解されている（最判昭45.8.20民集24・9・1268）。この立場は，民法717条は土地の工作物の責任につき占有者の免責を認める一方，所有者には無過失責任を負わせているのと比較して，本条においては占有者の免責規定もなく，より客観的な無過失責任に近づいて

いることは明らかである，等の理由をあげる。そして，この考え方が「通説」として紹介されることが多い。

この説に属するとされる見解に対しては，営造物の不完全な設置または保存という行為が帰責の根拠とされるのか，それとも営造物の安全性欠如という客観的状態が帰責の根拠とされるのか，この説の中においてもあいまいである，との批判や，この説が瑕疵といっているものは実は過失ではないか，瑕疵と過失との区別が明確とはいい難い，などの批判がある。最高裁が過失不要と判断したにもかかわらず，裁判例の中にも義務違反の要素を持ち込むものがあることは先に述べたとおりである。

四　折衷説は，管理の瑕疵には，営造物自体の客観的瑕疵だけではなく，これに付随した人的措置も考慮され，営造物を安全良好な状態に保つべき管理者の作為または不作為義務に違反したことも関連する，と論ずる。この説は，先にあげた両説を併せ主張するものであるが，そのために前記各説に対する批判があてはまるほか，「人的措置も考慮され」「作為又は不作為義務に違反したことも関連する」などの概念が曖昧である，などの批判が加えられている。

五　以上，伝統的に説かれてきた諸説を概観したが，このような形での議論の分類は，いささか不正確であり，「先ず相手に色を塗ってから，その色を批判する」弊に陥っているのではないか，との疑問が呈されている。現実に説かれている諸説の評価・分類はさまざまであるが，完全な結果責任としての客観説と，完全な主観的責任を要求する主観説の両極端の立場の間に位置するところの，いくつかの見解の対立があり，それらは，両極端の客観説寄りであるか主観説寄りであるかという特徴を有する，というような分類もなされている。この中間的ないくつかの説は，国家賠償法2条に関する主要な裁判例を，それぞれ自己の見解から説明しようと試みており，その意味で，どの説を取るかによって実質的な結論に差異をもたらすというレベルでの対立ではなく，説明の違いにすぎない面も多くある，との指摘も存する。

六　なお，いずれの見解をとっても，不可抗力が免責事由とされると解釈されること，それとの関連で，予算不足という抗弁を認めるべきか，の問題があ

2　国家賠償法2条に基づく損害賠償請求

ることは別項で述べたとおりである。

アドバイス　最高裁は，過失不要との見解を示したが，実際の裁判では，事故の予測可能性が問われるケースが多い。基本的には，通常発生することが予見される事故に対して適切な予防措置をとることが第一に要求されることとなる。

【参考条文】
民法44条，715条，717条
国家賠償法1条，2条

【参考判例】
（最判昭45.8.20　民集24・9・1268）
○　国家賠償法2条の営造物の設置または管理の瑕疵とは，営造物が通常有すべき安全性を欠いていることをいい，これに基づく国および公共団体の賠償責任については，その過失の存在を必要としないと解するを相当とする。

（大阪地判昭48.1.17　判時1027・72）
○　中学校グラウンド付近の道路を通行中の自転車運転者が，同校グラウンドにおいてサッカー練習中にグラウンドから蹴り出されたボールに当たって負傷した事故に関して，「グラウンドのすぐ西隣は，交通量の激しい舗装道路であるが，ボールの逸出を防止する装置としては，被告がグラウンドと道路との間に高さ5.8メートル弱の金網を設けているだけであり，サッカーのゴール・ポストは，この塀から20メートル位の箇所にあることは，当事者間に争いがない。そして，現場検証の結果によれば，この高さの塀は，右道路側から北側の隣家に面してもグラウンドを囲んで延びていることが認められるのであるが，」「右グラウンド内で生徒達が球技中，大小各種のボールがこの塀をこえて道路上に飛び出すことが明らかである。そうとすれば，被告の占有かつ所有にかかる右グラウンドおよびこれに付属の土地の工作物たる金網塀は，ボール逸出による人的物的損害を防止するための施設として設置に瑕疵があるものというべきであり，本件の事故は，右の瑕疵に基因して発生したものにほかならない。」

Ⅲ　国・公立学校における学校事故についての損害賠償請求

「公の営造物」とは何か

質問

公立小学校の教員です。私の奉職する学校でも，学校給食中のO157が原因ではないかと思われる被害生徒が複数出ました。将来の事態の展開に備えて国家賠償請求の勉強をしておりますが，学校給食は「公の営造物」に含まれるのでしょうか。

回答　公の営造物とは，国または公共団体が特定の公の目的に供する有体物および物的設備をいう。この有体物の概念は非常に広く，公立学校の学校給食もこれに含まれうる。

解説　一　国家賠償法はその1条では，公権力の行使という権力作用によって損害が発生した場合の賠償責任について定めているのに対して，2条では「道路，河川その他の公の営造物の設置又は管理に瑕疵があったために他人に損害を生じたときは，国又は公共団体は，これを賠償する責に任ずる」と規定しており，公の営造物の設置または管理といういわば非権力的作用を原因として損害が発生した場合にその賠償責任を定めている。

この同法2条が定める「公の営造物」とは，一般的には，国または公共団体の特定の公の目的に供される有体物および物的設備を意味すると解されている。この定義に対しては，例えば，国有財産法3条，地方自治法238条で定義される行政財産の概念からして，公用・公共用に供しまたは供すると決定したか否かによって，対象物件が「公の営造物」に該当したりしなかったりすることはおかしいのではないかという疑問，さらには，対象物件が国または公共団体の所有物であっても，公の目的に供されていない場合はいかに事故が発生しても「公の営造物」といえないこととなり，賠償責任が発生せず妥当ではないのではないかとの疑問などが呈されていた。この点については，後に述べるとおりの解釈が行われており，具体的な不都合が回避されるよう努力がなされて

2　国家賠償法2条に基づく損害賠償請求

いる。

　さらに，右の定義からも明らかなとおり，「公の営造物」とは，有体物および物的設備を意味する。このことから，無形のもの，例えば教師の授業・指示・注意，クラブ活動の指導体制などというような人的な教育活動・措置・体制等は，「公の営造物」の概念からは除かれることとなる。このような人的活動について瑕疵が存したといえるような場合は，むしろ国家賠償法1条の問題となろう。

　以下，「公の営造物」に該当する有体物および物的設備とはいかなるものかにつき述べる。

　二　国家賠償法2条は，民法717条のいわゆる土地の工作物の占有者・所有者の責任に類似するが，民法717条は損害発生の原因たる対象を「土地ノ工作物」すなわち建物，墻壁等の土地に接着して築造された設備に限定している。これに対して，国家賠償法2条でいう公の営造物とはそれよりも広く，右の「土地の工作物」はもとより，法文に規定された道路，河川という不動産の類のほか，広く動産も含むものと解されている。例をあげれば，土地や建物に付属する施設としては，池，貯水槽，プラットホーム，電話線，ブイ，防火扉，手すり，エレベーター，屋上設備，据付機械類，屋内配線，電話ボックスなどがある。動産としては，車両，事務椅子，温泉供給装置，自衛隊航空機などをあげることができる。

　学校事故という観点からは，次のようなものが裁判所において「公の営造物」と認定されている。

　　1　建物ないしそれに付属する設備　　校舎，校舎の屋上，防火扉，階段，体育館天井，体育館通路，校舎の庇，窓，下足箱（小学校校舎内の3階の窓際に設置されたもの），門扉。

　　2　遊具　　回旋シーソー，移動式雲梯，回旋塔，すべり台

　　3　運動用具類　　グラウンド，プール，砂場，テニスコート，サッカーゴール，ハンドボールゴール，テニス用審判台。

　　4　その他の教育設備　　教室内に設置された石炭ストーブ，朝礼台，中学

技術科用の電気かんな，地図掛棒，花壇用ヒューム管などの動産類，国立大学農学部付属植物園内のひぐま観覧施設（檻）などがある。

　三　民法は，718条で動物の占有者がその動物が他人に加えた損害について賠償すべきことを定めている。国家賠償法には，この民法718条に相当する動物を対象とした特別の規定はなく，国家賠償法2条の「公の営造物」に動物が含まれるかどうか問題となった。「公の営造物」という法文の表現からは典型的には物的設備が想定され，動物すなわち生物がそこに含まれるとすることにはやや抵抗が感じられることや，国または公共団体が管理する動物が他人に損害を与えた場合に，民法718条をそのまま適用して解決を図るか，あるいは，動物を管理している公務員に対して公権力行使に際して故意または過失があったと評価できれば，国家賠償法1条の責任を問うことも可能であり，あえて国家賠償法2条の適用をしなくてもよいのでは，との疑問が存したからである。だが，学説の多数は「公の営造物」に動物が含まれることを肯定する。「公の営造物」すなわち「国または公共団体が特定の公の目的に供する有体物及び物的設備」という概念に動物が含まれうると解釈することは文理上可能であること，また被害者の保護を厚くするために国家賠償法2条での救済も用意すべきである等の考えからである。したがって，犬，馬等の動物も「公の営造物」に含まれうることとなる。

　四　先にみたとおり，民法717条は損害発生の原因たる対象を「土地ノ工作物」すなわち土地に接着して築造された人工的設備に限定しているが，国家賠償法2条の「公の営造物」はそれよりも広く，法文自体が河川をあげていることもあり，人為的に築造された設備以外の，いわゆる自然公物も含まれると解されている。そこから，港湾，海水浴場なども「公の営造物」に該当することとなる。

　五　「公の営造物」の定義は前述のとおり「国または公共団体が特定の公の目的に供する有体物及び物的設備」であるが，この定義の中にあるように，「公の営造物」を「公の目的に供する」こと，つまり，対象たる有体物および物的設備が実質的に公用に供されていることが求められている。

1 国家賠償法1条に基づく損害賠償請求

　この点，対象たる有体物および物的設備が完成された状態で公用に供されていることは必ずしも必要とはされていない。国家賠償法2条が例示する道路を例にとれば，道路予定地が道路としての工事が完成されたうえで実際に車両等の通行の用に供されている状況にまで至らなければ，同条が適用されないというのではない。対象物件が未完成であり，一時的・仮設的に設けられた物的設備であったとしても，実質的にみてそれが完成後の営造物に準じた機能を発揮して現に公の目的に供されている場合には，「公の営造物」にあたるものと解して妨げないのである（千葉地判昭53.12.4判時925・101）。

　また，対象たる有体物および物的設備が当該国や公共団体において，いかなる性質の財産として管理されていたかも，公の営造物であることの認定に直ちに影響を与えるものではない。先にあげた国有財産法3条，地方自治法238条は，国有財産ないし公用財産を行政財産と普通財産とに分ける。行政財産とは，右法条記載のとおりそれぞれ公用または公共用に供しまたは供するものと決定した財産であり，普通財産とは行政財産以外のもの一切をいう。つまり，ここでの問題に則していえば，行政財産として分類された財産は「公の目的に供する」と解することに障害が少ないといえるが，その反面普通財産は公用または公共用に供しまたは供するものと決定した財産ではないという右の定義上，「公の営造物」と解することに困難が生じそうである。しかし，この点については当該公有財産を行政財産として管理していたか普通財産として管理していたかは，当該国等の内部での事務処理の問題にすぎず，それが「公の営造物」に該当するかどうかは，当該財産の実際上の機能，効用等を客観的に判断して決することになる，と考える立場が有力である。このような立場にたって，行政財産とされた公有財産について，国家賠償法2条の公の営造物であることを否定した裁判例もあり，逆に普通財産として扱われていたものを公の営造物であると認定した裁判例もある。

　六　公の営造物とされるためには，対象たる有体物および物的設備に関して，当該国等が所有権を有していることは必要ではない。先にあげた民法717条の工作物責任では，第一次的には工作物の占有者が，第二次的には所有者

Ⅲ 国・公立学校における学校事故についての損害賠償請求

が，生じた損害に対して賠償責任を負うのである。それに対して国家賠償法2条の責任は，国または公共団体が公の営造物の占有者ないし所有者たる地位に基づいて責任を負うのではない。賠償責任が発生するためには，国または公共団体が公の営造物に対して所有権等を有していることも，また法令に基づく管理権限を有していることも必ずしも必要ではなく，単に事実上管理を行っているだけで同条に基づく責任が発生しうると考えられている。例えば，敷地所有者が国や都道府県であるような河川，水路等について，改修工事を行うなどによって事実上管理をしていた市について同条の責任が肯定されている。

ただ，市等の公共団体が，一定地域に対して文化財保護法による天然記念物の指定をするなどによって，ある規制を加えている場合などは，その規制が直ちに，ここでいうところの事実上の管理になるとは限らない。さらに当該地域が私人に貸し付けられ，その専用にあるという事情があれば，現に公の目的に供されている場合とは認められないこともある。

また，公共団体等の関与が補助金の交付・贈与等の方法で行われている場合は，それが当該公共団体が対象物を事実上も管理しているとは直ちにはいえない。実質的に評価して補助金の交付・贈与等が，あくまでも助成という範囲内のものであれば，当該公共団体等の対象物に対する事実上の管理を認定することは困難がつきまとう。ただ，この場合，当該公共団体が国家賠償法3条1項の費用負担者として責任を負うかどうかは別の問題である。

七　以上，「公の営造物」概念について，その概略をみてきたが，学校施設についてみれば，施設内に存する物はその大半が「公の営造物」に該当するといいうることとなり，学校給食もこれに含まれるものと考えることができる。したがって，その管理の瑕疵によって病原菌が混入して生徒に被害が生ずれば，国家賠償法2条による賠償責任が発生しうることとなる。

また，学校給食そのものではなく，学校給食を供するための調理設備が，洗浄，加熱等による殺菌を十分することができなかったような事情があれば，そのような調理設備が瑕疵を有すると認定される可能性もある。さらに，殺菌不十分等の給食従事者の過失が認定されれば，国家賠償法1条で賠償責任が認め

1　国家賠償法1条に基づく損害賠償請求

られる場合もある（後記判例参照）。

　ちなみに，小学校のし尿槽から染みだした汚水が飲用の井戸に混入して，在校生徒らが集団で肝炎に罹患した事案で，そのような井戸につき公の営造物の設置・管理の瑕疵を認定した裁判例がある（佐賀地判昭59.10.3判時1140・37）。

アドバイス　学校施設が原因の事故の場合，「公の営造物」概念が非常に広いことから，責任の有無に関する問題は「公の営造物」に該当するか否かよりは，むしろその設置または管理に瑕疵があったといえるかどうかになることのほうが多いであろう。

【参考条文】
民法717条
国有財産法3条
地方自治法238条
国家賠償法2条

【参考判例】
（東京高判昭29.9.15　高民集7・11・848）
○　公立中学校の臨海学校に際して，海岸に存した飛び込み台から海中に飛び込んだ生徒が頭部を海底に衝突させるなどして死亡した事案で，このような，公立中学校が一時的に借り受けたにすぎない設備が「公の営造物」に該当するのかが問題となった。裁判所は，「甲中学校当局は，葛飾区の承認を受けて，昭和26年7月30日から4日間千葉県安房郡岩井町乙方を宿舎として臨海学校を開催し，乙方で用意した飛込台を使用して水泳訓練を施行したことを認めることができる。いったい甲中学校の設置者が被控訴人葛飾区であることは当事者間に争いのないところであるから，甲中学校が被控訴人に代表者である葛飾区長の承認を得て開催した臨海学校もまた甲中学校の延長であり，結局において被控訴人葛飾区が設置したものと言わなければならない。しかして本件飛込台は，右臨海学校の物的施設の一であり，国家賠償法2条にいわゆる営造物とは広く公の目的に供せられる物的施設を指称し……本件飛込台は，まさに被控訴人の設備した営造物であるとなすのが相当であって，その一時的であると借入にかかるとは右に影響を及ぼすものでないというべきである。」

　なお，国家賠償法2条ではなく同法1条が問題とされた学校給食にまつわる事案で，以下のものがある。

Ⅲ 国・公立学校における学校事故についての損害賠償請求

（大阪地堺支判平11.9.10　判タ1025・85）
○　学校給食による集団食中毒によりO157感染症に罹患した児童が敗血症により死亡したケースで学校給食実施管理職員に過失を認定し学校設置者の国家賠償責任が認められた。

（札幌地判平4.3.30　判時1433・124）
○　そばアレルギーに罹患していた小学校6年生の児童が学校給食に出たそばを食べたのが原因で喘息を起こし、そのために異物誤飲で窒息死したケースで担任教諭及び市教育委員会の過失が認められた。

1　国家賠償法1条に基づく損害賠償請求

 公の営造物の設置または管理の瑕疵

質問

　公立中学校の教員をしております。私の勤務先の学校の校庭に置いてあるバスケットボールゴールに生徒が登り，ダンクシュートの真似をしているうちに，そのうちの一つが倒れて，登っていた生徒が軽いけがをしました。まさかバスケットボールゴールを倒すとは思いもよりませんでしたので，遊んでいる生徒に軽く注意をする程度でいたのですが。今後，学校側としてはどのような注意を払ったらよいのでしょうか。

回答　生徒の遊び方によっては極めて危険な状況になることが予測されるにもかかわらず，その施設等をそのままにしておいて事故が生じた場合には，その施設等の公の営造物の設置または管理に瑕疵があるとされ，発生した損害に対する賠償責任を問われる可能性があるから，至急，転倒防止措置や，生徒への危険行為禁止の徹底を図る等の措置が必要である。

解説　一　国家賠償法2条は，国や公共団体の設置・管理する道路や建物等の瑕疵によって損害が生じた場合について，被害者の国や公共団体に対する損害賠償請求権を認めている。この責任が発生するためには，公の営造物の設置または管理に瑕疵が存したことが必要である。法文は「設置」と「管理」を分けているが，強いていえば設置の瑕疵とは設計・建築過程に不完全な点があった場合，言い換えれば原始的に瑕疵が存した場合をいい，管理の瑕疵とはその後の維持・保全過程において不完全な点があった場合，言い換えれば後発的瑕疵が存した場合をいう。しかし，このような区別が判然としない場合も多く，また，このどちらに瑕疵が存しても賠償責任が発生する点では変わりないので重要な区別ではない。

　二　公の営造物の設置または管理に瑕疵があるとは，営造物の設置・保存が不完全であるために，営造物が通常備えるべき安全性を欠いていることである

III 国・公立学校における学校事故についての損害賠償請求

といわれている（最判昭45.8.20民集24・9・1268。ちなみに，この要件は民法717条の土地工作物責任についての「土地ノ工作物ノ設置又ハ保存ニ瑕疵アル」場合と同義であると解されている。）。ここでは，営造物が通常備えるべき安全性とはどのようなものであるかが問題となる。要求される安全性の程度によって瑕疵の有無が影響を受けるからである。

　まず，右の「営造物が通常備えるべき安全性」とは，具体的な事故態様によってその要求される基準が異なる場合がある。殊に学校事故の場合は，被害者が年少の生徒である場合もあり，さらに身体障害者学級を併設する例などもあり（後掲判例）そのような場合の学校施設等が備えるべき安全性は高い水準が求められる傾向があろう。逆に，被害者が大学生の場合を考えると，そこで要求される学校施設等の安全性の程度は，年少の生徒と同列ではあるまい。例えば，大阪地判昭51.2.27は，児童（小学4年生）が，遊びで小学校の体育館の舞台脇控室内の鉄はしごを登って天井裏に上がった際に天井板が破れて落下し死亡した事案で，「小学校の体育館のごとき施設については，これを利用する児童の危険状態に対する判断力，適応能力が低いことを考えれば，特に高度の安全性が要請されていると言わなければならない」「小学校3，4年生の児童は他の学年の児童に比して特に遊び盛りでこわいもの知らずである一方，右学年の児童に本件天井板の材質が児童の体重を支えることができないものであることを判断することは期待できない」と述べて，この天井の管理に瑕疵があったことを認定した。仮にこれが大学生が起こした事故であったならば，天井の管理の瑕疵を認定することは困難であったろう。このように，特に被害者の年齢が低下するにつれて，施設の安全面での配慮がより強く要請されることとなる傾向がある。

　三　この通常有すべき安全性とは，通常の用法がなされることを前提とした場合の通常予想される危険に対して安全であることを意味する。つまり，基本的には，通常予測することができないような異常な事態に対してまで対応しなければならないのではない。したがって，施設利用者が異常といえるような利用の仕方をしたことによって事故が発生したような場合は，それは設置または

1　国家賠償法1条に基づく損害賠償請求

管理に瑕疵があったためであるとはいい難いのである。例えば，中学1年生4名がハンドボールゴール（鋼鉄製，地面に未固定）に登り，支えのない側へ体重をかけたためゴールが倒れて，下敷きになった生徒が死亡した事案で，裁判所は，本件ゴールはハンドボールゴールとして使用される限りでは材質，構造等には別段安全性に欠けるところはなかったとする一方で，危険性の判断能力を相当程度備え，かつ，本件ハンドボールゴールの性状をわきまえていた生徒らにおいて，放課後でしかも課外活動の終了後にこのようにハンドボールゴールの使用をすることは，管理者において通常予測することができない，という理由で当該ハンドボールゴールに対する設置または管理の瑕疵を否定した（岐阜地判昭54.2.28）。同様な事案として，中学3年生の生徒4名がサッカーゴール（地面に未固定）にぶらさがって遊んでいたためサッカーゴールが倒れて生徒が負傷した場合，そのような使用方法がなされることは管理者として予測しうるものではないとして設置または管理の瑕疵を否定したものがある（福岡地判昭55.6.30）。裁判所は，右の中学1年生ないし3年生は，ハンドボールゴール，サッカーゴールの利用法やその危険性をわきまえているのだから，右事例のような「通常予測することのできない」使用方法にまで備えて管理しなければならないものではない，と考え，この点での管理者側の責任を問わないものとしたのである。しかし，サッカーゴールやハンドボールゴール（特にハンドボールゴールはその大きさからも簡単に登ることができる。）に登って遊ぶ中学生がいることが管理者にとって「通常予測することのできない」ことであるかどうかは，議論の余地があろう。同種の事故は決して珍しいことではないのである。

なお，右福岡地判と同様のサッカーゴールの転倒事故で，サッカーゴールの設置または保存の瑕疵を認めた裁判例がある（岐阜地判昭60.9.12）。これは事故が幼稚園内に設置されたサッカーゴールのネットに小学生がぶらさがり遊んでいて起きたこと，事故前は地面に杭で固定していたが，事故時は固定していなかったことなどを考慮して瑕疵を認めたものであるが，裁判所は，サッカーゴールの危険性について十分な判断能力のない幼稚園児・小学生が利用する場

合は，このような転倒事故も十分予測しておく必要があると判断したものと考えられる。

　四　営造物の設置または保存に瑕疵があることにつき過失が存することが要件となるかどうかが争われている。最高裁は「営造物の設置又は管理の瑕疵とは，営造物が通常有すべき安全性を欠いていることをいい，これに基づく国又は公共団体の賠償責任については，その過失の存在を必要としない」と判示した（前掲最判昭45.8.20）。この問題については別稿で触れるが，国家賠償法2条の責任の性質に関しては，右判例に示されるように，営造物の設置または管理の瑕疵の存在につき，当該営造物を管理する個人の主観的な過失を要件としない立場が有力である。しかし，この判例の立場にあっても，全くの客観的な結果責任を認めるものではなく，具体的事件においては，当該状況のもとでの損害発生の予見が可能であったのか，予見が可能であったとしても損害発生を回避することができたのか，などが再三（例えば，水害訴訟，道路事故など。先にみたとおり学校事故例においてもこの点が重要な要素として考慮されている。）問題とされてきていて，そのような可能性が存在しない場合には瑕疵が存在しないとされ，国または公共団体の責任が否定される場合がある。

　五　これに関連して，発生した事故が不可抗力といえる場合には，営造物の設置・保存の瑕疵が否定されるのではないかが問題となる。前述したとおり，民法717条の占有者に対するような免責事由が定められていない国家賠償法2条にあっても，不可抗力が免責事由となることは一般に承認されている。したがって，事故が不可抗力に基づくといえる場合は，営造物の設置または保存に「瑕疵」があったとは評価できないこととなる。伊勢湾台風がもたらした異常高潮による堤防決壊によって生じた損害に関して，不可抗力を理由に責任が否定された例がある（名古屋地判昭37.10.12）。

　また，事故防止措置が予算不足のため執行できなかったことが，発生した事故に対して国または公共団体の免責の理由になるかについても問題となる。基本的には否定的に解釈されているが，下級審などには常識を越えるような高額の費用を投入しなければ達成せられないような高度の絶対的安全対策が要求さ

1 国家賠償法1条に基づく損害賠償請求

れるのか，という観点からこの問題を取り上げたものもある（大阪高判昭52.12.20）。

一度事故が発生したならば，再度事故が発生した場合に「事故を予測することができなかった」とはいえなくなる。将来，通常の用法では転倒しないだけの危険防止措置をとらなければ，次の事故では国家賠償法2条の責任が発生する可能性がある。

【参考条文】
国家賠償法2条
民法717条

【参考判例】
　　（岐阜地判昭60.9.12　判時1187・110）
○　被告学園はサッカーゴールの設置に当たっては，四隅の脚の部分に鉄杭を打ち込んで地面に固定し容易に動かない状態にしていたのであるが，本件事故の2週間程前に被告学園校庭において運動会が行われた際，杭を抜いてサッカーゴールを移動し，運動会終了後これを元の位置に戻したものの，杭を打たずそのまま放置していたこと，本件事故発生当日Aの姉2名を含む約8名の小学生がサッカーゴールのネットにぶら下がってサッカーゴールを前後に揺すって遊んでいたところ，右サッカーゴールが前方に倒れ，その鉄わくの部分がたまたまその付近で遊んでいたAの頭部を強打して，本件事故に至ったものであること……右事実によれば，本件事故当時，被告学園において設置していたサッカーゴールは，通常講じられるべき転倒防止のための措置が採られていなかったため，危険な状態にあったものと推認されるのであるから，これによれば，被告学園のサッカーゴールの設置又は保存について瑕疵があったものと認めざるを得ない。

　　（鹿児島地判平8.1.29　判タ916・104）
○　本件事故当時……，本件広場は，未だ一般公開前であったが，同年3月には芝の植え替えを終え，同事故当時はグラウンドとして十分使用可能な状況にあった上，同広場が県下でも珍しい全面芝のグラウンドであって，本件ゴールを含むサッカーゴール2基が置いてあり，サッカー少年らの興味をひき易いことに加え，事実上自由に出入りができたC・Dの2箇所の出入口があり，同広場周辺には学校や城山団地があることを合わせ考えると，付近の中学生や高校生（好奇心の強い年頃である）等が同広場を訪れ，サッカーをするために無断で立ち入り，本件ゴールを使用

Ⅲ　国・公立学校における学校事故についての損害賠償請求

する可能性があったこと，……本件ゴールはクロスバー及び両ゴールポストが重量（142.76キログラム）の大半を占め，比重が前部に掛かっているため，後部のゴール支柱（つっかえ棒）を52〜54センチメートル持ち上げれば，自動的に前方に倒れ，その場合には，その重量，形状からみて，人に死傷の結果を生じさせる可能性があったこと，……そうとすれば，事実上，Ｃ・Ｄの２箇所から立入りが自由であった本件広場内において，本件ゴールを保管する被告は，同ゴールの転倒による危険が生じないように，立てた状態であればもちろん，倒しておく場合でも，地面やフェンス等に金具等で固定して保管しておく必要があったというべきであるところ，被告は，右のような保管方法をとらず，本件ゴールを含め２基を同広場内にて立てたまま又は単に倒したまま放置していたのであるが，三宅及び石原が行おうとしたゴールをいったん倒してから移動させるという方法は，ゴールの取扱いとして通常予想されるものであって，異常な行動とはいえないと解されることを合わせ斟酌すれば，被告は，本件ゴールを通常備えるべき安全性を欠いた状態に置いていたといえるから，同ゴールの設置又は管理には瑕疵があった（国家賠償法２条１項）というべきである。

（東京地八王子支判平20.5.29）
○　授業の休み時間中に発生した特別支援学級に在籍する当時８歳の自閉症児の転落負傷事故につき，担任教諭の指導に過失を認め，市に損害賠償を命じた事例
　「国家賠償法２条１項の責任について
　ア　国家賠償法２条１項にいう営造物の設置又は管理に瑕疵があったと認められるかどうかは，当該営造物の構造，用法，場所的環境及び利用状況等諸般の事情を総合考慮して具体的個別的に判断すべきであるところ，本件学校のように，心身障害児学級を併設する学校においては，健常児に比べて危険認知能力に乏しい児童も在籍していることから，これらの心身障害児学級の児童が日常使用する施設については，特に高度の安全性が要請されるというべきである。
　イ　倉庫３の扉に施錠がされていない点について
　この点，前記第３の４で認定のとおり，倉庫３内には一輪車や卓球台，棚等が保管されているが，本件学校では，本件事故当時，直接担任が体育館において，倉庫３の中に入ってはいけないと指導する旨の申し合わせがなされており，扉に施錠をしないという措置がとられていた。たしかに，倉庫３内において，判断力や適応力の低い児童が遊ぶなどの行動に出れば怪我を負う危険性があることは否定できない。しかし，倉庫３は本件学校の体育館にあり，通常児童は体育の授業等で教諭の指導のもとに体育館を利用するものであって，しかも本件学校では，倉庫３に入ってはいけないことを担任が直接注意する申し合わせがあることからすれば，倉庫３が児童が頻繁に利用する場所であるとは言い難く，これはさくら学級の児童であっ

1 国家賠償法1条に基づく損害賠償請求

ても同様である。加えて,前記第3の4で認定のとおり,担任教諭による授業の際の指導によっても,さくら学級の児童が倉庫3内に入ることを防ぐことは十分可能であったと推認されることをも考慮すれば,倉庫3の扉に施錠がされていないことをもって,倉庫3の設置又は管理に瑕疵があるとは認められないというべきである。

　ウ　倉庫3の腰高窓に柵が設けられていない点について

この点,前記第3の4で認定のとおり,倉庫3の腰高窓の窓枠部分の下部から外の地面までは5.21メートルの高さがあり,構造上は児童が転落する危険性を有している。しかし,倉庫3の腰高窓の前には一輪車が取り付けられた状態の一輪車用スタンドが2台並列して置かれ,しかも,2台の一輪車用スタンドには合計26台の一輪車が上下段の鉄棒に取り付けられており,相当の重量があるものと推認され,児童がこれを移動させて腰高窓に近づくのは相当困難であったというべきである。また上記イのとおり,倉庫3内はさくら学級の児童が日常使用する施設ではなく,さくら学級の児童を含め本件学校の児童が利用する頻度は相当程度低いことからすれば,倉庫3の腰高窓に柵が設けられていないことをもって,設置又は管理に瑕疵があるとは認められない。

Ⅲ 国・公立学校における学校事故についての損害賠償請求

損害賠償は誰に対して請求できるか

市立中学の娘をもつ者です。娘は水泳部に所属していましたが，水泳部で使っていた大型のタイマーの電流が漏れていたために感電事故に遭いました。幸い大けがにはならないですみましたが，娘は感電のショックの恐怖でしばらく学校に行けませんでした。私は学校を訴えたいのですが，誰を相手にしてよいのか分かりません。教育委員会を相手にすればよいのでしょうか。

回答 この場合は，まず学校設置者である市を相手，つまり被告とした訴訟を準備すべきで，教育委員会を被告とすることはできない。

解説　一　国家賠償法2条による賠償責任負担者

　国家賠償法2条は，公の営造物の設置または管理に瑕疵があったときに，それによって他人に生じた損害の賠償責任を発生させるための規定である。いうまでもなく，損害を被った者は，賠償義務者に対して損害賠償請求という形で金銭の支払いを求めることとなる。そこで，国家賠償法2条による賠償責任を負う者は，損害賠償義務を負担することのできる者，つまり権利義務の主体たることができる者でなければならない。その意味で，法文が賠償責任者としてあげる国または公共団体は，この意味の法人格を有している（例えば地方自治法2条1項）ので賠償責任を負担することができる。この点で，例えば国の一機関にすぎない行政庁などは，独立した権利主体ではないので，賠償責任を負うこととはならず，その場合は国そのものが責任主体となる。したがって，国家賠償法2条による損害賠償請求訴訟の被告をそのような行政庁としても，当該訴訟の被告としては不適格であるということになる。例えば，町立学校の施設であるプールの瑕疵をめぐって損害賠償請求をする場合に，当該町の教育委員会を被告としても，教育委員会は地方公共団体たる町の一機関に

1　国家賠償法1条に基づく損害賠償請求

すぎず，独立して被告となることはできない。この場合のプールの設置・管理者は町であり，町を被告とするべきである（松山地西条支判昭40.4.21下民集16・4・662）。これと同様に，設問の場合も，市立中学で使用中の大型タイマーは公の営造物といえるので，それに漏電があって事故が発生したのであれば，営造物の設置・管理に瑕疵があったといえる可能性があるが，設置・管理者としての賠償責任の負担者は教育委員会ではなく当該市ということとなる。

　二　国家賠償法2条で賠償責任を負うのは，当該営造物の設置・管理者である。ある営造物の管理が国の事務に属するものであるが，法令によって地方公共団体の長その他の執行機関に委任された事務，いわゆる機関委任事務であるときは，その場合の設置・管理者は，国である。国家賠償法1条の事例ではあるが，知事が食糧管理事務を行うことは，地方公共団体の長たる機関として行うのではなく，国の委任に基づきその機関たる地位においてこれを執行するものであるから（当時の食糧管理法），公権力の行使たる食糧管理事務に関して国家賠償法1条の規定によって賠償責任を問う場合には，国（または費用負担者として市町村がある場合は市町村も）を被告としなければならず，知事は被告とはならない（同旨東京高判昭27.12.6下民集3・12・1739）。

　三　国家賠償法3条1項は，営造物の設置または管理にあたる者と，営造物の設置または管理の費用を負担する者とが異なる場合は，費用を負担する者も損害を賠償する責任を負うと規定する。この規定は，従来，右のように費用負担者が異なる場合にいずれの者が賠償責任を負うか必ずしも明らかではなかった点を，双方が外部的に賠償責任を負うという形で解決したものであるといわれている。しかし，究極的な賠償責任負担者が，費用負担者なのか管理者なのかについては，なお争いが残っている（費用負担者であると解する説が多数説であるといわれている。）。したがって，損害を受けた被害者は，設置・管理者と費用負担者とに対して，その選択するほうに対して賠償請求をすることができる。被害者に対して負う，この両者の責任の間には，いずれかが第一次的な責任である等の順序や原則は存しないと解される（福岡地飯塚支判昭45.8.28判時626・74）。

III 国・公立学校における学校事故についての損害賠償請求

　このように，営造物の設置または管理にあたる者と，営造物の設置または管理の費用を負担する者とが異なる場合の例としては，河川の管理と費用負担（河川法59条以下），道路の管理と費用負担（道路法49条以下。なお，道路については，このような費用負担者の分離がみられるのは，基本的には国道についてのみであり，他の都道府県道や市町村道は管理者と費用負担者が統一されている。），港湾の管理と港湾の工事等の負担（港湾法42条以下），海岸保全区域の管理とその管理費用等の負担（海岸法25条以下）などがある。例えば，右の道路については要旨「本件道路は国道であって，高知県知事が管理していたものであるから，控訴人国は，国家賠償法2条第1項により，控訴人高知県は，管理費用負担者として，国家賠償法第3条第1項により，それぞれ本件事故によって生じた損害を賠償すべき責に任ずべきであるといわなければならない」（高松高判昭41.5.12高民集20・3・234）などと判示される。

　ここで，当該営造物に関していかなる程度・態様の費用負担があれば，国家賠償法3条1項でいうところの費用負担者として賠償責任を負うこととなるのかが問題となる。この点について最高裁は，当該営造物の設置・管理費用の法律上の負担義務者以外の者でも，法律上の負担義務者と同等程度の設置・管理費用を負担し，実質的にその者と当該営造物による事業を共同して執行していると認められる者であって，当該営造物による危険を効果的に防止しうる者も含まれると判示した（後記最判昭50.11.28）。

アドバイス　　国家賠償法2条で賠償責任を負うのは，基本的には設置・管理者たる国や地方公共団体である。そして，それ以外に費用負担者たる国・公共団体があれば，これも併せて賠償義務者となる。

【参考条文】
国家賠償法2条，3条
道路法49条以下
河川法59条以下
港湾法42条以下
海岸法25条以下

1 国家賠償法1条に基づく損害賠償請求

   【参考判例】
   (最判昭50.11.28　民集29・10・1754)
   ○　公の営造物の設置者に対してその費用を単に贈与したにすぎない者は同項所定の設置費用の負担者に含まれるものではないが，法律の規定上当該営造物の設置をなしうることが認められている国が，自らこれを設置するにかえて，特定の地方公共団体に対しその設置を認めたうえ，右営造物の設置費用につき当該地方公共団体の負担額と同等もしくはこれに近い経済的な補助を供与する反面，右地方公共団体に対し法律上当該営造物につき危険防止の措置を請求しうる立場にあるときには，国は，同項所定の設置費用の負担者に含まれるものというべきであり，右の補助が，地方財政法16条所定の補助金の交付に該当するものであることは，直ちに右の理を左右するものではないと解すべきである。

   (広島地判平10.3.24　判時1638・32)
   ○　国賠法3条1項の公の営造物の設置費用の負担者とは，当該営造物の設置費用につき法律上負担義務を負う者の他，この者と同等もしくはこれに近い費用を負担し，実質的にはこの者と当該営造物による事業を共同して執行していると認められる者であって，当該営造物の瑕疵による危険を効果的に防止し得る者も含まれると解すべきである(最高裁昭和50年11月28日第二小法廷判決・民集29巻10号1754頁)。……アストラムラインは，それが設置される道路の構造の一部として整備されるものであり，その建設工事に関する費用は，都道府県にあっては，道路の管理に関する費用として道路管理者である地方公共団体の負担とされ(道路法49条)，被告国は，裁量的に補助金を支出するものに過ぎない(同法56条)。
   　アストラムラインの軌道を支持，構成する設備である本件各橋脚や本件橋桁等は，県道である本件道路の上に設置されているのであるから，その建設工事に関する費用は，本件道路の道路管理者である被告広島市が負担することとなる(道路法49条，15条，17条1項，7条3項，地方自治法252条の19第1項，地方自治法252条の19第1項の指定都市の指定に関する政令)。したがって，被告国は，アストラムライン建設工事につき法律上費用の負担義務を負う者ではない。
   　また，現実の費用負担については，≪証拠略≫によれば，被告広島市担当工区のうち第1工区から第6工区までの総事業費362億7600万円のうち，被告国が支出した負担又は補助の額は，91億9000万円であり，右総事業費の25.3パーセントにしか過ぎないことが認められる。したがって，被告国が，法律上の費用負担者である被告広島市と同等もしくはこれに近い設置費用を負担しているとみることもできない。……以上のことからすると，被告国が，被告広島市と本件計画を実質的に共同して執行していたものであり，かつ，被告広島市担当工区における工事中又は完成後の橋脚や橋桁から生じる危険を効果的に防止し得たと認めることはできない。
   　したがって，被告国は，アストラムラインの被告広島市担当工区について国賠法3条1項の費用負担者であると認めることはできない。

Ⅲ 国・公立学校における学校事故についての損害賠償請求

 瑕疵が肯定されたもの

学校事故において，裁判上，施設等の設置または管理の瑕疵が肯定されたものにはどのようなものがありますか。

回答 学校事故において，裁判上，施設等の設置または管理の瑕疵が肯定されたものとしては，事故発生当時，当該営造物の通常の利用者の判断能力や行動能力，設置された場所の環境等を具体的に考慮して，当該営造物が本来備えるべき安全性を欠いていたと認定された場合等が挙げられる。

解説 国家賠償法2条1項にいう営造物の設置管理の瑕疵とは，当該営造物の通常の利用者の判断能力や行動能力，設置された場所の環境等を具体的に考慮して，当該営造物が本来備えるべき安全性を欠いている状態をいうとされている。さらに，当該営造物の利用の態様および程度が一定の限度にとどまる限りは，その施設に危害を生ぜしめる危険性がその施設になくても，これを越える利用によって利用者または第三者に対して危害を生じさせる危険性がある状況にある場合には，そのような利用に供される限りにおいて通常有すべき安全性を欠いており，当該営造物につき設置管理の瑕疵があると解されている。

【参考条文】
国家賠償法2条

【参考判例】
（札幌地判昭53.12.1（確定） 判時936・107）
〇 小学校2年生の児童が，休み時間中に，教室内に設置されていた丸型石炭ストーブで暖をとっていたところ，付近で遊んでいた同級生2人がもみ合った際にそのうちの1人に激しく衝突され，これに押されてストーブの蒸発皿に右腕をつっこみ，熱湯でやけどを負った事案

1　国家賠償法１条に基づく損害賠償請求

　「国家賠償法２条１項にいう営造物の設置，瑕疵とは，当該営造物が，その種類に応じて通常有すべき安全性又は設備を欠いていることであると解するを相当とするが，本件についてこれをみるに，本件ストーブ（ストーブ上の蒸発皿はこれを一体としてみる）は，判断力が未だ十分ではなく，危険な行動に及びがちな小学校低学年（１，２年）向きの教室内に設置されたものであり，生徒の中には勢い余って学校側の設けた白線を越え，その結果ストーブに接触する者が出ることは当然予想すべきであることから，被告としては，学校側をして児童に対し口頭ないし書面で注意を与える等の指導を行わせる外に，殊に低学年の児童については，児童らが直接ストーブの一部に接触することのないよう物理的な設備を施すべきであって，右設備を欠く場合は，ストーブの設置，管理に瑕疵があるものといわざる得ない。しかるに，本件ストーブには右のごとき設備は何ら設置されていなかったのであるから，被告には，本件ストーブの設置，管理に瑕疵があ（る）。」

（大阪地判平7.2.20（控訴）　判時875・296）
○　高校の水泳の授業において飛込みを行った生徒がプールの底で頭を打ち死亡した事案
　「本件プールは，成城工業の生徒が普通に平泳ぎやクロールなどの泳法の授業を受けている限りにおいては，人身事故が発生するといった危険性は低いといえるけれども，立ち飛び込みで飛び込みをする場合には，人身事故発生の危険性が存在するのであるから，本件授業で（授業内容として）立ち飛び込みが行われていたという点において，本件プールは，そのような方法により使用されるプールとして通常有すべき安全性を欠いていたものであり，本件プールには，設置管理上の瑕疵があったというべきである。」

（東京高判平5.7.20（確定））
○　清掃時間中に，中学生が友達とほうきでホッケー遊びをしていて，友達の持っていたほうきの先が飛んで左眼に当たり，視力障害を負った事案
　「したがって，本件ほうきの通常有すべき安全性を判断するに当たっては，このように自在ほうきが振り回されるなどしてそこに相当の衝撃が加えられることがあることも考慮に入れたうえで，そのような使用法がされたとしても安全性が具備されているか否かを判断すべきであるというべきである。このような観点に立って本件ほうきをみると，前記のように先端部分と柄の部分を結ぶねじが相当程度緩んでいるなどして，外部からの衝撃により先端部分が柄から外れやすい状態になっており，衝撃の加え方によっては柄から外れた先端部分が飛び，周囲の人間や器物にぶつかってそれに損傷を与える危険性があったものと推認されるから，本件ほうきは通常有すべき安全性を欠いていたといわざるを得ず，本件ほうきの設置又は管理に

Ⅲ　国・公立学校における学校事故についての損害賠償請求

は瑕疵があったと言うべきである。」

（大阪地判昭52.9.13（確定））
○　高校の硬式庭球部の練習中に砲丸が頭部に当たり負傷した事件について，庭球コートと砂場の間に球止めの設備を欠いた運動場の設備・管理の瑕疵を認めた事案
　　「一般的に言えば，硬式庭球のボールは反発力が強く，打球は遠くかつ速く飛び，或いは転がることが多いから，球止めのない庭球コートは少なくとも硬式庭球用のコートとして甚だしく不備なものであることは明らかであるが，それだけではせいぜい利用者にとって不便なコートと言うに過ぎず，直ちに人の生命・身体等に危険を及ぼす可能性があるとは言えない。しかしながら，具体的な場合において，右のようなコートとしての不備を補うべく利用者ないしその補助者が通常とる行為が，周囲の状況との関係で危険にさらされるとしたら，結局営造物の設置・管理に瑕疵があると言わなければならない。これを本件についてみると，庭球コートは高等学校の運動場の一部であって，運動場では放課後クラブ活動として各種体育活動が同時に実施され，コート北側の砂場では跳躍，投てき競技の練習が行われるのであり，投てきの砲丸が人体に命中すれば重大な被害を及ぼすことが明らかであること，コートの北側ベースラインと砂場の間は8.6メートル位しかなく，両者がこのような至近距離にあればコートで練習中ネット南側からの打球が北側のプレーヤーの頭上を超え或いは横を抜け転転として砂場にはいることは硬式庭球競技の性質上常にあるわけであり，右プレーヤーの後方に数名の球拾いがいてもこれを完全に防げるものではなく，砂場の中に転がって行った球を拾うべく庭球コートの方から人が砂場に進入することは従来からしばしばあったことをあわせ考えると，庭球コートと砂場の間に球止めの設備を欠くことは運動場の設備・管理に瑕疵があったと言わざるをえない。」

（浦和地判平8.10.11（確定）　判時1613・120）
○　高校の陸上競技部員が，他の部員が投げたハンマーを左後頭部に受け死亡した事案
　　「サークル内から投擲を開始した場合であっても，本件防護ネットでは妨げることができない方向にハンマーが飛ぶ事態を予測することができたはずであるのに，また，競技規則においても，本件防護施設のような設備だけでは不十分であるとして，その前方に移動パネルを取り付けると定められており，そのような方法で防護ネットの防止機能不足を補う方法も知られていたのに，これらの移動パネルないしこれに類似する防護施設を付加して設けず，その結果，サークル内で投擲開始されたハンマーにより，本件事故が発生したのであってみれば（中略）練習場としては，通常有すべき安全性を欠いたものと断ぜざるをえない。」

1 国家賠償法1条に基づく損害賠償請求

 瑕疵が否定されたもの

学校事故において，裁判上，施設等の設置または管理の瑕疵が否定されたものにはどのようなものがありますか。

回答 学校事故において，裁判上，施設等の設置または管理の瑕疵が否定されたものとしては，使用者が施設等の使用を行うにあたって，本来の用法と異なることはもちろんのこと，設置者の通常予測しえない用法で使用を行った結果事故に至った場合等が挙げられる。

解説 学校事故において，裁判上，施設等の設置または管理の瑕疵が否定されたものとしては，使用者が施設等の使用を行うにあたって，本来の用法と異なることはもちろんのこと，設置者の通常予測しえない用法で使用を行った結果事故に至った場合のほか，施設等が，ある用法で使用するにあたっては，構造上問題があると認められても，その他の用法で使用を行う際の安全性を考慮した場合には，構造上問題があるといえず，さらに，教員が使用を行うにあたって十分に安全に配慮していれば，当該用法で使用しても事故の危険性はないと判断された場合が挙げられる。

【参考条文】
国家賠償法2条

【参考判例】
（千葉地木更津支判平7.7.26（確定））
○ 中学校の校庭にあるゴールポストで遊んでいた小学生が，倒れたゴールポストの下敷きになり負傷した事案
　「本件ゴールポストを設置した被告は，その設置管理者として，本件事故現場に一時的に置いた右ゴールポストが，その置いた状況で本来の用法に従って安全であるべきことについての責任を負担することは当然であるとしても，国家賠償法2条

Ⅲ 国・公立学校における学校事故についての損害賠償請求

１項の責任は原則としてこれをもって限度とすべきものであるとするところ，右二で認定したことからすると，本件事故は原告らが本件ゴールポストに固定されていたネットを利用してブランコのようにして遊ぶという行動の結果であり，本件ゴールポストの本来の用法と異なることはもちろん，設置管理者の通常予測し得ないものであったといえる。そうすると，本件事故は，本件事故現場に一時的に置かれていた本件ゴールポストの安全性の欠如に起因するものではないから，被告が原告に対して国家賠償法２条１項所定の責任を負うものではない。」

（大阪地判平2.12.21（控訴））
○ 体育の授業中，水泳の飛込みをしていた中学生が頸髄損傷・頸椎骨折の損傷を負った事案

「本件プールに設置管理上の瑕疵があったか否かについて検討するに，前記日本水泳連盟の標準プール公認規定に適合することが，学習用プールの安全性の一つであることは言いえても，そのことのみで，直ちに，本件プールが安全で瑕疵のないプールであるということが，いえるわけではない。さらに，右規定が，昭和35年に定められ，その後改訂されていないこと，及び前記中学生の体位の著しい向上等の事実に照らせば，実質的に安全なプールであるか否かが検討されなくてはならない。そして，本件プールが，昭和35年に設置された後，特に設備の改良等がなされていないことや，右中学生男子の体位の向上等の事実に照らせば，本件プールが，逆飛込みの練習に使用する際に，相当の注意を払ったうえ右逆飛込みを実施しない限り，本件プールは，逆飛込みを実施するための設備としては，問題がある構造であるというべきである。

しかし，一方で，本件プールが，学習用のプールであることを考慮すれば，プールの水深が深いことによる溺死の防止の危険の点も，その安全性を検討する上で，欠くことのできない要素であることもまた言うまでもない。そして，指導教師が，逆飛込みの指導に当たって，十分に安全に対する配慮をしており，生徒が右指導に従って逆飛込みを実施する限り，本件プールにおいて，逆飛込みの練習をしても，頭部を水底に打ち付けることはないと認めることができる。

右の諸事情を総合勘案すると，本件プールに，設置管理上の瑕疵があったと断定することは困難である。

この点について，プールの構造の変更や，スタート台の改良等が右危険性の回避に有用なことは，原告らの主張のとおりであるということはできるであろうが，前記認定の諸点を考慮すると，右のような設備の改良等をしていないことが，直ちに本件プールに設置管理上の瑕疵があるということに結び付くと認めることはできない。」

1 　国家賠償法1条に基づく損害賠償請求

　　（大阪地判平9.5.9（控訴））
○　高校3年生の生徒が体育の授業中に逆飛び込みの練習をしていて，プールの底に自己の頭部を打ちつけて後遺障害を残した事案
　　「原告らは，平成5年夏ころ本件プールの水深を測定したところ，満水時の水深には届いておらず，本件事故当時も水泳授業が行われることにより水深が浅くなっていた旨主張するところ，確かに，給水されないままに何時間も水泳授業が行われるなどの事情によっては，水があふれて流れることにより，結果的にプールの水深が減少し，満水時のそれに満たないことは，一般的には考えられることである。しかし，学校の設置するプールにおいて水泳授業が行われる場合には継続的に給水されいるのが通常であると考えられる上，（中略）本件事故当時の本件プールは給水によりほぼ満水状態であったことが認められ，仮に原告らの右主張にかかる事実が認められるとしても，溯って本件事故当時の本件プールの水深も満水時のそれに届いていなかったということはできない。また，原告らは，近時の高校生の体格の向上に照らすと，逆飛び込みを行うには本件プールの水深は不十分であった旨主張するが，学校に設置されたプールは，単に飛び込み方法だけに焦点を合わせるのではなく，それが当該学校の平均的な技量を有する多数の生徒を対象として溺死事故を防止するに足る水深を維持するなど総合的な観点から設計されねばならないことはいうまでもなく，これに，本件プールが前記水泳連盟等所定の諸基準に合致していることを考えれば，右の主張は採用できない。」

Ⅲ 国・公立学校における学校事故についての損害賠償請求

 学校開放の留意点

学校体育施設等の開放を進めていくうえでの学校事故に係る留意点として，どのようなものがあるのでしょうか。

回答 学校開放を進めていくうえでの留意点としては，**学校開放に伴う管理責任は教育委員会にあることを明確にすること，管理指導員を置くこと，利用者心得や弁償責任等を定めることなどが考えられる。**

解説 生涯学習への関心の高まりや学校週5日制の実施に伴い，学習施設を充実し学習機会の提供を図っていく必要性が高まってきている。しかしながら，新しい施設を整備するためには，用地の確保をはじめ財政上の課題も大きく，住民のニーズへの迅速な対応としては必ずしも十分とはいえない。したがって，身近にある学校のもつ施設・機能に目を向けられることは当然の結果であり，その果たしうる可能性に期待がもたれている。

学校教育法137条では，「学校教育上支障のない限り，学校には，社会教育に関する施設を付置し，又は学校の施設を社会教育その他公共のための利用させることができる。」と規定されている。さらに，学校図書館法4条2項で，「学校図書館は，その目的を達成するのに支障のない限度において，一般公衆に利用させることができる。」とし，スポーツ振興法13条で，「国及び地方公共団体は，その設置する学校の教育に支障のない限り，当該学校のスポーツ施設を一般のスポーツのための利用に供するように努めなければならない。」と規定されている。

このように，学校は法律上においても地域の人々の身近な学習の場として地域住民の学習，スポーツ，文化活動等のためにその施設を積極的に開放することを予定しているものであるということができる。

学校体育施設の学校開放事業については，以下のような点に留意することが

1 国家賠償法1条に基づく損害賠償請求

必要である。

学校事故に係る点については，施設管理につき，

(1) 教育委員会は，学校体育施設開放事業に必要な事項を定め，学校体育施設開放を実施する場所および時間帯を明示し，この場合において学校体育施設開放に伴う管理責任は，教育委員会にあることを明確にすること。

(2) 学校体育施設開放事業は，学校体育施設を地域住民の利用に供するものであることから，学校体育施設開放時における施設の管理責任者を指定するものとすること。

(3) 学校体育施設開放事業を実施する学校ごとに施設の管理，利用者の安全確保および指導にあたる管理指導員を置くものとすること。

(4) 学校体育施設開放事業に関する利用者心得，施設設備の破損等に伴う弁償責任，事故発生時の措置等を定めること。

が必要であり，学校体育施設開放事業の運営にあたっては，事故防止に留意するとともに，保険制度を利用して事故発生に備えるようにすることが重要である。

なお，学校体育施設以外の施設の開放に際しても，同様の措置がとられることが望ましい。

【参考条文】
学校教育法137条
学校図書館法4条
スポーツ振興法13条

【参考判例】
（東京地判昭49.3.25　判タ310・223）
○　「学校開放制度下においては，教育の場としての学校の管理は及ばないから学校長，担任教師は代理監督者とはいえず，また学校開放指導員も限られた職務を担当していたに過ぎず，児童らに対する生活関係の指導監督まで委託されていたわけではないから代理監督者でないというべきである。」

IV 私立学校における学校事故についての損害賠償請求

1　民法415条（債務不履行）に基づく損害賠償請求

私立学校と児童・生徒間の契約関係の成立

質問

私の息子はこのたび念願かなって私立中学の入学試験に合格しました。ところで，いわゆる学校事故の場合，契約責任とか債務不履行責任とかいう言葉を耳にしますが，そもそも生徒と私立学校との間で入学によってどのような契約が成立するのでしょうか。それは国・公立学校の場合も同じでしょうか。

回答　私立学校においては，学校法人と生徒児童またはその法定代理人との間においては一定の内容の在学契約が存在するととらえられる。国・公立学校と児童・生徒間の関係においては学説，判例が分かれている。

解説　一　私立学校における学校事故については，民法709条、715条による不法行為責任とは別に，在学契約関係に基づいて，この契約の債務不履行として民法415条を根拠にいわゆる安全配慮義務違反に基づく損害賠償を認める判例が近時増加してきている。

この前提としての私立学校と児童生徒間の契約関係の成立は次のように考えられる。

すなわち，私立学校においては，学校法人と生徒児童またはその法定代理人との間においては私法上の契約関係が存在し，この契約の内容は，生徒児童またはその法定代理人においては学校の指導に服して教育を受けまたは受けさせ，定められた授業料を納入する等の義務を負い，学校法人においては，生徒児童に対し施設を提供し，その雇用する教師に所定の教育をさせる等の債務を負担させる契約（在学契約）で，この在学契約から生ずる付随義務として，学校法人に対し，生徒の教育過程での安全を保護すべき債務があるとされるもの

Ⅳ 私立学校における学校事故についての損害賠償請求

である。

この場合，生徒児童に対して直接安全配慮義務を負うのは学校法人であり，教師等学校の教育活動に携わるものは学校法人の安全配慮義務の履行補助者ということになる。

そして，生徒またはその法定代理人が入学手続をとることによって，私立学校と生徒児童およびその法定代理人との間で，この契約は成立するものと考えられる。

二　これに対して国公立学校の場合は，その在学関係ないし就学関係が，私立学校におけるそれと類似することから，私立学校における場合と同様に考えようとし，国公立学校の在学法律関係を，私立学校の在学関係と本質を同じくする在学契約関係であるとする学説，判例（長野地判昭54.10.29判タ401・110）がある一方，公法上の特別権力関係ないし行政処分によって生じる公法上の営造物利用関係とする学説，判例（東京地判昭46.6.29行集22・6・899）もあり，評価が分かれている。

ただし，「安全配慮義務はある法律関係に基づいて特別な社会的接触の関係に入った当事者間において，当該法律関係の付随義務として当事者の一方または双方が相手方に対して信義則上の義務として一般的に認められたもの」とする最高裁判例（最三小判昭50.2.25判時767・11）の立場によると，仮に契約的構成によらないでも，国または公共団体は生徒に対し安全配慮義務を負うと解される。

アドバイス　同じ学校教育の場でありながら，私立学校と国公立学校とでは，学校と児童生徒間の法的構成が異なっている。しかし，本来教育という本質は同じであるから，私立と国公立によって差異が生じないような解釈上の努力がなされている。

【参考条文】
民法415条

1 　民法415条（債務不履行）に基づく損害賠償請求

【参考判例】
（東京地判平2.6.25　判時1366・72）
○　1　正人と被告学園の間に，正人が学校教育を受けることを主たる目的とする在学契約が存在したことは当事者間に争いがない。そして，被告学園は，右在学契約の付随義務として生徒の行動について生じる危険を防止すべき安全配慮義務を負い，右安全配慮義務の一内容として，生徒が学校の管理下にある間は，学校の施設・設備によって生徒の生命身体に不測の損害が生じないように適切に施設を管理し，また，学校の施設・設備による事故を防止するために常日頃から生徒に対して危険性の高い施設・設備に関して注意を与え，生徒がそのような施設・設備に近寄らないように措置を講ずるとともに，教職員に対しては生徒が危険な設備に近寄らないように監督するよう指導すべき義務を負うものと解される。したがって，学校の施設・設備による生徒の受傷事故については，その事故発生が具体的に予見できる場合には，基本的にこれを管理すべき被告学園に責任があるというべきである。

Ⅳ 私立学校における学校事故についての損害賠償請求

安全配慮義務の内容

　私は，現在ある私立高校の校長をしています。先日，生徒が放課後のクラブ活動中に校庭のフェンスを乗り越え隣接する川に転落して死亡しました。その後，この両親から学校側の安全配慮義務違反だとして債務不履行に基づく損害賠償責任を根拠に裁判を起こすといわれました。しかし，学校側としてはふだんからむやみに川に近づかないように注意しており，高校生である生徒がフェンスを乗り越えて川に転落することまでは予測しませんでした。このような場合にも安全配慮義務違反なるものがあるのでしょうか。そもそもそれは不法行為の「過失」とどう違うのでしょうか。

回答　安全配慮義務の内容は，一義的に定まっているものではなく，具体的な義務の内容，義務違反の存否については，当該活動・施設の危険性の程度や対象となる生徒の年齢・判断能力等の諸要素によって判断される。

　判例は，安全配慮義務の具体的判断基準は安全配慮義務の生じる具体的状況によって定まるとしており，その内容は過失とほぼ同じである。

解説　私立学校における学校事故については，民法709条，715条による不法行為責任とは別に，在学契約関係に基づいて，この契約の債務不履行として民法415条を根拠にいわゆる安全配慮義務違反に基づく損害賠償を請求することが考えられ，近時の判例もこれを認める傾向にある。

　この安全配慮義務の内容は，一義的に定まっているものではなく，具体的な義務の内容，義務違反の存否については，当該活動・施設の危険性の程度や対象となる生徒の年齢・判断能力等の諸要素によって判断される。

　判例は，安全配慮義務の具体的判断基準は安全配慮義務の生じる具体的状況によって定まるとしており，その内容は過失とほぼ同じである。すなわち，債

1　民法415条（債務不履行）に基づく損害賠償請求

務不履行構成をとる場合と不法行為構成をとる場合とで，具体的な義務違反の判断構造に違いはない。

　具体的な判例をあげると以下のようなものを指摘できる。①「安全配慮義務の具体的内容は，当該学校の種類，教育活動の内容等安全配慮義務が問題となる当該具体的状況によって異なるべきものである。」「学校設置者と生徒との法律関係からすれば，高等学校教育において，学校設置者が在学中の生徒に対して負う安全配慮義務とは，実際の教育現場において，その教育活動の種類による危険度と生徒の技能・体力を照らし合わせ，当該具体的状況の下において生徒の生命，身体，健康に危険が生じないように万全を期すべきことである。」（福岡高判平元.2.27高民集42・1・36）②「被告学園は，……安全配慮義務の一内容として，生徒が学校の管理下にある間は，学校の施設・設備によって生徒の生命身体に不測の損害が生じないように適切に施設を管理し，また，学校の施設・設備による事故を防止するために常日頃から生徒に対して危険性の高い施設・設備に関して注意を与え，生徒がそのような施設・設備に近寄らないように措置を講ずるとともに，教職員に対しては生徒が危険な設備に近寄らないように監督すべき義務を負うものと解される。」（東京地判平2.6.25判時1366・72）③「安全配慮義務とは，被告学園の管理可能な領域において，客観的に予測される危険に的確に対処し，事故の発生を未然に防止すべき義務と解するのが相当である。」（京都地判昭61.9.30判時1221・109）

アドバイス　安全配慮義務の内容がどのようなものであるかは，具体的に類似した判例を調べることが有益である。本文中に述べたようにこれは「過失」とほぼ同じ内容をもつから不法行為に関する判例も参考になる。

【参考条文】
　民法415条，709条

Ⅳ 私立学校における学校事故についての損害賠償請求

【参考判例】
（札幌地判昭55.2.8　判時971・88）

○　二　ところで、私立学校設置者と生徒の間にはいわゆる在学契約関係が成立し、同契約関係に基づく付随義務として、学校教育の場において、学校設置者は生徒の身体、生命に対するいわゆる安全配慮義務を負担することは明らかであり、してみると、前記のように龍二が道工に入学したことにより、被告と同人との間にも右同様の関係が成立したものというべきである。

　したがって、本件事故についての被告の責任の有無を判断するにあたっては、龍二の参加していた野球練習が学校教育の範ちゅうに含まれるかどうか、すなわち、軟式野球同好会の活動が特別教育活動の一環として位置付けられるかどうかがまず問題となるわけであるが、この点は積極に解し得るものとひとまず仮定したうえ、以下、原告ら主張にかかる被告の安全配慮義務並びにその懈怠の存否、及び右懈怠と本件事故との因果関係の有無などについて検討することとする。

　㈠　前認定の事実並びに弁論の全趣旨によれば、龍二は飛んできたボールを追いながら、そのまま直接豊平川に転落したわけではなく、豊平川にボールが落ちたことを確認のうえ、捕虫網を持って豊平川に接近し、右捕虫網でボールをすくい上げようとした際、流れの中に転落したものであることが明らかである。してみると、豊平川へのボールの落下と龍二の豊平川への転落との間には、捕虫網を持って豊平川に近付き、ボールをすくい上げようとした同人の意思的行為が介在したのであるから、仮に、被告に原告ら主張にかかるフェンスなどの工作物を設置すべき安全配慮義務があったとしても、その懈怠と本件事故との間に相当因果関係があるということはできない。

　㈡　次に、学校設置者の前記安全配慮義務の内容は、もとより生徒の年令、その場の状況等に応じて具体的に決定されるべきものであるところ、高等学校の生徒の年令が15才以上おおむね18才未満であることは公知の事実であり、右のような年令に達した者であれば、自己の生命、身体に対する危険の予知能力、認識能力においてほとんど成人に劣らないことは経験則上明らかというべきであるから、右安全配慮義務の具体的態様もこのことを前提として決すれば足りるわけである。

　そこで、本件についてこの点をみるに、〈証拠略〉によると、道工の校長である設楽和夫は、常日頃、軟式野球同好会を含む運動クラブの顧問教諭らに対してクラブ活動に関し事故を起こさないよう注意することを指示し、軟式野球同好会の顧問教諭である林諭は、右同好会所属の生徒に対しボールが豊平川に落下した際は無理をしたり、深追いをしたりしないよう注意していたことが認められるところ、前記年令層の道工の生徒にとって、豊平川に落下したボールを捕虫網を使用して水中からすくい上げることがそれ自体特に危険な行為であるとはいいがたいうえ、右のような方法でボールをすくい上げるについて、その場の具体的状況により、どのよう

1 民法415条（債務不履行）に基づく損害賠償請求

な行為が危険であるかの判断はさして困難な事柄ではないから，捕虫網の使用を禁じていなかったにしても，生徒の生命，身体に対する安全配慮義務の懈怠があったとはいえず，豊平川にボールが落下する場合に備えての安全配慮義務としては右認定の一般的な指示，注意をもって足りるものと解するのが相当である。

　三　以上によれば，被告には本件事故と相当因果関係のある安全配慮義務の懈怠はなかったというべきであるから，その余の点について判断するまでもなく，原告らの本訴請求は理由がないことになる。

（横浜地判平13.3.13　判時1754・117）

○　高校の柔道部員が練習前に練習場の清掃をしていた際に，先輩部員よりプロレス技をかけられ重傷を負った事故につき，学校側に損害賠償責任が認められた事例

「(2)　被告学園の高校の管理者である校長や部活動の顧問教諭は，教育活動の一環として行われる部活動（格技である柔道部）に参加する原告に対し，安全を図り，特に，心身に影響する何らかの事故発生の危険性を具体的に予見することが可能であるような場合には，事故の発生を未然に防止するために監視，指導を強化する等の適切な措置を講じるべき安全保護義務がある。そして，柔道部における部活動は，その性質上，格技である柔道を修得しようとして柔道部に所属する部員が，畳，マット等により，格技修得のための設備が整っている本件部室に集合し，格技の練習を行うのであるから，指定された練習時間の前後の時間帯に，慣行として顧問の教諭の指示によって行われることになっている本件部室及び格技修得のための設備の清掃（本件清掃）等の行為もここにいう部活動に含まれるというべきである。

　これを本件についてみると，前記認定によれば，格技を練習，修得する高校の柔道部において，格技の専門家であるＹ教諭自身が危険であるから禁止すべきであると認識するプロレスごっこをして様々なプロレスの技（パワーボムやブレーンバスター）を掛けあうことが，本件事故が発生する前年の2学期ころから，複数の柔道部員によって練習時間の前後に行われ，本件事件当時もほぼ毎日のように行われていたのであるから，このような柔道部における部活動の状態は，柔道部員の心身に影響する何らかの事故発生の危険性を具体的に予見することが可能な場合に当たり，被告学園及びＹ教諭としては，本件事故の発生を未然に防止するために監視，指導を強化する等の適切な措置を講じるべき義務があったというべきである。

　そして，それにもかかわらず，被告学園及びＹ教諭は，プロレスごっこが練習時間の前後の時間帯（前記のとおり部活動の一部と認められる。）に前記のとおりの態様で行われていた実態を認識，把握せず，柔道部員に対し，練習時間帯の前後にプロレス技などの格技の技をふざけて掛ける行為の危険性について指摘し，一律に厳しくこれを禁止したり，見回りを強化するなどの対策を講じる措置を取ったこと

IV 私立学校における学校事故についての損害賠償請求

はなかったのであるから，これらの点について，被告学園には，原告に対する安全保護義務違反があったというべきである。

なお，部活動において，本来生徒の自主性を尊重すべきものであることはもとよりであるが，高校生が一般的に有する判断能力を前提として，なお事故発生の危険性が認められる場合には，生徒らの自主的判断にすべて委ねるのではなく，生徒の自主的な活動に内在する危険性について，生徒自身の判断能力の不十分さに配慮した教育上必要とされる指導監督を行うべきであって，前記のとおりの本件事故の発生の経緯，態様等に照らすと，本件事故は，生徒の自主的判断を全面的に信頼し，尊重するのみでは防止できなかったことが明らかであるから，生徒，柔道部員の自主性の尊重という観点は，上記判断を左右するものではない。」

（東京地判平18.8.1 判時1969・75）
○ 小学校における体育授業中の組体操の練習中に発生した事故につき，指導担当教諭らの安全配慮義務違反を認めた事例
「5 担当教諭の安全配慮義務違反

このように，相当程度の危険性が認められる本件5人技を組体操のプログラムの一つとして採用するにあたっては，担当教諭らは，中央の児童がバランスを維持することができるように，倒立等の仕方について，各役の児童に対し適切な指示を与え，それぞれの児童がその役割を指示どおりに行えるようになるまで補助役の児童を付けるなどしながら段階的な練習を行うなど，児童らの安全を確保しつつ同技の完成度を高めていけるよう配慮すべき義務を負っていたというべきである。

しかしながら，乙山及び丙川両教諭は，本件5人技が採用されてから本件事故に至るまで，原告ら児童に本件5人技を行わせるにあたり，より倒立の上手な子が先に倒立するようにといった倒立する順番についての指示を与えてはいるものの（前記第3，1(3)キ），土台との関係で倒立をする児童が手を付くべき位置についての具体的な指示を与えていたとは認められない。本件事故時においては，前記同(4)のとおり，児童Bが手を付く位置が土台役の児童から離れていたため，児童Bの足が原告の手が届く位置に来た時には，児童Bの体は垂直よりも原告方向に傾いた状態になっていて，これを無理につかもうとした原告がバランスを失う原因となっていたと認められるところ，上記のように倒立役の児童に適切な指示を与えていればこのような事態を防止することは可能であったと認めるのが相当である。この点につき，証人乙山は，前の段階の練習で補助倒立を含む技も入っていたので特段不安はないとの証言をしているが，前記のとおり，本件5人技においては，中央の児童にそれまでに練習してきた技とは異質の困難と危険を課すことになることを考慮すると，本件5人技の採用にあたって倒立役の児童による倒立が中央の児童にとって危険なものとならないよう新たな技の特徴を踏まえた具体的な指導を改めて行うべき

1 民法415条（債務不履行）に基づく損害賠償請求

であり，補助倒立ができていたということを理由にこれを省略することは相当とはいえない。

さらに，乙山教諭らは，原告を含めた児童らが安全に同技の完成度を高めることができるよう，児童らの習熟度が進んでいない段階では補助を付さない一斉練習を行うべきではなかったにもかかわらず，段階的な練習によって各グループの完成度を確認することもせずに，本件5人技の採用が決定された後，同年5月14日，15日のわずか2日間の練習の後，同月19日に一斉全体練習を行った。

この点，被告は，原告らのグループを含め，組体操に参加していた児童らは3人補助倒立を問題なく行うことができていたから，それを土台の上で行うにすぎない本件5人技も問題なく演技することが可能であり，原告の属するグループも同様であったと主張し，証人乙山もこれに添う証言をしている。しかしながら，前記第3，4のとおり，3人補助倒立は中央の児童が地面に立って行うものであって，同児童自身がバランスを保たなければならない負担がないのに対し，本件5人技は安定性が確保されていない土台の上で倒立役児童の足をつかまなければならないという違いがある。また，3人補助倒立の場合には倒立役児童は中央の児童の位置を直接確認して，自らが手を付く位置を調整できるのに対し，本件5人技の場合には，中央の児童が土台の上に乗っているため倒立役の児童は中央の児童の位置を直接確認することができない。さらに，本件5人技の場合には，土台の上に乗る分，中央の児童は地面から高い場所に位置することとなり，3人補助倒立に比べ相対的につかむべき倒立役児童の足の位置も変わってくる。このように，3人補助倒立と本件5人技との間には，無視できない相違点があり，3人補助倒立が問題なく行えたのであるから本件5人技の一斉練習も相当であったという被告の主張には理由がない。

以上によれば，本件の転落事故については，指導教諭らに上記の各安全配慮義務違反を認めることができ，被告は原告に対して損害賠償義務を負うものと解される。」

（さいたま地判平20.1.25　ＬＬＩ登載）

○　小学校に通う児童及びその両親である原告らが，小学生である原告は，プール授業の際，同級生の児童らに乗りかかられたりして3回にわたり溺れ，その結果，水に対する恐怖心を抱くようになるなどの精神的苦痛を被ったなどとして，同級生の児童らの両親である被告らに対しては民法714条に基づき，小学校を設置管理する被告草加市に対しては国家賠償法1条1項ないし民法715条に基づき損害賠償を請求をした事案につき，児童らの行為につき違法性を認めるに足りず，被告草加市には安全配慮義務違反等は認められないとして，原告らの主張を排斥して，請求を棄却した事例

IV 私立学校における学校事故についての損賠賠償請求

2 民法709条（不法行為）に基づく損害賠償請求

 学校事故と不法行為責任

　私はある私立高校の校長です。先日あるクラスの化学の実験中，さいなことから生徒が負傷をしました。このような場合，担当の化学の教師は民法709条の不法行為に基づく損害賠償責任を負うことになるのですか。その要件はどのようなものですか。これと学校側の使用者責任（民法715条）とはどのような関係にたちますか。

回答　民法709条の不法行為責任は，教師等の加害行為の責任を問う場合，生徒間事故，あるいは使用者責任を問う場合の前提として問題となる。①故意・過失，②違法性，③因果関係，④責任能力が要件である。

解説　一　私立学校において，民法709条の不法行為責任が問題となる局面は，教師等の個人責任を問う場合や生徒間の事故で（責任能力があることを前提に）加害生徒の責任を問う場合が考えられ，さらに学校法人に使用者責任（民法715条）を問う場合にも，その前提として教師等の行為が民法709条の要件を満たしていることが必要となる。

　この民法709条の成立要件は，①加害行為者に故意または過失があること（故意・過失），②加害行為者の行為に違法性があること（違法性），③加害行為者と児童・生徒の被った損害との間に因果関係があること（因果関係），④加害行為者に責任能力があること（責任能力）である。以下これらの要件につき説明する。ちなみに，これらの要件のうち故意・過失，違法性，因果関係は国公立学校において国家賠償法1条に基づき国公共団体に賠償責任を問う場合にも教師等の行為に必要とされ，その内容は以下に述べることと基本的に異なることはない。

2 民法709条（不法行為）に基づく損害賠償請求

　二　故意・過失

　故意とは，自己の行為により被害が発生することを認容しながらあえて行為する意思をいい，過失とは自己の行為によって被害が発生することを認識すべきであるのに，不注意のためその結果の発生を認識しないでその行為をするという心理状態である。

　このうち過失は，当該行為者を基準とした注意義務の違反（具体的過失）を問題にするのではなく，抽象的に一般標準人を基準とした注意義務違反（抽象的過失）を問題にする。これは立証の容易さ，言い換えれば被害者保護の観点と法の使命としての行為基準の設定という性質からこのように抽象的過失が問題とされるのである。

　したがって，教師の過失の有無は，個々の教師の個人的能力を基準として判断されるのではなく，抽象的過失，すなわち教育専門職者としての標準的教師の能力を基準として判断される。標準的教師ならばそのような危険が予見可能であったか，予見可能であったとすればそれを回避するためにどのような措置をとるべきであったかを想定して，そのような措置がとられていない場合に過失があるということになる。そしてこの予見可能性，結果回避措置を判断する場合には，正課授業であったか，課外活動中であったか，休息時間・放課後であったかといった事故の生じた時間帯，当該活動の危険性の程度と教育効果，児童生徒の年齢を前提とした判断能力，行動能力，個々の児童生徒の性質・体質，教育指導水準などの要素が考慮される。

　三　違法性

　民法709条の不法行為が成立するためには，さらに加害行為の違法性が必要とされる。

　この違法性は，被侵害利益の種類と加害行為の態様の相関関係において判断されるというのが通説である。そこで被侵害利益が児童生徒の生命・身体のような重大なものであれば，侵害行為の態様いかんにかかわらず違法とされることが多いのに対して，被侵害利益が児童生徒の鞄・筆箱・眼鏡といった所有物である場合は，教師等の加害行為の態様が悪質なものでない限り違法とされる

ことはない。

四　因果関係

民法709条の不法行為が成立するためには，加えて，加害行為と損害との間に因果関係があることが必要である。この因果関係は，①加害行為と損害発生との原因結果関係としての事実的因果関係と，②この上にたって法的価値判断をもっての帰責範囲決定＝保護範囲画定が問題となる。このうち①の事実的因果関係の有無は，「もしその行為がなかったとしたら，その損害が生じなかったと考えられる場合，その行為は，その損害の原因である」という条件公式によって決せられる。②の保護範囲画定基準は相当因果関係によって画定される。

なお，右の①の事実的因果関係については，学校事故はほとんどが教師等の不作為による事故であるため「教師等が適切な措置をとっていたならば，被害が生じなかったであろう」というように，実際には存在しない結果を想定して因果関係の有無を決するという，いわば逆の評価によって因果関係を判断しなければならないといった特徴がある。

五　責任能力

責任能力とは，自己の行為が違法なものとして法律上非難されるものであることを弁識しうる能力である。

私立学校の学校事故で主として問題となるのは生徒間の事故で加害生徒の責任を問う場合である。

このような責任能力を有するか否かは，年齢によって画一的に定まるものではなく，各個人について具体的に判断され（各自の知能環境等），さらに不法行為の態様（例えば傷害・窃盗といった類型の不法行為と名誉棄損といった不法行為とは必要とされる能力が異なる。）によっても，また故意と過失の区別によっても異なる。学説上は遅くとも小学校を終える12歳程度の年齢になれば通常の類型の不法行為については一般的にみて責任能力があるといってよいとされる。（詳しくは別項参照）

　民法709条の不法行為責任は，損害賠償が問題となる事案で最も基本的なものの一つである。本文中にも述べたよう

2　民法709条（不法行為）に基づく損害賠償請求

に，使用者責任の前提ともなる。成立要件については類似の判例を参考にすること。

【参考条文】
民法709条

【参考判例】
（山形地判昭52.3.30　判時873・83）
○　(1)　一般不法行為責任
　　被告日大は，前記のとおり付属高校として日大山形高校を運営し，同高校において特別教育活動の一環として本件体操部クラブ活動を行なわせていたものであるから，前記三1㈠(1)掲記の契約上の安全保持義務を負うほか，右契約を離れた一般的な関係においても右と同内容の安全注意義務を負っているところ，同(2)掲記のとおり，その義務に違反し，よって不法に原告らに対し後記四の各損害を与えた。
　　そして，被告日大は，後記三2のとおり亡塚原，被告朝倉及び金田と共同して右損害を生じさせた共同不法行為者であるから，民法709条，710条，711条，719条1項により同人らと共に前記各原告らに対し，この損害を賠償する義務がある。
　　(2)　使用者責任
　　亡塚原，被告朝倉，金田の不法行為は後記三の項2のとおりであるが，これは前記のとおり，被告日大の業務目的である学校教育のうちの特別教育活動である事業の執行の際行なわれたものであるから，被告日大は，民法715条1項により使用者として原告らの被った損害を賠償する責任をも負う。
　　2　原告6名に対する亡塚原，被告朝倉の責任原因
　　㈠　一般不法行為責任
　　本件事故当時，亡塚原は前記のとおり日大山形高校の校長として同校教職員を指導，監督すべき地位にあり，被告朝倉は同高校教頭として亡塚原の職務を補助すべき立場にあったもので，いずれも本件体操部クラブ活動の実施，運営においてもこれが特別教育活動の一環として行なわれていたものであるから，部員生徒に対してそれぞれの立場で前記三1㈠①ないし⑤掲記の安全保持の注意義務を有していたのに，同三1㈡①ないし⑥掲記のとおり，右注意義務を怠って本件事故を発生させ，もって被告日大と共同して原告らに対し不法に後記四の各損害を与えたものであるから，民法709条，710条，711条，719条1項によりこれを賠償すべき義務がある。
　　㈡　代理監督者責任
　　体操部の直接指導担当者金田もその立場上少くとも前記三1㈠①③⑤の安全保持

Ⅳ 私立学校における学校事故についての損賠賠償請求

の注意義務を負っていたのに同三1㈡掲記のとおりこれらの義務に違反し，本件事故を発生させる一因となったのであるが，亡塚原は右金田の使用者たる被告日大に代って金田を指導，監督する立場にある者，被告朝倉はこれを補助する者でもあったから，民法715条2項により原告らの損害を賠償する責任をも負う。

2 民法709条（不法行為）に基づく損害賠償請求

不法行為責任と債務不履行責任の優先関係

質問

　私の息子はある私立中学に通っていますが，体育の時間中に教師の不注意で左足を骨折する大けがをしました。学校側に誠意がないので訴訟を起こしたいと思います。聞くところによりますと，このような場合，不法行為に基づく損害賠償請求と債務不履行に基づく損害賠償請求という手段があるということですが，どちらを行使するかについて優先関係はあるのですか。

回答　学校事故における被害者は，不法行為に基づく損害賠償請求と債務不履行に基づく損害賠償請求のいずれも行うことができる。

解説　私立学校において学校事故が発生した場合教師等に故意・過失があるときは，被害者は，学校法人に対して民法715条の使用者責任を問うことが考えられる。これと同時に，被害者は，学校法人との間の在学契約関係に基づいて，これに付随する義務として，学校法人に対し，児童生徒の教育過程での安全を保護すべき債務の不履行，すなわちいわゆる安全配慮義務違反を理由に民法415条の債務不履行に基づく損害賠償請求をすることが考えられる。

　この不法行為責任の成立要件である故意・過失のうち過失の内容をなす安全義務と債務不履行責任の前提としての安全配慮義務は内容が同じであり，不法行為構成をとる場合と債務不履行構成をとる場合とで具体的な義務の内容は異ならない。したがって，不法行為責任が成立する場合は，債務不履行責任も成立するのが一般的であり，このような場合，被害者はどちらの請求権を行使してもよいのか（もちろん二重取りはできないが），あるいは，これは契約という特別の関係にある者同士の間で起きたことなのだから，もっぱら債務不履行を理由とする請求によるべきだと考えなければならないのか，いわゆる請求権

IV　私立学校における学校事故についての損賠賠償請求

の競合として学説上争われてきた。

　この点判例は，被害者はどちらの請求権を行使してもよいとする立場（競合説）にたつ。多数説も同様である。このように考える理由は，①両責任はそれぞれ固有の要件と効果をもった別個の制度であるから，各要件が充足される以上その各主張を拒むべきではない，②契約関係があったとしても，被害者に一般市民として享受しうる不法行為上の保護を拒否すべきではない，③両責任を被害者が自由に選択しうるとすることが実際上有利であること，等があげられる。

　このように実務上は，どちらの請求権を行使してもよいとする考え方が一般的であり，学校事故における被害者は，不法行為に基づく損害賠償請求と債務不履行に基づく損害賠償請求のいずれも行うことができる。

　アドバイス　学校事故に関する判例も，原告が，民法415条により請求する場合と民法709条により請求する場合とが見受けられる。それぞれの要件効果の違いについては別項を参照のこと。

【参考条文】
民法415条，709条

2 民法709条（不法行為）に基づく損害賠償請求

  不法行為責任と債務不履行責任の要件・効果

質問

　7年前，私立中学在学中の息子が体育の水泳の時間中に，教師の指導に基づき飛込みをしたところプールの底に頭をぶつけ，そのため頸椎損傷で四肢不全となってしまいました。事故後約2年で医師からこれ以上は良くならない，症状固定といわれ，その後，学校側と話し合いを続けてきましたが誠意ある回答が得られませんでした。そこでやむを得ず訴訟を起こそうと思います。ところで，いわゆる不法行為による損害賠償と債務不履行に基づく損害賠償とではこのような場合違いがでてくるのでしょうか。その要件・効果につき説明してください。

回答　不法行為責任と債務不履行責任の主要な相違点は，①時効，②立証責任，③遅延利息の起算日，④遺族らの固有の慰謝料請求の可否である。

　設例の場合，とりわけ時効の点が違ってくる。

解説　一　私立学校において学校事故が発生した場合，教師等に故意・過失があるときは，被害者は，①学校法人に対して民法715条の使用者責任を問うことと，②学校法人との間の在学契約関係に基づいて，安全配慮義務違反を理由に民法415条の債務不履行に基づく損害賠償請求をすることが考えられる。そして，被害者はこのいずれの責任も追求できるということは別項で述べたとおりである。

　では，このようにいずれの請求も追求できることのメリットは何か，不法行為責任と債務不履行責任との相違点を検討してみる必要がある。

　不法行為責任と債務不履行責任の主要な相違点は，①時効，②立証責任，③遅延利息の起算日，④遺族らの固有の慰謝料請求の可否である。

　以下これらにつき詳説する。

IV 私立学校における学校事故についての損賠賠償請求

二 時効

まず時効については，不法行為責任による損害賠償請求の場合は，民法724条によりその損害賠償請求権は損害および加害者を知ったときから3年で消滅時効にかかるが，安全配慮義務に基づく損害賠償請求権は民法167条1項によるべきこととされ，請求権の行使が可能となったときから10年で消滅時効にかかることになり，安全配慮義務に基づく請求のほうが一般的に被害者に有利である。

三 立証責任

次に立証責任については，従来より，過失の存否の立証責任は，不法行為の構成においては被害者側が，債務不履行の構成においては債務者側が，これを負担すべきであるとされてきた。そして，安全配慮義務は契約関係に付随する義務と解されるところから，安全配慮義務の主張立証責任は，この義務の履行を主張する債務者側が負担することになる。したがって，この点，被害者側に有利である。

ただし，不法行為による構成によっても，事実上の推定や蓋然性の理論によって，安全配慮義務違反による構成とほぼ同じ結論に達しうるものと解され，両者間に著しい差はないとされる。

四 遅延利息の起算日

不法行為に基づく損害賠償請求権の遅延利息の起算日は，不法行為による損害賠償債務が，不法行為の時から遅滞に陥ることから，不法行為の時とされるのに対し，安全配慮義務に基づく損害賠償請求権は，債務不履行に基づく損害賠償請求権が，期限の定めのない債権として成立し，催告によって遅滞を生じる（民法412条3項）とされることから，催告の翌日から遅延利息が生じる，という相違がある。

五 遺族の固有の慰謝料請求権の有無

不法行為に基づく損害賠償請求権においては遺族らの固有の慰謝料請求が明文上認められる（民法711条）のに対し，安全配慮義務に基づく請求については認められない点相違がある。

2 民法709条（不法行為）に基づく損害賠償請求

アドバイス　もともと，安全配慮義務違反に基づく債務不履行責任の構成は，主として不法行為の3年という時効の壁を破るために考案されたものである。逆にいえばこの構成ゆえに損害賠償義務の主体の国・公共団体・学校法人は責任を追求されうる期間が長くなったといえる。

【参考条文】
民法167条，415条，709条，711条，714条，724条

【参考判例】
（最三小判昭50.2.25　判時767・11（消滅時効に関して））（学校事故に関するものではないが参考までに掲げる。）
○　そして，会計法30条が金銭の給付を目的とする国の権利及び国に対する権利につき5年の消滅時効期間を定めたのは，国の権利義務を早期に決済する必要があるなど主として行政上の便宜を考慮したことに基づくものであるから，同条の5年の消滅時効期間の定めは，右のような行政上の便宜を考慮する必要がある金銭債権であって他に時効期間につき特別の規定のないものについて適用されるものと解すべきである。そして，国が，公務員に対する安全配慮義務を懈怠し違法に公務員の生命，健康等を侵害して損害を受けた公務員に対し損害賠償の義務を負う事態は，その発生が偶発的であって多発するものとはいえないから，右義務につき前記のような行政上の便宜を考慮する必要はなく，また，国が義務者であっても，被害者に損害を賠償すべき関係は，公平の理念に基づき被害者に生じた損害の公正な填補を目的とする点において，私人相互間における損害賠償の関係とその目的性質を異にするものではないから，国に対する右損害賠償請求権の消滅時効期間は，会計法30条所定の5年と解すべきではなく，民法167条1項により10年と解すべきである。

（最判昭55.12.18　判時992・44（固有の慰謝料に関して））
○　上告人らは子である亡神村を失ったことによる精神的苦痛に対する慰藉料としてそれぞれ125万円の支払を求め，原審は上告人ら各自につき50万円の限度でこれを認容しているが，亡神村と被上告人らとの間の雇傭契約ないしこれに準ずる法律関係の当事者でない上告人らが雇傭契約ないしこれに準ずる法律関係上の債務不履行により固有の慰藉料請求権を取得するものとは解しがたいから，上告人らは慰藉料請求権を取得しなかったものというべく，したがって，右50万円について前記期間の遅延損害金請求を棄却した原判決は結局正当である。

Ⅳ 私立学校における学校事故についての損賠賠償請求

 私立学校における学校事故の裁判例

私の知人の息子はある私立学校に通っていましたが、夏の暑い日にクラブ活動で無理な練習を強いられ、意識不明となり、救急車で病院に運ばれましたが、3日後に死亡してしまいました。学校側に誠意がないので、訴訟を起こしたいとのことです。判例上、学校事故に係る損害賠償を認めた最近の判例にはどのようなものがありますか。

回答　最近の認容例としては、①私立高校野球部の練習中、野球部所属の生徒が心不全により死亡した事故につき、コーチ等に指導上の過失等があったとして、学校側の損害賠償責任が認められた事例（認容額合計4871万8612円）、②私立高校の柔道部の生徒が、同級生によってプロレス技をかけられ、頭部から床に落下して頸髄損傷の傷害を負った事故につき、右同級生の不法行為責任と学校側の安全配慮義務違反の責任が認められた事例（認容額合計1億5144万0218円）があげられる。

解説　私立学校における学校事故において損害賠償を認めた近時の判例につき紹介する。

①　私立高校野球部の練習中、野球部所属の生徒が心不全により死亡した事故につき、コーチ等に指導上の過失等があったとして、学校側の損害賠償責任が認められた事例（水戸地土浦支判平6.12.27判時1550・92）

〈事案〉

被害者は、昭和63年10月26日、当日の練習メニューである兎飛び、鉄棒の懸垂、丸太飛び、腕立て伏せ、腹筋運動などのサーキットメニューを消化した後、野球場の左翼ポールから右翼ポールまでの約200メートルの間を全力疾走するポールダッシュを4本（片道を1本と呼ぶ。）行った。ところが、被告石

2　民法709条（不法行為）に基づく損害賠償請求

塚（コーチ）は，宏之らの練習態度が悪いとして，柔軟体操に取り組んでいた被害者らに「休んでいないで走れ。」と声をかけて，右ポールダッシュのやり直しを命令した。被害者らが右命令に従って4，5本のポールダッシュをやり直すと，被告石塚は，今度は，一方のポールに到着するとすぐに他方のポールに向かって繰り返し全力疾走するという，それまで一度も行ったことのないポールダッシュ（以下「連続ポールダッシュ」という。）を指示した。

　被害者は，右の被告石塚の指示に従って連続ポールダッシュを繰り返し，3本終えて左翼ポールに向け走っている時に，突然右翼ポール付近で倒れた。

　被告石塚は，被害者が倒れたことを3年生の部員の報告によって知りながら，その場に寝かせて置けと指示しただけで，すぐに被害者のもとに駆けつけず，その後，異常を知らせる二度目の部員の報告により初めて事態の重大さに気付き，あわてて被害者のもとに駆けつけ，救急車の手配をし，被害者の着衣をゆるめ，酸素ボンベを使用し，蘇生処置を施したが，その時はすでに15分を過ぎていて，被害者は意識がなくなっており，救急車により同日午後7時2分ころ土浦市内の土浦協同病院に搬送され，蘇生処置が施されたが，同日午後7時31分，同病院で心不全により死亡した。

〈判旨〉

「三　被告らの責任

　1　高校における運動部の指導は，学校教育の一環として生徒の健康の増進，体力の向上に務め，正常な心身の発達を図ることを目的とするものであるから，指導者は，生徒の体力の現状を知り，健康管理に務め，生徒の健康状態や技能の程度に応じた練習指導を行い，勝敗にとらわれて行き過ぎた練習が行われることのないように務めるべきである。特に，15，6歳の基礎体力も十分でない高校1年生に対し，短期間に体力や競技力の向上を図る目的で，限界を超えたトレーニングを行うことは，生徒の身体に加重な負担を及ぼし，慢性疲労に陥らせて心身の調節機能を失わせ，健康を害するに至るので，このような事態に至らないよう，指導者は生徒の健康，安全について十分な配慮をすべき義務があるといわなければならない。

Ⅳ　私立学校における学校事故についての損賠賠償請求

　そして，高校の野球部における監督，コーチと部員の関係をみると，監督側はその地位と力によって専ら指導監督し，部員はひたすら指導監督を受ける関係にあるといってよく，そのような関係においては，部員が自発的に監督側に意思を表明し，ありのままの姿を見せることは困難なことも考えられるので，特に教育的で，自発性を促すような配慮が必要である。

　殊に，被告菅原及び被告石塚は，練習中に部員を殴ったことがあるとみずから供述しており，これが部員が失策をし，或いは監督らの指示に忠実でなかったため，指導・指示を徹底させる趣旨から出た処置であっても，これを受け或いは側で見ている部員からすると，必ずしもその趣旨のとおりに受け取られず，部員を心理的に萎縮させ，ときには畏怖心さえ抱かせかねないのであるから，一層の配慮が必要であったといわなければならない。

　2　前掲甲第9号証，同第12号証の8，証人杉江和実の証言並びに被告石塚及び被告菅原各本人尋問の結果によると，次の事実が認められる。

　前記認定のように，宏之が入学した昭和63年4月22日に生徒の健康診断が行われたが，その後，被告菅原らが野球部の一部の者についてベースランニングなど簡単な走力の測定を行ったことはあるものの，同部員についてトレーニングの目的及び効果ないし影響を考えて，体力測定や健康診断を行った事実はない。

　また，普段，練習開始に先立って監督或いはコーチが全部員を集めて，練習の方法，或いは部員の体調などについて注意，確認をすることは行われず，本件事故当日もそのようなことが行われた事実はない。

　前記認定のように，被告石塚は，出島寮において，午前6時30分ころと午後8時30分ころの点呼に際し，体調の悪い者は申し出るように促しているというのであるが，部員は他の部員より早く選手としての能力を認めて貰いたいということ，或いは怠けていると思われないために，部員側から自己申告することは余り期待できず，部員は体調が多少悪くても，これを申告することなく，そのまま練習を続けるのが殆どであり，同月9月10日には，化膿性扁桃災で練習中に倒れて，病院に搬送された生徒がいた。

229

2 民法709条（不法行為）に基づく損害賠償請求

　さらに，運動中の適度な水分の摂取は重要であるが，本件当時，部員らは，ダックアウトにある水道から水を飲むことは可能であったものの，グランド練習或いはサーキット・トレーニンの途中に1人抜け出して水を飲む余裕は非常に少なく，監督やコーチの前では部員が心理的にもこれをためらう状況であり，同年9月4日にはグランド練習中に3名の部員が脱水症で倒れ，救急車で土浦協同病院に搬送されたが，その後，右のような事態を生じさせないような対策は講じられていない。

　結局，土浦日大高校の野球部においては，監督やコーチが生徒の体力の現状を知り，健康状態に留意し，十分に健康管理に務めていたとは必ずしもいえない。

　3　被告菅原本人尋問の結果によると，前記認定のように，本件事故当日，宏之や第2班の部員が行った(1)から(13)までのサーキット・トレーニングの練習メニューは被告菅原が作り，株式会社東芝の野球部のトレーニングコーチに見せ，一応了解を得たというのであるが，それはサーキットメニューだけで，その後にポールダッシュをすることは含まれていなかったようであるので，右のトレーニングコーチの了承を得たというのは，その科学性，合理性を保証するものではない。もとより，(1)から(13)までのサーキットメニューは，運動負荷の程度を科学的に考慮したものではないとしても，被告菅原が監督などとして長年高校野球に関与した経験に基づくもので，1コースに約30分をかけて2回行うというのであれば，これだけで生徒の体力の限界を超え，その身体に加重な負担を及ぼす運動であるとはいえない。しかし，被告菅原は，サーキット・トレーニングの最後のポールダッシュにより心拍数がどの位になるかなどの運動生理学的な知識もなく，素人ですから分かりませんと答えているほどで，オーバートレーニングについての関心もなく，余計走ることによって一層強くなるとか，やればやるほど技術の向上につながるという認識の程度しかないのである。

　4　被告石塚の過失

　被告石塚は，前記認定のとおり，グランド練習中の第1班の部員を指導して

IV　私立学校における学校事故についての損賠賠償請求

いたところ，宏之の属する第2班の部員がポールダッシュを終わったのに，たまたま目にした同部員らがポールダッシュを全力で走っていないと思ったため，「しっかり走れ。」或いは「休まないで走れ。」と二度にわたり声を掛けて指示したのである。しかし，被告石塚は，第2班の部員らが当日ポールダッシュを何本行ったか，或いは何本目を走っているときか分からないと供述しており，右の被告石塚の第2班の部員に対する指示は，適度なトレーニングを行わせるという配慮を欠いた軽率な行為であるというほかない。前掲甲第9号証及び同第16号証によると，被告石塚が指示したポールダッシュについて，宏之と同じ班の班長であった2年生の杉江和実及び同じく高野徹は，当時息が切れ，喉の渇きを感じ，非常に苦しいものであったと述べている。

　前記認定のとおり，被告石塚は，ポールダッシュをもう1セット（4本）繰り返させる趣旨で指示したというのであるところ，「休まないで走れ。」と言われた班長の杉江は，ポール・ポールではなく，連続ポールダッシュと理解して先頭に立って走り，班員に声を掛けて後に続かせたのであり，この点で被告石塚の指示と実際に行われたポールダッシュとの間に行き違いがあるが，これは，普段から被告菅原や同石塚から厳しい叱咤を受けていたため，杉江ら野球部員にそのような誤解をさせる結果になったものと思われる。したがって，行き違いがあるとはいえ，被告石塚がこのような部員の身体に過大な負担を与えるような不用意な指示をしたことは，部員の健康に対する配慮を欠いた行為であり，右の指示に従って連続ポールダッシュを繰り返しているうちに，宏之が倒れてしまったのであるから，被告石塚には前記注意義務に違反した過失があるといわなければならない。

5　被告菅原の過失

　被告菅原は，教師ではなく，土浦日大高校に雇われて野球部の監督をしているものであるが，その部の練習内容や日程等の練習スケジュールを作成し，部員に対しその趣旨を説明して，練習を実施する立場にあるとはいえ，すべての練習に立会い，監視，指導する義務があるとまではいえない。そこで，被告菅原は，前記認定のとおり，本件事故当日は3年生部員の進路指導の件で出張し

2　民法709条（不法行為）に基づく損害賠償請求

ていて、練習には立ち会わなかったのであるが、そのこと自体を義務違反であるということはできない。

　しかし、被告菅原は、練習に立ち会えない場合には、事前にコーチである被告石塚と練習方法、内容について十分打ち合わせをし、自己の立会い、監視に替わる手当てをして、部員の健康に障害が生ずることのないような配慮をしておく義務があるといわなければならない。

　殊に、被告石塚は、前記認定のとおり、本件事故当日、左足を骨折していて松葉杖を使用しており、40数名の部員が2班に分かれて行う練習を監視し、指導をするのは容易でない状態であり、被告菅原もそのことを知っていた筈であるところ、被告菅原は、本人尋問において、留守にするからよろしくと挨拶したというだけで、本件事故当日の練習について事前に前記のような配慮をしたことは述べていないし、他にこれを認めるに足りる証拠はない。

　もっとも、被告石塚本人尋問の結果によると、各班の練習には、野球部員であった3年生が数人ずつ指導の補助をしたというのであるが、宏之の所属した第2班について、補助者となった者が何人いて、どのようなことをしたかは明らかでなく、宏之が倒れた場所に右の補助者がいたという証拠もない。

　したがって、被告菅原もまた、本件事故について前記注意義務に違反した過失があるといわなければならない。

6　被告土浦学園の責任

　被告石塚及び被告菅原は、被告土浦学園の事業である学校教育の一環としての野球部の練習を指導中に、前記のとおりの注意義務に違反する過失により本件事故を惹起したものであるから、被告土浦学園は、両被告の使用者として、右の不法行為による損害を賠償する責任がある。」

　② 　私立高校の柔道部の生徒が、同級生によってプロレス技をかけられ、頭部から床に落下して頸髄損傷の傷害を負った事故につき、右同級生の不法行為責任と学校側の安全配慮義務違反の責任が認められた事例（横浜地判平13.3.13判時1754・117）

Ⅳ 私立学校における学校事故についての損賠賠償請求

〈事案〉
　平成8年10月15日，被告学校法人徳心学園が開設し，経営している横浜高等学校柔道部の練習場において，練習前に部室の雑巾がけをしていた柔道部部員である原告が，先輩の柔道部部員である被告甲野太郎が掛けたプロレス技によって頭部から床に落下し，頸髄損傷の傷害を負い，四肢麻痺等の後遺障害が生じた事案

〈判旨〉
「(被告甲野(プロレス技をかけた同級生)の責任について)
　しかし，柔道部員として格技で鍛えており，プロレスごっこで遊び慣れていたとはいえ，プロレス競技に対応する専門的な訓練などを経験しておらず，しゃがんで拭き掃除をしていた原告に対し，腹を抱えて前から持ち上げて回転させる投げ技(パワーボム)を，事前の承諾や予告なく掛けようとして原告を突然持ち上げ，原告が技が掛からないようにして耐えたため，途中までしか持ち上げることができず，一度下ろしてもう一度掛けようとして落下させ，その際，被告甲野は，バランスを崩し，膝が折れて斜め前に前のめりに倒れ，原告の上に乗りかかってしまったという，生命・身体に対する危険性が高いプロレス技を掛けようとし，かつ掛け損なって失敗した結果，本件事故が発生したのであるから，たとえ，被告甲野の認識としては，ふざけ合い，遊戯行為であったとしても，ふざけ合い，遊戯行為であるから違法性がないとは到底いえない。
　したがって，被告甲野のこの主張は認められない。
(被告学園の責任について)
　(2)　被告学園の高校の管理者である校長や部活動の顧問教諭は，教育活動の一環として行われる部活動(格技である柔道部)に参加する原告に対し，安全を図り，特に，心身に影響する何らかの事故発生の危険性を具体的に予見することが可能であるような場合には，事故の発生を未然に防止するために監視，指導を強化する等の適切な措置を講じるべき安全保護義務がある。そして，柔道部における部活動は，その性質上，格技である柔道を修得しようとして柔道

2 民法709条(不法行為)に基づく損害賠償請求

部に所属する部員が，畳，マット等により，格技修得のための設備が整っている本件部室に集合し，格技の練習を行うのであるから，指定された練習時間の前後の時間帯に，慣行として顧問の教諭の指示によって行われることになっている本件部室及び格技修得のための設備の清掃(本件清掃)等の行為もここにいう部活動に含まれるというべきである。

これを本件についてみると，前記認定によれば，格技を練習，修得する高校の柔道部において，格技の専門家である山下教諭自身が危険であるから禁止すべきであると認識するプロレスごっこをして様々なプロレスの技(パワーボムやブレーンバスター)を掛けあうことが，本件事故が発生する前年の2学期ころから，複数の柔道部員によって練習時間の前後に行われ，本件事故当時もほぼ毎日のように行われていたのであるから，このような柔道部における部活動の状態は，柔道部員の心身に影響する何らかの事故発生の危険性を具体的に予見することが可能な場合に当たり，被告学園及び山下教諭としては，本件事故の発生を未然に防止するために監視，指導を強化する等の適切な措置を講じるべき義務があったというべきである。

そして，それにもかかわらず，被告学園及び山下教諭は，プロレスごっこが練習時間の前後の時間帯(前記のとおり部活動の一部と認められる。)に前記のとおりの態様で行われていた実態を認識，把握せず，柔道部員に対し，練習時間帯の前後にプロレス技などの格技の技をふざけて掛ける行為の危険性について指摘し，一律に厳しくこれを禁止したり，見回りを強化するなどの対策を講じる措置を取ったことはなかったのであるから，これらの点について，被告学園には，原告に対する安全保護義務違反があったというべきである。

なお，部活動において，本来生徒の自主性を尊重すべきものであることはもとよりであるが，高校生が一般的に有する判断能力を前提として，なお事故発生の危険性が認められる場合には，生徒らの自主的判断にすべて委ねるのではなく，生徒の自主的な活動に内在する危険性について，生徒自身の判断能力の不十分さに配慮した教育上必要とされる指導監督を行うべきであって，前記のとおりの本件事故の発生の経緯，態様等に照らすと，本件事故は，生徒の自主

Ⅳ 私立学校における学校事故についての損賠賠償請求

的判断を全面的に信頼し，尊重するのみでは防止できなかったことが明らかであるから，生徒，柔道部員の自主性の尊重という観点は，上記判断を左右するものではない。」

アドバイス 右判例の具体的な事案とそれに対し，判示しているところをよく読み込んでほしい。また認めた例とともに否定した例も参考にして，その分岐点を確認して具体的な注意義務がどこまで求められるのかを念頭におくことが肝要である。

なお，請求を認めた判例でも過失相殺を認め妥当性をはかっている例がしばしば見受けられる。

【参考条文】
民法415条，709条，715条

2 民法709条(不法行為)に基づく損害賠償請求

私立幼稚園における学校事故の裁判例

質問

私の姪Aは私立の幼稚園に通っています。先日、朝の登園後、始業時間までの自由時間の間に、友達と遊んでいるときに、一緒に遊んでいたB君とぶつかり目に負傷をしました。このような場合幼稚園側の責任はどうなりますか。これは保育園と責任は同じですか。そもそも幼稚園と保育園とはどう違うのですか。また、幼稚園の事故例を紹介してください。

回答 B君の遊びが、通常の範囲のものである限り、幼稚園の教員は監督責任を負わず、学校側も安全保持責任(安全配慮義務違反)を負わず、幼稚園側は損害賠償責任は発生しない。

解説 一 幼稚園と保育園(保育所)

幼稚園は、学校教育法第3章に定められる正規の学校であり、文部科学省が管轄するのに対して、保育所(保育園・以下「保育所」という)は、児童福祉法に基づく福祉施設であり、日々保護者の委託を受けて、保育に欠けるその乳児又は幼児を保育する施設であり(児童福祉法39条)、厚生労働省が管轄する。

さらに、平成20年の学校教育法の改正において、従来第7章に規定されていた幼稚園に関する規定が第3章に移され、その22条で「幼稚園は、義務教育及びその後の教育の基礎を培うものとして、幼児を保育し、幼児の健やかな成長のために適当な環境を与えて、その心身の発達を助長することを目的とする。」と記載され、法改正前の幼稚園の目的に新たに「義務教育及びその後の教育の基礎を培うものとして」の文言が加わり、内容的にも学校制度を総体として把握し、幼稚園をその基礎段階に位置づけようとしている。

このような目的の違いから、保育所に比べて幼稚園は、①保育対象が満3歳

IV 私立学校における学校事故についての損賠賠償請求

の就学前の幼児に限られる，②保育時間が標準4時間と短い（幼稚園教育要領），③職員配置基準・学級編成が異なる，④給食が任意である（幼稚園設置基準）など，保育園との違いはある。

このようなことを前提とする制度上，事実上の差異からそれぞれの事故における注意義務を判断するにあたって考慮され，その責任の判断に影響を及ぼす可能性は否定できない。

しかし，両施設とも就学前の幼児を対象としていることから，類似した機能を求められることも事実であり，したがって，その注意義務や責任の判断に本質的な差異はない。

二 私立幼稚園の事故例

しかしながら，幼稚園においては，上記のように保育時間を標準4時間とすることからも，幼児の在園時間は保育所に比して短く，ベビーベッドからの転落事故といったものはあまり想定されず，幼稚園の事故においては，小学校の低学年における事故に類似したものがある。

以下裁判例となった私立幼稚園の事故例を紹介する。

1 幼稚園への行き帰りに生じた事故

（福岡地判昭62.12.4交通事故民事裁判例集20・6・1560）。

〈事案〉

被害者Aは事故当時5歳の女子。学校法人B学園の雇用するCが，B学園の経営するM幼稚園の園児の送迎用バスの運転に従事していた。Cは，昭和61年9月20日ころ，路上において，その運転するM幼稚園の送迎用バスを発進させる際，右バスからみて左から右へ横断しようとしていたAに右バスを衝突させ，同女を死亡させた。

Aの両親が，B学園の被用者Cに対して不法行為責任（民法709条）を，B学園に対して使用者責任（民法715条）を，それぞれ，根拠として訴訟提起。

〈判旨〉

請求認容。加害者側のAの過失相殺の主張も以下のように判示して排斥している。「しかしながら，本件事故は，一般の乗用車の直前を幼児が横断したと

2 民法709条（不法行為）に基づく損害賠償請求

いつた，その運転手にとって必ずしも通常予期し得るとはいい難いような類型のものではない。すなわち，被告Cは，いつどのような行為に出るかも知れない園児を送迎することを目的とするバスの運転に従事していたもので，特に園児を降車させて発進するに際しては，そのバスに園児が近寄るような事態が起こり得ることを予測し得べき立場にあったのであるから，これを一般の乗用車の運転手の場合と同列に論じることはできず，被告Cには，このような園児の安全を日常的に配慮して運転業務に従事すべきであるという意味において，それだけ高度の注意義務が課されていたものと解される。とりわけ，亡Aは，同幼稚園に入園してわずか三日しか経過しておらず，その保護者も迎えに来ていなかったのであるから，同女の動静には格段の配慮を払つてしかるべきであつたといわざるを得ない。したがつて，これを怠つた被告Cの過失はきわめて重大であつたというべきであり（このことは，ひとり被告Cの過失が重大であることを意味するのみならず，このような送迎用バスを運行することが単に保護者の利便を図るにとどまらず一定数の園児の確保につながるものと推認される被告学園の，運転手及び添乗する教諭に対する指導監督を含む送迎用バスの運行全般についての管理態勢が十全ではなかったことを示すものというべきである。），この点を減算要素として考慮に入れると，結局，亡嘉代子の……行為を過失相殺における過失として損害賠償額の算定につき斟酌するのは相当でないものと判断される。」

〈評価〉

通常のバス運転手よりも高度な注意義務が幼稚園の送迎用バスの運転手には課せられている。

2 始業時間前の園児同士がぶつかったことにより目に負傷をした事案
（松山地判平9.4.23判タ967・203）

〈事案〉

Xは，Yの経営する私立幼稚園の園児であった（当時4歳）が，朝登園して，始業時間前に，同幼稚園の教室内において，他の園児Aとぶつかり，右眼

瞼挫創，右眼裂傷等の傷害を負う事故に遭い，右眼視力が0.5に低下するなど後遺障害を残すに至った。X側がY幼稚園の安全配慮義務違反の過失を根拠に損害賠償請求訴訟を提起。

〈判旨〉

「(二) そこで検討するに，心身共に未熟な幼稚園児の教育，監護に当たる被告としては，担当教員において，可能な限り園内における園児の行動を見守り，危険な行動に及ぶ園児に適宜注意を与えるなど，園内での事故発生を未然に防止すべき安全配慮義務を負っているというべきである。

(三) これを本件についてみるに，前記認定のとおり，本件事故は，被告幼稚園の四歳児の教室内において，園児であるAと原告とがぶつかって潤の歯が原告の右眼に当たって発生した蓋然性が高いが，朝の登園後の始業時間までの自由時間帯に発生しており，園児らは教室内で着替えや積木遊びをしていて，特に騒いだり暴れたりしている様子は見られなかったものであり，担任のC教員は，床の清掃をして教室外に出たところで本件事故を察知し，直ちに駆けつけて応急処置を講じたものであって，以上からすれば，本件事故は，園児同士が教室内で偶発的，かつ瞬時に衝突したことによって発生したものと認めるのが相当である。そうすると，C教員において，前記教室内の園児の状況等からして本件事故の発生を予見し，これを未然に防止することは無理であったといわざるを得ず，被告に安全配慮義務違反があったとは認め難いという外ない」。

〈評価〉

教員の責任追求には一定の限界があることを示したもの。設問のケースもこの判旨と同様に考えられ，責任追及は困難であると思われる。

3 幼稚園内の交通事故—牛乳配達の自動車との交通事故で園児が被害者となった事案

（大阪地判昭43.5.2判夕222・208）

〈事案〉

原告は幼稚園園児であるが，その保育期間中，園内でたまたま牛乳を同園に

2　民法709条（不法行為）に基づく損害賠償請求

配達してきた自動車の直前にうずくまって遊んでいたところ，その運転者Y₁がこれに気づかずに自動車を発進させたため負傷した。

原告はY₁を訴えたほか幼稚園長のY₂，幼稚園経営者Y₃を第1に運行供用者として，第2に不法行為者として，第3に幼児保護委託契約者の債務不履行としての各責任を追及した

〈判旨〉

Y₁の運行供用者・不法行為責任は肯定。Y₂らについては，次のように判示する。

「三，被告Y₃，被告Y₂は，単に園児用牛乳の注文者たるに過ぎず，事故車の運行支配，運行利益が同被告らに帰属していたとは認められない。

又同被告らに，本件事故発生の原因として，これと相当因果関係にたつ注意義務違反があったと認めるに足る証拠もない。

（原告は，園庭への自動車乗入れを黙認した義務違反を主張するが，経営者もしくは園長に，一般に常に園庭への自動車乗入れを禁止する義務があるとは認められず，右乗入れの禁止制限等の義務の存否は当該場合における個別的具体的状況に応じて判断すべきものと考えられるところ，本件事故当時，同被告らはいずれも在園していなかったことが明らかであるので右主張は認められない）。

従って同被告らは，自賠法3条，民法709条いづれの責任も負わないものといわなければならない。

尤も，原告は，昭和40年4月A幼稚園に一年保育児として入園し，本件当日も園児として登園し，その保育時間中に本件事故に遭遇したものである。してみれば，同幼稚園経営者たる被告Y₃は，園児保護者との間の幼稚園入園に際しての幼児保育委託契約にもとづき，その保育時間在園中は，園児を保育し，適当な環境を与えてその心身の発達を助長することに努め，これを安全に保護すべき債務を負うものというべきであって，本件事故による右債務不履行の責任は免れないものといわなければならない。

被告Y₂は，被告Y₃の被用者たる同園園長であって経営者と認めるに足る証

拠はない。従って被告Y₂は右の責任も負わない。」
〈評価〉
経営者には厳しい責任が問われることになった。

4　運動会の練習の綱引きで園児が指を切断した事案
（大阪地判昭48.6.27判時727・65）
〈事案〉
　M幼稚園の教諭Hが，昭和42年10月13日午後１時15分頃，事故の担任で原告Xの属していた「すみれ組」の園児たちに運動会での綱引き遊技を練習させるため，M幼稚園の園庭に綱引き用の綱を出し，園児を男子組と女子組の二組に分けるとともに，みずからも女子組に加わって綱引きを始めたところ，数名の年長組の男子園児が園舎からとび出してきて男子組園児に加勢し，綱の端を強く引っ張って園舎の側まで引きずって行ったため，右先端付近で綱を引いていた原告Xは，綱と園舎の鉄柱との間に右手母指をはさまれて右手指挫滅切断の障害を受けるに至った。XはH教諭ならびに年長組の教諭の過失を主張し，かつ，M幼稚園の経営者に使用者責任を根拠に訴訟を提起。
〈判旨〉
「……原告Xが右のような傷害を受けるにいたったのは，年長組の男子園児たち五，六名が男子組に加勢するため，H教諭の制止もきかずに巻いてあった綱の先端部を解いて引っ張り，これを前記鉄柱に巻きつけるような気勢を示した際，これに加わった原告Xが右手母指の先端を綱と鉄柱との間に挟まれたことがその直接の原因であると推認するのが相当であるけれども，一方，園児たちを指導監督して安全に綱引き競技を行なわせるべき立場にあったH教諭としても，綱の南側先端部が園舎や鉄柱に接着するような状態になれば危険であることは当初から気付いていたのであるから，その先端部を輪型に巻き取って短くしたのであれば，その上からさらに紐で縛るなどしてこれが容易に解けないようにしておくべきであったろうし，また，幼少な園児のこととて，競技中どのような突発事が生ずるかもしれないのであるから，女子組がいくらか劣勢で

2 民法709条（不法行為）に基づく損害賠償請求

あったからといって，これに加勢していっしょに綱を引っ張るようなことをしないで双方の状況をよく監視し，他の組の園児が勝手にこれに加わって競技を乱すようなことをしようとすれば，いつでもただちにその場に駆けつけてこれを制止することができるような態勢をとっておくべきであったとみるのが至当であり，このような注意を要求したからといってなんら酷に過ぎるとは認められないのである。しかるに，同教諭がこのような注意義務を尽さなかったことは右認定のとおりであり，かつ，同教諭においてこれを尽しておれば本件事故の発生を避けることができたことも明らかというべきであるから，本件事故の発生はH教諭の右過失によるものであって，被告主張のように不可抗力によるものではないといわなければならず，したがって，同教諭の使用者である被告としては，民法715条により，右事故によって生じた損害の賠償をなすべき義務があるというべきである（右事故が被告の事業の執行について生じたものであることは前記事実関係から明白である）。」

〈評価〉

事故が発生しないために綱に工夫をするなどの事前の準備が必要であったこと，さらに，H教諭が一緒になって綱引きに加わったのはやや軽率と言われてもやむを得ない。

5 園児が騒いだために隣接する牧場の馬が暴走した事故について幼稚園に代理監督者責任を認めた事案

（札幌地判平元.9.28判タ717・172）

〈事案〉

原告X牧場は，隣接するY$_2$牧場に栗拾いに来ていたY$_1$経営の幼稚園の園児2，30名が奇声を上げて騒いだため，X牧場に放牧されていた馬匹が驚いて暴走し，サクを飛び越そうとして転倒，骨折し立つことができなくなったため殺処分になったことを理由に，Y$_1$に対しては代理監督義務者として，Y$_2$に対しては漫然と多数の園児を馬匹の近くの放牧場に案内した過失があったとして，馬匹の時価相当額1200万円を含む1400万円余りの損害賠償を求めた事案

IV 私立学校における学校事故についての損害賠償請求

〈判旨〉(被告Y₁の責任)

「被告Y₁学園は、教育基本法及び学校教育法に従い学校教育を行うことを目的として設立されたものであって、その目的を達成するため「H幼稚園」を設置していることを認めることができる。したがって、被告Y₁学園は、委託を受けた幼稚園児を監督義務者に代り監督すべき義務があるものということができる。そして、先に認定した事実によればY₁学園は、軽種馬である本件馬匹が近くに放牧されていることを認識していたものであるから、軽種馬が一般に敏感で僅かな騒ぎにも驚き暴走し転倒受傷する危険性があるのでこれを防ぐため、本件馬匹に園児を近づけないように監督する義務、原告放牧場付近で園児を遊ばせる場合には馬を驚かせないで行動するように園児を指導監督する義務があるにもかかわらずこれを怠り、漫然と約2、30名もの多数の幼稚園児（3才から5才）を本件馬匹に近づけ、騒ぐのを放置した過失により、本件馬匹を驚かせ暴走させて本件事故を発生させたものであり、右監督義務を怠らなかったものということはできないから、民法714条2項により、原告の被った損害を賠償する責任を負うものというべきである。」として、Y₁に対してほぼ請求額の損害賠償義務を認めた。

（なおY₂については、園児に栗拾いをさせるためにXの牧場から最も遠い位置にあるY₂の牧場内の場所を提供したにすぎないことを理由に、本件事故の発生について過失があるということはできないとして損害賠償責任を否定した。）

〈評価〉

この事案は、これまでの事例と異なり、園児がいわば加害者となった事案である。園児がはしゃいだり大声を出したりするのはやむを得ないこととしても、それは時と場合を勘案して、幼稚園指導者としては、このような事態を避けるべく園児を誘導すべきである。

6 自由遊びの時間中の事故―うんていでの事故
（浦和地判平12.7.25判タ1102・246）

2　民法709条（不法行為）に基づく損害賠償請求

〈事案〉

　私立幼稚園に入園して間もない3歳の園児が，自由遊びの時間中園内に設置されたうんていから環状につり下げられていた縄跳びの縄に首がかかってぶら下がっている状態で発見され，その約1時間後に死亡した事案

〈判旨〉

　「右事実によると，被告学園は，日ごろ，縄跳びの縄等については，その本数を確認し，安全な場所に保管するようにしており，本件うんていについては，本件うんていで遊ぶ園児が落下しないように監視をすることとなっていたというのであるが，本件事故当日は，里幼稚園の行事のために縄跳びの縄を使用しており，春子は，本件うんていにかけられた本件ロープに首をかけるという本件事故に遭ったのであり，特に，春子は，3歳児であり，里幼稚園に入園して間もないころで，親元を離れて慣れない幼稚園生活を始めた状況であったのであるから，自由遊びの時間であっても，その安全確保，事故防止には一層の配慮が求められるというべきであるところ，里幼稚園の教職員らは，本件事故が発生するまでの間，春子及び他の園児らの行動及び本件うんていにおける園児らの遊びの状況等について知らなかったというのであるから，里幼稚園の園長である被告智子，春子のクラス主任及び副主任である同吉田及び同豊田は，里幼稚園における縄跳びの縄の管理，本件うんていの落下防止等に関する運用を履践し，春子の自由遊び時間における行動，本件うんていにおける園児らの遊戯の状況や縄跳びの縄の使用等について十分な監視をしていたとは認められない。また，被告学園も，里幼稚園を経営するものとして，里幼稚園の教職員らに対する園児らの安全確保及び事故防止に関する教育，管理をしていたと認めることもできない。

　したがって，本件事故は，右のとおり，被告学園等が，園児らに対する安全確保及び事故防止に関する注意義務を怠ったことに起因するというべきであるから，被告学園等は，本件事故によって生じた損害を賠償すべき責めを負う。」

〈評価〉

　幼稚園側としては，遊びの現場、園児の遊び方のパターンをあらかじめよく

Ⅳ 私立学校における学校事故についての損害賠償請求

把握し，あらゆる事態を想定して事故を回避するよう努めるべきである。

アドバイス 幼稚園は，保育所と比べて，園児との接触する時間帯は少ないものの，時として意外な行動をするのが幼児の特色であり，幼稚園側としては，園の設備とともに，幼稚園児の普段の行動パターンもよく把握しておく必要がある，そして想像力をできるだけ働かせ，事前に事故を防止するよう考えられる方法を考えておくとともに，新人の教職員にも承継されるようにマニュアル化しておくべきである。そして，このマニュアルも設備や現場の状況に対応して逐次更新されていくべきである。

【参考条文】
民法415条，709条，715条
学校教育法22条

3 民法715条（使用者責任）に基づく損害賠償請求

 学校事故における使用者責任

質問

　私立高校の非常勤講師である体育の教師が生徒に体罰を加え大けがをさせてしまいました。その生徒の両親は学校側を使用者責任で訴えるといっていますが，この使用者責任というものはどのような要件で発生するものでしょうか。そもそも非常勤講師についても学校側が責任を負うものでしょうか。

回答　私立学校において学校事故が発生した場合，被用者である教師等に故意もしくは過失があるときは学校法人は民法715条の使用者責任に基づいて損害賠償責任を問われることが多い。

　これは，他人に使用されている者（被用者）がその他人（使用者）の事業の執行について第三者（被害者）に損害を加えた場合，使用者とか使用者に代わって事業を監督する立場にある者（代理監督者）に，その損害を賠償する責任を負わせた規定である。

　なお，被用者である以上たとえ非常勤講師であっても，他の要件を満たせば使用者責任を負う。

解説　一　民法715条は，他人に使用されている者（被用者）がその他人（使用者）の事業の執行について第三者（被害者）に損害を加えた場合，使用者とか使用者に代わって事業を監督する立場にある者（代理監督者）に，その損害を賠償する責任を負わせた規定であり，使用者責任といわれる。

　私立学校において学校事故が発生した場合，被用者である教師等に故意もしくは過失があるときは学校法人はこの民法715条の使用者責任に基づいて損害

IV 私立学校における学校事故についての損害賠償請求

賠償責任を問われることが多い。

二　この使用者責任の根拠は，理論上は，通説によれば，いわゆる報償責任の原理に基づくものであり，使用者が他人を使用することによって，自己の活動範囲を拡張し，利益を納める可能性を増大させているのであるから，それに伴って生ずる損害もまた負担すべきであるとする考え方に基づくものとされる。また実際上は，被害者にとって，通常資力に乏しい被用者を相手方として損害賠償を求めるよりも，使用者を相手方としたほうが実際上の満足を受けることが多く，被害者保護になるからである。

私立学校の学校事故における使用者責任の成立要件は，①学校法人と教師等の間に使用関係があること（使用関係），②学校の事業の執行中に事故が生じたこと（事業の執行），③教師等の行為が一般の不法行為の成立要件（故意過失・違法性・因果関係）を満たしていること，④学校法人に被用者に対する選任監督上の責任がなかったことである。

三　使用関係

教師等の学校の教育活動にあたるものが学校法人と使用関係にあるか否かは，雇用契約や委任契約のような法律上の契約に基づくことは必ずしも必要でなく，学校法人と教師等との間に実質的な指揮監督関係（服従関係・指揮命令）があることが必要とされる。使用者責任の中心は他人の労働を支配している点にあるからである。

したがって，学校法人の専任の教職員だけでなく，兼任教職員や臨時的に雇用の関係にある職員あるいは学校法人とは法律上の契約関係にない運動部のコーチなども，学校法人の実質的な指揮監督関係にある場合には学校法人と使用関係にあるとされる。

四　事業の執行につき

この成立要件が必要とされるのは，被用者の加害行為によって使用者が責任を負うのは使用者の活動が拡張されたと認められる範囲のものに限るためである。そこで，被用者の不法行為が，使用者の事業の範囲内のものと認められる場合に限られる。そして使用者たる学校法人の事業の範囲内とみられるために

3　民法715条（使用者責任）に基づく損害賠償請求

は，その事故が学校の業務と密接不可分の関係にある業務か学校の付随的業務であって（使用者の業務の範囲内），教師の職務の範囲内において生じたこと（被用者の職務の範囲内）が必要である。

　教師等の職務の範囲内において生じた事故であったか否かは，その行為が職務と関連して一体不可分の関係にあるものか，行為者の意思に関わらず職務行為と牽連関係があり，客観的・外形的にみて社会通念上職務の範囲に属するとみられるものであることを要する。そこで，正課活動，課外活動，学校行事における教育活動，教育指導中の行為，およびこれらの教育活動開始前や終了後の学内での事故，教師の自主的判断による教育活動の指導の場合やハイキング，登山などでクラスで志望した生徒を自主的に引率して行ったときなども職務上の行為に該当するとされる。

　五　選任・監督

　学校法人や校長等の代理監督者が被用者たる教師の選任監督に相当の注意をしたか，または相当の注意をしても事故が生じたであろうことを証明したときは，賠償責任を免れる（民法715条1項但書）。これについての詳細は次問参照。

　六　使用者責任の結果，使用者（民法715条1項）と使用者に代わって被用者を選任監督する代理監督者（校長等）（民法715条2項）が責任負担者となる。

　被用者たる教師等は，独立して一定の不法行為責任を負い，この責任と使用者・代理監督者の責任とは競合し，不真正連帯債務の関係になる。

アドバイス　本文中に述べた使用者責任の成立要件のうち，最も争点になるのは，「事業の執行につき」の要件である。判例はこれにつき相当広範囲に認める傾向にあるようである。

【参考条文】
　民法715条

IV 私立学校における学校事故についての損害賠償請求

【参考判例】
(熊本地判昭50.7.14　判タ332・331)
○　三　被告らの責任について
　1　被告Y_1，同Y_2
　前記認定事実によれば被告Y_1，同Y_2は，原告X_1に対し，共同して暴行を加えたものであるから右両被告は共同不法行為者として，民法第709条，第719条に基づき，各自連帯してこれにより生じた損害を賠償すべき義務がある。
　2　被告熊本学園
　㈠　Aが本件発生当時，付属高校教師であって，同校空手部の顧問（部長）であったことは，当事者間に争いがない。
　私立高等学校の教員が，高等学校における教育活動の効果を十分にあげるため，親権者らの法定監督義務者の委任に基づき，これに代って，生徒を保護監督する義務があることは，右委任の趣旨および学校教育法に照らし明らかである。空手部の活動が特別教育活動の一環として行なわれていたことは当事者間に争いがなく，これは前記教育活動に含まれるものであるから，空手部の顧問教師（部長）としては，単に名目だけでなく，たえず部の活動全体を掌握して指導監督に当る義務があるというべきである。
　この点に関し，被告熊本学園は，高等学校におけるクラブ活動は部員によって自主的，自治的に行なわれるし，空手は他人の指導監視によってその内在する危険を防止しうるものではないから，空手部（部長）といえども部員を指導監督する義務はないと主張するので，一言する。
　なるほど，高等学校における運動クラブは，各種の運動の練習を通じ，生徒の自発的な活動を助長し，心身の健全な発達を促し，進んで規律を守り，互に協力して責任を果たす生活態度を養うことを指向しているものであるから，生徒の自主的活動が健全に発展するように配慮することは教育上適切である。
　しかしながら，高等学校におけるクラブ活動が自主性を重んじ，自治的に行なわれることが必要であるからといっても，それが未成年で心身の発達が十分とはいえない高校生を対象に，しかも高等学校における教育活動として行なわれる以上，クラブの運営が生徒の活動に放任されてよい筈がなく，校長および運動部の指導教師は生徒の自主的活動が健全に行なわれるよう指導を尽すべきが当然である。また，空手に危険な面はあるが，適切な指導者のもとに，生徒の体力，技量，精神の発達の程度に応じた練習を行なうならば，その危険を防止しえないことはないのであって，被告熊本学園が特別教育活動の一環として空手部を置いている以上，適切な指導をして危険防止に万全を期することも，また当然である。
　とくに，高校1，2年生時代は，未だ心身の発達が十分でなく，体格に比して内臓器官の発育も不十分であり，また，情緒面でも，時に感情の赴くまま行動したり

3 民法715条（使用者責任）に基づく損害賠償請求

して、安定度が高いとはいえない年令層に属するから、このような年代の生徒に危険の伴なう空手を練習させるときには、指導に当る教師において、生徒に対し、練習その他の部活動につき、遵守すべき事項を懇切に教示するとともに、ゆきすぎた練習や暴力行為が行なわれないよう練習に立会い、十分の状況を監視すべき注意義務があるといわねばならない。

したがって、被告熊本学園の前記主張は採用しえない。

(二) 進んで、右の観点から、本件におけるAの指導監督責任について検討する。

(1) さきに認定した事実と〈証拠略〉によれば、次の事実が認められる。

Aは大学時代に空手を習い、初段の技量を有していたことから、付属高校長花田衛に委嘱されて昭和45年4月から空手部の顧問（部長）となり、本件事故発生当時もその任にあった。当時における空手部の練習は、放課後前記道場で、主に2年生の被告Y_1、同Y_2らと1年生が参加して、キャプテンの被告Y_1の指図により行なわれていたところ、Aは、被告Y_1、同Y_2が初段であるほか、1年生部員は段も級も有しなかったことを知っていた。また、A自身も大学時代空手を習っていただけでなく、被告Y_1らが1年生のとき、部員と練習中、左胸部付近の骨を痛めたこと等から空手の練習は一つ誤ると生命身体に危険を及ぼすおそれがあることを知っていた。しかも、空手部において、昭和42、3年頃、上級生が下級生に対し、暴力を振るうという事件があり、Aは、昭和45年4月顧問（部長）を前任者から引継いだとき、部員を集めてそのような問題を起こさないように注意をしたことがあった。

(2) しかるに、Aが空手部の運営をキャプテンの被告Y_1に任せていて、本件事故当日も同部の練習に立会わなかったことは当事者間に争いがない。そして〈証拠略〉によれば、次の事実が認められる。

Aは昭和45年4月、付属高校空手部顧問（部長）に就任当初は、部員に注意を与えたり、練習に立会い指導もしていたが、前記のとおり練習中負傷して以来、次第に練習に立会わなくなり、昭和46年3月、被告Y_1がキャプテンになったが、その当時から練習その他部の運営はキャプテンに任せきりにしており、時折、付属高校の校庭で行なわれている練習を職員室から見たり、帰途、立寄って10分位見てゆく程度で、部活動ごとに練習方法等につき部員と話し合ったり、部員に対し守るべき事柄を教えたり、あるいは練習に立寄って指導するということは殆んどなかった。本件事故当日もいつものように放課後前記道場で空手部の練習が行なわれることを知っていながら、練習に立会わなかったばかりでなく、何らの配慮もしなかった。

〈証拠判断省略〉

(3) 右認定事実に徴すると、Aが空手部の指導教師としてなすべき前記注意義務を怠ったことは明らかであり、しかも、右注意義務を怠らなければ、本件事故が発生せずにすんだ蓋然性は極めて高いといわねばならない。

してみると、Aの右指導の怠慢も、被告Y_1、同Y_2の前記不法行為と共同不法行

IV 私立学校における学校事故についての損害賠償請求

為を構成するものというべきである。

㈢ よって，被告熊本学園が付属高校の設置者であり，Aが同校空手部の指導担当教師であることは，前記のとおりであるから，被告熊本学園は，高等学校教育という事業のため，同教師を使用するものとして，民法第715条第1項に基づき，本件により生じた損害を被告Y_1，同Y_2と各自連帯して賠償する義務があるというべきである。

（最判平4.10.6 判タ815・130）
○ 私立大学の応援団員が上級生から暴行を受けて死亡した事故につき学校法人の使用者責任が認められた事例

「上告理由について原審は，㈠ 被上告人らの二男である亡Mは，上告人が設置するH大学に昭和58年4月に入学し，応援団に入団したが，同年8月28日，29日に学外で実施された応援団の夏期合宿練習において，上級生から気合入れの名の下に違法な暴行を受け，右暴行に起因する急性硬膜下血腫に基づく脳圧迫により同年9月6日死亡した，㈡ 応援団は，学生の自治組織である学友会から公認されない有志団体として結成され，大学構内の建物の一部を上告人に無断で占拠し，部室として使用していたが，上告人から黙認されており，構内において練習を続けていたほか，年1回講堂を借り，乱舞祭と名付けて，学長の挨拶文も掲載されたパンフレットまで用意し，練習の成果を学内で発表していた，㈢ 昭和46年ころ以降大学の非常勤講師が応援団相談役に就任しており，また，昭和56年に学内で開催された講演会を一部の学生が妨害する挙に出た際，大学当局が応援団に当該講演者の警護を依頼したこともあった，㈣ 応援団においては，気合入れの名の下に，上級生から下級生に対する，手拳で顔面を殴る，腹部などを足蹴りし，竹刀で臀部を殴るなどの，度を超える違法な暴力行為が恒常的に公然と行われ，大学当局もこれを十分に承知していた，㈤ Mが入団した昭和58年4月以降，大学当局に対し，応援団に入団した新入生の退団希望を認めてもらえない等の苦情が持ち込まれ，顔面打撲の診断書を示す者さえあったので，同年6月，大学の各部長を構成員とする執行部会議は，自由な退団を認めるよう応援団を指導することを決め，学生部長が応援団の幹部である上級生らにその旨を伝え善処を求めたが，右幹部らは，殴ることも練習の一部で暴力ではないと弁明し，その論は社会的に通用しないという同部長の説得にも応じなかった，㈥ そして，応援団は，その後も気合入れを伴う練習を続け，大学当局側は直接これを是正させる措置を採らなかったところ，本件死亡事故が発生した―以上の事実を確定した上，右事実関係の下においては，同大学の執行部会議，教授会等は，応援団に対し，暴力行為を止めるよう強く要請，指導し，応援団がこれに従わない場合には，部室として使用されている建物の明渡しを求め，あるいは練習のための学内施設の使用を禁止し，応援団幹部に対する懲罰処分（停学，

3 民法715条（使用者責任）に基づく損害賠償請求

　退学など）を行うなどの具体的措置を採る義務があったのに，これを怠った過失があり，したがって，上告人は不作為による不法行為に基づく責任を負うと判示した。

　原審の右事実認定は，原判決挙示の証拠関係に照らして首肯するに足りるところ，右事実関係の下においては，上告人の被用者である前記執行部会議，教授会等の構成員たる職員は，原判示の具体的な作為義務を負うに至ったものであり，かつ，このような措置を採ることは上告人の事業の範囲に属するものと解されるから，上告人には民法715条1項に基づく責任があるというべきである。

　上告人の責任を肯定した原判決の判示中には，学校法人自身の在学契約上の義務と当該学校法人の被用者の不法行為法上の注意義務とを混同しているかのような部分があって，その説示において必ずしも適切でない憾みがあるが以上の趣旨をいうものとしてこれを是認することができる。」

IV 私立学校における学校事故についての損害賠償請求

　学校設置者が使用者責任を免れる場合

　私は私立高校の理事長をしていますが、先日あるクラスの担任教師が、不注意で生徒に大けがをさせてしまいました。生徒の安全に対しては常日頃から学校長を通じて徹底させてきたにもかかわらずこのような事故が発生してしまったのです。相手方弁護士は学校側の使用者責任を追及するとのことですが私どもは使用者責任を免れないのでしょうか。

回答　民法715条のいずれかの要件、特に、「事業の執行」の要件を欠く場合が考えられ、さらに、学校法人や校長等の代理監督者が被用者たる教師の選任監督に相当の注意をしたか、または相当の注意をしても事故が生じたであろうことを証明したときは、賠償責任を免れるがその証明は必ずしも容易ではない。

解説　一　前項で述べたように、私立学校の学校事故における使用者責任の成立要件は、①学校法人と教師等の間に使用関係があること（使用関係）、②学校の事業の執行中に事故が生じたこと（事業の執行）、③教師等の行為が一般の不法行為の成立要件（故意・過失、違法性、因果関係）を満たしていること、④学校法人に被用者に対する選任監督上の責任がなかったことである。

　そこで、被用者たる教師が生徒に被害を加えた場合でも右の要件を満たさなければ、学校法人が使用者責任を負うことはない。例えば、当該学校事故が、(イ)学校の業務と密接不可分でない場合、(ロ)学校の付随的業務でもない場合、あるいは(ハ)教師等の職務の範囲内において生じたものとはいえない場合には、事業の執行につきなされたとはいえず使用者責任の要件を満たさないことになって、学校法人は使用者責任を負わない、などである。

253

3 民法715条（使用者責任）に基づく損害賠償請求

二　この点で特に問題となるのは，右④の選任監督上の義務懈怠の点である。

すなわち，使用者は，被用者の選任・監督について相当の注意をした場合や相当の注意をしても損害を防止することができなかった場合は，自分でそのことを立証して責任を免れることができる（民法715条1項但書）。

学校事故に即していえば，学校法人や校長等の代理監督者が被用者たる教師の選任監督に相当の注意をしたか，または相当の注意をしても事故が生じたであろうことを証明したときは，賠償責任を免れる。

この証明は，被用者たる教師等の選任と監督の両方についてしなければならないから，どちらか一方を証明できない場合は免責されないことになる。相当の注意をしたかどうかの注意の程度は，事業の種類によって異なり，本件では学校運営ということに即して考える必要がある。相当の注意をしたか否かは，まず選任については，教員免許等を有する有資格者を選任しただけでは足りず，その教育活動に適した技能の有無や教育に携わるものとして適した性格のものであるなどを調査する必要がある。また，監督については内部規律を設け，平素の概括的な訓戒や説諭では足りず，一定の危険性の予想される場合にはより具体的な回避のための体制を整えたり，指示注意をする等しなければならない。

実際上，判例で使用者の免責を認めた事例はほとんどなく，したがって，結果的には，無過失責任を認めたようなことになっている。

アドバイス　本文中に述べたように，判例上使用者の免責を認めた事例はほとんどない。したがって，学校設置者側としては，被害者の児童生徒の過失相殺を主張してその責任（損害額）の軽減をはかるという形で争いになることも多い。

【参考条文】
民法715条1項但書

Ⅳ　私立学校における学校事故についての損害賠償請求

【参考判例】
（神戸地判平4.3.23　判タ801・208）
○　学校行事としての六甲山登山に参加した高校生が，学校側が指定した登山コース以外のコースを選択して登山中に転落死亡した場合，担当教諭，学校長に過失がないなどとして学校設置者の損害賠償責任が認められなかった事例
「三　使用者責任について
　1　二の2，3で認定，説示したところによれば，O教諭に西山谷コースの事前調査義務を認めることはできず，また，被告の被用者であるK校長やO教諭につき，いずれもコース変更についての許可ないし承認をした事実はなく，また，O教諭は個人的にコース変更の事実を知っていたものの，本件事故の発生を具体的に予見することはできず，予見しなかったことにつき過失はない。
　そうすると，本件事故につきO教諭及びK校長に主観的要件の充足が認められないので不法行為責任を問うことはできないから，その存在を前提とする民法715条に基づく使用者責任の主張はその前提を欠き，理由がない。
　2　K校長の本件事故当日における報道機関に対する発言については，証拠によれば，同校長は，本件事故当日の報道機関に対する記者会見の席において，「コースを外れた者がいたようだ。残念です。もう一寸気をつけないといけないと反省している。」という趣旨の発言をしたことを認めることができるが，「はずれ者がいたんですわ。」などと発言した事実はこれを認めるのに足りる的確な証拠はなく（原告Iはこれに副う供述をするが，この点に関する同人の供述は曖昧である上，K校長が前記発言をしたビデオテープが存在する旨法廷で明言しておきながら結局これを証拠として提出していないことに鑑みると，その信用性は低いといわざるを得ず，また，原告Y子は，K校長がテレビのインタビューで「Zがいい恰好をして勝手に皆を危険な場所に連れて行って死んだ」旨の発言をしたと親戚から聞き，同校長とともにテレビ局でそのビデオを見ると，校長が「はずれもんがおったんですわな。」と言ったシーンが出た旨の供述をするが，他にこれを裏付ける確証がないから右各供述部分を採用することはできない。），他に同校長がZに一方的な落度があって被告側には何等の責任もなく，むしろ学校の名誉を害されて迷惑しているかのような対応を終始一貫して示し，死者であるZの名誉を侵害し，それによって両親たる原告らの名誉を毀損したとの事実を認めるのに足りる的確な証拠はない。
　従って，原告のK校長の不当発言を理由とする被告の使用者責任に基づく損害賠償請求は理由がない。」

3 民法715条(使用者責任)に基づく損害賠償請求

 損害賠償責任を負う者が複数ある場合の関係

私立高校のクラス担任の教師が体罰により生徒に全治3週間の大けがを負わせました。この場合，教師個人と学校の責任はどのような関係にたつのでしょうか。

回答　それぞれ不真正連帯債務の関係にたつ。この責任は連帯債務に比して相対的効力の範囲が広いのが特徴である。

解説　一　一つの学校事故が発生した場合，損害賠償義務を負う者が複数発生することが想定される。

例えば，私立学校において事故が発生した場合，教師等に故意・過失があるときは，学校法人は民法715条1項に基づいて責任を問われ，教師等個人も民法709条による不法行為責任を問われるといった関係である。この場合，同時に私立学校の校長が民法715条2項の代理監督者の責任を負う事態が想定される。

あるいは，生徒間で事故が発生した場合，複数の生徒が加害者であり，これらの生徒が責任能力を有していない場合には，監督義務者の責任（民法714条）が複数の親権者に発生し，これと代理監督者（教師等）の責任も同時に発生し，逆に，複数の加害生徒が責任能力を有している場合には共同不法行為責任（民法709条・719条）を負うといった事態が想定される。さらに，責任能力を有する加害生徒が単独で不法行為を行った場合にも，近時の学説，判例によれば，当該生徒が不法行為責任（民法709条）を負うとともに，親権者等の監督上の不注意と損害との間に因果関係が存在するならば，一般の不法行為（民法709条）の原則に基づいて，親権者も未成年者と並存的に責任を負うものとされる。

このように，一つの学校事故が発生した場合，複数の者が損害賠償責任を負

IV 私立学校における学校事故についての損害賠償請求

担することになる。そこでこれらの責任負担者同士の関係をどのように考えるかが，問題となる。

二　右に挙げた例のうち，共同不法行為にあたる場合以外は，解釈上不真正連帯債務の関係にたつと解されている。共同不法行為の場合も同様に解すべきか民法719条の解釈をめぐって争われていたが，近時の判例は同様に不真正連帯債務の関係にたつと解するに至っている（最判昭57.3.4判時1042・87）。

三　不真正連帯債務とは，多数の債務者が，同一内容の給付について全部を履行すべき義務を負い，しかも一債務の履行によって全債務者が債務を免れるという点では連帯債務と同様であるが，債務者間に緊密な結合関係がないため，一債務者に生じた事由が他債務者に影響を及ぼさず，求償関係も生じないという点で連帯債務と異なる多数当事者の債務関係をいうと定義される。

この不真正連帯債務につき，学校事故の賠償関係に即して，効力を説明すると以下のようになる。

まず，被害者（債権者）は，債務者（加害者・監督義務者等）の1人に対して，また同時もしくは順次に総債務者に対して，全部または一部の履行を請求することができる。

債務者の1人に対して生じた事由のうち，債権を満足させるもの（弁済，代物弁済等）は絶対的効力を生じる。例えば私立学校の教員の故意・過失に基づく学校事故で，使用者たる学校法人が民法715条の責任を負い，被用者たる教員が民法709条の責任を負っている場合，学校法人が賠償の支払いをすれば教員の賠償責任も支払われた金額の限度でその責めを免れる。

これに対し，被害者（債権者）を満足させる事由以外のものはすべて相対的効力を生ずるにとどまる。とりわけ，連帯債務につき絶対的効力を生ずる場合を定めている民法434条ないし439条の規定は適用されない。例えば，前例で，被用者たる教員に対する損害賠償請求権が消滅時効にかかっても，使用者たる学校法人の賠償義務の存続に影響せず（民法439条の適用はない。），また学校法人の債務の消滅時効はこれとは関係なく進行する。また被害者から被用者たる教員に免除が行われても（民法437条の適用はなく）学校法人の損害賠

3　民法715条（使用者責任）に基づく損害賠償請求

償義務に影響を与えない。このように不真正連帯債務が連帯債務と異なり相対的効力を生ずるにすぎないのは，理論的には，不真正連帯債務者相互の間には，連帯債務者相互間のような緊密な主観的共同ないし相互保証的な関連がなく，それぞれの責任が各自の立場において別個に生じるものにすぎないからであり，また具体的妥当性の観点からは，損害賠償をめぐる不真正連帯債務にあっては，被害者の保護・救済を十全のものにするために債権の効力の強化が配慮されるからである。

　四　不真正連帯債務の求償関係については，従前の通説的な考え方は，不真正連帯債務者相互間にあっては，主観的関連のない結果として負担部分にあたるものがなく，したがって，当然には求償関係を生じないと解されている。ただ実際上は，これらの債務者間の求償関係を基礎づけるため法律が存在するので，それに従って，求償関係が生じることが多い。例えば，被用者と使用者の関係についての民法715条3項などがあり，また，監督義務者と代理監督義務者などは契約関係に従って求償関係が定まる。

　また，最近の判例では，共同不法行為者相互間の関係における求償を公平の見地から認めるに至っている（最判昭41.11.18民集20・9・1886）。

アドバイス　損害賠償責任を負う者が複数ある場合，右のように不真正連帯債務の関係にたつ。これらの者を被告として訴訟を起こし勝訴した場合，判決主文に「被告らは各自連帯して……〇〇円支払え。」と記載されるのが通常である。なお，すべての者を被告とする必要は必ずしもなく，それは，原告の判断による。

【参考条文】
　民法434条ないし439条，709条，714条，715条，719条

【参考判例】
　（最判昭41.11.18　民集20・9・1886）（学校事故の例ではないが参考までに掲げる。）
　○　原審が確定した事実によれば「昭和34年1月29日午後10時頃，本件事故現場にお

Ⅳ 私立学校における学校事故についての損害賠償請求

いて，被上告会社の被用者（タクシー運転手）である被上告人風間の運転する自動車（タクシー）と上告人の運転する自動車とが衝突事故を起こした。右事故は，被上告人風間と上告人の過失によって惹起されたものであり，これにより右タクシーの乗客増田喜代作は胸部，頭部打撲傷等の傷害を受けた。被上告会社は，増田に対し，右事故による損害を賠償した。」というのである。

右事実関係のもとにおいては，被上告会社と上告人及び被上告人風間らは，増田に対して，各自，増田が蒙った全損害を賠償する義務を負うものというべきであり，また，右債務の弁済をした被上告会社は，上告人に対し，上告人と被上告人風間との過失の割合にしたがって定められるべき上告人の負担部分について求償権を行使することができるものと解するのが相当である。したがって，この点に関する原審の判断は結論において正当であり，原判決に所論の違法はない。論旨は独自の見解であって採るをえない。

（浦和地判昭60.4.22　判タ552・126）
○　小学4年の児童が放課後，他の児童の「いじめ」によって負傷した事故につき，学校設置者および加害児童の親の損害賠償責任を認めた事例
　「六　結論
　以上によれば，被告市，同M夫，同M子は原告に対し本件事故に基く損害（前記五）を賠償すべき債務を負うところ，右被告らの右債務は不真正連帯債務の関係にあることが明らかであるから，原告の本訴請求は，被告市，同M夫，同M子に対し，各自金273万1500円及び内弁護士費用を除く金233万1500円に対する本件事故発生の日の翌日である昭和54年11月2日から，内弁護士費用金40万円に対する本判決言渡の日の翌日である昭和60年4月23日から各支払ずみまで，民法所定年5分の割合による遅延損害金の支払を求める限度において理由があるからこれを認容し，右被告らに対するその余の請求及び原告の被告T夫及び同T子に対する請求は失当であるからこれを棄却し，訴訟費用の負担につき民事訴訟法89条，92条本文，93条1項，仮執行の宣言につき同法196条を適用し，仮執行免脱宣言は相当でないのでこれをしないこととし，主文のとおり判決する。」

4 民法717条（工作物責任）に基づく損害賠償請求

 学校事故における工作物責任

質問

私立小学校に通っている息子の友人が校庭のブランコに乗って遊んでいる最中に鎖が外れ，けがをしてしまいました。このような場合学校側はどのような責任を負うのでしょうか。

回答 学校の施設・設備が「土地の工作物」であってその設置または保存の瑕疵が事故の原因であるときは，民法717条により占有者または所有者がそれぞれ損害賠償責任を負うことになる。所有者にはなんらの免責事由を認めていないことから，完全な無過失責任である。

解説 一　民法717条の土地工作物責任は，土地の工作物の設置または保存に瑕疵あることによって他人に損害を生じた場合に，その工作物の占有者および所有者に特殊の責任を課したものである。すなわち，この責任は，占有者・所有者の故意・過失が加害の事実そのものについて存することを要件としていない。また所有者にはなんらの免責事由を認めていないことから，完全な無過失責任であり，占有者には防止措置において過失のあることを要件としてその過失の挙証責任を転換していることから，中間責任であるといわれている。

私立学校の施設・設備に起因する事故で児童・生徒に被害が生じた場合，この工作物責任が問題となる。すなわち，学校の施設・設備が「土地の工作物」であってその設置または保存の瑕疵が事故の原因であるときは，本条により占有者または所有者がそれぞれ損害賠償責任を負うことになる。この工作物責任の根拠は，いわゆる危険責任，すなわち，他人に損害を生じせしめるかもしれない危険性をもった瑕疵ある工作物を支配している以上は，その危険について

IV 私立学校における学校事故についての損害賠償請求

責任があるとする考え方に基づくものである。

二 工作物責任が成立するためには，①土地の工作物によること，②土地の工作物の設置・保存の瑕疵によることが必要である。以下，学校事故に即して国家賠償法2条と比較しつつこれらの要件を検討する。

三 土地の工作物

土地に接着して人工的に作り出されたあらゆる設備が土地の工作物とされる。私立学校の施設の場合，校舎・校庭・プール・滑り台などがこれに含まれる。

民法717条が危険責任に基づく無過失責任を定めたものであるとの理解から，これをできるだけ広く解釈しようという努力が行われているものの，条文の文言上の限界から不動産的施設を指し動産的施設は含まれないものとされる。この点，国家賠償法2条の「公の営造物」が，地図掛棒・電気かんな・移動式雲梯等を含むとされるのに対し差異がある。

このように，同じく学校事故に起因する事故であっても，国公立学校の学校施設である動産的施設が「公の営造物」とされて被害者救済の範囲が広いことに対比して，私立学校のほうがその範囲が狭くなることの差異がある。結局，私立学校の場合，動産的施設が問題となるときは，工作物責任ではなく，教師等の施設管理の過失として扱っていくことになろうが，いずれにせよ，立法論として問題のあるところである。

四 土地の工作物の設置，保存の瑕疵

設置または保存の瑕疵とは，その種の工作物として通常備えるべき安全な性状を欠いていることを意味し，これは，国家賠償法2条にいう「設置または管理の瑕疵」とほぼ同義であると解されている。そして，設置の瑕疵は原始的瑕疵を，保存・管理の瑕疵は維持，修繕，保管等による後発的瑕疵を指すと解されている。

アドバイス 本文中に述べたように，国家賠償法に規定されている「公の営造物」に比べその範囲はやや狭い。私立学校と国公立学校の責任の範囲が異なってくる一事例である。

【参考条文】
民法717条

4 民法717条(工作物責任)に基づく損害賠償請求

【参考判例】
（岐阜地判昭60.9.12　判時1187・110)
○　サッカーゴールが固定不十分なため転倒して幼稚園児の頭部を強打し死亡させた事故につき，サッカーゴールの設置・保存の瑕疵が認められた事例
「三　責任原因
　1　被告学園が本件サッカーゴールを所有し，かつこれをその校庭に設置することにより占有していたことは，当事者間に争いがない。
　2　《証拠省略》によると，被告学園はサッカーゴールの設置に当っては，四隅の脚の部分に鉄杭を打ち込んで地面に固定し容易に動かない状態にしていたのであるが，本件事故の2週間程前に被告学園校庭において運動会が行われた際，杭を抜いてサッカーゴールを移動し，運動会終了後これを元の位置に戻したものの，杭を打たずにそのまま放置していたこと，本件事故発生当日泰権の姉2名を含む約8名の小学生がサッカーゴールのネットにぶら下がってサッカーゴールを前後に揺すって遊んでいたところ，右サッカーゴールが前方に倒れ，その鉄わくの部分が，たまたまその附近で遊んでいた泰権の頭部を強打して，本件事故に至ったものであること，司法警察員猿渡勝が本件事故発生直後現場に臨場した際には，鉄杭等サッカーゴールを固定するための何らかの装置も見い出し得なかったことが認められる。《証拠省略》中，運動会終了後従前のようにサッカーゴールの四隅の脚の部分に鉄杭を打って固定したと供述する部分は，前記認定事実に照らし信用できない。
　　右事実によれば，本件事故当時，被告学園において設置していたサッカーゴールは，通常講じらるべき転倒防止のための措置が採られていなかったため，危険な状態にあったものと推認されるところであるから，これによれば，被告学園のサッカーゴールの設置又は保存について瑕疵があったものと認めざるを得ない。
　3　以上認定したとおり，本件においては土地の工作物であるサッカーゴールについて，その所有者兼占有者である被告学園の設置又は保存に瑕疵があったものというべきであり，かつ，本件事故により原告らに生じた損害は，右の瑕疵のため生じたものと認められるので，被告学園は右損害を賠償すべき責任を有する。」
　なお，この判決は，「学園内のサッカーゴールが転倒して，近くで遊んでいた園児が死亡したのは，サッカーゴールの設置・保存の瑕疵によるものであるが，園児の両親も，学園の人的・物的施設が十分でないことを認識し，しかも，園児の入園を好意的に受け入れてもらっていたのであるから，両親は，園児や，通園している園児の姉が危険な行為をしないよう十分注意しておくべきであるにもかかわらず，園児の姉2名を含む上級生が危険な遊びをしたことが事故の一因をなしたことから，両親にも右注意義務を十分に尽さなかった過失があったといえ，その過失割合は，4割と評価するのが相当である。」として過失相殺を4割とし，請求額に対し認容額を減額している。

Ⅳ 私立学校における学校事故についての損害賠償請求

(水戸地麻生支判平24.2.10 ＬＬＩ／ＤＢ 判例秘書登載)
(土地工作物責任ではなく，安全配慮義務違反を認定したもの)
〈事案〉 中学校の休み時間にグラウンド内の高さ155センチメートルの掲揚台の上にいた1年生が1歩後ろに下がり落下して頭部を強打して死亡した事故で，柵を設置するなどの事故防止措置を執らなかった安全配慮義務違反を認め，中学校を設置する学校法人に対し，5割の過失相殺をした損害の賠償を命じた事例

○ (2) 以上の事実を前提に，本件事故についての被告らの責任について検討する。
(Y₁は学校法人Y₂は担任教師)
　ア　被告Y₂の責任
　原告らは，本件事故が起こった時間帯は体育祭の練習開始前の休み時間であり，大きな事故が起きる可能性が非常に高かったから，被告Y₂には，生徒が本件掲揚台で危険な遊び等の悪ふざけをしないように指導監督する義務があると主張する。
　しかしながら，担任教師としては，担任する生徒に対して学校生活における危険性について一般的な注意をする義務はあるとしても，それ以上に，本件掲揚台という通常の用法に従えば事故が生じるとは考えにくい個別の設備の危険性についてまで，具体的に注意する義務は負わないというべきである。
　そうすると，本件において，被告Y₂に指導監督義務違反があったということはできないから，この点に関する原告らの主張は採用することができない。
　イ　被告Y₁の責任
　(ア) 原告らは，本件事故が起こった時間帯は体育祭の練習開始前の休み時間であり，大きな事故が起きる可能性が非常に高かったから，被告Y₁としては，グラウンドを監視し，安全を確認すべき注意義務があったと主張する。
　しかしながら，生徒の動静を逐一監視する義務を被告Y₁に課すことは不可能を強いることであり，被告Y₁に，グラウンドを監視し，安全を確認すべき注意義務があったということはできないから，この点に関する原告らの主張は採用することができない。
　(イ) 原告らは，被告Y₁は，Aに対し，本件掲揚台そのものに上がったり，上がって遊ばないように注意すべきであったと主張する。
　しかしながら，学校生活における危険性について一般的な注意をする義務以上に，特に本件掲揚台という通常の用法に従えば事故が生じるとは考えにくい個別の設備の危険性についてまで，被告Y₁に生徒らに具体的に注意する義務があったということはできない。
　この点に関する原告らの主張は採用することができない。
　(ウ) 被告Y₁は，Aは本件事故当時中学1年生であり，危険性の判断能力を相当程度備えていると判断されるところ，そのようなAが，本件掲揚台を後ろ向きに歩行し転倒することは予想することができないと主張する。

4 民法717条（工作物責任）に基づく損害賠償請求

　しかしながら，ある程度危険性の判断能力を備えていたとしても，中学校に入学したばかりの生徒が本件掲揚台の上で遊ぶこと，その場合にバランスを崩すなどして転落する可能性があることについては十分に予測することができたといえる。
　そして，本件掲揚台の形状等は前記のとおりであり，本件掲揚台の上で遊んでいた生徒が転落した場合には，頭部を打って重大な事故が生じるおそれも十分にあったといえる。
　そうすると，本件のような転落事故を防止するためには，被告Y_1は，本件掲揚台に柵を設置するなどの事故防止措置を執るべきであった。
　しかしながら，被告Y_1は，本件事故当時，何ら事故防止措置を執らなかったのであるから，被告Y_1には安全管理義務違反があったといわざるを得ない。
　(3)　以上によれば，本件事故によりAが死亡したことについて，被告Y_2は不法行為責任を負わず，被告Y_1は不法行為責任を負う。

（過失相殺）
　3　過失相殺について
　Aは，本件事故当時13歳の生徒で，危険についての事理を弁識し，危険を回避するための適応力をある程度は備えていたものと認められる。そして，Aは本件掲揚台で遊ぶ場合には，危険性のない方法で遊ぶべきであった。
　ところが，Aは，本件掲揚台の隅に立ち，1歩後ろに下がって転落し，死亡する結果となったものであって，この点はAの過失として斟酌すべきである。
　そして，Aの過失の程度を考慮すると，5割の過失相殺をするのが相当である。

IV 私立学校における学校事故についての損害賠償請求

 学校設置者が工作物責任を免れる場合

　私立高校の学校長をしている者ですが，先日休憩時間中に生徒が数人でふざけて階段の手すりにもたれかかり，力を入れたために手すりが壊れ，生徒が下に落ちてけがを負いました。この手すりは無理な力を入れなければ壊れないくらい頑丈にできていたのです。けがをした生徒の親は学校側の責任を追及するといっていますが，このような場合も私どもは責任を負うものなのでしょうか。逆にどのような場合に責任を免れるのでしょうか。

回答　本件では土地工作物責任（民法717条）が問題となるが，学校設置者が占有者である場合は，自己に過失がないことを立証して責任を免れる。

　また，所有者占有者を問わず，学校設置者が，土地の工作物たる学校施設・設備に設置，保存に瑕疵のないことを主張立証できれば，責任を免れることになる。

解説　一　私立学校の施設・設備に起因する事故で児童・生徒に被害が生じた場合，民法717条の工作物責任が問題となる。すなわち，学校の施設・設備が「土地ノ工作物」であってその設置または保存の瑕疵が事故の原因であるときは本条により占有者または所有者がそれぞれ，損害賠償責任を負うことになる。

　この占有者には，防止措置において過失のあることを要件として，その過失の挙証責任を転換していることから中間責任であるとされ，所有者には，なんらの免責事由を認めていないことから無過失責任を課したものといわれている。

　二　そこで，私立学校の設置者（学校法人）が学校の施設・設備の所有者ではなく占有者であれば，設置または保存の瑕疵につき，自己に過失がなかった

265

4 民法717条（工作物責任）に基づく損害賠償請求

ことを主張立証できれば，責任を免れることになる。

　三　また，所有者であっても，学校法人が，土地の工作物の設置，保存に瑕疵のないことを主張立証できれば，責任を免れることになる。

　ここに，設置または保存の瑕疵とは，その種の工作物として通常備えるべき安全な性状を欠いていることを意味し，これは，国家賠償法2条にいう「設置または管理の瑕疵」とほぼ同義であると解されている。そして，設置の瑕疵は原始的瑕疵を，保存・管理の瑕疵は維持，修繕，保管等による後発的瑕疵を指すと解されている。

　この点は，国家賠償法2条にいう「設置または管理の瑕疵」があるか否かが問題となった判例が比較的多くあるので参考になる。詳しくは，本書の該当項目を参照されたい。

アドバイス　本文中に述べたように，理論的には責任を免れる場合が考えられるが，実際上は責任を免れる例は少ない。免責を認めた判例はほとんどないといっても過言でない。結局，学校設置者としては被害児童生徒の過失相殺を主張してその責任の軽減をはかっていくことになろう。（前項参照）

【参考条文】
民法717条
国家賠償法2条

V

損害賠償請求に係る
その他の問題

1　損害賠償の範囲

 学校事故における損害賠償の範囲

体育の授業中に生徒が大けがをし，約3か月入院しました。現在も通院治療中とのことです。このような場合，学校側としてはどの範囲まで損害を賠償すべきなのでしょうか。損害賠償一般につき詳しく教えてください。

回答　この場合の賠償の範囲は，通常の不法行為と同じく，加害行為との間に相当因果関係が認められる損害を賠償することになる。すなわち，加害行為の結果として通常生ずべき損害，および特別の事情に基づく損害であっても予見可能性があるときは，これを賠償すべきであるとされる。

このような損害は大別すると，①財産的損害と②非財産的損害（精神的損害が中心）に分けられ，さらに財産的損害は，(イ)積極損害（現実損害）と(ロ)消極的損害（得べかりし利益）に分けられる。

解説　一　教師等の行為が学校事故賠償責任の成立要件（国家賠償法1条・2条，民法415条・709条・715条・717条等）を充たす場合，学校設置者等は，被害児童・生徒に対して損害賠償責任を負うことになる。

回答欄に述べたように，この場合の賠償の範囲は，通常の不法行為と同じく，加害行為との間に相当因果関係が認められる損害を賠償することになる。すなわち，加害行為の結果として通常生ずべき損害，および特別の事情に基づく損害であっても予見可能性があるときは，これを賠償すべきであるとされる。

このような損害は大別すると，①財産的損害と②非財産的損害（精神的損害が中心）に分けられ，さらに財産的損害は，(イ)積極損害（現実損害）と(ロ)消極

V 損害賠償請求に係るその他の問題

的損害（得べかりし利益）に分けられる。

二　財産的損害 ── (イ)　積極損害

現実損害としては、事故によって出費を余儀なくされた費用が含まれる。

1　生命侵害（死亡）の場合は、死亡に至るまでの治療費、葬式費用、遺体の運搬費用が含まれる。

2　身体傷害の場合は、治療費（入院費、薬代、看護婦・付添人の費用・通院交通費等）などである。

3　なお、被害者が訴訟を起こすために弁護士を委任した場合、支出した弁護士費用も不法行為と相当因果関係のある損害であるとするのが近時の判例の傾向である。

三　財産的損害 ── (ロ)　消極的損害

消極的損害とは、事故がなかったならば得られたであろう利益の喪失である。

1　生命侵害の場合、逸失利益が問題となる。

逸失利益の算定方法は、まず、本人の平均余命（その決定には厚生労働省の余命表が利用される。）をもとに死亡後の稼働可能年数を計算し、これに死亡時の平均年収を乗じて得べかりし収入総額を算出する。これから本人1人分の生活費を差し引いて、得べかりし純利益を算出する。この純利益は将来得られるべきものであるから、一時に請求するにあたっては、中間利息が控除されることになる。

なお、学校事故の場合、死亡時の平均年収については、児童・生徒は収入がないことから、そのままではゼロになってしまう。そこで判例は、このような場合の総収入の計算については、工夫をして具体的な結論を出すよう努力している。多くの判例では、主として厚生労働大臣官房統計情報部発行の賃金構造基本統計調査報告（いわゆる賃金センサス）等の統計表などにより、その死亡者が、将来どのような学歴を得て、どのような職業につき、何歳のときにはいくらの年収があったのかを細かく計算して、できるだけ実態に即した蓋然性のある総収入を算出するようにしている。

1 損害賠償の範囲

中間利息を控除する方法には，いくつかの方法があるが，現在裁判所によって採用されている方式としては，ホフマン方式とライプニッツ方式とがある。控除する中間利息の額を算定するにあたって，単利計算を採用するのがホフマン方式，複利計算を採用するのがライプニッツ方式である。

2 身体傷害の場合，後遺症が残った場合に逸失利益が問題となる。

この場合，後遺症による労働能力喪失割合を収入に乗じて労働能力の低減を評価し，それに喪失期間を乗じた後，中間利息を控除することになる。

右の労働能力喪失割合の測定のためには，厚生労働省労働基準局の通牒である労働能力喪失率表が参考にされる。

四 非財産的損害（精神的損害）

民法は，被害者が被った損害の填補という原則に基づき，精神的損害に対する填補として慰謝料請求権を認めている（民法710・711条）

慰謝料は，性質上算定が困難である。このため加害の程度，故意か過失か，当事者双方の資産・年齢・職業・社会的地位・健康度・将来の見通し等諸般の事情を考慮して，裁判が決定する。学校事故においても判例の積み重ねによって，侵害類型に応じた基準が確立されていくものと思われる。

学校事故の各類型に応じた判例のほか，交通事故の損害賠償額の算定についてまとまった「民事交通事故訴訟損害賠償額算定基準」（東京三弁護士会交通事故処理委員会編）が損害額を算出するに際し参考になる。

【参考条文】
民法415条，416条，709条，710条，711条

【参考判例】
（東京地判平2.6.25 判時1366・72）
○ 八 原告らの損害
　1 正人
　㈠ 逸失利益
　〈証拠略〉によれば，本件転落事故当時，正人が17歳の健康な男子であったこ

V 損害賠償請求に係るその他の問題

と，同人は当時東京写真専門学校に合格していたこと（在学期間2年間）が認められるので，反証のないかぎり，同人は本件転落事故がなければ，昭和61年度簡易生命表により認められる平均余命の範囲内で，右専門学校を卒業する見込みの20歳から67歳までの47年間稼働し，通常の一般男子労働者と同程度の収入をあげ得たものと推認される。そして，本件転落事故のあった昭和61年度の賃金センサス第1巻第1表によれば，男子労働者学歴計の給与額の年収額は，434万7600円であるところ，右稼働期間中の生活費は収入の50パーセントと認められるから，これを控除したうえ，ライプニッツ方式により中間利息を控除して正人の死亡当時における得べかりし利益の原価を算定すると次のとおり，金3376万4983円となる。

4,347,600×0.5×(18.2559－2.7232)＝33,764,983（1円未満切捨て）

(二) 慰謝料

〈証拠略〉によれば，本件転落事故当時，正人は被告学園の卒業を心待ちにし，卒業後は東京写真専門学校報道写真科に入学し，将来は当時新聞社勤務であった父と同じ道を歩みたいという希望を持っていたところ，同人は，被告学園の安全配慮義務違反に起因する本件転落事故によってもはや右希望を実現することもできずに短い人生を終えなければならなかったのであるから，それによって同人が甚大な精神的苦痛を被ったことは容易に推知できるところである。したがって，本件転落事故によって正人の被った精神的苦痛を慰謝するには，金2000万円をもってするのが相当である。

(三) 相続

前記のとおり，原告らは，正人の両親であり正人の相続人として（他に相続人はいない）同人の死亡により同人の有する権利を相続したものであると認められるので，右㈠及び㈡の合計額の2分の1の損害賠償請求権を相続によって取得し，その額は，各自2688万2491円（1円未満切捨て）となる。

2 原告ら

(一) 慰謝料

原告らの請求は，正人と被告学園の在学契約の付随義務（安全配慮義務）の不履行もしくは一般不法行為に基づく損害賠償請求権をその原因とするが，両者はいわゆる選択的併合の関係にあり，一方が認容されることを他方の解除条件とする関係にあるところ，前述のように被告学園には右在学契約の付随義務違反という債務不履行による損害賠償請求権が認められる以上，不法行為に基づく損害賠償請求権は認容することができない。そして，債務不履行による損害賠償請求にあっては，被害者の父，母に固有の慰謝料請求を認める根拠がないので，原告ら固有の慰謝料は認められないというべきである。

(二) 医療費，遺体搬送料及び葬儀費用

(1) 〈証拠略〉によれば，原告らは医療費として2万5660円，遺体搬送料として

1 損害賠償の範囲

6万5100円を支出したことが認められ，原告らの右支出は，被告学園の安全配慮義務違反と相当因果関係にある損害と認めるのが相当である。

(2) 〈証拠略〉によれば，原告らは，葬儀費用として合計148万7013円を支出したことが認められるが，被告学園の安全配慮義務違反と相当因果関係にある葬儀費用額は，このうち100万円と認めるのが相当である。

3 したがって，以上の合計額は，各原告について2742万7871円となる。

4 過失相殺

前述のとおり，正人は高校3年生であり，成人と同程度の十分な判断能力と自己の行動に対して責任を持つべき年齢に達していたと認められるところ，転落場所である11年教室屋上はもともと立入禁止の場所であり，また，右転落場所に至るには二重のフェンスを越えなければならず，しかも本件出入口には立入禁止の表示板もあったこと，仮に第二フェンスにある本件出入口を通って11年教室屋上に立ち入ったとしても，右屋上は相当な広さがあるから相当な注意を払ってさえいれば転落する可能性のない構造であったこと，また，正人らは，一旦は中村教諭に発見されて降りるように口頭で注意されたにもかかわらず，右屋上に残ってその後も写真撮影を続けた結果本件転落事故が発生していること，さらに，正人は事故当時被り物のあるぬいぐるみを着用していて視界が悪かったものと推測されるが，それにもかかわらず，11年教室屋上でも最も危険と思われる本件転落場所で，しかも足留めを背にして立っていたのであって，通常の注意を著しく怠って危険な状況を自ら作出したといわざるを得ない状況であったこと等の事実を考慮すると，本件転落事故の発生には右のような正人自身の過失が大きな原因になっているものと認められるから，本件転落事故の損害の算定につきこれを斟酌すべきである。そして，本件転落事故発生に関する正人の過失を斟酌すると，被告において負担すべきものは，前記認定額の3割に当たる各原告について822万8361円と認定するのが相当である。

5 損害填補

原告らが，本件転落事故後に，学校健康センターから死亡見舞金として金980万円の支払を受けていることは当事者間に争いがなく，〈証拠略〉によれば，学校災害により右センターが死亡見舞金等の給付を実行した場合には，損害賠償債務を負う学校は，右センターが給付を行った限度においてその責めを免れるという免責特約制度があり，被告学園は，右センターと右免責特約をしていることが認められる。したがって，原告らの前記4の損害額から右死亡見舞金を控除するのが相当である。そうすると原告らの請求できる額は金332万8361円となる。

6 弁護士費用

〈証拠略〉によれば，原告らは本件訴訟を原告ら代理人弁護士に委任し，裁判所の認容額の1割を報酬として支払う旨を約したことが認められるが，本件事案の性質，審理の経過及び認容額に照らし，本件事故と相当因果関係にあるものは，各自

V 損害賠償請求に係るその他の問題

33万円と認めるのが相当である。

八 原告らに対する被告学園の賠償額

以上によれば、被告学園は原告らに対し、本件転落事故に基づく損害賠償としてそれぞれ金365万8361円を支払う義務がある。

なお、原告らは遅延損害金の発生時期について事故時から発生する旨主張しているが、右損害額は、正人と被告学園の在学契約の付随義務違反に基づくものであるので、原告の請求を認める根拠はなく、原告らが被告学園に損害賠償の支払請求をしたことが明らかな本訴状送達の日の翌日である昭和62年11月22日から認めるのが相当である。

九 結論

よって、原告らの本訴請求は、被告学園に対し、それぞれ金365万8361円及びこれに対する訴状送達の日の翌日である昭和62年11月22日から支払済まで民法所定の年5分の割合による遅延損害金の支払を求める限度において理由があるからこれを認容し、その余は失当であるからこれを棄却し、訴訟費用につき民事訴訟法89条、92条及び93条、仮執行の宣言につき同法196条をそれぞれ適用して主文のとおり判決する。

(金沢地判平10.3.13 判タ988・173)
○ 中学3年生が体育の水泳授業中プールの底で頭部を打ち、頸髄損傷等の重傷を負った事故につき、プールの設置管理に瑕疵があるとして損害賠償請求が認容された事例

「三 損害 1 原告Kの損害

㈠ 逸失利益8133万5326円

原告Kは本件事故当時健康な14歳の男子中学生であり、満18歳以降満67歳まで就労可能であったと予想されるところ、本件事故により労働能力を100パーセント喪失したから、その逸失利益は、平成4年度賃金センサスの男子労働者学歴計の平均年収額544万1400円を基礎に、ライプニッツ方式によって中間利息を控除して本件事故当時の現価として算定するのが相当であり、これにより算定すると8133万5326円となる。

㈡ 近親者付添看護費及び近親者介護費3472万7560円

原告Kについては、その後遺障害の程度及び生活状況によれば、事故時から退院に至るまでは近親者の付添看護を常時要したし、退院以降将来にわたっても、介護を常時要すると認められるから、付添看護費及び介護費として1日当たり5000円を相当とし、その期間を原告和也の事故当時の平均余命である62年間として、ライプニッツ方式によって中間利息を控除して本件事故当時の現価として算定すると、3472万7560円となる。

1 損害賠償の範囲

　㈢　療養雑費 694 万5512円

　原告Kについては，その後遺障害の程度及び生活状況によれば，本件事故時から退院に至るまでの入院期間において入院雑費を要するとともに，退院後将来にわたっても通院等の療養のために通常の健常者には要しない種々の雑費が必要であると認められ，その額は1日当たり1000円を相当とし，事故当時の平均余命の62年間に要する療養雑費をライプニッツ方式によって中間利息を控除して本件事故時の現価として算定すると 694 万5512円となる。

　㈣　療養のための自宅改造費用等特別出費 286 万2660円

　原告Kは，療養のために，自宅の床のフローリング等の改築工事に 253 万円を要し，車椅子及び特殊ベッドの購入費用にそれぞれ17万4010円及び15万8650円を要したところ，右は本件事故と相当因果関係に立つ損害と認められる。

　㈤　慰謝料2400万円

　原告Kの後遺症の程度が重篤であること，若年で本件事故に遭遇したこと及び本件事故後約1年7か月の長期にわたって入院生活を余儀なくされ，退院後も現在に至るまでリハビリテーションのために通院を継続していることを考慮すると，原告Kの精神的苦痛を慰謝するには2400万円をもって相当とする。

　㈥　弁護士費用 800 万円

　本件事案の内容，審理の経過及び認容額に鑑みると，本件事故と相当因果関係に立つ原告和也の弁護士費用は 800 万円と認めるのが相当である。

　㈦　原告K請求分の認容額について前記一から六までに認定した原告Kの遅延損害金を除く損害額の合計は，1億5000万円を上廻るが，原告Kの本訴請求額は，1億5000万円であるから，その限度により請求額全額が認容されるべきものである。

2　原告SK及び同STの損害

　㈠　慰謝料各 300 万円

　原告Kが本件事故により重大な後遺症を負ったことにより，その両親として日々辛苦を味わっているその精神的負担の大きさに照らし，慰謝料としては各 300 万円を相当とする。

　㈡　弁護士費用各30万円

　本件事案の内容，審理の経過及び認容額に鑑みると，本件事故と相当因果関係に立つ原告SK及び同STの弁護士費用は各30万円と認めるのが相当である。」

V 損害賠償請求に係るその他の問題

  死亡した児童・生徒の損害賠償請求権

例えば、体育の授業中のけががもとで数日後に死亡した生徒の両親が訴訟を起こした場合、理論上は死亡した生徒にいったん損害賠償請求権が発生し、それが両親に相続されることになるのでしょうか。

回答 当該児童・生徒に損害賠償請求権が発生し、その損害賠償請求権は保護者等に相続される。

解説 一 被害児童・生徒が死亡した場合、当該児童・生徒に損害賠償請求権は発生するか。死という生命侵害を原因とする損害賠償請求権を死者自身が取得するか、論理的に困難な問題がある。すなわち、当該児童・生徒は、死亡時にはもはや権利主体ではないから、死亡による損害賠償請求権を取得するはずがなく、もし当該児童・生徒が、損害賠償請求権を取得するとすれば、その時点で当該児童・生徒は生きていなければならないから、死亡による損害賠償請求権は取得しえないのではないか。

この点判例は、財産的損害の賠償請求権について、重傷を負って死亡した場合に、重傷を負ったことによって得べかりし利益について損害賠償請求権を被害者が取得し、死亡によって、これが相続人に相続されることを認め（大判大9.4.20民録26・553）、さらに即死の場合についても、重傷の場合との不均衡を避けるため、相続性を肯定している（大判大15.2.16民集5・150、同昭16.12.27民集20・1597）。

そして右に指摘したような論理的な疑問点を説明するために、いくつかの説明方法があるが、現在支配的なのは、死亡前の瀕死の段階を想定し、そのときに損害賠償請求権を被害者が取得し、これが相続されたとみるもの（時間間隔説）や生命侵害を身体傷害の極限概念としてとらえ、身体傷害による損害の極限としての死亡による損害の帰属を認めるもの（極限概念説）である。

1　損害賠償の範囲

　これに対し，近時の有力説は相続性を否定するものも多い。
　いずれにせよ判例は，死者への死亡を原因とする財産的損害の賠償請求権および慰謝料請求権の帰属を認めうるものとする。
　二　次に，慰謝料請求権の相続性についてはさらに特有の問題がある。それは，一般に慰謝料請求権は行使に関する一身専属権であると解され，慰謝料請求権の生じた主体のみが行使しうるものとされる。そうだとすれば，行使する意思を表示し，通常の金銭債権に転化した後でなければ相続の対象とはならないのではないか（民法896条参照）という点である。
　かつて判例は，慰謝料請求権が一身専属権であることを理由に，請求の意思表示があれば相続性を認め，意思表示がないときは相続を認めない，という立場に立ち，意思表示の有無によって不均衡が生じることをなるべく避けるために，擬制を用いて意思表示があったとされる場合を拡げる努力をしてきた。例えば，「残念，残念」といいながら死亡したときは，慰謝料請求の意思表示をしたものとの事実認定を行い，これを救済した（大判昭2.5.30新聞2702・5）。
　しかし，この理論によるときは，即死の場合には救済しえないことになる。請求権を行使する意思を表示したかどうかという偶然の事情によって区別すること自体が不合理なのである。そこで多数の学説は，請求の意思表示の有無にかかわりなく，免除ないし放棄の意思を表示するといった特別の事情でもない限り，当然に慰謝料請求権も相続されるべきだと主張してきた。
　最高裁も従来の判例を変更し，被害者が死亡したときは，その相続人が当然に慰謝料請求権を相続すると解するに至った（最判昭42.11.1民集21・2249）。
　三　このように，実務では，生命侵害が発生した場合，被害者に損害賠償請求権ならびに慰謝料請求権が発生し，これが相続されるという扱いになっている。そこで設問のように，被害児童・生徒が死亡した場合，当該児童・生徒に損害賠償請求権は発生し，その発生した損害賠償請求権は相続権を有する（民法889条参照）保護者等に相続されることになる。

　　　実務では，いったん被害者に損害賠償請求権（財産的損害・慰謝料請求）が発生し，それが相続権を有する保護者に

V 損害賠償請求に係るその他の問題

相続されると考えるのが一般である。慰謝料請求についても意思表示の有無その内容にかかわらず，金額は定型的に判定されることになる。

【参考条文】
民法709条，710条，896条但書，889条

【参考判例】
（最判昭42.11.1 民集21・2249）
○ 案ずるに，ある者が他人の故意過失によって財産以外の損害を被った場合には，その者は，財産上の損害を被った場合と同様，損害の発生と同時にその賠償を請求する権利すなわち慰藉料請求権を取得し，右請求権を放棄したものと解しうる特別の事情がないかぎり，これを行使することができ，その損害の賠償を請求する意思を表明するなど格別の行為をすることを必要とするものではない。そして，当該被害者が死亡したときは，その相続人は当然に慰藉料請求権を相続するものと解するのが相当である。けだし，損害賠償請求権発生の時点について，民法は，その損害が財産上のものであるか，財産以外のものであるかによって，別異の取扱いをしていないし，慰藉料請求権が発生する場合における被害法益は当該被害者の一身に専属するものであるけれども，これを侵害したことによって生ずる慰藉料請求権そのものは，財産上の損害賠償請求権と同様，単純な金銭債権であり，相続の対象となりえないものと解すべき法的根拠はなく，民法711条によれば，生命を害された被害者と一定の身分関係にあるものは，被害者の取得する慰藉料請求権とは別に，固有の慰藉料請求権を取得しうるが，この両者の請求権は被害法益を異にし，併存しうるものであり，かつ，被害者の相続人は，必ずしも同条の規定により慰藉料請求権を取得しうるものとは限らないのであるから，同条があるからといって，慰藉料請求権が相続の対象となりえないものと解すべきではないからである。しからば，右と異なった見解に立ち，慰藉料請求権は，被害者がこれを行使する意思を表明し，またはこれを表明したものと同視すべき状況にあったとき，はじめて相続の対象となるとした原判決は，慰藉料請求権の性質およびその相続に関する民法の規定の解釈を誤ったものというべきで，この違法が原判決の結論に影響を及ぼすことは明らかであるから論旨は理由があり，原判決は破棄を免れない。そして，本訴請求の当否について，さらに審理をなさしめるため，本件を原審に差戻すことを相当とする。

（大阪地判平13.3.26 判タ1072・124）
○ 高等学校の水泳授業中に潜水をしていた生徒が溺水し，その結果死亡したことに

1 損害賠償の範囲

つき,担当教諭らに安全配慮義務違反があるとして,学校設置者である国に対する国家賠償法1条1項に基づく損害賠償請求が認められた事例

「5 損害額(争点(4))について

以上を前提に本件の損害額を認定するとその額は以下のとおりであると認められる。

(1) 逸失利益　　3082万2129円

（計算式）

442万6400×（1−0.5）×(18.2559−4.3294)

平均給与は442万6400円,生活費控除は50パーセントとし,中間利息控除は年5パーセントのライプニッツ係数を用いる。

なお,H子が在学していた本件高校が大学進学率が高い高校であることや,春子の在学時の成績,本人も生前大学進学を希望していたこと等の諸事情にかんがみれば(甲7,弁論の全趣旨),H子には大学進学の蓋然性が高いといえ,その基礎収入は平成8年の大卒女子の全年齢平均賃金である442万6400円とするのが相当である。

(2) 慰謝料　　　2400万円
(3) 葬儀費用　　 100万円
(4) 控除金額　　2100万円

原告らに対しては,本件事故について日本体育・学校健康センターから災害共済給付金として以下の金額が支払われている。

このうち,原告らはH子の死亡によって春子に生じ,それを原告らが相続した損害のみを請求するものと解されるところ,これと同一の事由によって支払われたのは,以下のうち死亡見舞金のみであると解するのが相当である。

　　治療費　　　　25万7269円
　　死亡見舞金　　2100万円
(5) 小計　　　　3482万2129円
(6) 弁護士費用　　 350万円（上記合計額に10パーセントを乗じた額）
(7) 合計　　　　3832万2129円　　　　　」

V 損害賠償請求に係るその他の問題

 近親者固有の慰謝料請求権

私の息子はある私立中学校に通っていますが，理科の実験中先生のミスで起きた爆発事故のため顔面にやけどを負い，その跡が残ってしまいました。学校側に誠意がなく，息子が不憫でなりません。息子の学校に対する損害賠償とは別に親である私固有の慰謝料請求をすることができるのでしょうか。

回答 被害児童・生徒が死亡した場合の両親は民法711条により，傷害を負った場合はその程度により民法709条・710条に基づき請求が認められる。

解説 一 被害児童・生徒が死亡した場合

被害児童・生徒が死亡した場合，被害者の父母は財産的損害はもちろん精神的損害すなわち慰謝料についても請求権を取得する（民法711条）。

被害者が死亡した場合や傷害を負った場合に，近親者は，自己の受けた精神的損害が相当因果関係の範囲内であることを立証すれば，慰謝料請求は可能であるが（民法710条），因果関係の立証は困難なのが通常であるので，特に保護を厚くすべき死亡の場合に，民法711条列挙の者に限り立証責任を軽減して，これら近親者の慰謝料請求を容易にしたものというのが同条の通説的な理解である。

民法711条は，文言上，請求権者の範囲を「被害者の父母，配偶者，子」と限っているが，これ以外のものに類推できるか，学校事故の場合，未認知の子の親にも類推できるかが問題となる。この点争いがあるが，類推を認める見解が有力である。ちなみに下級審判例であるが，父子に準ずる地位にあったものとして，711条を類推して，認知されない間に自動車事故で死亡した子の父親

279

1 損害賠償の範囲

に慰謝料請求を認めた例がある（東京高判昭36.7.5高民集14・5・309）。

さらに，事実上の養親子で子が学校事故で死亡した場合，711条を類推できるかという点も問題となる。この点も類推を認めるべきものと考える。保護を厚くすべき必要性は変わらないからである。

二　児童・生徒が傷害を受けた場合

児童・生徒が傷害を受けた場合，近親者が精神的苦痛に対する慰謝料請求権を有するか問題となる。この点否定する見解もあるが，前述のように民法711条が特に保護を厚くすべき死亡の場合に，同条列挙の者に立証責任を容易にして，これら近親者の慰謝料請求を容易にしたものと考えれば，傷害の場合に慰謝料請求権を否定する理由はなく，また，現実に傷害の場合でも，死亡に匹敵する程度の精神的苦痛を近親者が受ける場合もあるから，このような場合，民法709条・710条に基づき慰謝料請求権を認めるべきであるとする考え方が一般的である。

この点につき，最高裁は，「被害者が生命を侵害された場合にも比肩すべき，または右場合に比して著しく劣らない程度の精神的苦痛を受けたとき」という判断基準を設けて近親者の慰謝料請求権の有無を判断している（最判昭42.1.31民集21・1・61，同昭42.6.13民集21・6・1447，同昭43・9・19民集22・9・1923など）。

　被害児童・生徒が死亡した場合はもとより大きなけがをした場合も，親は慰謝料請求をなしうる。訴訟の提起に際し，児童・生徒が負傷した場合は児童・生徒とともに慰謝料請求をする親が原告となる。

【参考条文】
　民法709条，710条，711条

【参考判例】
　（最判昭42.1.31　民集21・1・61）（交通事故の事案であるが参考までに掲げる。）

V　損害賠償請求に係るその他の問題

○　なお，原判決（引用第一審判決を含む。）の判示するところによると，被上告人一男は，本件事故の昭和34年4月3日当時満7年2ケ月余であって，小学校2年生に進級したばかりであったこと，本件事故は，道路上で遊戯中の右一男に加害自動車が衝突し，一男を路上に転倒させて右後輪で同人の両足を轢いたものであること，一男は，本件事故による負傷の治療のため，前後2回，通算約11ケ月間にわたる入院加療，約1ケ月の通院加療を受け，その間手術回数も約10回に及び，本件事故後1年を経過した昭和35年4月末頃，ようやく治癒の状態となったが，本件負傷は各病院の医者から両足切断の外ないと診断されるほどの重傷であったこと，現在なお右下腿の上3分の2の部分，後面の膝部下方手掌大の部分にそれぞれ醜状瘢痕があって，右瘢痕部に知覚減弱と一部知覚過敏とがあり，また，右下肢が左下肢に比し2糎短縮し，長時間の正坐，歩行及び激しい運動等には到底たえがたいこと，そのため同人の将来の学業，就職等にも著しく制約を受け，その影響を受けることが多いものと考えられること，また，両下肢に残存する前記瘢痕は醜く，一男はこれを衆目にさらすことを恥じ，夏でも長ズボンをはき，銭湯にも行きたがらないほどであること，そして現在においても，衣類等が触れることにより右下肢の瘢痕部から出血をみることもしばしばで，そのたびに通院加療を受けていること，被上告人造，米子は，その長男たる一男の前記のような重傷に対し，長期間の献身的な看護をし，一男は幸い奇跡的に両足の切断を免れて，現在の状態にまで回復するに至ったけれども，前述のとおり通常人の身体に比すれば，多くの障害があり，父母として将来の一男の身のふり方等につき今後ともその精神的苦労が絶えないであろうことが認められるというのである。右認定の事実関係からすれば，被上告人造，同米子の父母としての精神的苦痛は本件事故によって一男の生命が侵害された場合のそれに比し著しく劣るものではないということができるから，右被上告人両名に自己の権利として慰謝料請求権を認めた原審の判断は是認できる。

2 過失相殺

過失相殺の意義

私立小学校3年生の生徒が，休憩時間中に屋上の柵を越えて立入禁止区域に侵入し，そこから転落死しました。簡単に乗り越えられる柵であったことに学校側の手落ちがあったことは明らかですが，この生徒にも問題があったように思えます。このような場合，生徒の落ち度が学校の損害賠償の算定につき斟酌されるのでしょうか。

回答 損害賠償額を定めるにつき，被害者に過失があったときに，これを斟酌するのが過失相殺の制度である（民法722条2項）。

過失相殺の「過失」とは不法行為の成立要件としての法的な過失よりはるかに広く，倫理的・習俗的にみて不注意な態度一切を意味するといわれる。

被害者に過失ありとして過失相殺を行うためには，被害者に過失相殺能力が必要である。この過失相殺能力は，事理弁識能力であれば足りるというのが通説，判例である。

この「事理弁識能力」とは，行為の結果として責任が生じることを弁識する能力を備える必要はなく，損害を避けるのに必要な能力であるとされる。

解説 一 学校事故において，事故の原因が，教員の過失や施設設備の瑕疵だけでなく，被害児童・生徒あるいは保護者たる両親等の不注意（過失）にもあるとされた場合には，公平の観点から，その過失の程度に応じて損害賠償額が減額される。

このように，損害賠償額を定めるにつき，具体的公平をはかるため，被害者に過失があったときに，これを斟酌するのが過失相殺の制度である（民法722条2項）。なお，同条は国家賠償法による損害賠償の場合にも適用される（国

家賠償法4条)。したがって，公立学校の場合にも同様な理解でよい。

　二　過失の意義

　例えば，被害児童が車道に飛び出して事故にあった場合のように，不法行為の成立に関する過失だけでなく，負傷を放置するような損害拡大に対する過失も過失相殺の事由となる。このように過失相殺でいう過失とは，不法行為の成立要件としての法的な過失よりはるかに広く，倫理的・習俗的にみて不注意な態度一切を意味するといわれる。

　三　過失相殺能力

　被害者に過失ありとして過失相殺を行うためには，被害者に過失相殺能力が必要である。この過失相殺能力は，不法行為の成立要件の責任能力と同じではなく，それより程度の低いものすなわち事理弁識能力であれば足りるというのが通説，判例である（最大判昭39.6.24民集18・5・854）。なぜならば，過失相殺の問題は，不法行為者に対し積極的に損害賠償責任を負わせる問題とは趣を異にし，不法行為による損害賠償を定めるにつき，公平の見地から，損害発生についての被害者の不注意をいかに斟酌すべきかの問題にすぎないからである。

　この「事理弁識能力」とは，行為の結果として責任が生じることを弁識する能力を備える必要はなく，損害を避けるのに必要な能力であるとされる。

　したがって，例えば交通事故の場合，小学生以上であれば通常は交通の危険について弁識を有するから，未成年者の過失を斟酌できることになる。

　四　被害者以外の者の過失

　公平の観点から，民法722条2項の「被害者に過失ありたるとき……」の「被害者」とはいわゆる「被害者側の過失」を含むとされる。すなわち，被害者自身の過失のほかに，一定の範囲にある者の過失も含めて考えるべきであるとされる。したがって，親の過失を被害者側の過失とみて，子の賠償請求についても斟酌されるとされる。

　問題は被害者側の範囲であるが，判例は，被害者側の過失とは被害者と身分上または生活関係上一体をなすものとみられる者の過失であるとし，被害者た

2　過失相殺

る幼児を引率監護していた保育園保母の過失はこれにあたらないとしている（最判昭42.6.27民集21・6・1507）。

五　斟酌の程度

いかに被害者の過失が大きくても責任の減免はできない。また斟酌すると否とは裁判所の裁量に委ねられている。

過失相殺される場合は，具体的事情によって，全体の何分の1という見当で賠償額が軽減される。

アドバイス　学校事故で損害賠償の問題となる場合，必ずといってよいほど，この過失相殺が問題となる。使用者責任（民法715条）や工作物責任（民法717条）等のように免責がほとんど認められない場合，判例は，具体的な損害額を定めるにあたって，被害者側の過失を問題にして妥当性をはかっているように見受けられる。したがって，学校事故における紛争の解決にあたってはこの過失相殺の有無，程度が大きな争点となる。

【参考条文】
民法709条，722条2項

【参考判例】
（最大判昭39.6.24　民集18・5・854）（交通事故の事案であるが参考までに掲げる。）

○　未成年者が他人に加えた損害につき，その不法行為上の賠償責任を問うには，未成年者がその行為の責任を弁識するに足る知能を具えていることを要することは民法712条の規定するところであるが，他人の不法行為により未成年者がこうむった損害賠償額を定めるにつき，被害者たる未成年者の過失をしんしゃくするためには，未成年者にいかなる知能が具わっていることを要するかに関しては，民法には別段の規定はなく，ただ，この場合においても，被害者たる未成年者においてその行為の責任を弁識するに足る知能を具えていないときは，その不注意を直ちに被害者の過失となし民法722条2項を適用すべきではないとする当裁判所の判例（昭和29年(オ)第726号，同31年7月20日第二小法廷判決）があることは，所論のとおりである。しかしながら，民法722条2項の過失相殺の問題は，不法行為者に対し積極的に損害賠償責任を負わせる問題とは趣を異にし，不法行為者が責任を負うべき損害賠償の額を定めるにつき，公平の見地から，損害発生についての被害者の不注意

V 損害賠償請求に係るその他の問題

をいかにしんしゃくするかの問題に過ぎないのであるから,被害者たる未成年者の過失をしんしゃくする場合においても,未成年者に事理を弁識するに足る知能が具わっていれば足り,未成年者に対し不法行為責任を負わせる場合のごとく,行為の責任を弁識するに足る知能が具わっていることを要しないものと解するのが相当である。したがって,前示判例は,これを変更すべきものと認める。

原審の確定するところによれば,本件被害者らは,事故当時は満8才余の普通健康体を有する男子であり,また,当時すでに小学校2年生として,日頃学校及び家庭で交通の危険につき充分訓戒されており,交通の危険につき弁識があったものと推定することができるというのであり,右認定は原判決挙示の証拠関係に照らし肯認するに足る。右によれば,本件被害者らは事理を弁識するに足る知能を具えていたものというべきであるから,原審が,右事実関係の下において,進んで被害者らの過失を認定した上,本件損害賠償額を決定するにつき右過失をしんしゃくしたのは正当であり,所論掲記の判例(昭和28年(オ)第91号,同32年6月20日第一小法廷判決)は事案を異にし本件の場合に適切でない。所論は,採用することをえない。

(東京地判平12.7.4 判タ1056・218)(過失相殺なし)
○ スキー教室に参加した児童(11歳と9歳)がそり遊び中に崖下に転落して死亡した事故について,スキー教室主催会社の損害賠償責任が認められた事例
「2 右認定の事実によれば,A兄弟は,本件事故の発生直前,高速で滑るために意識的に本件ゲレンデの斜面の上の方へ登って滑り出したものであり,また,1人乗りのそりに2人乗りしたものであって,これらの行動も本件事故の発生に寄与していたことが認められる。しかしながら,……認定した事実によれば,A兄弟は,本件引率者から,そりが1人乗りであることやブレーキのかけ方等のそり遊びにおける基本的な知識や,雪面が凍結していて滑りやすく,下に崖がある等の本件ゲレンデの危険な状態について何らの情報提供も受けていなかったものである。他方で,本件引率者には,前記……において判示したとおり,本件事故発生当時,本件ゲレンデがそり遊びをする児童らにとって極めて危険な状況にあったものであったにもかかわらず,そりで滑走する範囲を限定して児童らにこれを指示することをせず,監視する人員を配置するなどの措置を何ら取ることなく,本件ゲレンデにおいて漫然と参加児童らにそり遊びを行わせたという重大な過失があるのであって,右の諸点に被告が児童を対象とするスキー教室を開催すること等を業とする会社であり,本件引率者はその従業員等であること,A兄弟は,その年齢や経験に照らしそりの滑走による危険についての認識や判断能力が十分でないと考えられ,被告及び本件引率者としては,この点を十分考慮に入れたうえで本件そり遊びの実施について児童の安全確保のための万全の方策を講ずべきであることをも考慮すれば,A兄弟の前記行動について過失相殺における過失があるものと評価し,損害賠償額の算

2 過失相殺

　　定についてこれを斟酌するのは相当ではないものというべきである。
　　以上によれば，過失相殺に関する被告の主張は，採用することができない。」

（静岡地沼津支判平10.9.30　判タ1025・133）（過失相殺2割）
○　町立小学校に設置されたプールで，小学校5年生の児童が遊泳中に排水口に吸込まれて溺死した事故につき，町の工作物責任が認められた事例
「5　過失相殺
　㈠　本件事故は，被告N町が，本件排水溝上の本件蓋をボルト等により固定しなかったために発生したものであり，被告N町においては本件プールの設置管理に瑕疵があったことを自認しているところ，その責任は重大であるというべきである。
　しかしながら，他方，前記認定の事実によれば，本件排水溝は，水深約1.3メートルの本件プールの底に設置され，深さが0.44メートルであり，小学生が本件排水溝内に入れば，通常水没する状態になること，しかも，本件排水溝は，縦，横及び深さがいずれも0.44メートルで比較的狭く，自由に動き回ることができにくい上，本件排水管口には，本件排水溝に入っただけで身体の一部が吸い込まれるほどの吸引力がなかったとはいえ，身体の一部を密着させるなどすると，吸水圧が強く働き，吸い込まれたりなどすると，身体の自由が利かなくなること，Nは，自ら，本件排水溝に入り，しゃがみ込むような体勢を取ったことが認められる。
　右認定事実によれば，Ｉが本件事故当時小学校5年生で，その判断能力が未熟であったにせよ，本件事故は，Ｉが右のような危険な本件排水溝に自ら入り込んだことが一因となって発生したものであり，一郎にも過失があったといわざるを得ない。
　㈡　そこで，本件事故発生についての双方の過失割合を検討すると，被告N町の過失を8割，Ｉの過失を2割と認めるのが相当である。
　㈢　これに対し，原告は，Ｉの過失を問うべきではない旨主張するが，Ｉが排水管口の吸引力により脱出できなくなる危険そのものを認識していなかったとしても，前記のとおりの本件排水溝の位置や形状，本件排水溝には鉄製の本件蓋が設置されており，その中には入ることができない状態で管理されていること等はＩも当然認識していたであろうと認められる。そして，10才の小学生であっても，通常そのような排水溝に入れば何らかの溺水等の危険があることは認識し得るはずである。したがって，Ｉの右行動を過失相殺において考慮するのが相当と認められ，この点に関する原告らの主張は採用できない。」

V 損害賠償請求に係るその他の問題

3 損益相殺

損益相殺の意義

　ある私立学校に通っていた私の知人の子息が学校事故で死亡し，訴訟を起こしたところ勝訴の判決を得ました。ところで，判決文の中で逸失利益から「生活費割合」として50パーセントが差し引かれていました。弁護士の話ではそれは損益相殺といわれるものだそうですが，この損益相殺について説明してください。

回答　損益相殺とは，不法行為の被害者が，一面ではそれによって利益を得た場合，この利益を控除して損害を算定することをいう。
　典型的なのは，生命侵害による遺失利益の算定をする場合，生存したならば得られたであろう利益から，生存中要する生活費を控除することである。

解説　一　損益相殺とは，不法行為の被害者が，一面ではそれによって利益を得た場合，この利益を控除して損害を算定することをいう。
　例えば，生命侵害による遺失利益の算定をする場合，生存したならば得られたであろう利益から，生存中要する生活費を控除するなどである。
　民法は損益相殺について規定をおいていないが，709条の「損害」は損益相殺をした後の損害を意味すると解されている。
　控除される利益は，不法行為と相当因果関係が認められるものに限る。
　右のように生活費の控除が典型的なものである。生活費は，「逸失利益」を支える労働能力，労働力を再生産するための費用にほかならないからである。
　二　養育費は損益相殺されない。
　被害児童・生徒が死亡した場合，「逸失利益」を計算する際に，さらに，本人が労働可能年齢に達するまでの本人の養育費を節約しえた，という利益につ

3　損益相殺

いても，損益相殺すべきかが問題となるが，最高裁判例はこれを否定し，損益相殺を要しないものとしている（最大判昭39.6.24民集18・5・854，最判昭53.10.20民集32・7・1500）。親が支出を免れた養育費は死者自身に生じた利益ではないと考えられるからである。

　三　香典・見舞金は損益相殺されない。

　香典や見舞金のように，その不法行為による損害があったことを理由に第三者から任意に与えられた金員は損益相殺されない。これを損害額から控除することは贈与者の意思にも反するからである。

　四　保険金等について

　生命保険金は，すでに払い込んだ保険料の対価的な性質を有し，不法行為と無関係に支払われるもので，損害填補の意味をもっていないから，賠償額から控除すべきではないとされる（最大判昭39.9.25民集18・7・1528）。

　傷害保険については争いがある。

　なお，周知のように，学校事故における補償制度として，独立行政法人日本スポーツ振興センター（旧日本体育・学校健康センター）の災害共済給付制度（任意加入）があり，学校事故について，学校設置者や教諭ないし第三者が国家賠償法や民法に基づいて損害賠償責任のある場合にも，被害児童・生徒に対しては災害共済給付が行われる。ただ，被害児童・生徒が第三者や学校設置者などから損害賠償を受けたときは，その限度で給付を行わないことができるとされている（独立行政法人日本スポーツ振興センター令3条4項）。学校設置者や第三者等に損害賠償責任がある場合で，センターが災害共済給付をしたときは，その給付の限度において被害児童・生徒が学校設置者や教諭ないし第三者に対してもっている損害賠償請求権をセンターが取得することになっている。そして，センターがこれらの者に対して求償できるのが原則である（独立行政法人日本スポーツ振興センター法31条2項）。

　この災害共済給付は，損害賠償請求に際し，給付金の限度において損益相殺の対象になるとするのが従来の判例であった。ただし，近年損益相殺の対象とならないという判例が出ている（後掲大分地判平16.7.29）。

Ⅴ 損害賠償請求に係るその他の問題

生命侵害の場合必ず損益相殺の問題が生じる。その割合については，類似の判例を参考にされたい。判例は「生活費割合」「生活費○○パーセントを控除し……」といった表現を用いる。

【参考条文】
民法709条

【参考判例】
（京都地判平4.6.26　判時1463・127）
○　1　昌志の逸失利益　　3359万1812円
　前示のとおり，昌志が昭和43年6月6日生で，死亡当時（昭和59年9月10日）満16歳であったが，18歳から67歳までは稼働可能であり，その間賃金センサス昭和59年第1巻第1表，産業計・企業規模計・学歴計男子労働者の全年齢平均年間給与額407万6800円を基礎に計算した額の収入を得られたと推認することができる。その間の昌志の生活費割合は50％とみるのが相当である。ライプニッツ式計算方式で年5分の中間利息を控除すると，昌志の死亡当時における逸失利益の現在価格は次の式のとおり3359万1812円（1円未満切捨て）となる。
　なお，昌志が大学に進学する蓋然性を認めるに足りる証拠はない。
　$4,076,800 \times 0.5 \times (18.3389 - 1.8594) = 33591812.8$
　ライプニッツ係数
　51年　18.3389
　 2年　 1.8594

（東京高判平6.11.29　判タ884・173）
○　自閉症で養護学校高等部2学年に在学中の生徒が指導教諭の過失により水泳の授業中水死した事案
　「〈1〉　日本体育・学校健康センターからの災害共済給付金（死亡見舞金）1400万円（この災害共済給付金（死亡見舞金）は，日本体育・学校健康センター法に基づき，被控訴人K県（教育委員会教育長）と日本学校安全会（K支部長）との間で免責特約を付した災害共済給付契約を締結していることによるものであることは明らかである。そして，右免責特約（同契約約款第2条）によれば，被控訴人K県がその管理下の学校または保育所の児童又は生徒等の災害について同県の責任が発生した場合においては，同法に基づいて日本学校安全会が災害共済金を給付することにより，その価額の限度においてその損害賠償責任を免れるものと定められているから，本件のⅠ死亡事故により右日本学校安全会が給付した災害共済給付金（死亡見舞金）1400万円は，本件事故により被控訴人K県が負うべきものと認められる総損

3 損益相殺

　　害額から控除されてしかるべきものであると解される。(なお, 控訴人らは, 右死亡見舞金として給付された災害共済給付金1400万円はⅠの逸失利益だけから控除されるべきものと主張するが, 仮に, そのような控除方法をとっても, 当審においてはⅠの逸失利益として1800万円を肯認しているから, 右逸失利益1800万円から右災害共済給付金額1400万円全額を控除すれば残逸失利益額は400万円となり, この残額400万円だけを総損害に計上するかわりに, 総損害からさらに右1400万円を控除しないでよいことになるから, いずれの方法によっても, 当審において被控訴人K県にさらに支払を命じる主文……の認容額になんら変わりはないことになる。」

　　（大分地判平16.7.29　判タ1200・165）
○　日本体育・学校健康センター法に基づく災害給付金は, 医療費以外の慰謝料, 葬儀関係費用, 入院雑費等の損害との損益相殺の対象とならないとされた事例
　　「そこで, センター法における共済給付の趣旨目的であるが, ①　同法によるセンターの目的は, 体育の振興や児童生徒等の健康の保持増進を図るために, 体育施設の適切かつ効率的な運営等のほかに, 学校の管理下における児童生徒等の災害に関する必要な給付を行うことによって, もって国民の心身の健全な発達に寄与することにあるのであって（1条）, 損害賠償責任給付を保障する制度ではないこと, ②　同法における災害補償給付の支給要件は, 「学校の管理下における災害」（センター法20条1項2号, 6号）であって, 学校に法的責任があることを前提としていないし, 児童生徒に故意, 過失があっても支給することを予定していること, ③　災害給付の内容は, 医療費, 障害見舞金（障害の程度によって給付額が決まる。), 死亡見舞金に限られており（センター法20条1項2号, 同法施行令5条1項), 損害賠償責任の際に一般に賠償責任の内容とされる物的損害や人的損害のうちの付添費用, 交通費, 入院雑費, 葬祭費用, 精神的損害（慰謝料）等について法令に明記されていないこと, ④　実際の運用においても, 医療費については, 通院費, 入院雑費, 介添えなどのための親等の休業補償等との間で, 障害見舞金及び死亡見舞金については, 慰謝料, 葬祭費, 物的損害に対する弁償との間でいずれも災害給付金と調整を行わない（ただし, 名目は慰謝料等となっているが, 実質は逸失利益の補填と解される場合は, 調整を行う。）とされていること（甲89, 乙19）などからすると, センター法の共済給付金の趣旨目的は, 災害による児童生徒の損失補償や生活保障にあり, 主として医療費と逸失利益の保障に給付の目的があり, 物的損害, 人的損害のうち医療費を除く積極損害, 慰謝料等については, その填補を目的としていないと解される（なお,「障害見舞金」,「死亡見舞金」という名称は, 儀礼的な意味を含ませたにすぎず, それだけで給付の趣旨目的を解することはできない。)。
　　そして, 本件においては, 上記5で認容した原告らの損害は, 入院雑費, 付添看護費用, 交通費, 葬儀関係費用, 慰謝料であり, いずれも原告らが給付を受けた本件給付金2100万円とは, その趣旨目的を異にし, 同一の事由による損害とは認められないから, 上記災害共済金は損益相殺の対象とならないというべきである。」

V　損害賠償請求に係るその他の問題

4　遅延損害

遅延損害金の発生時期

息子が体育の時間中事故にあい大けがを負いました。学校側に誠意がないので弁護士に頼んで訴訟を起こそうと思っています。ところで，損害賠償の額に利息（遅延損害金）はつくのでしょうか。つくとしたらいつからつくのでしょうか。

回答　不法行為的構成による場合は不法行為のときから，安全配慮義務違反構成によるときは被害者が履行の請求をしたときから，年5分の遅延損害金が発生する。

解説　一　損害賠償請求に関する付帯の請求として，本来の賠償額のほか遅延損害金を請求する事例が多く，行為時から損害の填補までの期間が長い場合には，この遅延損害金が相当な金額に達することがある。そこで，この遅延損害金がいつから発生するかについて，問題となる。

この点は不法行為構成による場合（民法709条・714条・717条，国家賠償法による場合も含む。）と安全配慮義務違反による構成とで結論を異にする。

二　まず，不法行為による損害賠償請求にあっては，不法行為のときから遅滞に陥る。この点は学説・判例（大判明43.10.20民録16・719，最判昭37.9.4民集16・9・1834）の一致するところである。

なお，遅延利息は年5分の法定利率（民法404条）で計算される（この点は安全配慮義務違反構成による場合も異ならない。）。

三　これに対し，安全配慮義務違反構成によるときは，かかる構成が債務不履行に基づく損害賠償債務であることから，期限のない債務として民法412条3項によりその債務者は，債権者（被害者）からの履行の請求を受けてはじめ

4　遅延損害

て遅滞に陥るものと解される。したがって，例えば請求の意思を記載した書面が債務者に送達された日の翌日から遅延損害金が発生するとされる（最判昭55.12.18民集34・7・888）。

　四　このように不法行為的構成と安全配慮義務違反による構成とを比較した場合，安全配慮義務違反による請求のほうが付遅滞のための行為が必要であり，その以前の遅延損害金の請求が否定される点で，被害者にとって不利といえる。

　遅延損害金の点では不法行為的構成によるほうが安全配慮義務構成による場合に比して被害者にとって有利であるが，時効の点では3年で消滅時効にかかるので不利である。

【参考条文】
民法404条，412条3項，415条，709条

【参考判例】
　（最判昭37.9.4　民集16・9・1834）
○　本件は，被上告人らが上告人の不法行為によりこうむった損害の賠償債務の履行およびこの債務の履行遅滞による損害金として昭和31年1月22日以降年5分の割合による金員の支払を求める訴訟であることが記録上明らかである。そして，右賠償債務は，損害の発生と同時に，なんらの催告を要することなく，遅滞に陥るものと解するのが相当である。したがって，これと同趣旨に出でた原判決は正当であるから，所論違憲の主張は前提を欠き，その他の論旨は，右と異なる見解に立って原判決を攻撃するにすぎず，論旨はすべて採用できない。

　（最判昭55.12.18　民集34・7・888）
○　ところで，債務不履行に基づく損害賠償債務は期限の定めのない債務であり，民法412条3項によりその債務者は債権者からの履行の請求を受けた時にはじめて遅滞に陥るものというべきであるから，債務不履行に基づく損害賠償請求についても本件事故発生の翌日である昭和43年1月23日以降の遅延損害金の支払を求めている上告人らの請求中右遅滞の生じた日以前の分については理由がないというほかはないが，その後の分については，損害賠償請求の一部を認容する以上，その認容の限度で遅延損害金請求をも認容すべきは当然である。しかるところ，記録に徴すれば，原判決の認容した債務不履行に基づく損害賠償請求は，上告人ら代理人の提出

V　損害賠償請求に係るその他の問題

の昭和48年11月26日付準備書面に基づいて始めて主張されたものであるところ，右準備書面は同日第一審裁判所に提出されるとともに法廷において被上告人ら代理人に交付されたことが明らかである。したがって，被上告人らは同日限り右損害賠償債務について遅滞に陥ったものというべきであり，上告人らは，被上告人らに対し，その翌日である昭和48年11月27日以降支払ずみに至るまでの民法所定年5分の割合による遅延損害金の支払を求めうべきものといわなければならない。

5 消滅時効

Q65 時効の起算点と時効期間

［質問］

　ある高校に通っていた息子が，5年前，体育の水泳の時間中教師の無理な飛込み指導を受け，プールの底で頭を打ち頸椎に損傷を来し四肢不全となってしまいました。事故後2年間入院して治療を受けましたが，医師にこれ以上改善は望めないといわれました。これまで学校側と補償につき話し合ってきましたが，十分な補償額の提示がなく，弁護士に依頼して訴訟を起こそうと思います。ところで，もうすでに事故からだいぶたってしまったので時効が気懸かりですが，時効はいつから起算し，そして何年で時効にかかるのでしょうか。

［回答］

　不法行為構成による場合，損害および加害者を知ったとき（通常は事故発生時）から3年であり，安全配慮義務違反の構成によった場合は，事故発生時から10年が原則である。ただし，傷害の後遺症については起算点が異なってくる場合がある。

［解説］

　一　学校事故の被害者が損害賠償請求できる期間，すなわち時効期間は，不法行為的構成（民法709条・715条・717条，国家賠償法の場合も同じ。）と安全配慮義務違反による構成（民法415条）とで異なっている。

　二　まず不法行為的な構成による場合，民法は損害賠償請求権の時効による消滅について特別な規定をおき，「被害者または法定代理人が損害及び加害者を知りたる時」より3年（短期消滅時効），「不法行為の時」より20年（長期消滅時効）経過すれば消滅するとしている。

　このうち学校事故で実際に問題となるのは，3年の短期消滅時効である。

　債務不履行に基づく損害賠償請求権（民法415条）のような一般債権と異な

り，一般に不法行為に基づいて発生する損害賠償債権においては，被害者側で損害の相手方を知らない場合があるので，損害および相手方を知ったときを起算点としたのである。

　三　学校事故の場合，右の基準によっても，一般的には，事故発生時が起算点となる。

　ただし，傷害で後遺症が発生したような場合，起算点が異なってくるケースもある。

　まず，①事故当初に予想できる（治療費も予想できる）後遺症であれば，事故発生の直後のころから時効の進行が開始する（東京高判昭56.2.24判時998・68）。②事故当初予見できなかった後遺症が発現した場合に関しては，症状固定時から時効の進行が始まるとする下級審判例が多い（名古屋高判昭55.3.31判時972・41など）。③すでに確定判決のあった事故から受けた後遺症について，受傷時には予測しえなかった治療が必要となり，その治療のために費用支出を余儀なくされたような場合には，その治療を受けるようになるまでは治療費については消滅時効は進行しない（最判昭42.7.18民集21・6・1559）。

　また，弁護士費用については，弁護士に訴え提起を委任する契約を締結したときが，損害の発生を知ったときとなる（最判昭45.6.19民集24・6・560）。弁護士費用は，被害者が事故の権利擁護上提起を余儀なくされた場合にはじめて問題となるものだからである。

　なお，国家賠償法4条により，この時効に関する規定が準用される結果，国公立学校においても消滅時効は3年ということになる。

　四　これに対して，安全配慮義務違反の構成によった場合，債務不履行に基づく損害賠償請求権として，一般債権として民法167条1項により消滅時効は10年となる。

　この結論は私立学校の場合には容易に導けるが，国公立学校の場合には，児童・生徒と学校設置者との就学関係が必ずしも契約といえないことから，構成が問題となる。判例は，最三小判昭50.2.25において，国が義務者であっても，被害者に損害を賠償すべき関係は，公平の理論に基づき被害者に生じた損害の

5 消滅時効

公平な填補を目的とする点において私人相互間における損害賠償の関係とその目的性質を異にするものではないから，国に対する右損害賠償請求権の消滅時効期間は，民法167条1項により10年と解すべきであるとしている。

なお，この時効の起算点は，権利を行使しうるとき（民法166条1項），一般的には安全配慮義務違反発生時，すなわち，学校事故発生時である。

ただし，傷害における後遺症・弁護士費用については不法行為による構成の場合と同様に考えるべきであろう。

アドバイス 学校事故が発生した場合，訴訟提起までに時間がかかり，そのため不法行為の短期消滅時効の期間を経過してしまったといった場合が想定される。もともと，このような時効の壁を破るために考えられ構成されてきたのが安全配慮義務違反の構成である。したがって，この理論が判例上も認められるようになって，時効にかかってしまうという心配は少なくなった。しかし，紛争の早期解決はいずれにせよ望まれるものである。

なお，後遺症の起算点については，本文中述べたように特有の問題がある。

【参考条文】
民法166条1項，167条1項，415条，709条，724条
国家賠償法4条

【参考判例】
（福島地判平11.9.2 判タ1027・244）
○ 県立高校の運動会での騎馬戦競技中，複数の騎馬が押し合い一塊になって転倒し，第四頚椎脱臼骨折等の重傷を負った事故について，県に安全配慮義務違反があったとして損害賠償責任が認められた事例

「㈢ 消滅時効について

1 被告は，原告Tの被告に対する本件事故についての安全配慮義務違反に基づく損害賠償請求権は，3年の消滅時効により消滅した旨主張する。

しかし，右の安全配慮義務違反に基づく損害賠償請求権は，債務不履行としてのものであって，不法行為に基づくものではなく，右損害賠償請求権の消滅時効期間を3年とすべき法的根拠は存在しない。

2 被告は，被告における教育庁文書管理規程により，学校における事故報告書

Ⅴ　損害賠償請求に係るその他の問題

類の保存期間が5年であることを根拠としているが，右規定は，被告において設けた内部管理規程にすぎず，右規程が存するからといって，債務不履行としての安全配慮義務違反に基づく損害賠償請求権の消滅時効期間を3年間に短縮すべき根拠とはなり得ないというべきであり，むしろ，右保存期間の延長が検討されるべきであると考える。
　3　したがって，被告の右消滅時効の主張は採用できない。」

6　学校倒産

学校倒産と事故の賠償・保険制度

　私の息子Aは都内の私立B大学の3年生です。1年前の実験の授業中、担当教授の不注意で薬品が飛び散り、Aが負傷し皮膚に後遺症が残りました。この度、医師に症状固定と言われ学校側に責任を追求したいと思います。ところが、うわさによると、B大学は経営状態が悪く、近いうちに民事再生手続を裁判所に申し立てる、ということです。こういった場合、学校側の賠償責任はどのようになるのでしょうか。また、このような場合、保険でカバーされないのでしょうか。

　債務不履行責任（安全配慮義務違反）（民法415条）もしくは不法行為責任（民法709条・715条）で学校法人がAに対し損害賠償債務を負うが、その後の民事再生手続の申立によりAの損害賠償請求権は再生債権となり、配当率にしたがって比例的にしか配当されない。このような場合、学校側が加入している賠償責任保険等により保険金の給付を受けることで損害を填補することが考えられる。
　また、教員個人に対する不法行為責任の追及も考えられるが資力に問題がある。なお、最近では、教員が個人で教職員賠償責任保険に加入している場合もある。

一　学校倒産の動向

　帝国データーバンクによれば、平成13年から平成19年の7年間で、学校法人の倒産は22件、負債総額は1414億3400万円となっており、2007年は、件数が4件、負債総額が61億6500万円となっている。倒産態様別では、「民事再生法」が12件（構成比54.5％）、「破産」が10件（同45.5％）。2007年の4件は全て「破産」だった。倒産主因別では、「放漫経営」「設備投資の失

敗」6件（同27.3％）が最多で，以下，「販売不振」4件（同18.2％），「その他の経営計画の失敗」が2件（同9.1％）で続いた。

今後は少子化の影響で，「販売不振」すなわち，売上（帰属収入）低下の倒産が懸念される。

二　学校倒産に対する国の対応政策

国もこのような事態をただ傍観しているわけではなく，教育という公的な性質に鑑み，様々な学校法人の倒産回避の方策を検討している。日本私立学校振興・共済事業団（以下「私学事業団」という）が文部科学省の協賛のもとに設けた「学校法人活性化・再生研究会」が平成18年にとりまとめた「中間まとめ」によれば，私学事業団が，私立学校の破綻回避のために早期に合併の仲介をしたり（現に，平成17年度から私学事業団内に「経営支援室」をもうけて合併の仲介を始めている），さらに，支援学校法人に対して一時的な資金融資も検討されている（第3回日本私立学校・共同事業団セミナー・「私立学校の経営革新と再生に向けて」平成18年9月27日講演録より）。

仮に設問のB高校を運営する学校法人が他の学校法人Cと合併した場合，Cの経営が盤石であれば，Aの損害に対してB高校より賠償は滞りなくなされることになることが期待される。

三　民事再生手続と損害賠償請求権

ところが，上記のような，国の対策が功を奏せず，B大学を運営する法人（以下「B法人」という）が破綻し，民事再生手続を裁判所に申請し，民事再生手続の開始決定が認められ同手続による再建が図られた場合，AのB法人に対する損害賠償請求権は，再生債務者たるB法人に対して「再生手続開始前の原因に基づいて生じた財産上の請求権」として再生債権となる（民事再生法84条）。その結果，再生債権は再生計画が認可されればその再生計画に従って，配当されることになるが，実情は100パーセント配当ということは期待できず，相当程度カットされることになる。

したがって，設問で，B法人が民事再生手続をとった場合これで再建できたとしても，Aの損害賠償請求権は，配当率を限度としてのみ支払ってもらえな

くなる。

　ちなみに，破産手続となった場合も破産開始決定前の債権として破産債権となり比例的に配当されるにとどまる（破産法194条）。

　このような場合，実験で事故を起こした教授に対する不法行為責任（民法709条）を追及することが考えられるが，これについても，教員の給与を前提にした場合，どの程度資力があるのか問題であり，あまり資力がなければ十分な保証を期待できない。

　四　保険制度と損害賠償責任
　1　保険制度

　このように学校側の資力が不足している等のために被害者である学生に賠償金を支払えないという事態を回避するために，学校の事故の場合に備えて，いくつかの保険制度が用意されている。近時の学校事故をめぐる訴訟の増加や父兄の権利意識の高まり等に対応して保険会社が保険商品として新たに開発されたものも多い。

　もともと，保険制度とは，一般的に言って同様の危険にさらされた多数の経済主体が金銭を拠出して共同の資金備蓄を形成し，各経済主体が現に経済的不利益を被ったときにこれから支払を受けるという形で不測の事態に備えるものである。このように危険の分散を図る制度である。学校事故も十分注意しても発生することは避けられないものであり，そのために備えるものとして保険制度がある。

　2　保険制度における当事者

　保険制度においては，「保険契約者」「被保険者」「保険金請求者」「保険者」という当事者が予定されている。

　(1)　保険契約者

　このうち保険契約者とは，保険会社との間で実際に保険契約を締結する当事者であり，保険契約を有効に成立させるために保険料の支払義務を負う。

　(2)　被保険者

　保険契約で補償される利益を受けるものであって，保険契約者と同一の場合

Ⅴ 損害賠償請求に係るその他の問題

とそうでない場合がある（同一のものとして「学生教育研究災害保険」，そうでないものとして「学校法人賠償保険」など。後掲）。

(3) 保険金請求権者

実際に保険金を保険会社に対し請求することができる権利を有するものである。多くの場合は被保険者と同一人であるが，被保険者が死亡した場合，その権利を相続によって承継する者が保険金請求者となる。

(4) 保険者

契約に基づく一定の事由が生じたとき，保険金を支払う義務を負う者。すなわち，保険会社のことである。

3 学校事故に関する保険

学校事故に関しては，古くから，独立行政法人日本スポーツ振興センター（旧日本体育・学校健康センター）の災害共済給付制度があり，学校管理下における児童生徒の災害に対して災害給付を行ってきている。しかしこれは，幼稚園，小学校，中学校，高等学校，認可保育所を対象とするもので，設問のような大学は含まれない。

大学においては，民間の保険会社により，いくつかの保険商品が開発されている。

ところで，設問のように学生が負傷した場合，機能するのは損害保険であるが，これには「賠償責任保険」「傷害保険」「約定履行費用保険」の3種類がある。以下，これらについて説明する。

(1) 賠償責任保険

賠償責任保険とは，被保険者が，一定の事由により第三者に対して「法律上の損害賠償責任」を負担することによって被る損害について保険金を支払う損害保険である。被保険者が加害者になったときに備える保険である。

これに属するものとして，例えば，あいおい損害保険株式会社の「学校法人賠償責任保険」や株式会社損保ジャパン日本興亜の「学校総合賠償責任保険」があげられる。これは，保険契約者を私立学校法人（小学校・中学校・高等学校・高等専門学校・大学（短期大学））とし，被保険者をその学校法人（さら

に学校経営者・教員・職員）とするものである。あいおい損害保険株式会社のホームページによれば，この「学校総合賠償責任保険」において，保険金が支払われる主な例として，「①雨天の中の，遠足を決行したところ，がけ崩れにあい生徒がけがをして，父兄から治療費等の損害賠償を請求された。②真夏の体育の授業中，教師が過酷なカリキュラムを実行した結果生徒が死亡し，父兄から慰謝料を請求された。③教師が体罰を加えた結果，教師の体罰が認定され学校側の注意，監督義務責任を問われ損害賠償請求を受けた。」といった例が挙げられており，要するに，学校（学校法人）が安全配慮義務違反に基づく債務不履行責任ないしは使用者責任を負う場合，その損害賠償請求権を負担する場合に保険金が学校側に支払われるものである。

設問の，AからB法人に対する損害賠償請求に対しても対応できるものと思われる。

さらに，近時は，教職員個人のための賠償責任保険である「教職員賠償責任保険」が保険商品として開発されている。これは，保険契約者を教師，被保険者も教師とするもので，本件で，Aより教授個人が損害賠償を請求された場合，当該教授に保険会社より支払われることになる。

(2) 傷害保険

傷害保険とは，被保険者が傷害を被ることにより，その直接の結果として平常の業務に復することまたは日常の生活ができなくなった場合に，保険契約において定められた保険金が支払われるものである。

私立大学の場合，これに属する保険として，財団法人日本国際教育支援協会が運営（引受保険会社として，東京海上日動火災保険，あいおい損害保険，損保ジャパン日本興亜，ニッセイ同和災害，三井住友海上）する「学生教育災害傷害保険」があげられる。これは保険契約者と被保険者を学生とするものであり，「正課中，講義，実験，演習または実技による授業を受けている間，指導教員の指示に基づき，研究活動を行っている間の傷害事故」も含まれる（その他学校行事中，キャンパスにいる間，課外活動中も含まれる）。（同協会のホームページより）。

したがって，本件でAがこの学生教育災害傷害保険に加入していれば傷害の程度に応じて保険金が支払われることになる。

(3) 約定履行費用保険

約定履行費用保険とは，被保険者に偶然な事由が生じたときに一定の金銭等の債務を履行または免除する旨の約定を第三者との間であらかじめ行っている場合において，その約定を履行することによって被保険者が被る損害について保険金を支払うものである。

例えば，あいおい損害保険株式会社の「見舞金給付費用保険」が，これに属する。具体的には，当該私立大学に「見舞金給付規程」がある場合を前提に，生徒が学校の管理下において，傷害事故または特定疾病により死亡・後遺障害を被った場合または31日以上入院した場合に，当該私立大学が定める上記の「見舞金給付規程」に基づき見舞金を給付することによって生じる費用損害を担保するものである。

設問でB大学が上記見舞金給付費用保険を契約しており，かつ，見舞金給付規程に基づき，見舞金をAに支払った場合，B大学（B法人）に支払いがなされる。

4 保険金と損益相殺

上記の損害保険金は，損益相殺（民法722条）の対象にはならないとされる。これは，損害保険金が，保険料の対価という性質を有するためである。ただし，損害保険には保険代位（保険法25条）が認められており，保険会社は支払った保険金について被害者の加害者に対する損害賠償請求権を獲得する。このため，被害者は事実上，利益の二重取りはできないことになる。もっとも，仮に，B法人が民事再生手続となった場合，これも再生債権となる。

アドバイス 今後，父兄の権利意識の高まり等で学校事故に関する訴訟が多発することが予想される。他方，少子化の影響等で私立学校の資産，資力が必ずしも盤石であるとは言い難くなり，そのため，これらを補うものとして，損害保険の重要性がますます増すことになる。自衛の意味でも文字どおり保険の意味でも，「保険」を適切に選択して契約しておくこと

6 学校倒産

が肝要である。

【参考条文】
民法415条，709条，722条
民事再生法84条
破産法194条
保険法2条，25条

VI 損害賠償請求訴訟の過程

訴訟手続の概要

質問

私の息子が学校の運動部の練習中にけがをして後遺症が残りました。学校側はこの事故の賠償問題について誠意ある回答を出さないので，後は裁判で争うしかないのでは，と知人にいわれました。裁判の経験もありませんし，どのような手続が行われ，私達は何度も呼び出されるのでしょうか。また時間はどのくらいかかるのでしょうか。

回答

学校側が賠償責任を争う場合，裁判はある程度の長期間（例えば，早くても１年以上というように）を要することとなる。裁判の手続は裁判所の法廷で行う口頭弁論手続が中心になるが，場合によっては和解の可能性を探る手続が取られることもある。両親は子息の被った損害の状況についての重要な証人でもあり，裁判所には何度か出頭することとなるのは避けられない。

解説

一 学校事故につき損害賠償を求める裁判が提起された場合，民事訴訟法に基づいた訴訟手続でその請求についての審理が行われる。当事者の立場からみた場合，民事訴訟の展開としては，主張の整理，人証取調，和解，（和解が不成立の場合）判決，に分けて考えると理解しやすい。

二 まず，民事訴訟では原告が訴状を裁判所へ提出する（民事訴訟法133条１項）。訴状の記載事項は民事訴訟法133条２項に定めがある。すなわち，①当事者及び法定代理人，②請求の趣旨及び原因である。

裁判所は，原告側と調整して、第１回の口頭弁論期日を定め，呼出状とともに訴状の副本を被告へ送達する。このようにして裁判所での口頭弁論が開始される。

民事訴訟手続の追行は当事者本人でできる。しかし，代理人を選任する場合は原則としてその代理人は弁護士でなければならないが，簡易裁判所では事件

VI　損害賠償請求訴訟の過程

も軽微なものもあるので，事件ごとに裁判所の許可があれば弁護士でない者を代理人に選任できる（民事訴訟法54条1項但書）。

　原告が被告に対して主張する権利関係につき審理判断する民事訴訟では，当事者は裁判所の公開法廷において当事者双方を対立関与させる口頭弁論を行わなければならない（民事訴訟法87条1項本文）。口頭弁論という方式が，憲法が定める裁判を受ける権利（憲法32条）の保障に資する公開主義（憲法82条1項），双方審尋主義（当事者対等の原則），口頭主義，直接主義等の要請を最もよく満たすものとされているのである。主張整理とは，提起された訴訟につき原告・被告間の紛争に関し，原告の言い分とそれに対する被告の反論を噛み合わせてまとめることをいう。原告は，提出した訴状で自身がどのような原因に基づきどのような賠償を求めるのかの概要を裁判所と被告に伝えているが，訴状の記載だけでは，訴訟審理で問題となるさまざまな事項が十分説明し尽くされてはいない場合がある。そこで，そのような裁判で問題となる詳細な事情について明らかにして，それに対する相手の反論を相互に噛み合わせて展開させるのが主張整理という作業である。この際に，立証責任に注意しなければならない。立証責任については，原告が学校側の債務不履行責任としての安全配慮義務の違反を主張するか，不法行為を根拠に責任を主張するかで異なってくる。義務違反の前提としての義務内容，義務違反に該当する事実の存在についての主張・立証責任について後記の判例がある。

　さらに，主張整理という作業においては，同時に証拠（主に後記の書証）の整理も行うのが通常である。主要な証拠としては，大きく分けて文書という形で提出される書証と人を尋問して調べる人証とがある。書証は口頭弁論期日や，後述の弁論準備期日に随時提出されるが，人証は別に尋問のための期日が設けられることとなる。このような各証拠としてどのようなものがあるのか，それぞれの証拠は双方の言い分のうちのどの部分を証明するためのものか，などの整理が行われる。このようにして，その裁判の争点は明確になり，双方のその争点に対する言い分が尽くされ，さらに各争点につきいかなる証拠が存在するのかがはっきりし，後はその証拠がどの程度信用できるのかを裁判所が判

断すればよいのである。そして，信用性を判断すべき証拠として残っている重要なものが人証であり，実際上，裁判所は主張の整理が終わらないと人証調べには入らない。なお，この主張整理の段階は，弁護士を選任していればその弁護士がこの任務にあたり，裁判を起こし，起こされた当事者本人自身が裁判所に足を運ぶ必要はほとんどないであろう（もちろん，出廷して裁判の推移を当事者本人が確認することが望ましいことはいうまでもない）。このような主張の整理に関しては，準備的口頭弁論（民事訴訟法164条以下），弁論準備手続（同法168条以下），書面による準備手続（同法175条以下）が用意されている。

三　このようにして，通常は次に人証の証拠調べが始まる。実際上，最も詳しい事情を知っているのは本人（当事者）であるから，その本人を尋問することが，てっとり早く事件の内容の把握を可能にすることから，当事者本人を先に尋問することがよく行われている。したがって，当事者本人は，この人証調べの段階に入ると法廷の証人席で，自ら選任した弁護士から，また相手方（敵側）の弁護士から，さらには裁判官からも尋問を受けるという重要な，かつ厳しい立場に立つことが多い。

なお，民事訴訟法は，遠隔者に対するテレビ会議システムによる尋問手続（204条）や尋問に代わる書面提出（205条）等の制度も用意している。

四　以上述べてきたことは，裁判がその最終目的である判決を形成するために必要な資料を審理によって収集するための手続である。そして，人証の取調べが終了すれば，概ねその訴訟は判決をするのに熟してきたと考えてよい。しかし，裁判は判決のみによって決着するのではない。いったん提起された裁判の終わり方は，極めて概括的にいうことが許されれば，全体の5割が判決で終わり，同じく3割が和解で終わり，残り2割が取下げで終わると考えるのが分かりよい。

判決はもちろん，裁判所がその国家権力を背景に強制力をもって言い渡されるのであり，不服のある当事者も控訴，上告して争う余地はあるが，最終的に判決が確定すれば判決内容に服さざるをえない。勝訴した原告は，この確定し

た判決に基づいて強制執行ができることとなり（仮執行宣言が付されれば，判決が確定しなくとも執行できる。），勝訴を現実のものとすることができる。

　訴えの取下げは，訴えを起こした原告がその訴訟をはじめからなかったこととする行為である（民事訴訟法262条1項）。訴えの取下げがなされる理由はさまざまである。例えば，裁判外で当事者間に和解が成立した場合や，訴訟提起後に，とうてい勝ち目がないことが判明し，敗訴判決を受けて相手を勝たせるよりは，取り下げて勝ち負けを残さないでおこうとする場合などに取下げがなされる。

　和解は，当事者双方が互いに譲り合ってその争いをやめることである。裁判所において当事者間に和解が成立すれば，それをもって訴訟は終了する。判決であれば控訴，上告という不服申立手段があるが，和解で終了した場合は，原則としてそれに不服を申し立てることはできない（和解がいかなる場合に瑕疵を帯び，その瑕疵をいかにして争うことができるかに関しては議論がある。）。裁判上で和解が成立し，それが調書に記載されると，その記載は確定判決と同一の効力を生ずる（民事訴訟法267条）。したがって，和解調書で相手方が金銭支払義務を負っていれば，判決で勝ったのと同様に和解調書に基づいて強制執行をすることができる。

アドバイス　「口頭」弁論手続といっても，実際は書面で各種の申立や主張を行うことが圧倒的である。学校事故は，場合によっては専門領域に属するような事案もあるので，適確な主張を行い有利な証拠を提出するには，弁護士に委任するか助言を得て行ったほうがよい場合が多いであろう。

【参考条文】
民事訴訟法，特に第二編（第一審の訴訟手続）

訴 状

質問

子供が学校でいじめにあい，それについての学校側の対応が納得できないので，慰謝料を請求するための裁判を起こそうと考えております。しかし，さほど多額の請求をするつもりもなく，私の主張が正しいことさえ認められればそれでよいので，また，弁護士を付ける余裕もなく自分で裁判をやろうと思います。まずは訴状を提出しなければならないとのことですが，訴状の書き方等について教えてください。

回答 訴状とは，当事者，法定代理人，請求の趣旨および原因を記載して訴え提起に際して裁判所へ提出する書面である。

解説 一 学校事故に関して訴えを地方裁判所へ提起して学校側と争う場合には，その民事訴訟は訴状の提出によって開始される（民事訴訟法133条1項。なお，簡易裁判所への訴え提起は口頭でも認められる。同法271条）。訴状とは，原告によって提起され裁判所がその訴訟手続で審理すべき審判対象が記載されたものである。原告が訴状を提出することによって審判対象を明示することにより，裁判所にとっても自らが審理・判断すべき対象が明らかになり，それ以後の手続を規律していく基準が与えられることとなる。また，被告としても争うべき対象が明らかになることによって，どのような争い方をすればよいのか（例えば，勝てるかどうか，弁護士を雇ったほうがよいのかどうか等），また，仮に敗訴したとしてどの程度のリスクを負担しなければならないのか，などについての目安を付けられることとなる。このように，訴状の記載内容は，民事訴訟に関与する各主体に対して審理においての行動の指針となり，各当事者はその記載を基準として訴訟行為を展開していけばよいということになる。しかし，訴状がこのような機能を果たすためには，その訴状が審判対象を特定・明示していなければならない。逆にいえば，不特定・不

明確な記載では訴状としての役割を果たすことができないのである。

　二　訴状が審判対象を明示するためには、そこにいかなる記載が必要かに関してはその基準を法が定めている。民事訴訟法は、訴状に「当事者」「法定代理人」と「請求の趣旨及び原因」の記載を要求している（同法133条2項）。

　まず、「当事者」「法定代理人」の記載が要求されているのは、提起された訴えが、誰が誰を相手にしたものなのか等を明らかにするためである。当事者とは原告および被告を指す。法定代理人の記載は、主に当事者が訴訟無能力者（例えば未成年者）である場合にその者に代わって訴訟行為をする者（未成年者であれば親権者ないし後見人）や、当事者が法人の場合に訴訟追行をする者を明確にしておく必要があるときに要求される。なお、民事訴訟においては未成年者は単独で訴訟行為をすることができない（これは訴訟手続での特則であり、一般の取引行為は未成年者は単独でできるが、法定代理人がそれを後で取り消す可能性があるにすぎないのと異なる。）。学校事故の当事者が小学生、中学生、高校生などの場合は、通常、未成年者であるのでその親権者（父と母）を子と並んで併記することとなる。当事者や法定代理人は、その住所と氏名で特定する。原告が記載した被告の住所が不正確な場合は、原告が提出した訴状の副本を裁判所が被告に送達（郵便にて届けること）することができず、審理を実質的に始めることができないので、原告としては被告の確実な住所を調査して記載する必要がある。

　三　「請求の趣旨」とは、その訴訟で原告が求める結論を意味する。例えば、原告が被告に対して学校事故での慰謝料として100万円を請求したいという場合には、「被告は原告に対して金100万円を支払え」という記載となる。「学校事故による慰謝料として」という結論を導く理由にあたる部分は「請求の原因」に記載することとなり、請求の趣旨としては、金銭を請求する場合はその請求額の最大限を明らかにして記載することが主要な目的となる。

　「請求の原因」とは、右に述べた「請求の趣旨」を導く理由に該当するものであり、請求の趣旨に記載された結論を法律的に導くために必要な事実上の主張や法的見解を述べるものである。事実上の主張としては、例えば、「〇年〇

月○日，A学校のB教諭はC生徒を殴って全治○週間のけがを負わせた」というような記載をすることとなる。法的見解の主張としては，「A学校のB教諭はC生徒に対してその安全を配慮する法的義務を負っていた」とか「B教諭の行為は不法行為に該当する」というように事実に対して法的評価を加えた主張である。

　四　訴状が裁判所に提出されると，事務配分の定めに従って特定の裁判官ないし合議体へ配付される。そこで訴状は点検され，必要な記載や印紙の貼用を欠いていないかどうかが調査される。調査の結果不備が存すれば，裁判長は相当の期間を定めて原告にその補正を命ずる（民事訴訟法137条1項）。原告がこの命令に応じなければ裁判長の命令で訴状は却下される（同条2項）。

　被告の住所が判明しない等の理由で被告へ訴状を送達することができない場合に，補正が可能ならば補正を命ずるが，原告がこれに応じない場合は同様に訴状は却下される（民事訴訟法138条2項）。

　五　訴状は正本と副本を裁判所に提出し，副本は裁判所が被告に送達する。

　訴状には所定の金額の印紙を貼らなければならない。訴状に貼付すべき印紙額は，平成22年時点で，訴額（勝訴によって原告の受ける利益）が100万円の場合が1万円，訴額が1000万円の場合が5万円である。

アドバイス　請求の原因についての訴状の記載は充実するに越したことはないが，事案によっては原告が詳細な主張をすることが困難な場合がある。その際は，その権利主張が他の法律関係から区別して特定できる程度の記載があればよく，より詳細な点は訴訟開始後，被告との交渉（攻撃防御）によって明らかにして行くよう務めることとなる。なお民事訴訟規則は，請求の原因中に重要な関連する事実や証拠を示すことを要求している（53条1項）。仮に規則の要求を満たさなくとも訴状が却下されることはないが，なるべく記載に努めるべきである。

　　【参考条文】
　　民事訴訟法133条，137条，138条

VI 損害賠償請求訴訟の過程

 答弁書

質問

私はある地方の教育委員会の職員です。先般、地域内の公立学校で発生した生徒の学校内での事故に関して、その父母から訴訟が提起されました。この訴訟に関しては私がその担当となり、答弁書の文案を起案することとなり、訴状のコピーも届きました。しかし、答弁書の書き方がよく分からないので教えてください。

回答 答弁書とは、民事訴訟において訴状・控訴状・上告理由書に対して、被告、被控訴人、被上告人が当該審級で最初に提出する準備書面の一種であり、原告・控訴人・上告人の本案申立の排斥を求める申立やその理由等を記載したものである。

解説 一 民事訴訟は、原告による訴状の提出で始まる（民事訴訟法133条1項。これは地方裁判所の場合であり、簡易裁判所では口頭での訴え提起も認められている。同法271条）。その訴状で示された原告の申立に対して、被告がどのような基本的な態度で訴訟に臨むのかを示す書面が、被告の提出する答弁書である。つまり、答弁書とは、第一審手続でいえば原告の基本的な申立（請求の趣旨、原因）に対しての答弁を記載した被告提出の文書ということになる。

なお、答弁書は控訴審、上告審でも提出されるが、ここでは第一審手続を中心に述べることとする。

二 まず「請求の趣旨」に対する認否であるが、答弁書中で、「請求の趣旨に対する答弁」という項目を立ててその答弁を記載するのが通例である。仮に、被告が原告の請求に対して争わずそれを認める（つまり相手の請求に応ずる）という場合には、「原告の請求を認諾する」という答弁になる。請求の認諾とは、原告の請求を認めて争わないという被告の意思を表明することであり、こ

313

の答弁が確定的になされたときには，その旨を口頭弁論調書に記載して当該訴訟は終了し，その口頭弁論調書は確定判決と同一の効力を有するものとされている（民事訴訟法267条）。

　被告が原告の申立に対して争う場合には，「原告の請求を棄却するとの裁判を求める」という答弁をすることとなる。なお，このほかにも請求の趣旨に書かれた申立（これを本案という。）以外の，その前提問題たる訴訟要件（本案について裁判所に審理・判断してもらうために備えていなければならない要件）の欠けていることを指摘する本案前の抗弁という答弁を加える場合もあるが，ここではこれ以上立ち入らない。

　具体的な代表的記載例を示せば次のとおりである。
　「請求の趣旨」には，例えば，次のような記載が存する。

> 一．被告は原告に対して金100万円を支払え。
> 二．訴訟費用は被告の負担とする。
> 　との裁判を求める。

これに対する被告の答弁書の「請求の趣旨に対する答弁」としては，

> 一．原告の請求を棄却する。
> 二．訴訟費用は原告の負担とする。
> 　との裁判を求める。

となる。

　なお，右のうち訴訟費用とは，裁判費用（裁判所の行為に必要な費用）として送達・公告・証拠調べの費用などが，当事者費用（当事者の行為に必要な費用）として書類作成費用・当事者の旅費・日当・宿泊料などが含まれ，敗訴した当事者が負担するのが原則である（民事訴訟法61条，例外は同法62，63条等）。そして，その負担割合・金額は裁判所が定める（同法67，71，72，73条）。なお，弁護士に支払う報酬は，ここに含まれないのが原則である。

VI 損害賠償請求訴訟の過程

　三　次に、訴状中の「請求の原因」に対して答弁することとなる。これも「請求の原因に対する答弁」という見出しのもとに記載するのが通例である。民事訴訟では、事実に法規定を適用して法律効果を導くことによって争いを解決する。そして、当事者が訴訟で主張すべきものは、主にこの具体的な事実である。原告は自分の申立（請求の趣旨および原因で特定された、例えば100万円支払え、という結論部分）を基礎付けるために具体的事実を主張するので、その主張された事実に対して被告は答弁することとなる。その際、原告が主張したある事実に対しての答え方は、①その事実は存在する（認める）、②そのような事実は存在しない（否認）、③その事実の存否は知らない（不知）、の三通りになる。

　1　まず、①認めた場合には、当事者双方がその対象たる事実の存在を認めたこととなり、その事実について「自白」が成立したこととなる。自白とは、相手方の主張する自分に不利益な事実を争わない意思を表明する弁論としての陳述といわれている（刑事事件でいうところの「自白」とは異なる概念であることに注意が必要である。）。この自白の効果として、その対象たる事実の存在は証明することが不要となり（民事訴訟法179条）、裁判所もその事実は存在するとして扱うこととなる（むしろそれに拘束される。）。当事者も後に「やはりあの事実はなかったのだ」として、認めたことを撤回することは原則としてできなくなる（例外的に、刑事上罰すべき他人の行為が原因で自白するに至った場合や、自白内容が真実に反していることに気付かず錯誤で自白してしまった場合、相手が自白の撤回を承諾した場合は、撤回できる。）。このように、自白した場合はその効果は非常に大きいので、自白すべきかどうかには慎重な判断が必要であるというまでもない。なお、はっきりと「認める」と記載して答弁をしなくとも、訴訟の審理を通してその事実を明らかに争わなかった場合は、法律上その事実を認めた（つまり自白した）ものとして扱われる（民事訴訟法159条1項本文）ので、自白するか否認するか微妙な場合に、曖昧な態度のままで終わると結局自白と認定されてしまうおそれがある。対応に迷った場合は、とりあえず否認か不知としておくべきである。

2　次に，②否認である。これは相手方が主張した事実の存在を否定することであるから，その事実の存否につき当事者間で意見が分かれたゆえに，その存否は証拠に基づき判断されることとなる。この場合，原告がその事実の存在（その事実があったこと）につき証明責任を負っている場合は，原告は被告に当該事実の存在を否認されるとその存在することを証明しなければならないこととなる（自白された場合は，先に述べたとおり証明せずにその存在が認められることとなる。）。もし逆に被告が当該事実の不存在（その事実はなかったこと）につき証明責任を負っている場合は，被告はその事実につき否認したとして，その不存在につき自ら証拠で証明しなければならない（しかし，ある事実の「不存在」につき証明する責任を負うという例は稀であり，多くの場合は事実の「存在」について証明責任を負うこととなっている。ある事実が「なかった」という証明は，それが「あった」という証明に比較して非常に困難である。）。

　3　最後に，③不知である。ある事実の存在の主張に対してその事実は知らない（不知）という答弁をした場合は，それはその事実を争ったものと法律上推定される（民事訴訟法159条2項）。つまり否認したと同様に扱われるのである。したがって，不知と答弁した場合の効果は否認と同様に考えればよい。答弁書作成にあたり認めるか否認するかよく分からない場合は，とりあえず「不知」としておけばよい。その効果は否認と同様に扱われるので被告に不利になることはないからである。

　4　以上述べたことを具体例で示すと次のようになる。例えば，原告が請求の原因で「運動部の顧問教諭の指導が不適切で生徒がプールに逆飛込みをしてプールの底に頭を衝突させ重傷を負った」との事実を主張した場合に，被告としては顧問教諭の指導は適切であった，と考えるのであれば「運動部の顧問教諭の指導が不適切で」との部分は「否認する」と答弁すればよい。生徒が原告主張のような態様でけがをしたこと自体は争わない場合には「生徒がプールに逆飛込みをしてプールの底に頭を衝突させ重傷を負った」の部分は「認める」と答弁することとなろう。さらに当該生徒のけがの程度が不明の場合は，右の部分をさらに分けて「重傷」とある部分は「不知」と答弁しておけばよい。

VI 損害賠償請求訴訟の過程

　四　以上のようにして，請求の趣旨および原因に対する答弁をすべて記載すれば，一応答弁書としてはその役割を果たしたこととなる。さらに，特に被告として主張しておきたい事項があれば，「被告の主張」という項目のもとにそれを記載しておけばよい。例えば，原告が証明責任を負っている事項についても，被告として積極的に反論をしておいたほうが裁判所の心証も被告に有利に形成されることも考えられるから，当該学校事故が被告の責任ではなく，原告自らの過失で生じた場合であること，あるいは，他の第三者の責任において生じたことなどを述べておいてもよいであろう。通常提起される訴訟事件は争いがあるからこそ提起されるのであるから，被告が争うことは予想される。被告の言い分を裁判所が知る意味で，この「被告の主要」部分は，裁判所が答弁書を読むに際し，注意して読まれる部分の一つであり，そのためにも被告としては力を入れて丁寧に書くことが望ましい。

　五　答弁書は，通常その訴訟の第1回の口頭弁論期日の前に提出されるが，事前に答弁書を提出しておけば，当該期日に欠席してもその答弁書を陳述したものと擬制される（民事訴訟法158条）ので，答弁書中で原告の主張を争っていれば，原告は自己に証明責任のある事実について立証をしなければならず，その立証のためさらに期日を定めることともなりうる。しかし，答弁書を提出しておかないと，期日に欠席した場合は，出頭して争わなかった場合と同様に自白したものとみなされる（同法159条3項）。その結果，第1回期日で口頭弁論が終結されて，敗訴してしまうことになりかねない。

　アドバイス　　第1回目の口頭弁論期日は被告の都合を聞かずに指定される場合が多いので，都合で当該期日に出席できないときは，必ず答弁書を提出し，争っておくべきである。なんの書面も提出せず欠席すると前述したとおり直ちに敗訴する危険がある。時間がないときは，請求の原因についての認否は，次回の準備書面に回してもかまわない。

【参考条文】
　民事訴訟法133条，158条，159条，179条。

本案前の申立

質問

　私は下宿中の大学生ですが，先般，大学の運動部の活動中に負傷しました。私は，この負傷は運動部の監督の指導が不適切であると考え，損害賠償請求の訴訟を自分で提起しました。親には生活費の仕送りも受けているので，裁判費用でこれ以上迷惑をかけるわけにもいかないと考え，自分でやることにしました。しかし，大学側は本案前の申立というのを主張してきて，私の年齢を問題にしているようです。本案前の申立とはどのような意味ですか。

回答　本案前の申立とは，被告から提出される，主に原告の当該訴えについて訴訟要件が欠缺しているとの申立である。質問の場合は，原告が未成年者であり訴訟能力が欠缺しているとの主張を被告が行っている可能性が考えられる。

解説　一　原告が裁判所に訴えを提起すると，その裁判で審理判断すべき最終目標となるのは原告が提示した申立，すなわち原告による私法上の権利または法律関係の存否の主張である。これがその事件についての本来の案件であるという意味で，略して本案とよんでいる。本案こそ原告がその裁判で獲得しようとした目標であり，反対にそれを否定することが被告の防御活動の目標であり，それらの攻防を通して，裁判所は原告のこの本案の申立が認容できるか否かを判断し本案判決を下す（本案判決とは，原告の提示した本案に対して裁判所が答えた判決をいい，認容するものも棄却するものも含む。）。

　これに対して，民事訴訟において本案以外のものとしては，訴訟要件や手続に関する問題等がある。そして，本案以外の申立として最も重要なものは訴訟要件であるので，ここでも訴訟要件の問題を中心に論ずる。

　二　裁判所が本案に対して判決を下すことは，原告が訴えを提起すれば無条

件で可能であるというわけではない。それは，本案判決をするためには一定の要件が備わっていなければならないのであり，それが備わってはじめて裁判所は原告の本案の申立に対する応答をすることができるからである。このような本案判決をするために必要な要件を訴訟要件という。仮に，ある訴えが提起された場合に，この訴訟要件が欠けているとなると，裁判所は原告の本案の申立に対してそれが認められるか否かの応答をすることができず，その応答をせずに訴訟を終了するという意味で「本件訴えを却下する」という判決を行う。この訴え却下判決を訴訟判決ともよぶ。

　本案前の申立として，本案についての議論に入る前に論じられる主要な申立としてこの訴訟要件に関するものがあり，この申立とは，原告からの訴え提起に対して，原告の訴えにはこの訴訟要件が欠けているということを被告が主張することをいう。原告の訴状（あるいは口頭での訴え提起）に対して被告が反論する場合，原告の本案の申立に対しての反論だけではなく，原告の当該訴えに訴訟要件が欠けていることを主張する場合は，答弁書において「本案前の申立」という項目を設けて，その中で，いかなる訴訟要件が欠けているのかを具体的に指摘することとなる。また，答弁書に記載する機会がなかった場合は，後の準備書面で直ちに同様の項目のもとにその指摘をすべきである。

　三　では，訴訟要件とよばれる事項の内容はいかなるものか。列挙してみる。

　1　被告および事件がわが国の裁判権に服すること。

　2　裁判所が管轄権を有すること。

　3　訴訟能力，代理権等が存在しており訴訟係属を構成する行為の有効なこと。

　4　当事者が実在し，かつ，当事者能力を有すること。

　5　原告が訴訟費用の担保提供の必要がないこと，または必要な担保を提供したこと（民事訴訟法75条）。

　6　併合の訴えまたは訴訟中の訴えであれば，その要件を具備すること。

　7　同一事件につき他に訴訟係属がないこと（民事訴訟法142条）。

8 再訴禁止（民事訴訟法262条2項），別訴禁止（人事訴訟手続法9条）に触れないこと。
9 訴えの利益および当事者適格のあること。

などである。例えば，ある訴えがある裁判所に提起されても，その裁判所がその訴えについて管轄権をもっていなければ，本案について判決するわけにいかない。また，原告が訴訟費用の担保を提供しないときに訴えが却下されることは規定がある（民事訴訟法78条）。さらに，民法上の未成年者，成年被後見人は訴訟法上は，原則的に訴訟無能力者であり，法定代理人が代理してのみ訴訟行為ができる（同法31条）。したがって，質問のケースは，大学生とのことであるが，まだ未成年者であることが問題となっているのではないかと考えられる。

　四　この被告による本案前の申立に対して，裁判所は次のように対応する。
まず，裁判所はこれら訴訟要件の問題につき，その問題が認識されたときに自らそれを調査し，その具備の有無を判断してよい場合（職権調査事項）と，被告から申し立てられてはじめてその事項の調査を開始しその具備の有無を判断できる場合（抗弁事項）とがある。後者にあたるのは前記の各訴訟要件のうち5などであるが，その他は前者に該当する。

次に，裁判所がある訴訟要件につきその有無の審理をする場合，その判断資料を誰が収集するのかという問題がある。裁判所が職権によっても収集できるのか（職権探知主義），それともその収集はもっぱら当事者に任せる（弁論主義）のかということである。前記要件のうち，例えば，1，2，3，4などは，その判断資料も裁判所が職権で探知できるとされている場合が多いが，9などはその判断資料は当事者の提出したものに限られると考えられている。

最後に，訴訟要件が具備されているかどうかの判定時期は，通説は事実審の口頭弁論終結時としている。本案についての判断が，この口頭弁論終結時を基準にしてなされる以上，その判断の前提問題である訴訟要件もその時期に存することが必要であるというのがその理由である。

以上のようにして，訴訟要件の存否について審理した裁判所は，審理の結

VI 損害賠償請求訴訟の過程

果，訴訟要件が備わっていることに問題がなければ単に本案について判決をすればよい。ただ，訴訟要件の存否につき当事者間で争われている場合は，裁判所としては中間判決によって，あるいは判決理由中で明らかにすればよい。訴訟要件が欠けていた場合には，それ以上本案についての審理を続けるべきではなく，審理を打ち切って終局判決をもって訴えを却下することとなる。

アドバイス 訴訟要件は，本文中に記載したとおりさまざまな種類があるが，通常の学校事故についての賠償請求訴訟では，さほど問題になるものはないと思われる。質問のケースでは，原告本人が未成年者であれば法定代理人（両親）が本人を代理して訴訟を続行する必要が出てくる。

【参考条文】
本文中摘示したもの。

71 本案に対する答弁

質問

私は，ある県立高校の教員ですが，私の授業中に事故が起こり，現在訴訟にまでなってしまっております。私自身は被告とはなっておりませんが，現在，県のほうで本案に対する答弁を準備中と聞いております。この本案に対する答弁の意味を教えてください。

回答 本案に対する答弁とは，原告提出の訴状に記載された請求の趣旨および原因に対する答弁をいう。

解説 一 民事訴訟では，原告提出の訴状（簡易裁判所では口頭での訴え提起も可能である。民事訴訟法271条）に記載された申立が認められるか否かがその審理の主要な目標となる。原告は，被告を相手としてある法的な利益を得ようとして，その最終目標を請求の趣旨および原因という結論に示してその訴訟を提起したのであるから，その原告の申立が認められるかどうかがその訴訟での最大の審理目標となるのは当然のことである。ここから，原告が提示した申立内容を指して，その事件での本来の案件という意味で当該訴訟における「本案」という。

二 しかし，民事訴訟では，このような原告の提示した申立，すなわち本案が認められるためにその前提として備わっていなければならない要件となるものが存する。このような要件を総称して「訴訟要件」と称する。この訴訟要件にはさまざまな種類があり，それが要求されている趣旨も同一ではない。原告からどのような申立が提出されようとも，その内容に関係なく具備が要求されている訴訟要件もあれば，原告の提示した申立内容と密接に関係する訴訟要件も存する。もし，この訴訟要件が具備されていなければ，その訴訟は原告の提示した申立が認められるかどうかの認定をすることができず，その訴えは「却下」という判決を受けて，いわば門前払いされてしまうこととなるのである。

なお，訴訟要件については，それが具備されていることを一つ一つの訴訟要件についていちいち確認していくというような判断方法はとらず，通常はその具備に疑いが生じなければ特に訴訟要件が認められる，などという確認の宣言もなく本案の審理が行われる。つまり，訴訟要件の審理判断が終了してから本案の審理判断に移行するというような段階的な審理構造は，法的にはなんら要求されていないのである。訴訟要件と本案の審理判断は並行して行われることとなる。

　三　以上から，民事訴訟においては，そこで審理・判断されるべき対象としては「本案」たる原告の提示した申立と，本案を判断する前提として具備が要求される「訴訟要件」の二つがあることになる。したがって，民事訴訟では，これら二つの審理対象に関してそれぞれ申立，答弁，判決などが存することとなる。本案の申立とはつまり訴えを提起することであり，本案に対する答弁とは，その原告の申立に対して認否・反論を加えることである。本案に対する判決とは，その原告の申し立てた請求が認められるかどうかにつき裁判所が下した判決をいう。これに対して訴訟要件については，原告が提起した当該訴訟には訴訟要件が欠けているという被告の申立を本案前の申立とよび，それに対する答弁とは，被告のそのような指摘に対して応答する原告の主張をいう。そしてこの訴訟要件が欠けているとの裁判所の判断を訴訟判決という（逆に，訴訟要件の具備に問題がなければ，先にも述べたとおり，裁判所は特にことわりもなく本案の審理判断を続けるだけであるのが原則である。）。訴訟判決は，訴えを「却下」するというものであり，この点，本案判決において原告の請求が認められない場合に下される訴え「棄却」判決と異なる。なお，訴訟要件の欠缺から訴え却下の訴訟判決が下された場合でも，欠缺した訴訟要件の補充ができれば再度同じ申立内容の訴えを提起することは可能である。

　四　前述したところから，「本案に対する答弁」とは，原告が提起した訴えにおける請求の趣旨および原因に示された本案申立に対して，被告が行うところの答弁をいう。その答弁内容は通常「答弁書」と題された書面に記載して提出される。

答弁書では，訴状中の「請求の趣旨」「請求の原因」に対して，それぞれ「請求の趣旨に対する答弁」「請求の原因に対する答弁」という項目においてその認否反論が記載されるのが通常である。これが「本案に対する答弁」である。

　「請求の趣旨に対する答弁」としては，「原告の請求を（いずれも）棄却する，との裁判を求める。」というような記載が多く用いられる。

　「請求の原因に対する答弁」は以下のようになる。一般的に，民事訴訟では，事実に法規定を適用して法律効果を導くことによって争いを解決する。そして，当事者が訴訟で主張すべきものは主にこの具体的な事実である。原告は自分の申立を基礎付けるためにその法律関係の発生原因事実を主張し，被告はそれに対して答弁することとなる。その答弁の内容については，別項（「答弁書」）を参照されたい。

　さらに，第一審（および控訴審）の第1回口頭弁論期日に被告が欠席しても，それまでに被告が答弁書を提出していれば，それに記載された本案に対する被告の答弁は陳述したものと擬制され（民事訴訟法158条），出席した相手方はそれを前提に弁論を展開すること，なんらの答弁もせずに欠席すれば，直ちに訴訟は終結し敗訴判決を受けることとなる可能性が高いことも別項（「答弁書」）で述べたとおりである。

　五　なお，本案という概念は，第一審手続だけでなく上訴審（控訴審，上告審）においても観念できる。上訴手続では，それぞれの上訴において上訴人によってなされた不服申立の当否が当該上訴審における本来の審判対象となり，それが当該審級における本案である。したがって，その不服申立に対して被上訴人が認否・反論をすることが，その手続での本案に対する答弁となる。これに対して，上訴手続の適否など，原判決の当否に立ち入る前提での問題が，そこでの本案前の問題となる。さらに，再審手続においても同様な概念を用いることができる。

　　学校事故の訴訟において本案に対する答弁をする際には，どのレベルで原告と争うのかの方針を明確にしておく必要が

Ⅵ 損害賠償請求訴訟の過程

ある。安全配慮義務の存在自体を争うのか。当該義務はあるが，過失ないし責に帰すべき事由はなかったとするのか。過失はあったが被害者の過失相殺が大きいことを主張するのか，時効の主張をするのか等である。そのような構想に沿った組立で答弁しなければならない。

【参考条文】
　民事訴訟法 158 条，159 条

口頭弁論手続

質問

教員同士で勉強会を作り，学校事故の問題を研究しておりますが，裁判手続についてもテーマにしております。そこで，口頭弁論手続の進め方について教えていただきたいのですが。

回答　口頭弁論手続は，民事訴訟の手続の中核をなすものであり，原則として裁判所の法廷において裁判所の定めた期日に行われ，ここで訴訟当事者（原告，被告等）はその主張を展開し，それを立証する。いわば，当事者間の攻撃・防御の場である。裁判所はこの口頭弁論手続で提出された資料に基づいて判決を下すこととなる。

解説　一　当事者間の権利義務に関する法的紛争を解決するための裁判手続は，純然たる訴訟手続によって行わなければならない。それが憲法で保障される裁判を受ける権利の内容である（憲法32条，82条1項）。では，「純然たる訴訟手続」とは何かというと，それは逆にいうと基本的人権たる裁判を受ける権利を十分保障するに値する内容でなければならないといえる。その内容としては，憲法が定めるとおり公開法廷で審理・判断を行わなければならないという公開主義（憲法82条1項），審理に際しては当事者が口頭でその主張等を述べなければならないという口頭主義（民事訴訟法87条1項本文），審理に直接関与した裁判官が判決を下さなければならないという直接主義（民事訴訟法249条1項）などが基本的な原理とされている。もちろんこれら各原則には，例外を許す規定もあり絶対的な原理とまではいえないが，近代的な人権保障に資する民事訴訟を支える原理としての意味では重要なものがある。民事訴訟を提起した当事者は，裁判所において口頭弁論手続を行うことになるが（民事訴訟法87条），具体的な審理の場となるその口頭弁論手続には，これらの原理が織り込まれている。

右に述べたとおり，民事訴訟の当事者は裁判所において口頭弁論を行わなければならない。その意味は，口頭弁論手続において主張され提出された資料のみが裁判所の判決の判断材料になるということである。

　二　口頭弁論手続の進行をどのように図るか，口頭弁論を行う期日をどのように指定するかという審理の進め方については，裁判所がそれを決定する建前がとられている（職権進行主義）。例えば，口頭弁論は裁判長が指揮するものとされ（民事訴訟法148条），期日は裁判長が定めるものとされ（同法93条1項），裁判所は，複数の訴訟が提起されているような場合に，それを分離しあるいは併合するなど決定することができ（同法152条1項），裁判所はいったん終結した審理を再開することもできる（同法153条）。これに対して，訴訟における審理対象（争いになっている法律関係など）については，その処分などは当事者に任されている（処分権主義，弁論主義）。

　三　具体的な口頭弁論手続の進行は，以下のようになる。

　1　原告から訴状が提出されると，訴状の副本が呼出状とともに被告に送達される。呼出状には指定された第1回の口頭弁論期日が記載されている。そして第1回目の期日が開かれ，当事者（あるいはその代理人）が裁判所に出頭し口頭弁論手続が始まる。なお，口頭弁論手続は，先に述べたとおり，当事者が出頭し手続において口頭でその主張を述べることが必要であるから，第1回目の口頭弁論期日に当事者が出頭しない場合は，原告の訴えの内容も被告のそれに対する答弁も裁判所に提出されないこととなり，裁判所としては審理判断すべき内容を得ることができない。そこで，第1回目の期日に限り当事者が欠席しても，既に提出してある原告の訴状や被告の答弁書がある場合には，その内容を当事者が出廷して口頭で述べたものとみなすこととしている（民事訴訟法158条）。

　このようにして原告の訴状記載の内容が口頭で提出され，同様に被告の答弁書が提出され（たいていはこの段階までが第1回の口頭弁論期日で行われる内容である。），さらに，相互に自らの主張や相手方の主張に対する反論などが準備書面という文書で提出され，それとともに口頭弁論も第2回，3回……と展

開されていくこととなる。なお，このような書面を提出するだけの手続は，他の事件（やはり書面を交換することが目的の事件）といっしょに，30分間に数件（あるいはそれ以上）も処理されるので，ある事件について見れば，その期日はものの数分の間に終わるのである。

なお，口頭主義の結果，「口頭で述べる」といっても，実際の裁判では当事者が準備した書面をすべて読み上げることなどはせず（そうしなければ 裁判所は数ある事件をとうてい処理し切れない。），裁判官から「提出した書面のとおりですね」と問われて「はい」と答えるだけである。これで口頭主義を満たしたこととしているのが実情である。

口頭弁論は，数期日にわたって行われても，同時に行われたものと観念される。そして，当事者の弁論も証拠調べの実施も，どの段階までにしなければならないというような制限はない。口頭弁論が続いている間は，どの段階で行っても判決の資料として同一の効果が生ずるのが原則である。つまり，当事者は攻撃防御方法を適切な時期であればいつでも提出できるのが建前である（民事訴訟法156条）。しかし，当事者が主張や証拠提出をなかなかせず訴訟が遅延するおそれもあるので，時機に遅れた攻撃防御方法や釈明に応じない攻撃防御方法は却下されうること（民事訴訟法157条），争点整理手続を経た後に攻撃防御方法を提出した当事者には，相手方に対する理由説明義務が課されること（同167，174，178条）などが定められている。

2　この間に，原告も被告も双方が必要だと考える証拠を提出する。証拠で最も一般的なのは書証である。書証とは文書の形で提出される証拠である。書証は準備書面などといっしょに提出されることもあれば，その回の期日には証拠の提出のみを行うということもある。なお裁判所は争点整理のための手続として準備的口頭弁論（民事訴訟法164条以下），弁論準備手続（同168条以下），書面による準備手続（同175条以下）を利用することができる。

3　さらに，以上のように訴状，答弁書，準備書面で双方の主張を整理し，同時にこれらの書面で行った主張を立証するための書証を提出するが，これらのいわば書類の交通整理の次には，人証の尋問が通常行われることとなるの

で，尋問を実施してもらいたい人証の候補を書面で提出しておくことが必要である。

そして，人証の取調べが行われる。もちろん，事件内容によっては人証の取調べを行うまでもないものもある。人証には，当事者本人，第三者たる証人（第三者といっても，当事者と相当利害関係の深い者が証人となる場合は珍しくない。）がある。人証の取調べには最低でもある程度まとまった時間（1人1時間程度）が必要になるために，そのための期日を設けることとなる。1回の期日に1人の人証の尋問を行うことが多いが，尋問時間が短くて済むことが予想される人証であれば，そのような人証を1期日に2人あるいはそれ以上こなすことも珍しくない。

4　人証の取調べが終了すれば，その事件は概ね大詰めを迎えたと考えてよい。特に当事者に書面で補充してもらう必要がある事項などがなければ，裁判所としては判決の準備を意識することとなろう。したがって，当事者間に和解の気運等が存しなければ，裁判所はその訴訟の口頭弁論を終結し判決言渡期日が指定されることとなる。なお，判決の言渡期日は当事者が出廷しなくともそのまま実施することができるので（民事訴訟法251条2項），裁判所は当事者が在廷しなくとも判決を言渡し，その判決書を当事者に送達する。

5　以上が口頭弁論手続全般の概要である。現状では，第1回目から判決言渡期日までは，早ければ数か月程度で足りる場合もあるが，中には年単位の時間を要する場合も珍しくない。

四　なお，口頭弁論手続の間によく行われる期日に和解手続がある。

裁判所は，訴訟がいかなる程度にあっても和解を試みることができる（民事訴訟法89条）。和解締結を目指して裁判官が仲介に入り，当事者間の譲歩の調整を行うことは毎日のように裁判所でみられる光景である。このために裁判所は期日を設け，当事者の出頭のもと和解を試みる。しかし，この試みのための場所は裁判官の執務室ないしそれに付属する部屋で行われることがよくある。口頭弁論手続は公開の法廷で行われることが必要であるから，この和解のための手続は口頭弁論ではない。しかし，裁判所が行う当事者間の紛争解決のため

の努力の一つとして必要不可欠の制度となっている。

　五　一審で終局判決が下され，それに対して控訴が提起されると，その訴訟は控訴審へ移行するが，控訴審が開始されると，そこでは，第一審で終結された口頭弁論手続をその終結時点から引き続き行うこととなる。つまり，従来行われた口頭弁論がそのまま（裁判所が代わっただけで）続いているものとして扱われるのである。このような控訴審の構造を続審制という。控訴審でも新たな主張を行い，証拠を提出することも可能である。

　これに対して上告審手続は事後審たる法律審であり事実認定については自らは行わず，控訴審の認定した事実を前提にするので，基本的には口頭弁論を開かず書面のみによって法律問題たる上告理由や上告受理の理由の有無を検討することとなる。

　なお，上訴手続全般については別項を参照されたい。

アドバイス　　民事訴訟手続を理解するためには，法を事実にあてはめ結論を出すという法的三段論法，主要事実と間接事実との区別，主張と証拠の峻別等の原理についての理解が不可欠である。その上で手続の流れを把握されたい。

　【参考条文】
　民事訴訟法中本文中に引用したもの。

VI 損害賠償請求訴訟の過程

 証拠調べ

質問

公立学校の教員をしておりますが，運動部の顧問も担当しています。夏の合宿中に事故があり，父兄からの訴えで裁判が始まっていますが，学校側からは私も証人として呼ばれることになるだろうといわれました。そこで，自分が出廷する前に裁判での証拠調べの手続一般をひととおり知っておきたいと思いますので，説明してください。

回答　質問の場合，あなたが被告として訴えられているのであれば当事者尋問として，訴えられていないのであれば証人尋問として，出廷して尋問を受けることとなる（これらを人証という）。尋問は，あなたの証拠調べを申請した側による主尋問，他方当事者による反対尋問，裁判官による補充尋問等に分かれる。その他，民事訴訟における証拠調べ手続には，書証，鑑定，検証等がある。

解説　一　民事訴訟では，当事者は自ら欲する法律効果を得ようとして，その法律効果の発生を規定する法条を適用するための要件である事実の存在を主張する。例えば，相手方に不法行為責任としての賠償義務があるという法律効果を主張するためには，そのための要件である「故意または過失によって違法に他人の権利を侵害した」（民法 709 条）という法規定に該当する具体的な事実を主張しなければならない。このようにして当事者によって主張された事実は，自白が成立した場合（相手方がその事実の存在を認めた場合）か公知の事実のように裁判所に顕著である場合（これらを不要証事実という。民事訴訟法 179 条）を除いて，当事者が裁判所に対してその存在を確信させるために証明しなければならない。その証明のための手続が証拠調べである。

なお，民事訴訟法では証拠調べの対象たる証拠は当事者の提出したものに限

331

るのが原則である。これは民事訴訟の基本原理たる弁論主義の一つの内容をなすものであり，当事者の申立を待たずに裁判所が自ら職権で証拠を取り調べること（職権探知主義）はしないということである。しかし，当事者尋問のようにその例外も存する（民事訴訟法 207 条）。そこで，証拠はまず当事者がそれを取り調べてもらうための申し出をして，裁判所がその採否を決する。不必要な証拠であれば裁判所は取り調べることを要しない（同法 181 条 1 項）。

二　証拠調べといっても対象たる証拠の別によって手続も異なる。

1　証人尋問　証人の体験した事実を記憶に基づき供述したものを証拠とするものである。証人は当事者が申請して裁判所がその採否を決定する。証人は宣誓したうえで尋問を受け供述する。一定の場合には宣誓拒絶権，証言拒絶権が認められている（民事訴訟法 201 条，196 条，197 条）。尋問は，まずその証人を申請した側が主尋問を行う。その後その相手方が反対尋問を行う。裁判官も随時証人に対して尋問を行うことができる（同法 202 条 1 項，2 項，民事訴訟規則 113 条 3 項）。証人尋問の結果は裁判所書記官が調書として記録する。わが国の裁判権に服する者はすべて証人義務（出頭義務，宣誓義務，供述義務）を有し，正当な理由なく出頭しない者は勾引されることがある（同法 194 条）。いかなる者も証人たるべき資格を認められるのが現行法の原則であり，証人能力を制限する規定は存在しない。なお，遠隔者についてのテレビ会議システムによる尋問手続（204 条），尋問に代わる書面提出の制度（205 条）も存する。

2　鑑定　裁判官の判断能力を補充するために，法規や経験則についての専門的知識を有する者にその知識や意見を報告させる証拠調べ手続であり，裁判所の命令によって報告するのが鑑定人である。よく行われるのは，不動産に関する訴訟においてその不動産の価格がいくらかにつき鑑定人（多くは不動産鑑定士）に意見を述べさせる場合である。鑑定人は裁判所が指定する。鑑定人も宣誓義務（良心に従って誠実に鑑定すること）を負う。鑑定は専門的学識経験を有する者にその作業を依頼するため，旅費，日当および宿泊料のほかに相当の鑑定料を鑑定人に支払う必要があることから，鑑定を申請する者はその訴

訟で敗訴した場合はその費用を負担する可能性を考慮しなければならない。

　3　書証　　文書に記載された意味内容を証拠とする場合であり，最もポピュラーな証拠調べである。書証を裁判所に申し出るにはその文書を提出するのが基本である。文書の提出は，通常は対象となる文書の原本を裁判所と相手方に示すだけにして，そのコピーを代わりに提出して行う（民事訴訟規則137条1項，民事訴訟法227条参照）。書証を裁判所に申し出る方法としては，さらに，自ら対象たる文書を所持しない場合に，それを所持する者をして裁判所にその文書を提出させるように裁判所に命令を出してもらうことを申し出るという手段もある（民事訴訟法221条）。一定の場合，ある文書の所持者はその文書を立証に使用せんとする者に対してその提出を拒むことができないとされているからである（文書提出義務，民事訴訟法220条）。その申立が理由ありと認められる場合は，裁判所は所持者に対して文書提出命令を発する（同法223条）。この制度は，相手方の手持ち証拠を包括的に開示させる制度をもたないわが国の民事訴訟においては，立証手段収集のための重要な手段である。

　さらに，これとの関連で実務上よく用いられる方法は，文書の所持者に対してその文書を裁判所に送付するよう裁判所から嘱託してもらうよう申し立てることである（民事訴訟法226条）。通常，送付嘱託の申立等とよばれている。

　文書については，まず，その文書が文書を作成したとされる名義人によって作成されたのかどうか（文書の真正の問題）が問題となる。これはその文書の記載内容が真実であるかどうかとは別の問題である。これが認められてはじめてその文書の記載内容が意味をもってくるのである。この文書の真正については，民事訴訟法上いくつかの規定が存する（同法228条）が，重要なのは同条4項で，私文書については，本人の署名または捺印があるものは真正な（つまり名義人本人が作成した）文書であると推定されることとなる。その結果，本人の印鑑が押してある文書は，その本人は「自分は作ったことはない」と否定することが難しくなるということである。

　4　検証　　事物や人体の形状・性質につき裁判所が直接に裁判官の五官作用によって事実判断を行う証拠調べ手続をいう。検査の対象となるものを検証

物という。例えば、ある学校の臨海教室で溺死事故が発生して、その賠償問題につき訴訟が提起された場合に、裁判官が事故が発生した海岸付近の状態を把握するために、当該現場に赴いてその状況を感得する場合には、この検証手続が行われる。文書も、その記載された意味内容ではなく、その筆跡や印影等を証拠にする場合は、検証手続で行われる。検証の手続は概ね書証の場合に準ずる（民事訴訟法232条1項）。

5　当事者尋問　訴訟当事者本人を証拠方法としようとする時は、当事者からの申し出により、あるいは裁判所の職権で当事者本人の尋問をすることができる（民事訴訟法207条1項）。当事者の経験した事実について尋問し、その応答を証拠資料とするための手続である。当事者はその裁判に最も利害関係を有しているものであり、その結果、場合によっては虚偽の供述さえも行う可能性があるという点では、その陳述は証拠価値が低い。しかし、実際の裁判の証拠調べでは、人証の順序としては、他の証人を差し置いて当事者本人が採用されることが珍しくない。当事者というのは、そこで争われている事実につき最もよく知っている場合が多く、裁判官も当事者本人から先に事情を聞くことによってその紛争の核心に早く迫ることを期待できるから、証人尋問の先行が原則という法の規定（同207条2項）にもかかわらずこのように当事者尋問を優先させるのである。

6　当事者照会制度　訴訟における証拠収集手続の拡充のために、当事者間で裁判所を介さずに、主張または立証を準備するために必要な情報について相手方に対して書面での回答を求められるという制度である（同163条）。条項の位置は口頭弁論の準備のための制度の中にあるが、証拠収集方法としての重要性も高い。

　三　前述したところは、訴訟手続が開始されてから後に、その手続上で行われる証拠調べであるが、ケースによっては、このように訴訟を提起してから、その期日が開始されるのを待って証拠調べの申し出をするなど、悠長なことをしている余裕などないことがある。相手方が証拠を隠滅するおそれがある場合、重要な証人が余命いくばくもない場合などである。このような場合のため

VI 損害賠償請求訴訟の過程

に用意されているのが証拠保全手続である（民事訴訟法234条）。医療過誤訴訟の提起を準備する際に，相手方たる病院内に存するカルテにつきその内容を保全するなどとして利用される。証拠保全の具体的手続は，対象たる証拠物の種類によって，前記した各証拠調べ手続が適用される。

　四　以上が証拠調べ手続の概要であるが，民事訴訟では訴訟の進行については裁判所が主導権をもっている（職権進行主義）ので，ある証拠の採用，その取調べの仕方，所要時間等につき裁判所の方針が強く反映されるのが実情である。

　証拠調べを有効に進めるためには，各証拠調べ手続の研究のほかに，いかなる証拠がどのようにして入手可能であるのかを知る必要がある。

【参考条文】
民事訴訟法第二編第三章の規定

判決の内容

質問

　私立高校の管理職の教員ですが，当校における学校事故に関して当校を被告として提起されていた訴訟の第一審が先日結審しました。担当弁護士からは，判決の予想は微妙であると説明されました。そこで，一般的な判決の勝訴，敗訴の区別などを説明してください。

回答　民事訴訟の判決では，事件に対する当事者の申し出に応答する終局判決が最も重要であり，この終局判決には，当事者からみれば，全部勝訴判決，一部勝訴判決，全部敗訴判決がある。その他，訴訟要件の欠如を理由とする訴訟判決もある。

解説　一　訴訟が裁判に熟すると裁判所は終局判決をすることとなる（民事訴訟法243条1項）。判決はいくつかの観点で分類できる。その訴訟を最終的に解決するかどうかで終局判決と中間判決（同法245条）に分けることができ，また，その訴訟の全部につき判決するのかどうかで全部判決と一部判決（同法243条2項）に分けることができる。さらに，訴訟要件の具備についての判決か本案（原告がその訴訟で獲得せんとして提示した申立内容）についての判決かで訴訟判決と本案判決に分けることができる。これらは，判決の対象について法的観点から分類したものであるが，本案について原告の目的が達せられたかどうかという観点からも全部勝訴，一部勝訴，全部敗訴の各判決を考えることができる。以下，この本案について原告の目的の達成いかんの観点を中心に説明する。

　二　原告勝訴判決

　1　全部勝訴判決　原告の本案についての申立がすべて裁判所によって認められた判決である。つまり，原告の訴状に記載された請求の趣旨の記載内容と終局判決の主文の記載内容が，文章表現の細部は別として一致する場合をい

VI 損害賠償請求訴訟の過程

う。原告の請求の全部または一部を認容する判決は，訴えの種類に応じて，給付判決（給付訴訟の場合），確認判決（確認訴訟の場合），形成判決（形成訴訟の場合）に分類できる。

原告が，一つの訴訟で一つの請求のみを申し立てていた場合は，それに対する全部勝訴判決というのは明瞭である。しかし，原告が一つの訴訟手続で複数の請求を申し立てている場合（例えば，1人の被告に対して別個の請求をあわせて申し立てている場合）は少々複雑になってくる。

まず，原告がいくつかの請求を申し立てているが，その各請求の間に他の請求が認容されることと無関係にすべての請求について審判を求めるという場合（この形態を単純併合という。）は，すべての請求について原告の申立が認容されることが原告の全部勝訴となる。

次に，原告がその申し立てた数個の請求のうち，どれか一つについて認容判決をもらえれば，他の請求については審判してもらう必要はないという場合がある（この形態を選択的併合という。このような併合形態が認められるかどうかは訴訟物に関する解釈の違いから議論が存する。）。この場合は，裁判所が原告の申し立てた請求のうち，どれでもいいから一つだけ認容すれば，他は審判の必要なしとして原告がその申立を撤回（法律的には申立が解除条件付きということとなる。）するので，結局，請求がただ一つ残るのみとなり，それが認容されていることからつまり全部勝訴判決となる。

さらに，第一次（主位）の請求が認容されない場合に備えて，第一次（主位）の請求が認容された場合には撤回することとして（法律的には解除条件付きということとなる。），第二次（副位）の請求についても予備的に審判を申し立てる場合がある（このような形態を予備的併合という。）。裁判所は，第一次の請求を認容するときには第二次の請求を審判する必要はなくなるが，逆に第一次の請求を棄却するときは第二次の請求につき審判しなければならなくなる（最二小判昭38.3.8民集17・2・304 はそのような例）。このような形態の申立は，第一次と二次との請求が両立しない関係にある場合に用いられる。この場合は，第一次の請求を認容する判決は原告の全部勝訴判決となる。第一次請

求が認容されることによって第二次請求は申立がなかったこととなるからである。第一次請求を棄却して第二次請求を認容する判決は，結局は原告の請求を認めてはいるものの，第一次請求を退けている点で全部勝訴判決とはいえない。

このような関係は，一つの訴訟手続で被告が複数存在する場合にも考えることができる。

2 一部勝訴判決

一部勝訴判決とは，原告が申し立てた救済要求のすべてが裁判所によって認容されることとはならず，その一部分のみが認容された場合の判決である。

この場合，そもそもこのような一部だけ勝たせる判決ができるかどうかの問題が存する。民事訴訟法246条は「裁判所は，当事者が申し立てていない事項について，付判決をすることができない」と定める。これは，原告が100万円を請求しているところを150万円認容することはできないという，原告の救済の上限を画する意味のほかに，原告が「全部を認容してもらえないならば一部だけ認容する判決など欲しくない」という意思を有している際にも一部認容判決をすることができるか，という形で問題となる。この点については，分量的な一部の認容とみられる場合は通常原告の意思には反しないと考えられており，また，無条件の給付請求に対して条件付きの給付判決（例えば引換給付判決）をする場合も，原告の申立の趣旨から逸脱しないものと通常考えられているので，そのような判決を下すことは可能である。

三 原告敗訴判決

原告の申立が裁判所によって認められなかった場合が原告敗訴判決であり，これには原告が部分的に敗訴した場合と申立のすべてが認められなかった場合とがある。原告が部分的に敗訴した場合とは，敗訴部分以外は勝訴しているのであるから，それは裏からいえば原告の一部勝訴判決であり，既に述べたところである。原告の請求を理由なしとして棄却する判決は，その請求の内容たる権利ないし法律関係の不存在を確認するものでその性質は確認判決である。

原告が複数の請求につき単純併合をしていた場合は，原告全部敗訴判決とは

Ⅵ 損害賠償請求訴訟の過程

その複数の請求すべてについて原告が敗訴した場合である。予備的併合の場合も，原告の申し立てた第一次，第二次のいずれの請求も裁判所によって排斥される可能性もある。選択的併合の場合は，裁判所は原告を全部敗訴させるためには原告が提示した数個の請求のすべてを棄却しなければならない。

なお，原告の敗訴判決という中には，次に述べる，原告の訴えが訴訟要件を欠いていたために訴え却下判決が下された場合も含む。

四 訴え却下判決

原告の訴えが，本案判決をするための前提要件である訴訟要件を欠いていたために，本案について裁判所が応答することができず，いわば門前払いをされてしまうというのが訴え却下判決である。この判決は，本案判決に対して訴訟判決ともよばれる。訴訟判決が下されても，原告が欠けていた訴訟要件の補充に成功すれば，再度同様の訴えを提起することができる。

 一部判決に関しては，控訴審手続との関係でもその審判対象の範囲等との関連で理解しておく必要がある。

【参考条文】
民事訴訟法243条1項，2項，245条，246条

Q75 控訴手続

質問

私の娘が，参加した高校の山岳部の合宿で転落事故に遭い，重傷を負いました。そこで，弁護士を選任して損害賠償の裁判を起こしたのですが，一審で負けてしまいました。現在，控訴するかどうか迷っています。そこで，控訴についての手続，控訴した後の審理の進め方など，控訴についての全般的なことを教えてください。

回答

民事訴訟の第一審の終局判決で敗訴した場合は控訴の利益があり，控訴の申立をすることができる。控訴申立は控訴状の送達を受けてから2週間内に行わなければならない。控訴審は続審主義として第一審の口頭弁論を再開して審理を継続するもので，控訴審で新たな主張や証拠の提出をすることができる。

解説

一　控訴とは，民事訴訟における上訴手続の一つである。上訴とは，裁判が確定しない間に上級裁判所へその取消しないし変更を求めて不服申立を行うことをいう。上訴制度は不当な判決から当事者を救済するために，また上級審（最後は唯一の最高裁判所）による法令の解釈適用の統一のために存在する。上訴には控訴，上告，抗告の3種があるが，終局判決に対する上訴は控訴と上告である。

控訴とは，このように第一審の終局判決に対する第二の事実審への上訴であり，控訴審手続を開始させる申立行為である。控訴審手続は，第一審判決に対する控訴人による不服の当否を審理判断するために必要な限度で，判決手続により事件についてさらに事実認定と法律判断を行うものであり，そこから第二の事実審といわれるのである。このような制度を続審制という。これに対して上告手続は，原判決が違法かどうかを，事件の事実関係を自ら認定しなおすという方法で検討することをせず，その手続経過や判断の当否を事後的に法的側

面から審査するだけであり，法律審とよばれる。また，刑事訴訟手続の控訴審も前審の記録をもとにして原判決の当否を審査する事後審である。

　二　控訴を提起するためには，控訴人に不服の利益がなければならない。つまり，控訴人が第一審においてそのなしたる申立の全部または一部が排斥された場合でなければ，控訴を提起する利益がないこととなる。したがって，一審で全部勝訴判決を得た当事者は控訴を提起することができない。判決の理由中の判断に不服が存在しても，結局，主文において勝訴している場合は不服の利益はない（最三小判昭31．4．3民集10・4・297）。なお，訴え却下判決（訴訟要件が欠けているとして原告の本案申立の当否に触れずに下された訴訟判決）に対しては，本案申立が理由なしとして請求棄却を申し立てた被告が控訴することは許される。

　三　控訴の申立は，原審の判決の送達を受けてから2週間のうちに控訴状を第一審裁判所に提出して行う（民事訴訟法286条1項）。控訴状には定められた額の印紙を貼付しなければならない（例えば，原告勝訴による経済的利益が100万円の訴訟を第一審に提起するには，印紙額は8600円であるが，第一審で敗訴した原告がさらに控訴する場合は，その1.5倍の1万2900円分の印紙を納める必要がある。）。控訴が適法に提起されれば原判決の確定は防止され，その事件は第一審裁判所を離れて控訴裁判所へ移る（移審するという。）。なお，いったん提起した控訴の申立も取り下げることはできる（控訴審の終局判決がある前までにしなければならない。）。控訴を取り下げれば控訴は遡って効力を失い，控訴審手続も終了する。しかし，控訴手続だけが終了するのであって，第一審の結果には影響を与えず原判決は残ることとなる。この点で訴えの取下げと異なる（訴えを取り下げると第一審手続を含めて全手続が遡ってなかったこととなる。）。なお，控訴の取下げには相手方の同意は必要ではない（これも訴えの取下げと異なる点である。）。相手方が付帯控訴をしていても同様である。

　四　控訴審手続では，控訴申立が適法になされたかの点と，控訴人が申し立てた第一審判決に対する不服が認められるかどうかの点を審理判断する。控訴が適法になされていなければ，控訴申立は却下されることとなる（第一審にお

ける訴訟要件が欠けている場合に相当する。)。後者の不服の当否であるが，この控訴人による不服の主張ないし原判決変更の救済要求が第一審における原告による申立に相当するものであり，これが上訴審である控訴手続での本案となる。そして，上訴審たる控訴裁判所はこの不服の範囲を越えて原判決を変更することはできない。

　控訴審手続では，第一審でいったん終結した口頭弁論を再開して審理を続行することとなる。第一審での訴訟資料や証拠資料は控訴審でも同様に資料になり，第一審でなされた訴訟行為はすべて控訴審でもその効力を維持する。このように控訴審の手続では，第一審で収集された資料を基礎にして，それに加えて控訴審で新たに収集された資料をもとに，控訴人が申し立てた原判決に対する不服の当否を判断することとなる。したがって，当事者は控訴審の口頭弁論終結に至るまで，さらに攻撃防御方法を提出することができる。なお，控訴審での新たな攻撃防御方法の提出については，裁判長による期限設定により手続の迅速化が図られることがある（同法301条）。

　五　控訴手続でも裁判に熟するときは裁判所は終局判決をすることとなる。その内容は以下のようなものである。

　　1　控訴却下　　控訴の要件が欠けた場合になされ，当該控訴を不適法とする訴訟判決である。

　　2　控訴棄却　　控訴（または付帯控訴）による不服の申立を理由がないとして排斥し原判決を維持するものである。控訴棄却の判決が確定すれば原判決も確定することとなる。

　　3　控訴認容　　控訴人による不服の申立を理由ありとする本案判決である。その内容は，原判決で不当であった部分の取消しと，取り消された部分に関する訴えに対する応答である（原判決を取り消すとその部分につき訴えに対しての裁判所の応答がなくなってしまうので，さらに応答しなければならない。）。この場合，控訴裁判所としては事実審として自ら審理判断したところから，自らその判断を示すことが原則となる（これを自判という。）。しかし，第一審が訴え却下判決の場合は第一審は本案につき全く審理をしていないことに

もなるので，当事者の審級の利益（自分の申立を三審制の訴訟手続において主張できる利益）を確保するために，その事件を第一審へ差し戻して本案についての審理を行わせることとなる（民事訴訟法307条）。また，それ以外でも，第一審の審理に重大な欠陥が存する場合には，当事者の審級の利益を保護するためにも第一審の審理をやりなおすことが適当な場合もあるので，控訴裁判所は事件を第一審に差し戻すことができる（民事訴訟法308条1項）。その他，第一審判決専属管轄違背で取り消す場合には，管轄権のある別の第一審裁判所へ移送する（同法309条）。

|アドバイス| 控訴審手続は続審制であり，自ら事実認定を行い訴訟資料の提出も行えるのであるが，実際上第一審で必要な証拠調べが行われている限り，控訴審でさらに証拠調べを展開する余地は少ない。人証の申請をしても，既に第一審で行われた人証調べでは補えないような事情がなければ，その申立は排斥されてしまう可能性も強い。

【参考条文】
民事訴訟法281条，285条，286条，296条，301条，304条，307条

上告手続

質問

　私立中学の臨海学校に参加した娘が，水泳実習中に溺死しました。私達が起こした裁判は，第一審で事故は不可抗力だとして負けてしまいました。しかし，私達はこの判決に納得はしていませんので，なお上訴して争おうと考えていますが，最後まで争っても勝てるかどうか，見通しがなかなかつきません。最後は最高裁判所があると思いますが，最高裁判所はどのような上訴でも受け付けてもらえるのでしょうか。上告手続について総合的に教えてほしいのですが。

回答

　民事訴訟の第二審で敗訴した場合，民事訴訟法の定める上告理由が存在する場合にのみ，上告をすることができる。上告審での審理は，第一審，控訴審と異なり，基本的には事実認定は行わず民事訴訟法の定めた上告理由が存在するか否かの法律的観点での審理をするのみであるので，控訴審の事実認定に不服があるというだけでは上告をすることはできない。

解説

　一　上告とは，控訴・抗告と同じく民事訴訟における上訴手続の一つである。上訴とは，裁判が確定しない間に上級裁判所へその取消しないし変更を求めて不服申立を行うことをいい，上訴制度は不当な判決から当事者を救済するために，また上級審（最後は唯一の最高裁判所）による法令の解釈適用の統一のために存在する。上訴には控訴，上告，抗告の3種があるが，上告は控訴とともに終局判決に対する上訴手段であり，抗告とは決定や命令に対して独立に許される上訴である。上告は，控訴審の終局判決に対する法律審への上訴であり，法律審たる上告審手続を開始させる申立行為である。法律審であるということは次のような点からである。まず，上告審は，原判決をもっぱら法令に違背するかどうかの観点から審査するものである。したがって，上告をして原判決を争うためには，単に原判決中の敗訴部分が不服であるというだけでは足りず，原判決の法令違反たる点を併せて主張しなければなら

ない。次に，上告審は原判決が違法かどうかを審理するのであるが，その事件の事実関係を自ら認定しなおすことはしない。単に，事後的に原判決の手続や判断内容を審査するのである。つまり，原判決が行った事実認定はそのまま前提とすることとなり，当事者は，新たな事実の主張や証拠の申し出をして原判決と異なる事実の認定を求めることはできないのである。

上告は，控訴審の終局判決に対する上訴であることが基本だが，飛越上告の合意がなされた場合（民事訴訟法281条1項但書）や，高等裁判所が第一審として判決した場合（公職選挙法203条，特許法178条，独占禁止法85条）には，例外的に第一審判決に対して直ちに上告をすることができる。

なお，この上告制度とは別に上告受理制度がある。これは最高裁判所が取り扱う事件を憲法違反と絶対的上告理由に限定し，それ以外の法令違反等の理由については上告理由から外すことによって最高裁判所の負担を軽減することを狙った制度である。この制度では上告理由とは別に，判例違反等の法令の解釈に関する重要な事項を含む事件につき，最高裁判所に上告受理を申し立てるのであるが（民事訴訟法318条1項），申立を排斥する決定に対して不服申立の道が存せずいずれの決定をするかは最高裁判所に委ねられる。受理決定がなされると上告の効果が生ずるものとされている（民事訴訟法318条4項）。

二　上告を申し立てるためには，その当事者に上告の利益（不服の利益）がなければならないことは，控訴の申立の場合と同様である。つまり，上告人が控訴審判決によって不利益を受けた場合でなければ上告を提起する利益がないこととなる。どのような場合にその利益が認められるのかについては控訴手続についての解説を参照されたい。

次に，先にも述べたとおり不服の利益以外に上告理由がなければならない。これには3種類ある。

第一の上告理由は民事訴訟法312条1項に規定されており，原判決に憲法違反が存することである。しかし，その違反があることによって判決に影響を及ぼすことが明らかな場合である必要があるか，必ずしも判決への影響が明らかなことは必要でないかは考え方が分かれている。

第二の上告理由は，絶対的上告理由とよばれるもので，民事訴訟法312条2項に規定されている。この規定の設けられた趣旨は次のようなものである。原判決に法令違背が存した場合も，その違反が原判決の判断内容に存すれば，判決の結果に対する影響もはっきりわかる場合が多いであろうが，原判決の手続に違反が存した場合は，結果への影響の有無ははっきりしない場合が多くなってしまうことが予想される。そこで，一定の重大な手続上の過誤については，判決に影響を及ぼしたかどうかを問わずに常に上告理由となるものとしたのがこの規定である。そこには6種類の理由が規定されているが，実務でも多く利用されるのが6号のいわゆる理由不備，理由齟齬である。理由不備とは理由が全くつけられていない場合はもちろんのこと，理由の一部を欠く場合も含む。理由齟齬とは，理由はつけられているが，理由自体に矛盾があるために判決主文の結論に至る過程が明らかでない場合である。
　なお，この絶対的上告理由は再審事由（民事訴訟法420条）と同様なものが含まれているが，中には再審事由ではあっても上告理由ではないものがある。これについては，再審事由とされるほど重大な事由であること，また，民事訴訟法338条1項但書の趣旨からすれば上告理由にもなると解釈すべきだと考えられている（最二小判昭38.4.12民集17・3・468）。
　第三の上告理由は，高等裁判所に対する上告の場合（簡易裁判所が第一審の場合は高等裁判所が上告審となる。）である。判決に影響を及ぼすことが明らかな法令違反が上告理由に加わる（民事訴訟法312条3項）。
　なお，上告理由とは別に，前述した上告受理申立制度では判例違反等の法令の解釈に関する重要な事項が存することが申立理由となる（同法318条1項）。
　三　上告の申立は，原審の判決の送達を受けてから2週間のうちに上告状を原裁判所に提出して行う。印紙（第一審へ訴状を提出する際の2倍の額となる。）を貼付しなければならないことも控訴手続と同様である。上告が適法に提起されれば原判決の確定は防止され，その事件は原審裁判所を離れて上告裁判所へ移る。上告人は，上告状中に上告理由を記載しない場合は，上告受理通知を受けてから50日以内に上告理由書を提出しなければならない。仮に，上告

VI 損害賠償請求訴訟の過程

理由書を期間内に提出しない場合は補正命令を経て原裁判所は上告却下決定を下すこととなる。

　上告すべき裁判所は，基本的には最高裁判所であるが，地方裁判所が第二審としてした終局判決に対する上告および簡易裁判所の第一審判決に対する飛越上告は，管轄の高等裁判所に対して行う。ただし，高等裁判所が上告裁判所の場合に一定の事由が存する場合は，解釈の統一を図るために当該高等裁判所は事件をさらに最高裁判所へ移送しなければならない（民事訴訟法 324 条，民事訴訟規則 203 条）。

　四　上告審手続では，上告人によって提出された上告理由をもとに，申し立てられた不服の限度でのみ原判決の当否を審理判断する。上告受理申立が受理された場合は，上告受理申立理由が上告理由とみなされるのが原則である。

　上告審での審理は法律問題に限られるために，上告状，上告理由書，答弁書などの当事者から提出された書面が審理の中心的な対象となる。そのため，審理の結果，上告理由が認められない場合には，口頭弁論を開かずに判決で上告を棄却することができる（民事訴訟法 319 条。なお，民事訴訟法 317 条 2 項により最高裁判所が上告裁判所である場合に，上告の理由が明らかに同法 312 条に該当しない場合には，判決ではなく決定で上告を棄却することができる。）。民事訴訟において本案判決（上訴手続では不服申立に対する応答）をする場合は，口頭弁論に基づいて行うのが原則である（民事訴訟法 125 条はこれを要求する。）が，法律審たる上告審としての性格から書面審理だけで判断が可能であるので，例外が認められている。これに対して上告理由ありとして上告を認容する場合は，口頭弁論を開くことを要し，その結果原判決を破棄することとなる。

　五　上告審の終局判決は以下のようになる。

　1　上告却下　　上告の適法要件が欠けた場合になされる。

　2　上告棄却　　上告人によって申し立てられた不服の主張を理由がないとして排斥するものである。なお，上告人が主張した理由が認められるとしても，別の理由から原判決がやはり正当であるとされる場合は原則としてやはり

上告棄却となる。

 3　原判決破棄　　上告の理由が認められる場合は原判決を破棄する。原判決を破棄した場合でも，上告審は法律審たる性格からその事件について必要な事実認定を自ら行わないので，事件を原審に差し戻して必要な事実審理を補充させることが原則となる（控訴審では自判が原則であるのとは逆である。）。すなわち，事件について事実審理をしなければ原判決に代わる裁判をすることができない場合は事件を原審に差し戻すことが原則となる（民事訴訟法325条1項）。しかし，原判決が認定した事実のみで原判決に代わる裁判をすることができる場合は，自判することができる（同法326条）。

 差し戻しまたは移送を受けた原裁判所は，その審級の手続によって事件について改めて口頭弁論を開いて審判する（民事訴訟法325条3項）。これは，従来のいったん終結した口頭弁論を再開することとみてよい。差し戻しや移送を受けた裁判所が再び裁判をして結論を出す場合は，上告審裁判所が破棄の理由とした法律上および事実上の判断に拘束される（民事訴訟法325条3項）。もし，原審が上告審の判断にもかかわらず自らの意見に固執するとすれば，何度上告され差し戻されても事件が解決しないからである。

アドバイス　上告審は法律審であるので，上告理由たる事由を示さなければならない。そのためには，原審の判断が憲法に違反するか否かや絶対的上告理由の有無を調査する必要があり，判例の検索等に努力すべきである。

【参考条文】
民事訴訟法311条〜327条

VII 学校事故についての和解・調停

Q77 和解の意義・手続・効力

質問

某私立学校の教頭をしております。先般，当校で教員の体罰によって生徒が負傷する事故が起きてしまいました。父兄の憤りが強く，交渉が思うに任せず，訴訟を提起される可能性が出てきてしまいました。当校としては，できれば裁判前に，最悪でも裁判途中にでもなんとか話し合いで済ませたい意向です。そこで，示談ないし和解全般について説明してください。

回答

和解とは，相手方との間の紛争を，当事者間の互譲によって解決させる手続ないし取決めである。和解が成立すれば，互譲の内容に従って新たな法律関係が形成され，紛争が終了することとなる。和解には，裁判上の和解，裁判外の和解等いくつかの種類が存する。

解説

一　和解の意義

和解とは，紛争の当事者がその主張を互いに譲歩しあって紛争を終了させる旨の合意である。まず，和解であるためにはその合意によって紛争を終了させるものでなければならず，また，当事者がその主張を互いに譲り合うことが必要である。相互に譲歩をするのではなく，一方が他方の主張を全面的に認める場合は和解とはいい難い。

和解は，その合意がどのような場面で行われるかによって，次のように分類することができる。

1　訴訟上の和解　　これは訴訟の係属中に期日において当事者が行う和解である。期日において行われることを要する点で，裁判外で行われる民法上の和解と区別される。また，訴訟係属中であることを要するから，訴訟係属前に簡易裁判所で行われる起訴前の和解とも区別される。

2　起訴前の和解　　紛争当事者が，裁判所の面前で期日において互いにそ

VII　学校事故についての和解・調停

の主張を譲歩して争いを終了させる合意をする点では訴訟上の和解と同様であるが、起訴前の和解は、当事者は「訴訟」を裁判所に申し立てているのではなく、訴訟をせずに、むしろ訴訟に至るような事態を予防・回避せんとして和解だけのために期日を開くことを申し立てているのである。その点で訴訟上の和解と区別される。即決和解ともよばれている。

3　民法上の和解　裁判所外で行われる当事者間の私的な合意としての和解である。

二　和解の手続と効力

1　訴訟上の和解

㈠　手続　訴訟上の和解は、その訴訟の期日において当事者双方が口頭で陳述して行う。その期日は和解のための期日でなくとも、口頭弁論期日、弁論準備手続期日、証拠調期日などでもよい。なお、裁判所は訴訟係属中いつでも当事者に和解を勧めることができる（民事訴訟法89条）。

期日において口頭で合意がなされるのではないが、遠隔地に居住する当事者が、裁判所に出頭しなくても裁判上の和解を成立させることのできる和解条項案の書面による受諾制度（同246条）、当事者の申立てによる裁判所が定める和解条項案の制度（同265条）などもある。

㈡　要件　まず訴訟が係属していることが必要である。訴訟要件を具備していることが必要かどうかは、本案判決をする場合と異なりその具備は不要であるとする考え方が強いが、当事者の実在や権利保護の資格などの要件についてはその具備は不可欠だとして、それが欠ける場合には和解をすることは許されず裁判所は訴えを却下すべきとする立場もある。その他、和解の対象たる権利関係が私的利益に関し、当事者が自由に処分できるものであり、さらに公序良俗違反その他法律上許されないものに該当しないことが必要である。

㈢　効力　和解の陳述がなされれば、裁判所はその陳述が和解としての要件を具備しているかどうかを審査し、有効と認めれば裁判所書記官をして調書に記載させる（民事訴訟規則67条1項1号）。和解自体は当事者の陳述で成立している。調書への記載がなければ和解が成立しないのではない。この調書への

記載は和解の効力発生要件であるといわれている。したがって，調書への記載がない段階でも和解はすでに成立しており，当事者はもう和解を任意に撤回することはできない。

　和解の第一の効力としては，和解が成立した範囲で当然に訴訟が終了することである。和解の意義が紛争を終了させるものであるところからこの効果が生ずる。第二の効力としては，和解調書が一定の給付義務を記載したものであるときは，執行力が認められることである。この給付義務の範囲は，公正証書のように金銭，有価証券その他の代替物の給付義務に限定されず，より広いものである。しかし，その和解調書に基づき民事執行を申し立てた際に，実際に執行を担当する執行機関によってその内容が明確に判定できる程度に給付内容が和解調書上特定できていなければならない。特定が十分でなければ執行は不可能となるおそれがある。第三の効力として，訴訟上の和解が既判力を有するのかどうかは争いがある。既判力とは，確定した終局判決に認められる効力の一つであり，後に同一事項が問題となれば当事者はこれに反する主張をしてこの判断を争うことが許されず，裁判所もこれと矛盾抵触する判断をすることが許されないという効力である。このような当事者間の関係を律する基準としての拘束力を既判力という。そして，このような既判力が訴訟上の和解にも認められるかどうかが問題となる。既判力を肯定する立場は，民事訴訟法267条が明文で和解調書に確定判決と同一の効力を認めていること，裁判所が和解の成立に関与していることなどを根拠とする。一方否定説は，和解のような当事者による自治的紛争解決手段と判決のような公権的紛争解決手段とを同一に論ずることは困難であること，裁判所が和解成立に関与するといってもそれは和解のあっせんや内容等の形式的審査にとどまるから，裁判官が自ら作成する判決に与えられる効力を和解に直ちに認めてよいことにはならない等と反論する。判例は，制限的既判力肯定説に立つものがある。この説は，概ね，和解には既判力が認められるが，その和解に実体法の要件が欠けているときには和解は無効であり既判力は生じないこととなると説く。

　2　起訴前の和解

VII 学校事故についての和解・調停

㈠ 手続　書面または口頭で，請求の趣旨および原因ならびに争いの実情を表示して相手方の普通裁判籍所在地の簡易裁判所に申し立てる（民事訴訟法275条1項）。裁判所は，申立てが適法であるときは期日を定めて当事者双方を呼び出す。その期日で和解が調ったときはその内容を調書に記載する。なお，期日で和解が調わない場合，出頭した当事者双方が申し立てたときは，裁判所は訴訟として口頭弁論を行うことを命じなければならない（民事訴訟法275条2項）。なお，前述した遠隔地に居住する当事者が，裁判所に出頭しなくとも裁判上の和解を成立させることのできる和解条項案の書面による受諾制度（同264条），当事者の申立てによる裁判所が定める和解条項の制度（同265条）は，起訴前の和解には適用しない旨定めている（同275条4項）。

㈡ 要件　訴訟係属を前提としない点を除いては，訴訟上の和解と同様に考えてよい。ただ，当事者間に争いがあることという要件について少々問題がある。現在，この起訴前の和解が利用されるのは，既に当事者間において成立した示談等の内容を裁判所の調書に記載して裁判上の和解と同様にするためだけの場合が多い。当事者は，公正証書よりも費用を安くするために，また，公正証書では債務名義を得ることができない特定物の引渡し請求等について簡単に債務名義を得るために，この手続を利用する。そこには，「争い」が現存するわけではない。裁判所は和解のあっせんによって紛争解決を行っているのではなく，単に公証行為を行っているようなものである。この点から，このような紛争の現存しない申立ては認められないとする説があるが，判例は，ここでいう「争い」を広く解釈し権利実行の不安全が存する場合や，将来発生する可能性がありそれを予測しうる争いについてもこの申立てをすることは許されるとしている。

㈢ 効力　訴訟係属を前提としない点を除いては，訴訟上の和解と同様である。例えば，訴訟係属が存しないことから和解が成立しても訴訟が終了するということはない。

3　民法上の和解

㈠ 要件　当事者間に解決すべき争いが存すること（争いの範囲をどの程度

広く解するかについては，起訴前の和解と同様の問題がある。），当事者が互いに譲歩すること，一定の法律関係を確定することによって争いをやめることを約すること，が必要である。

㈡ 効力　和解は当事者間で自主的に法律関係を確定する契約で，これによって争いがやむこととなる。和解で定めた法律関係と真実の法律関係とがたまたま一致していれば，和解は単に認定的な意義を有するにすぎない。しかし，和解内容と真実の法律関係とが異なる場合であっても当事者は和解内容に拘束され，これと異なる権利主張をすることは許されなくなる。その結果，和解によって真実の権利は移転ないし消滅し，当事者間に新たな法律関係が創設されたことになる（民法696条）。

三　和解の無効

和解がなされたがその効力に争いがある場合，その処理をどのようにしたらよいかが問題となる。

1　民法上の和解に争いが生じた場合，和解の合意には意思表示ないし契約についての通則規定が適用される。詐欺・強迫があれば取り消すことができ（民法96条），和解による債務の不履行があれば解除も可能である。ただ，錯誤（民法95条）については少々問題である。まず，合意した事項自体に錯誤があった場合は，和解は無効にならないと解されている。たとえ真実と異なってもこの点の法律関係を確定しようというのが和解契約の目的だったからである。次に，法律関係確定の合意のなされた事項以外の事柄について錯誤が存した場合は，たとえ真実に反してでもという意思はそこまで及んでいないとして，錯誤の規定が適用されうる。

2　裁判上の和解に無効・取消し原因（取消しはその行為がはじめから無効となる。）が存する場合に，和解はどのような影響を受けるのかについては，先程述べた和解に既判力を認めるか否かの議論がかかわってくる。既判力を認める立場によれば，既判力とはそのような瑕疵が存したとしても，なお，それゆえに紛争を蒸し返すことを許さないとするものであるから，和解に無効・取消し原因が存してもそれに基づき直ちに和解の効力を争うことは許されず，た

VII 学校事故についての和解・調停

だ，その無効・取消し原因が再審事由に該当する場合にのみ，再審の訴えによってそれを主張することが可能であるとされるのである。これに対して和解に既判力を認めない立場では，既判力がないのであるから無効・取消し原因などが存すれば，それを根拠に和解の効力を争うことが可能となる。この立場では，どのような方法で和解の効力を争うかがさらに問題となる。①いったん終了した訴訟について和解が無効で訴訟が終了していなかったとして，改めて期日を指定するよう裁判所に申し立てる方法，②従来係属していた訴訟とは別に新たに和解無効確認訴訟や請求異議の訴えを提起してその中で争う方法，③無効・取消し原因が再審事由に該当する場合は再審の訴えを提起する，などの方法が考えられる。そして，これらの中のどれかに方法が絞られるのか，それとも当事者の選択に任せてよいのかについても議論が分かれている。和解の法的性質の理解ともかかわり説が錯綜するところであるが，判例は，制限的既判力説から，無効・取消し原因などが存すればその主張を認め，しかもその方法は先の①～③のいずれも認めている。

3　なお，訴訟上の和解を締結した後に，当該和解契約の解除事由が生じた場合は，和解契約を解除できる（最一小判昭43.2.15民集22・2・184）。仮に訴訟上の和解に既判力を認めたとしても，それによって排斥できる当事者の主張は，和解陳述の時を基準にそれ以前の事由についてであるから，その後に生じた解除事由の主張は妨げられず，解除しうるという結論を採用することは可能と考えられる。

四　和解のメリットと留意点

1　和解のメリットはさまざま考えられるが，当事者の立場からいえば和解締結によって終局的に紛争の解決が得られる点である。一審および二審段階では，終局判決が下されても上訴の余地がありまだ紛争解決に至るとは限らない。しかも，上訴の余地が尽きても，なお判決内容を実現するためには判決に基づく強制執行という問題が残っており，しかも執行したからといって勝訴者が満足できるとは限らず，なお紛争解決は遠い道のりを残すことも珍しくない。その点和解に至れば最終的な解決内容が和解に盛り込まれることから，和

解内容の履行の問題は残るにしても,当該紛争はそれで決着ということとなる。民事訴訟をかかえているという現実は,当事者にとって大きな負担でありストレスである。これを解決に導く和解は,当事者にとっても当該紛争の解決方法として十分考慮に値するものといえよう。また,裁判所にとっても瑕疵がない限り上訴の余地がなくなることから,わが国全体の裁判所としてみた場合,そこに係属する事件が1件消えることになり,司法制度の効率的運営に資することとなるうえ,判決起案から開放される意味でも裁判官の負担軽減につながる。

2 和解締結にあたり留意すべきことは,次のような点である。

㈠ 当事者の和解意思の確認 代理人がいる場合は本人の意思確認は極めて重要である。

㈡ 和解に利害関係人等が参加する場合も,同様にその意思確認は重要である。

㈢ 和解条項 相手方が和解で合意した債務を不履行した場合,その対策は完全かどうか。

㈣ 和解調書に基づき執行する場合,債務名義として特定しているか。

アドバイス 学校事故に関する訴訟においては,一方当事者が国ないし地方公共団体等であることも多く,その場合,国等の方針から和解での決着が遅れ気味になることがある。が,(もちろん事案にもよるが)判決での決着に拘泥せず果敢に和解での紛争解決に務めるべきである。遅れた救済は救済が否定されたに等しいこともあるからである。

【参考条文】
民事訴訟法264条,265条,267条,275条
民法695条,696条

VII 学校事故についての和解・調停

 調停の意義・手続・効力

質問

息子が学校で担任の教師に殴られた際，頭にけがをしました。担任の教師は，息子の態度が悪い，指導には体罰も必要だと主張して，謝罪もしません。裁判に訴えてでも謝罪させようと考えていますが，裁判所へ相談に行ったところ「調停にしてみたら」といわれました。私達の要求する賠償額も比較的少額なことや，担任教師はともかく学校側は非を認めていることなどから，調停のほうがよいのではというのです。私達は調停という言葉も初めて聞くもので内容が分かりません。そこで，調停について教えてください。

回答

以下，解説に詳しく述べる。

解説

一　民事調停

　裁判所における調停とは，一般の民事紛争について家庭裁判所以外の裁判所が行う民事調停と，家庭裁判所が行う家事調停とがある。いずれも，手続の進め方について厳格な定めはなく，実定法規上の一般的な定めよりも，むしろ個々の具体的紛争の実情に即して，当事者双方の合意に基づいて妥当かつ現実的な解決が図られ，合意内容が調書に記載されれば確定判決と同一の効力が生ずる。このように，当事者間の互譲によって紛争解決を図る点では裁判上の和解と共通するが，裁判上の和解では，裁判所が当事者間での和解成立を仲介するが，調停では，原則として裁判官と民間人とで構成する調停委員会が調停にあたる点が異なる。調停では，世情に通じた民間人の健全な常識，生きた法感覚が調停成立に役立つことが期待されているのである。訴訟に比較すると，費用・時間等の点で調停のほうが有利であるので，調停の利用度はかなり高い。また，家事調停においては，一定の範囲でまず家事調停を行ったうえでなければ訴えの提起をすることができないという調停前置主義もとられて

357

いる。ここでは学校事故との関連において利用が考えられる民事調停について述べる。

二 民事調停の概要

民事調停とは，民事紛争の当事者が調停機関（裁判官，調停委員）の助けを借りながら，当事者自らの判断に基づき，紛争を条理に従い実情に即して解決することを目的とする制度である。当事者の申立て等によって開始された調停手続に，相手方が応ずるかどうかは相手方の自由であり，相手方が応じない場合は，調停は不成立として終了せざるをえない。仮に相手方が調停に応じたとしても，相手方は調停を成立させなければならないわけではなく，首尾よく調停が成立する場合でも，調停条項の内容はもちろん当事者間で合意に至ったものでなければならない。調停成立に至るまでは，調停委員や裁判官による助言，説得等が行われるが，調停の任意的な自主的紛争解決手段たる性格には変わりはない（この点，訴訟が裁判所の公権的判断による紛争解決方式であるのと異なる）。

民事調停を実施する機関としては調停委員会が原則としてそれにあたり，相当と認める場合に裁判官のみで調停を実施することができる（民事調停法5条）。調停委員会は，調停主任1人および民事調停委員2人以上で構成される（同法6条）。調停主任とは，裁判官（原則として簡易裁判所または地方裁判所の裁判官の中から毎年あらかじめ地方裁判所ごとに裁判官会議によって指定される者）が充てられる（同法7条1項）。ある事件についての調停委員会の民事調停委員は，裁判所が民事調停委員の中から当該事件につき選定して指定する（同法7条2項）。調停委員会の民事調停委員は非常勤の国家公務員（裁判所の職員）である。民事調停委員の資格に関しては「弁護士となる資格を有する者，民事若しくは家事の紛争の解決に有用な専門的知識経験を有する者又は社会生活の上で豊富な知識経験を有する者で，人格識見の高い年齢40年以上70年未満のものの中から最高裁判所が任命する」（民事調停委員及び家事調停委員規則1条）と定められている。委員候補の推薦母体としては，弁護士会，医師会，大学，不動産鑑定士協会，司法書士会，建築士会などがある。任期は

VII 学校事故についての和解・調停

２年。民事調停委員は，通常各事件について２人指定されるが，事案の内容によってはより多くの人数が指定される場合もある。

　三　調停の手続

　民事調停の申立ては，書面または口頭で行う（民事調停規則３条）。申立ては，申立人・相手方，申立ての趣旨，紛争の要点を明らかにし（同規則２条），所定の手数料を印紙で納めて行う（申立手数料は，100万円の経済的利益を目的にする場合で5000円である。ちなみに，訴訟の場合は１万円となる。＝平成22年時点）。なお，民法は，訴えの提起や和解の申立て（起訴前の和解，民事訴訟法275条１項）については，それに時効中断の効力を認めている（民法149条，151条）。しかし，民事調停に関しては，調停不成立の場合および調停に代わる決定が効力を失った場合において，申立人が２週間以内に訴えを提起した場合は，調停申立の時に訴え提起があったものとみなされ（民事調停法19条），その結果，その時点で時効中断の効果が生ずるとされているのみであり，調停申立時については時効中断の効力を認める規定が存しない。しかし，判例は，民事調停の申立ても和解の申立てと同様の扱いをしている（最判平5.3.26民集47・4・3201）。

　申立人は，民事調停の申立後，調停前の措置として保全的命令を申し立てることができる（民事調停法12条）。

　また，民事調停の開始は当事者による申立てのほか，訴訟として提起された事件につき，それが係属する裁判所が適当であると認めた場合に，職権でその訴訟事件を調停に付すことによって行われる場合もある（民事調停法20条）。この場合，この受訴裁判所は，本来の管轄裁判所に調停を処理させ（他庁調停），または自ら処理する（自庁調停）ことができる。

　調停委員会または裁判所は調停のための期日を指定する。最初の期日はできる限り早期に調停が開かれるよう配慮される。調停は裁判所内の調停室で行われるのが通常であるが，病気の当事者・証人等が裁判所へ出頭できない場合や現場・目的物の検証が必要な場合等に，必要であれば裁判所外の適当な場所でいわゆる現地調停を行うこともできる（民事調停規則９条）。

民事調停では、次のような事実の調査方法がとられる。まず、調停機関は職権で必要と認める証拠調べができ、これを嘱託することもできる（民事調停規則12条1項、2項）。また事実の調査については調停機関自ら行うほか、調停主任（裁判官）に行わせ、あるいは調停委員が行い、さらに嘱託することもできる（同規則12条1項、2項、3項）。さらに、調停機関は紛争解決に関する事件の関係人の意見を聴取し、または聴取を嘱託（民事調停法8条1項、民事調停規則12条の2、12条の3）するほか、当該調停委員会に属していない調停委員の専門的な知識経験に基づく意見を聴取することもできる（民事調停法8条1項、民事調停規則14条）。

　民事調停の申立てが不適法、無効である場合は、その申立てが却下される。また、事件が性質上調停をするのに適当でないと認めるとき（例えば、賭博に負けた金の支払請求等）や当事者が不当な目的でみだりに調停の申立てをしたと認めるときは、調停を拒否できる（民事調停法13条）。調停手続が適法に開始されても、当事者間に合意成立の見込みがなければ調停不成立とする（同法14条）が、裁判所は相当と認めるときは、調停委員の意見を聞き職権で事件の解決のために必要な決定をすることができる。この決定は、当事者間に成立した合意が相当でないと認められる場合にも行うことができる（同法17条）。これは、調停手続を徒労に帰せしめないため等の趣旨で、裁判所が調停条項に代わるものとしての裁判をすることを認めたものであり、当事者がこれに従えば調停成立の場合と同一の効力を有するが、当事者が異議の申立てをすると失効してしまう（同法18条）。当事者間に合意が成立しこれが調停調書に記載されると調停は成立し、裁判上の和解と同一の効力をもつこととなる（同法16条）。

　四　調停の効果

　調停が成立した後に、調停で争われた事項と同一の事項を再度問題とすることができるかは、民事調停に既判力を認めるかどうかの議論と合わせて論じられることが多い。調停の既判力については、訴訟上の和解と同様に、肯定説、否定説、制限的肯定説などがあるが、判例は既判力を肯定しているのではないかと考えられている（最判昭43.4.11民集22・4・862）。

Ⅶ　学校事故についての和解・調停

　調停は，次のような場合には無効となると解されている。まず，調停に関与する関係者についての問題で無効となるのは，調停主任裁判官を欠く調停，実在しない者を当事者とする調停，当事者が適法に代理されていない調停などが挙げられる。次に，調停内容としては，調停条項の文言が不明・不定である場合，公序良俗に反する不法な内容の調停などである。そして，このように調停が無効である場合，その無効であることを主張して調停内容を争う方法については，調停の既判力を肯定すれば，再審に準ずる訴えによるべきこととなるが，既判力を否定すれば，これ以外の手段もとりうることとなる。再審に準ずる訴え以外の手段としては，請求異議の訴え，調停無効確認の訴え，調停続行期日の指定の申立て，再調停の申立て等がある。

アドバイス　学校事故に関して，賠償交渉が第三者が間に入ることによってまとまる可能性がある場合は，調停の利用は考慮に値する。しかし，交渉の余地がない場合は，訴訟提起を選択せざるをえないが，その後の裁判所を介した訴訟上の和解のチャンスもありうる。

【参考条文】
民事調停法及び民事調停規則各条文

VIII

損害賠償認容判決と仮執行

Q79 仮執行制度の概要

質問

訟務担当事務に従事する公務員です。県立校での学校事故についての訴状の検討等をしておりますが、訴状中で「仮執行宣言を求める」という項目をよく目にしていたのですが、その意味がよく分かりませんので教えてください。

回答 　仮執行制度とは、終局判決に付随して行う裁判であり、未確定の終局判決に確定したと同様に執行力を付与する裁判をいう。

解説 　一　判決の効力の一つに執行力がある。これは裁判で命じられた給付内容を実現するために強制執行手続を利用できることをいう。この執行力は、判決の中では給付判決にのみ生ずる。

　ところで、判決の執行力はその判決が確定してはじめて生ずるのが原則である。相手に対して判決内容を強制的に実現する手続を利用できるのは、その判決の内容を上訴によって争い取り消す可能性がなくなった段階、すなわち確定を待ってからとするのが適当である。判決のその他の効力である既判力、形成力等の効力も確定を待って生ずるのが原則である。しかし、敗訴者にはその終局判決に対して上訴して争う機会があり、上訴がなされると判決は確定せず勝訴者の権利実現は延ばされてしまう（中には執行を回避し引き延ばすためだけに上訴する場合もある。）。そこで、このような敗訴者が上訴して争うことができる利益と勝訴者の権利実現の遅延の不利益との均衡を図るために認められたのが仮執行の宣言の制度であり、未確定の終局判決に確定したと同様の執行力を付与するものである。これによって勝訴者は敗訴者が上訴して判決の確定が延ばされても、なお強制執行に及ぶことができることとなる。

　二　仮執行宣言の要件

　1　仮執行宣言をするためには、その判決が財産上の請求に関するものであ

ることが必要である（民事訴訟法259条1項）。仮執行宣言は未確定の判決に付随して言い渡されるものであるから，その判決に対する上訴がなされれば，その結果勝敗が逆転することも予想しなければならない。もし勝敗が逆転した場合は，仮執行宣言に基づき既に強制執行を受けた者の地位の回復を図らなければならない。その点，請求が財産上のものであれば，上級審で逆転判決があっても現状回復が容易であり，金銭賠償で事後処理できるのが通常であるから，この要件が要求される。

2　もう一つの要件は，仮執行の必要が認められることである（民事訴訟法259条1項）。この必要性の判断は裁判所がその裁量によって行う。上級審によって判決が取り消される可能性の大小，勝訴者に直ちに執行を行わせる必要が緊急のものかどうか，仮執行を許すことが敗訴者にとって回復し難い損害を与えることにならないか等の諸点を考慮し，さらに，担保を供することを条件とするか，仮執行免脱宣言（同法259条3項）を付すかどうかなども併せて考慮し，裁判所は決定することとなる。ただし，手形小切手による金銭の支払い請求およびこれに付帯する法定利率による損害賠償の支払いを命ずる判決には，職権で，しかも原則として無担保で仮執行宣言を付さねばならない（同法259条2項）。安全かつ迅速な取引決済手段である手形小切手については，それが裁判上の争いになっても同じく迅速に決済されなければならないからである。

三　仮執行宣言の手続

仮執行宣言は，終局判決をする際に，その主文中でなされるが，決定で行われることもある（民事訴訟法196条4項，5項）。財産上の請求に関する終局判決では，当事者の申立てにより，または裁判所の職権で行う。宣言の内容は，無担保で，または担保を供せしめて仮執行を許し，さらに，敗訴者に対しては担保を供すれば仮執行を免れうることを宣言しうる（同法259条3項）。上級審では，原判決中不服申立なき部分に限り申立てによって仮執行宣言を付すことができる（同法294条，323条）。

四　仮執行宣言の効力および失効

仮失効宣言に基づく強制執行は，確定判決による執行と同様であり，権利の終局的実現まで行われる。「仮」の執行であるにすぎないというわけではない。

仮執行宣言は，給付判決の確定前にその宣言が変更されるか，あるいは基本たる終局判決が変更を受ければその限度で失効する（民事訴訟法260条1項）。しかし，この失効はその効果を過去に遡及させないので，失効前の仮執行宣言に基づいて行われた強制執行処分は無効にならない。そこで，裁判所は，仮執行宣言の付せられた終局判決を変更する判決において，被告の申立てがあれば原告に対して被告に対する現状回復と損害賠償を命ずることとなる（同法260条2項）。この現状回復義務の対象としては，仮執行の宣言に基づき被告が給付したものであればよいから，仮執行宣言後になされた給付は全く任意に弁済されたと認められる特別の事情がない限り，民事訴訟法260条2項にいう「被告が給付したるもの」に該当するものとして，債権者が仮執行に着手したと否とを問わず，その返還を認めてよい。

アドバイス　仮執行宣言付の敗訴判決を受けた場合は，強制執行を受けるよりは，上訴とともに判決の認容額を相手方に提供しておき，上訴審で逆転で勝訴した場合にその返還を求めたほうがよい場合もあり，検討されたい。

【参考条文】
民事訴訟法196条，198条

IX

学校事故についての刑事上の責任

教職員に刑事上の責任が問われる場合

質問

私立学校の校長をしておりますが，教職員に対する研修の一つとして，学校事故に基づく教職員の刑事責任というテーマをプログラムに入れようと考えております。そこで，この問題全般について説明してください。

回答 教職員については，交通事故等一般市民と同様の立場で犯す可能性がある犯罪と，教職員という立場に特有な学校生活内で犯す可能性のある犯罪とに分けて考えることができる。ここでは後者を中心に説明することとする。

解説 一 まず，一般論としていえば，ある事件，事故によってそれにかかわった者が刑事責任を問われるためには，当然のことながら，その行為が刑罰法規に規定された行為に該当しなければならない。例えば，暴行（刑法208条，暴行罪），傷害（刑法204条，傷害罪）等というような法で刑罰をもって禁止された行為であることが必要となる。しかし，実際上このような刑罰法規に該当する行為がすべて処罰されるわけではない。刑罰法規に触れるような行為は同時に民事上の責任（多くは損害賠償責任）も発生させる。そして，概していえば，その行為の違法性が強く，重大な結果を発生させた場合，あるいは故意に当該行為が行われた場合などに，民事責任に終わらず刑事責任も問われることが多くなる（しかし，その犯罪行為が親告罪であれば被害者側が告訴しない場合は結果的に罪に問われないこともある。）。それ以外の，違法性もさほど強くなく，結果も比較的軽微であり，また，単なる過失による行為の場合は，刑事責任まで追求されることはあまりないものといえよう。その場合は民事責任の問題のみ残ることとなる。具体的にいうと，例えば，刑法の暴行罪の「暴行」とは，人の身体に対する一切の不法な有形力の行使をいう

IX 学校事故についての刑事上の責任

とされている。そして，学校教育法11条但書では，学生，生徒，児童に対する体罰が禁止されているのであるから，体罰であればすべて不法な有形力の行使となるはずであり，すべてが暴行罪に該当するということになる。しかし，実際上すべての体罰が暴行罪（場合によっては傷害罪）に問われるわけではなく，刑事事件として警察の捜査が行われるようなケースは，先に述べたように暴行の定義に該当するもののうち重大なものであるのが通常である。以上のことは，学校事故が発生した場合に，教職員が刑事責任に問われるかどうかの予測にもあてはまるものである。

ただ，軽微な事案についても被害者側が強硬に刑事責任追求を求める場合もないわけではない。そして，先にみたとおり（暴行罪を例にとれば），たとえ教員等による軽微な有形力の行使であっても暴行罪に該当しうるのであり，刑事責任は理論上成立しうるのである。しかし，事案が軽微であれば告訴・告発を受けた警察から事件送致を受けた検察官は，当該教員等を起訴猶予処分として処理する可能性があり，まして，民事責任について示談が成立すれば被害届の取下げ等もなされるであろうし，検察官によって起訴される可能性はいっそう低くなろう。このような点からも，実際に刑事責任が問われ刑罰が課されるのは重大な事件である場合が多いのである。

二　次に，教職員らが刑事責任を問われることが多いケースについて考える。

1　被害生徒・児童らが死亡した場合。

まず，一般的にいえば，同じ死亡事故であっても，多数の被害者が出た場合は，当該教職員に故意がなく過失の存否のみが問題となる場合でも，結果はともあれ，刑事責任追求に向けた捜査等の動きが出るのは避けられないであろう。これに対して被害者が1名の場合は，刑事責任の追求があるかどうかは微妙になる。事故を惹起したことに対する教職員等の過失が軽微であれば，結果的に刑事責任を問われない可能性が出てくる（例えば後記⑤）が，重大な過失が存する場合は逆の可能性が高くなろう。まして，故意がある場合は刑事責任を問われることは免れないであろう。

被害者死亡の事案で教職員の刑事処分が問題となった例として次のものがあ

る。

① 中学校の見学旅行で，生徒を定員を大きく超過させて船に乗せたために船が転覆し，生徒 5 名が死亡した事案で，担当教員らが業務上過失致死罪として禁錮 6 月，執行猶予 3 年に処せられた（熊本地判昭43.1.17）。

② 高校ラグビー部の夏期合宿中に，下級生部員が日射病で死亡した事案で，引率教員が業務上過失致死罪として禁錮 2 月，執行猶予 1 年に処せられた（東京高判昭51.3.25）。

③ 中学校での理科実験中に，アルコールランプの取扱いを誤り発火し，生徒の衣服に燃え移り生徒が死亡した事案で，担当教員は業務上過失致死罪として罰金 3 万円に処せられた（越谷簡判昭44.9.17）。

④ 兵庫県立の高校で，登校時間に生活指導担当教員が門限に校門を閉めたところ，校門に殺到した生徒の中の 1 人が門扉に頭部を挟まれて死亡した事案につき，校門を閉めた教員（事件後懲戒免職）は傷害致死罪で告訴されたが，担当検察官は業務上過失致死罪で起訴した。教員は無罪を主張したが，裁判所は禁錮 1 年執行猶予 2 年の有罪判決を下した（神戸地判平5.2.10）。

⑤ 福岡県内の大学付属女子校 2 年生の生徒が，副担任から校則違反などを注意された際に殴られて死亡した事件で，副担任の教員は傷害致死罪として懲役 2 年の実刑判決を受けた（福岡地判平7.12.25）。

⑥ 小学校のプールで 6 年生男子がプール底の排水口に足を吸い込まれて水死した事案で，仙台地方検察庁は，業務上過失致死の容疑で書類送検された学校長を含む教職員らを起訴猶予処分とした。同地検は，校長らは，プール底の蓋の固定を求めた文部省通達に違反した過失はあったが，何年も事故が起こらなかったので事故の予見が難しかった，と処分の理由を説明したと伝えられている（平7.12.28朝日）。

2 被害生徒・児童らが受傷した場合。

一般的には，受傷の事案では死亡事案よりも刑事責任に問われる可能性は当然低くなる。そして，死亡事案と同様に，軽微な過失の存する場合，重大な過失が存する場合，故意の場合という順に刑事責任を問われる可能性が増大す

IX　学校事故についての刑事上の責任

る。事例としては以下のようなものがある。

①　生徒の顔面を1回ないし5回程度殴打した事案で、教員が暴行罪で罰金5万円に処された（高田簡略式命令昭44.5.12）。

②　生徒の顔面や鼻付近を1回殴打して、全治1週間の打撲症を負わせた事案で、加害教員が傷害罪で罰金4000円に処せられた（八代簡略式命令昭44.10.8）。

3　右1、2以外で教職員等が刑事責任を問われる事案として注意しなければならないのは、児童・生徒らに対する猥褻行為についてである。この種の事案については過失で行ったということは考えられず、故意による犯行であることや社会的にも影響の大きな事案であることから重い責任があり、刑事責任を問われる可能性も少なくはない。また、マスコミ報道等による社会的な制裁を強く受けやすい事案でもある。この種の猥褻行為やセクハラを理由に平成12年度に処分された公立小・中・高校などの教員は141人に上り、急増した前年度を26人上回り過去最多であったと伝えられている。このうち、教え子に対する行為による処分が6割に上るという。以下のものがある。

①　小学校の臨海学校で引率教員が就寝中の6年女生徒の胸や下腹部をいたずらした事案で、強制猥褻罪として懲役6月、執行猶予3年に処せられた（静岡地富士支判昭43.5.27）。

②　小学校の教員が担任する児童3人を宿直室で姦淫し処女膜裂傷を負わせた事案で、当該教員が懲役5年の実刑に処せられた（東京地判昭47.3.8）。

③　学校教師の被告人が、学校の体育館女子更衣室で11歳の被害者に対し同女の着衣の中に手を入れ、胸に触るなどのわいせつ被告事件について、弁護人の、わいせつ行為の否認及びわいせつの意図がないなどの主張は採用できないとして、懲役2年に処した事例（宮崎地延岡支判平22.2.26）。

④　教え子の女子児童に性的暴行をしたとして、強姦、強姦未遂、強制わいせつ、児童福祉法違反の各罪に問われた小学校教諭に対する控訴審において、一審で認定された強姦につき、一部事実誤認があるとして破棄自判とした上で、狡猾に長期にわたって犯行を繰り返しており誠に悪質で、一部について証

拠上認定できず刑責を問えないことを考慮しても，最高刑をもって臨むほかないとして，懲役30年を言い渡した（広島高判平22.3.18）。

　三　刑事責任を問われるとは，具体的には，警察での捜査，検察官への事件送致等を経て，検察官によって裁判所へ起訴されることをいう。起訴されれば，日本の刑事裁判の現状（無罪率が極めて低い）からは有罪となることはまず避けられない。暴行，軽傷の傷害などの事案であれば，書類上での裁判（略式手続）で罰金を言い渡されて終わることが多いであろうが，重症の傷害，死亡，猥褻などの事案では，検察官によって公判請求される可能性が高くなり，そうなれば法廷での審理の後に懲役刑または禁錮刑を求刑されることとなる。ただ，実刑に処せられ服役しなければならないケースというのは，前科がある場合，被害が極めて重大である場合（被害者死亡の場合）等の事情が伴うときであり，被告人が教職員でありそれまでの社会生活上の地位を考えると，実刑処分に及ぶケースはそう多くはなく，執行猶予付の有罪判決が下されることが多かろう。

　アドバイス　不幸にして教職員が刑事責任を問われる可能性のある事故が生じた場合には，まず被害者との示談成立に全力を尽くすべきである。この努力は，仮に起訴に至っても裁判上評価され，被告人に有利に働くこととなる。

【参考条文】
刑法 204 条，208 条，211 条，176 条，177 条，181 条

【参考判例】
（東京高判昭56.4.1　判時1007・133）
○　教師の懲戒行為が暴行罪となるかどうかの限界的な事例として次の判決がある。
「本件行為の動機・目的は，Aの軽率な言動に対してその非を指摘して注意すると同時に同人の今後の自覚を促すことに主眼があったものとみられ，また，その態様・程度も平手及び軽く握った右手の拳で同人の頭部を数回軽くたたいたという程度のものにすぎない。そして，これに同人の年齢，健康状態及び行った言動の内容等をも併せて考察すると，被告人の本件行為は，その有形力の行使にあたっていた

IX 学校事故についての刑事上の責任

ずらに個人的感情に走らないようその抑制に配慮を巡らし，かつ，その行動の態様自体も教育的活動としての節度を失わず，また，行為の程度もいわば身体的説諭・訓戒・叱責として，口頭によるそれと同一視してよい程度の軽微な身体的侵害にとどまっているものと認められるのであるから，懲戒権の行使としての相当性の範囲を逸脱してAの身体に不当・不必要な害悪を加え，又は同人に肉体的苦痛を与え，体罰といえる程度にまで達していたとはいえず，同人としても受忍すべき限度内の侵害行為であったといわなければならない。もっとも，同人の本件程度の悪ふざけに対して直ちにその場で機を失することなく前示のような懲戒行為に出た被告人のやり方が生徒に対する生活指導として唯一・最善の方法・形態のものであったか，他にもっと適切な対処の仕方はなかったかについては，必ずしも疑問の余地がないではないが，本来，どのような方法・形態の懲戒のやり方を選ぶかは，平素から生徒に接してその性格，行状況，長所・短所等を知り，その成長ぶりを観察している教師が生徒の当該行為に対する処置として適切だと判断して決定するところに任せるのが相当であり，その決定したところが社会通念上著しく妥当を欠くと認められる場合を除いては，教師の自由裁量権によって決すべき範囲内に属する事項と解すべきであるから，仮にその選択した懲戒の方法・形態が生活指導のやり方として唯一・最善のものであったといえない場合であったとしても，被告人が採った本件行動の懲戒行為としての当否ないしはその是非の問題については，裁判所としては評価・判断の限りではない。そして関係証拠によって認められる本件の具体的状況のもとでは被告人が許された裁量権の限界を著しく逸脱したものとは到底いえないので，結局，被告人の本件行為は，前述のように，外形的にはAの身体に対する有形力の行使であるけれども，学校教育法11条，同法施行規則13条により教師に認められた正当な懲戒権の行使として許容された限度内の行為と解するのが相当である。……以上の次第であるから，Aに対して被告人がした本件行為は，刑法35条にいわゆる法令によりなされた正当な行為として違法性が阻却され，刑法208条の暴行罪は成立しない。……原判決（一審は有罪とした・筆者注）は破棄を免れない。……刑法336条により被告人に対し無罪の言渡しをすることにする。」

（大阪地判平4.7.20 判時1456・159）
（教職員による行為ではないが，部活の先輩による例を以下に紹介する）
○ 部活の先輩に扱かれ死に至らしめられた事案（大学の日本拳法部における「しごき」による傷害致死事件）。実刑判決となったもの
（判決主文）
被告人を懲役1年6月に処する。
（犯罪事実）
被告人は，大阪府八尾市楽音寺6丁目10番地所在大阪経済法科大学経済学部学生

でかつ同大学の日本拳法部部員であるが，同部員Ａ（当時20歳）が退部届を出したことに立腹し，平成3年7月2日午後2時20分ころ，同大学総合体育館内第八体育室において，スーパーセーブと称する空手用の面を同人に装着させ，パンチンググローブを着用した手拳でその顔面を2回殴打する暴行を加え，よって同人に延髄・頚髄挫傷等の傷害を負わせ，同月9日午後10時56分ころ，同市楽音寺3丁目33番地所在貴島病院において，右傷害により同人を死亡するに至らしめた。

（量刑の理由）

本件は，大阪経済法科大学の日拳部部員である被告人が，新入部員である被害者が退部届を提出したことに立腹し，練習の名のもとに制裁を加えようと，いわゆるスーパーセーブと称する空手用の面を同人に装着させ，パンチンググローブを着用した手拳で同人の顔面を2回殴打する暴行を加えて致命傷を負わせ，その傷害により，同人を死亡するに至らしめたという事案である。

本件犯行は，日拳部の練習時間，練習場所において行われたものではあるが，日本拳法の有段者（2段）である被告人が，入部して間がない日本拳法の初心者であり，運動能力や体力的側面においても劣り，ほとんど試合形式での練習などしたことがなく，そのうえ再三退部を申し出て，練習を続けていく気の全くない被害者に対し，正規の日本拳法用の面の代わりに，衝撃が直に伝わる空手用の面であるスーパーセーブを着用させ，身体には胴布図と称する防具を着けさせただけの状態で，しかも正規の日本拳法用のグローブよりも破壊力の大きいと思われるパンチンググローブで手加減を加えることなくその顔面を殴りつけたものであって，被告人の犯行は悪質かつ危険なものである。

そして，被告人は，大学側に対して，本件は練習中の事故であった旨報告し，下級生等にも口裏を合わせるように指示する等犯行後の犯情も悪質である。

さらに，その動機は，再三退部を申し出ていた被害者が，上級生の説得にもかかわらず，なおも退部届を提出したことから，制裁を加えて退部を思い止まらせ，また他の部員が退部しないように見せしめにする目的で行われたもので，短絡的かつ個人の自由意思を尊重しない軍隊的思考とでもいうべきものであり，酌量すべき事情は全く存しない。

なお，その動機に関連して，本件の背景には，一部の大学の運動部において依然として行われている，部員の退部申し出に際しての慣行，すなわち，一旦入部すると容易に退部を認めず，退部を申し出た者に対しては，練習に名を借りて，退部を思い止まらせるためのいわゆるしごきを行うという慣行があり，それを伝統と称して，監督や大学側もこれを改善することにつき必ずしも積極的ではないという，大学運動部の旧態依然ともいうべき実態が存在することは否定できない。現に，大阪経済法科大学日拳部においても，部員の自由な意思による退部を認めず，退部申出者に対しては制裁を加えた上，頭を坊主刈りにさせ，さらに退部金10万円を徴収す

IX 学校事故についての刑事上の責任

るという陰湿な取扱いがあったごとくである。本件において，被告人は，このような日拳部の慣行の中にあって，上級生から被害者を退部させないように指示され，また同輩も被告人の制裁の意図を察しながらこれを容認して止めなかったことも手伝って，深い考えもなく本件犯行に及んだことが窺える。被告人の刑責については，以上のような大学の運動部の体質とでもいうべきものを抜きにしては考えられない面があることは否定できない。

　しかしながら，そのような慣行は，部員の人格を無視した制裁行為であって，それは，一般社会の常識を著しく逸脱しており，部活動の一環として，また伝統という名のもとに認められる道理は全く存在しない。部員の退部申し出に際しては，最高学府に学ぶ者としては，あくまで本人の意向を十分聴取し，話し合いを重ねることによって退部意思を撤回するよう説得することは許されるにしても，それでも退部を決心している者に対しては，その意思を尊重するべきであることは論を待たないところである。特に本件のごとく，本人が勉学に専念することを主たる退部理由としているときは，最大限その意思を尊重すべきである。その意思を，肉体的制裁を含むその他の制裁によって撤回させようとすることが，現代の社会常識及び運動部の標榜するスポーツマン精神に照らして，全く容認され得ないものであることは，いうまでもないことである。大阪経済法科大学日拳部では，本件以前にも事故等が生じていたにもかかわらず，それを放置するなど，これらの慣行を積極的に改善しようとしない大学側の管理の杜撰さも非難されなければならない。しかしながら，すでに成人した大学生である被告人が，通常の社会常識を有し，これに従って行動すべきことは当然であり，自己の行為の是非についての考察の機会は十分に与えられていたと認められる本件においては，以上の背景については，被告人の刑事責任を緩和する要素として過大に評価すべきものとは認められない。

　要するに，本件は，正規のスポーツ又はその練習過程において，過ってその度を過ごし，被害者に傷害を負わせたという，いわゆるスポーツ事故とは全く性質を異にするのである。

　被害者は，自らの意思で日拳部に入部したものの，そもそも適正に欠け，練習についていけないことを自覚し，勉学に専念しようとして退部を決意したのであり，そのことは何ら非難に値せず，全く落ち度がないこと，被害者は大学に入学したばかりの20歳の前途ある若者であったのに，その尊い命を一瞬にして奪われ，被害者の遺族の蒙った悲しみも甚大であること等を併せ考えると，被告人の刑責は極めて重いものと言わざるを得ない。

　一方，被告人には前科前歴がないこと，本件事件後，大学を休学して謹慎していること，遺族との示談につき，大学側が4000万円（学校事故保険金），被告人側が1000万円を支払うことで成立し，右示談金は既に全額支払い済であること，是認できるものではないにせよ，大学運動部の持つ特異体質及びその中に置かれた被告人

の立場，被告人が未だ若年であり，被害者を死亡せしめたこと自体については反省の念を示していること，日拳部部員が被告人に対する寛刑を求めていること等被告人に有利若しくは同情すべき事情を総合考慮しても，実刑は免れないところであるが，被告人の復学の可能性その他将来の事情をも斟酌し，敢えて酌量減軽のうえ，主文掲記の刑を量定した。

IX 学校事故についての刑事上の責任

 故意による行為についての責任

質問

私の奉職している公立中学校は，少々問題のある生徒がおり，教員側も体罰を含めた厳しい指導をすべきだとの意見が絶えず，また，学校全体の規律維持のために運動部においても厳しい指導を行う必要があるとの意見も強いのです。ただ，実力行使に頼る教育では，万が一の事故の責任を教員が負うのではないかと心配です。教員が生徒を厳しく指導する過程で，警察沙汰になるような事態としてはどのようなものがあるのでしょうか。

回答 教員の学校での生徒指導の際に行う実力行使が警察問題，すなわち刑事事件となる可能性があるものとしては，罪名でいえば暴行罪，傷害罪，傷害致死罪等であろう。それぞれ故意に基づく行為によって，生徒に暴行し，さらには傷害，死亡という結果をもたらす場合である。

解説 一 生徒等に対して体罰を含む厳しい指導を行う過程で生じる刑事責任というと，主に故意に基づく犯罪が考えられる。学校事故に関して教職員が故意による犯罪行為を行ったとして刑事責任を問われる事例は，主に以下のようなものである。

二 懲戒行為に伴う事故

教員の児童，生徒に対する懲戒行為は一定の範囲で認められているが（学校教育法11条），この懲戒との関係で問題となるのが体罰である。懲戒行為としてでも体罰を加えることは禁止されており（同法11条但書），にもかかわらず体罰が行われた場合には暴行罪，傷害罪さらに場合によっては傷害致死罪等に問われる可能性が生ずる。体罰は教員が意図的に加える児童，生徒への懲戒行為であるから，故意に行われるのが通常である。したがって，体罰が犯罪として問題とされる場合も故意による犯罪行為として問題になる場合が多い。

体罰の結果，児童，生徒に傷害を与えれば傷害罪（刑法204条），傷害を与

377

えるに至らなければ暴行罪（同法208条），暴行や傷害の結果児童，生徒が死亡するに至った場合は傷害致死罪（同法205条1項）となる。定められた刑罰の重さは，暴行罪，傷害罪，傷害致死罪の順に重くなる。ただ，これらの行為が行われそれが理論上は右の各犯罪行為に該当するとしても，当該教員等が実際に起訴され刑事裁判を受けた結果その刑罰を受けるかどうかはまた別の問題である。

1　暴行罪にいう「暴行」とは，人に対する不法な有形力の行使をいい，その程度も強弱さまざまなものがある。そして，暴行罪が適用される場合というのは，被害者たる児童・生徒に傷害は生じていないのであるから，被害の程度も他の罪に比較して小さい。したがって，このような幅広い内容をもち，かつ，被害もさほど重大ではない暴行について，加害教員が実際に起訴され刑事裁判を受けるに至るものは，必然的にその程度の重いものに絞られることとなる（中学校の女性教師が生徒の頭を数回殴打したとして暴行罪に問われた事案で，一審は有罪と認定したが，二審はそれを正当な懲戒権の行使に当たり違法ではないとして無罪とした例がある。東京高判昭56.4.1判時1007・133）。例えば，暴行が頻繁に繰り返されていた場合，暴行の態様が執拗，悪質であるなどの単に民事責任追求では済まないような事情が存する場合に刑事責任が問われよう。それ以下の軽度の暴行について刑事責任が実際に追求される可能性は高くはないと考えられるが，万一，被害届けが出され告訴されるような事態となっても，検察官が起訴猶予とする可能性が考えられ，仮に起訴となっても罰金を課する書面上での処理たる略式手続（つまり法廷に立たずに済む。）による場合がほとんどであろう。

2　被害児童・生徒が受傷するに至って傷害罪が問題となる場合も，実際に刑事責任が問題とされるのは，被害程度が重い場合であろう。どの程度からという一律の基準はつけ難いが，入院を要する程度の重症となれば刑事責任を問われてもやむをえないであろう。その程度であれば，罰金ではなく，公判請求となり懲役刑を求刑される事態ともなりうる。程度の軽い傷害については，前記暴行罪中の程度の軽い暴行行為についてと同様である。

IX 学校事故についての刑事上の責任

　3　さらに，被害児童・生徒が死亡するに至った場合は，刑事責任の追求を免れることは困難となろう。現在の判例では，原因たる傷害を与える行為と死亡との間に因果関係が存すれば傷害致死罪の成立には十分であり，死亡の結果に対して予見が可能であったこと，つまり過失があったことは必要ないとされているので，死亡という結果が発生してしまえば，この犯罪の成立を避けることはできないのである。しかも，故意の懲戒行為が原因で児童，生徒を死亡させたことの社会的影響も非常に大きく，それが結果，刑事事件として処理されることは避けがたいと思われる。平成7年7月に福岡県飯塚市で起きた事故（当時，大学付属女子高2年生が副担任から校則違反などを注意された際に殴られて死亡）では，加害者の副担任の教諭が傷害致死罪に問われ懲役2年の実刑判決を受けた（福岡地判平7.12.25）。

　三　運動部での「しごき」等に伴う事故

　運動部でのハードトレーニングも，限度を越えたものはもはやスポーツに必要なトレーニングと評価することはできず，場合によっては刑事責任をもたらす可能性もある。しかし，このようなトレーニング中の事故は通常は過失犯（業務上過失致死傷罪とされることが多かろう。刑法211条）として処理され，故意犯が認められるケースはあまりないようである。

　これに対して，トレーニングとはいえない顧問教諭の暴行（鉄拳制裁，ビンタ等）などは，その程度により前述したところと同様に犯罪を構成し刑事責任を問われる可能性がある。また，上級生の下級生に対する暴行（さまざまな制裁的な暴力行為等）が行われた際に，それを阻止しなかった顧問教員についても共犯として刑事責任が認められる可能性もある。この場合，暴力行為等処罰に関する法律の共同暴行罪を適用した判例も存する（静岡地富士支判昭43.5.27）。鉄拳をスポーツ指導の道具と考えている指導者がいまだに多く存するこの国に真のスポーツ文化など根付くはずもない。

　四　教員等の児童・生徒に対する猥褻行為

　なお，本問に付随して，教職員が故意犯として刑事責任を問われることの少なくない事例として，猥褻行為等があるのでみておこう。猥褻行為は加害者が

意図的に被害者に対して行うものであるから、過失によることはほとんど考えられず、故意犯として処理される。13歳以上の学生・生徒に対しては暴行、強迫を手段とした場合に、13歳未満の児童・生徒に対しては手段を問わずに、猥褻な行為をし、または姦淫した場合が、強制猥褻罪（刑法176条）または強姦罪（同法177条）に該当する。これらの刑罰法規は懲役刑のみを定める点で重いものであるが、その他、各地における青少年保護育成条例がいわゆる淫行処罰規定（青少年に対しての淫行、猥褻行為等を処罰するもの）をもっていて、これには懲役刑の他に罰金刑が定められている場合もある。この種の事件は社会的影響も大きく被害者の心身に与えるショックも大きいものがあり、刑事責任を問われることとなる可能性は十分ある（大阪地堺支判昭36.4.12、宇都宮地判昭36.5.9等）。ただし、親告罪とされている場合は被害者側からの告訴手続がなされることが前提となる。

アドバイス 被害が重大な事件などでは、民事上の和解が締結されてもなお刑事責任を免れることはできない場合も多いが、被害が軽微な場合では、事故後の交渉経過が刑事事件に発展するかどうかに大きく影響する場合もあり、加害者にとっては被害者への誠実な対応が重要である。

【参考条文】
刑法204条、208条、205条、211条、176条、177条、181条

【参考判例】
　　教師の加えた体罰によって被害生徒1名が死亡した傷害致死罪の事案を2件紹介する。①は執行猶予が付されたが、②は実刑が言い渡された。その差がどこにあるか、読み取られたい。
　　①　（懲役3年の求刑に対し、懲役2年6月、執行猶予3年の判決　金沢地判昭62.8.26　判時1261・141）
○（罪となるべき事実）
　　被告人は、昭和61年7月2日午後1時50分ころ、石川県小松市《番地略》所在の甲野中学校宿直室（和室）において、A（当時13歳）に対し、前記のとおり忘れ物等をしたことにつき反省させるため、いわゆる往復びんたを5回するつもりで、「約束やから殴るぞ」と言って、平手でその顔面を殴打しようとしたが、同人が顔

IX 学校事故についての刑事上の責任

を引いてこれを避け,鼻先をかすめるだけとなったため,自分が同人のためを思ってこれまで真剣に指導してきたのに,その気持がわかってもらえない悔しさと,もっとしっかりしてほしいという気持を込めて,「これは教科書の分やぞ」などと言いながら,同人の顔面に平手で 4 回往復びんたを加え,これに対する同人の反応から,少しやり過ぎたと感じ,そのうしろめたい気持を取り繕うとともに,同人にもう少し反発心を持ってもらいたいという気持から,「かかって来い」と言って同人を促し,正面から弱く押してきた同人の右手首を左手でつかみ,右手を同人の左側腹部に当て,右足を同人の右足前に置いて,左手を引きながら体をひねって柔道の体落としのような形で同人を投げつけ,畳上に転倒させてその後頭部を打ちつける暴行を加え,よって,同人に対し頭部打撲に基づく硬膜下血腫,脳挫傷等の傷害を負わせ,同月 5 日午前 8 時 3 分ころ,同市相生町10番地所在の小松市立総合病院において,同人を右傷害により死亡するに至らせたものである。

（判旨）

　被告人が被害者の顔面に往復びんたを加えた行為についてみると,これは,判示のとおり,被告人が被害者に反省を促す意図のもとになしたものであり,これが教育上の指導措置としてなされたことが明らかであるが,たとえ教育上の指導のための行為であっても,体罰が許されないことは,学校教育法11条に明記されているところであり,被告人が被害者を殴打した行為は,往復びんたを手加減することなく 4 回加えたということであって,このような暴行を加えることは,その意図の如何を問わず,同法条にいう体罰に当たると解されるから,これが違法な行為であることは明白である。……本件は,中学校の教師がその担任する学級の生徒に体罰を加えて死亡させたという事案であるところ,本来学校教育は教師と生徒との信頼の上に成り立ち,教師は生徒を保護すべき立場にあるものであるが,こともあろうに,その教師が生徒を死亡させたものであって,本件が教育界のみならず社会一般に与えた影響は大きいこと,生じた結果が重大であることは言うまでもなく,信頼していた担任教師によってわずか13歳で命を奪われた被害者の無念さ,その両親の悲しみの深さは察するにあまりあることなどに鑑みると,被告人の刑責は重大である。しかしながら,被告人は,教師に憧れて,大学院で教育学を修めた後,新任教師として情熱をもって教育現場に臨み,何かと問題の多かった被害者に対し,大きな熱意を傾けてその指導に取り組んでいたのであり,その教育的熱意から出た行為が結果的に本件犯行となったものであって,本件は,いわば被告人の熱心さが招いた被害者及び被告人の双方にとって不幸な事故であったこと,被害者の遺族と小松市との間で示談が成立し,被告人からも別途見舞金等として合計150万円を支払ったこと,被害者の父親は,捜査官に対し,被告人を恨む気持ちはなく,本件で被告人が教職を去らなければならなくなるのはかわいそうだと供述するほか,当裁判所に,寛大な処分を望む旨の嘆願書を提出し,被告人を宥恕していること,被告人は本件

により懲戒免職され社会的制裁を受けていること，被告人が，本件を深く反省し，毎月命日には被害者の仏前に参るなどして被害者の冥福を祈っていることなど，被告人のために斟酌すべき事情も存するので，以上の諸事情を総合考慮し，被告人に対してはその刑の執行を猶予することとして，主文のとおり量刑した。

② （懲役5年の求刑に対し，懲役3年の実刑判決　横浜地川崎支判昭62.8.26判時1261・141）

○　本件は，小学校の教諭である被告人が，自らの担任する特殊学級に通級していた8歳の児童の頭部を数回殴打する暴行を加え，死亡させたという事案である。被告人は，被害児童に，書初め展に展示する予定の作品を書かせようと指導していた際に，同児がこれに従わなかったことに立腹すると同時に，同児に対し，強く指導することが必要であると考え本件犯行に及んだもので，純粋に教育的懲戒を加えるために行ったものとは認められず，私的感情を加えたうえ，怒りにまかせて暴行を加えたもので，その動機に酌量の余地は認められない。また，判示のとおり，被告人は，被害児童についてのみ，書初め展の作品が完成していないことで相当焦っていた事実も認められるが，だからといって，被害児童に体罰まで加えて無理に書初めをやらせようとすることが，教育者として妥当でないことは明らかであって，この点につき酌量の余地がないことはいうまでもない。そして，被告人は，全く無抵抗で，そもそも抵抗する能力さえない被害児童に対し，右手拳で同児の右側頭部及び左側頭部付近を数回殴打する暴行を加えたもので，しかも同児の頭部にかなり大きな皮下出血及び頭皮下内出血が生じていることに徴すれば，その程度は相当強いものであったと考えられ，暴行の態様は，極めて悪質であるといわなければならない。特に，被害児童は，頭蓋骨狭窄症により生後間もなく頭部に手術を受け，外見からも頭部が変形しており，また普通学級の担任からの引継ぎで，骨に異常があるので扱いに注意するよう言われていたことから，被告人は，被害児童の頭部に障害があり，頭部を殴打してはいけないことを十分に認識していながら敢えて本件暴行に及んだもので，しかも，被告人は，被害児童の頭部を殴打した理由の一つとして，以前に被害児童の足などに体罰を加え，あざができたことで被害児童の両親から苦情を受けたことがあり，頭部なら，あざができても髪の毛で発見しにくいと思った旨供述していることをも考え合わせれば，被告人の本件暴行は，まさに教師にあるまじき行為であって，単に普通の児童の頭部を殴打したというものでなく，それ以上の強い危険性を有するものであり，極めて悪質かつ卑劣であるといわざるを得ない。また，被告人は，児童が，口で強く言っても，言うことを聞かない場合には，本人の能力を伸ばすために体罰もやむを得ないという考えを懐き，被害児童を含め，自己の担任の児童達に，顔を平手で殴打したり，手拳で臀部を殴打するなどの体罰を度々加えており，このことで以前教頭や同僚の教師から，体罰を加えないよう注意されながら，これを改めようとせず逐に本件に及んだもので，教師として

IX 学校事故についての刑事上の責任

の被告人の考え方及び日常の児童に対する指導の仕方についても，問題が大きく，強い非難が加えられるべきである。被告人の暴行の結果，被害児童は，頭痛を訴え続け，遂には死亡するに至ったもので，その結果が重大であることはいうまでもなく，心身に障害を持った被害児童をこれまで懸命に育ててきた両親ら近親者としても，被告人を教育者として信頼し，被害児童を託したにも拘わらず，その託された教師の暴行により被害児童を喪ったという無念の情は，察するに余りがある。被害児童の両親は，現在においても，被告人の厳重な処罰を望んでおり，そのうえ，被告人は，被害者に対し，何ら陳謝の措置を講じていない。以上の諸事情を考慮すると，被告人の刑事責任はまことに重いといわなければならない。しかしながら，一方，被告人は，教職に就くことを望み，民間会社に入社後，通信教育を受講して教員免許を取得し，本件甲野小学校においては，普通学級以上に教育的成果を得ることに著しい困難を伴うのみならず，ときには，その教育活動に対する評価が必ずしも十分に与えられない特殊学級を担任していたものであるが，各児童の指導につき，色々と教材を自作したりするなど懸命に努力をし，被害児童についても，鉛筆が持てるようになったり，1から10までの数及び5から1までの逆唱も一応できるように指導するなど，かなりの教育的成果を挙げていたこと，そして前記のとおり，その動機に酌量の余地はないにしても，被告人の本件暴行は，右のような被告人の教師として熱心な面からもなされたという面も認められること，生前被害児童を診察した医師において，頭部にＣＴスキャンを撮っていれば，出血を発見し，早期の手術により救命の可能性があったと考えられること，被告人は，現在本件犯行につき深く反省していること，被告人には前科前歴がないこと，被告人は本件により懲戒免職処分となり，既に，社会的制裁を受けていること等被告人に有利に解すべき事情も認められる。従って，以上の諸事情を総合考慮すると，被告人は主文掲記の刑に処するのが相当である。

過失による行為についての責任

質問

公立中学の体育担当の教員です。隣接市立の中学の臨海学校で生徒の溺死事故があり、引率教員の刑事責任が問題となり、業務上過失致死罪に問われたと聞きました。そこで、当校での臨海学校でも万全の注意を払いたいと考えております。そのために、業務上過失致死罪というものの意味を教えていただきたいのですが。

回答

業務（人が社会生活上の地位に基づき反復継続して行う事務で、他人の生命・身体に危害を加えるおそれのあるもの）上の過失に基づいて人を死傷させた場合に業務上過失致死傷罪（刑法211条前段、5年以下の懲役もしくは禁錮または100万円以下の罰金）が成立する。単なる過失傷害（刑法209条、30万円以下の罰金または過料）、過失致死（刑法210条、50万円以下の罰金）に比較して、法定刑が著しく加重されている。

解説

一　犯罪行為は故意に基づく行為と過失に基づく行為に大きく分けることができる。犯罪は、原則として故意に出るものでなければならない。過失に基づく行為を処罰することは例外とされるのが建前である（刑法38条1項）が、現状では極めて多くの種類の過失犯処罰規定がある。故意とは、罪となる事実を認識し、かつ、その実現を意図するか少なくとも認容する場合をいうとするのが有力な見解である。これに対して過失とは、行為者の犯罪事実に対する認識の欠如がその不注意に帰せられるべきこと、すなわち、行為者が相当の注意を用いたならば、犯罪事実を表象することができ、かつ、これを避けることができたはずであったにもかかわらず、不注意によってその表象を欠き、犯罪的結果を生じさせたことをいう。故意と過失の区別は典型的な場合は明白であるが、その限界領域では困難な問題をはらむ。このように、過失とは注意義務に反することをいうが、この注意義務は法律上要求され

るものであり，法令の規定によって明示されている場合もあれば，それを補うものとして慣習上ないし条理上の注意義務が認められる場合もある。

　注意義務の内容は，結果予見義務とその予見に基づく結果回避義務に分けて考えることができる。これらの注意義務はそれぞれ結果予見可能性と結果回避可能性を前提としている。法は不可能を要求することはないから，履行できる可能性がない場合は，当該義務も発生しないのである。

　過失には，重大な過失と軽微な過失，業務上の過失と通常の過失という種類がある。

　二　学校事故で教職員の刑事責任が問題となる場合，事案の多くは過失犯の事例であろう。そして，その多くは，教職員の過失に基づき児童・生徒等が死傷した事案について業務上過失致死傷罪に問われる場合である。

　業務上過失致死傷罪（刑法211条前段）は，行為者の過失が業務上のものであることによる過失致傷罪（同法209条）および過失致死罪（同法210条）に対する加重類型である。業務上の過失が通常の過失に比べて重く罰せられる（被害者死亡の場合，過失致死罪の法定刑は最高50万円の罰金であるが業務上過失致死罪のそれは最高5年の懲役である。）理由は，業務者には通常人と異なった特別に高度の注意義務が課せられており，これに違反するところに重い責任を問われる理由があるとする考え方や，業務者は通常人に比較して一般的・類型的に高度の注意能力を有するが，それを十分尽くさないで注意義務に違反した場合には，低度の注意能力を有するにすぎない通常人が同一の注意義務に違反した場合に比べてその違反の程度は重いとする考え方などがある。

　業務上過失致死傷罪に問われるのは，死傷の事故を来しやすい一定の業務に従事する者でなければならない。学校活動は，危険性の高い体育授業，溺死の危険のある水泳実習，危険物を扱う化学実験などのような危険性を内包するものであり，しかも，それに参加する児童・生徒等の年齢は大半が未成年者であり，判断能力も未熟であり危険回避能力が乏しい場合が極めて多い。したがって，学校の教職員についても，右にみた意味での死傷の事故を来しやすい一定の業務に従事する者といえる場合がある。

三　学校事故に関して教職員が業務上過失致死傷罪に問われた事例をいくつかみる。

(一)　水泳事故

①　津市橋北中学校の夏期臨海水泳訓練中に入水後2，3分して起きた異常潮流のために女生徒36名が溺死した事件で，校長，教頭，体育主任らが業務上過失致死傷罪に問われた。一審（津地判昭33. 3. 26判時 156・11）は有罪判決を下したが，控訴審は逆転無罪とした。その理由は，当該事故を，突然大きなうねりが押し寄せたために，急激に水位が上昇し，多数の女生徒が狼狽して体の自由を失ったところへ，急に強くなった北流のために生徒らが押し流され一斉に溺れるに至ったことが原因と認定し，これは不可抗力による事故であると判断したためである（名古屋高判昭36. 1. 24判時 263・7）。この点，一審では，生徒の監視監督，水泳場設置について海底の状況や水に関する注意，危険水域への接近防止措置等を十分行っていればこの事故は防止しえたと認定し，業務上の注意義務違反があるゆえ有罪としたのであった。

②　高校の河川での水泳授業で，対岸まで泳ぎきれず生徒3名が溺死した。この事件で，水泳の実施指導にあたった教員が業務上過失致死傷罪に問われた。裁判所は，危険箇所に気づかず，全生徒の水泳能力を軽視して水泳訓練を指示したことは業務上の注意義務違反にあたるとして有罪（禁錮8月，執行猶予2年）とした（秋田地大曲支判昭43. 3. 12）。

③　岡山県町立小学校で，3年生以下の児童に対する河川での水泳訓練中に，児童が溺死し，担任の教員が業務上過失致死傷罪に問われた。裁判所は，当該水泳訓練の計画が，訓練に利用した水泳場に対比して杜撰かつ不相当なものであったことが事故原因であり，事故の責任は当該計画を立案した校長にあると判断し，担任の教員にはその努力によっても事故を防止することが困難であったとして，担任教員に対して無罪判決を下した（岡山地判昭34. 10. 13）。

以上の事案は，海，川という自然条件下での水泳訓練であり，プールとは異なりそこは当然に水深も一定せず，水の流れもあり，水温の変化もありうる。少なくとも十分な泳力をもたない者に対する水泳訓練の場としては危険すぎ，

IX 学校事故についての刑事上の責任

しかも，一度に多数の児童・生徒が水に入る場合は，事故の際には複数の被害者が出る可能性が高い。仮に溺れる者が同時に複数名出た場合に，その全員を速やかに救出できるほどの監視体制をとることはかなり困難であろう。よって，そのような水泳訓練を児童・生徒に課した教職員に業務上の過失が認定される可能性は高いと考えられる。学校としては，事前のプールでの充分な遠泳訓練，水域の充分な事前調査，訓練参加者の慎重な人選，充分な監視救護体制を整えることが要求されよう。しかし，判例は，学校事故に関連して教員にこの過失を認定することは慎重な姿勢をとっているようである。

④ 宮城県丸森町の小学校のプールで，6年生の男子が排水口に足を吸い込まれて水死した事故で，同校校長ら教員3名が業務上過失致死罪に問われたが，仙台地方検察庁はこれら教員を平成7年12月27日に起訴猶予処分とした。同地検は，起訴猶予処分の理由を，プールの蓋の固定を求めた文部省通達を守らない過失があったが，何年も事故が起こらなかったため事故の予見が難しかった，と説明したと伝えられている（平7.12.28朝日）。しかし，この種の事故は決して少なくない。充分防止可能であったとも思われ，今後の貴重な教訓としなければならない。

(二) 登山事故

⑤ 北海道の高校の山岳部の顧問教諭が山岳部の活動として部員6名を引率し芦別岳を登山中，岩場において生徒2名が転落死した。このコースに関しては参加者全員が未経験であったためにルートを誤り岩場へ出てしまったこと，その岩場がかなり危険で登攀技術を要するものであるにかかわらず，生徒らはそのような岩場の登攀のための訓練も受けておらずその装備もない状態であったこと，それにもかかわらず前進を続けたことが事故の原因とみられる。裁判所は，山岳部の引率教員は，事前の自然条件の十分な調査，その調査に基づく十分な準備・装備を整え，登攀に際しての細心の注意を払い，危険と判断した場合の迅速な撤退を行う等の注意義務を負っており，本件ではその義務に反したとして有罪（罰金3万円）判決を下した（札幌地判昭30.7.4）。

⑥ 高校山岳部において教員が生徒を引率しての朝日連峰での冬山登山合宿

中，猛吹雪のため生徒3名が凍死した。引率教員が業務上過失致死傷罪に問われたが，裁判所は当時の悪天候のもとにおいては引率教員の行動・措置はやむをえないとして無罪を言い渡した（山形地判昭49.4.24）。

児童・生徒らを引率して登山をする場合，年齢的に児童らは登山経験に乏しいであろうから，そのような者を団体行動として登山に参加させ集団を引率する教員は，予想される危険から集団の構成員すべてを保護できる準備ができていなくてはならない。しかし，水泳事故でも述べたとおり判例は過失認定に慎重である。概していえば，学校事故で教職員が業務上過失致死傷罪に問われるケースは，被害者が複数出た場合や教員の過失が重い場合のようである。

ちなみに，平成6年11月8日付けの，文部省体育局長からの各都道府県教育委員会教育長らに宛てた通知では，高等学校生徒については，原則として冬山登山は行わないように指導すべき旨述べられている。

㈢　その他

⑦　兵庫県立高校において，朝の登校時に門限とともに生活指導担当教員が校門を閉めた際に，生徒が校門に殺到し，その中の1人の生徒が門扉に頭部を挟まれて死亡した。教員（事件後に懲戒免職）は傷害致死罪で告訴されたが，担当検察官は業務上過失致死罪で教員を起訴した。裁判では教員は無罪を主張したが，裁判所は事故の予見可能性を肯定し，禁錮1年，執行猶予2年の有罪判決を下した。この事案では，校門を閉めた教員のみが起訴されたが，事件のあった学校では門限での校門閉鎖が毎日行われていたとのことであるから，管理職を含む他の教員もその責任を問われる可能性が十分存したものと思われる（神戸地判平5.2.10）。

なお，右の事例のように教職員が業務上過失致死傷罪で有罪となった場合でも，特に傷害を負わせたにとどまる場合は罰金刑ですむ可能性も高く，死亡に至った場合で懲役・禁錮が言い渡される場合でも執行猶予が付される可能性は高い（もちろん，個々の事案にもよるが）。

　過失の注意義務の内容が結果予見義務から始まることから，事故防止の準備が極めて重要であることはいうまでもな

IX 学校事故についての刑事上の責任

い。準備不足からの事故発生では刑事責任（業務上過失致死傷罪）回避は困難となる。

【参考条文】
刑法211条

【参考判例】
（名古屋高判昭36.1.24　判時263・7）
○　前記三㈠①の判決の主要な部分は以下のとおりである。
「本件事故の原因はこの大きなうねりとともに多数の女生徒を押し流した異常な流れにあるものというべきである。……ただ，このような異常な流れがどうして発生したのかという点に関する科学的な解明は当裁判所のもとよりよくするところではない……。
　なるほど女子水泳場が設置されたのは津市を貫流する安濃川の河口に近く，しかもその河口寄り海底に澪（みお）と称する深みがあったことは検察官の所論のとおりである。すなわち女子水泳場の北限は安濃川右岸から南方約300米位の地点で，みおは河口右岸の南方約200米余りのところから東沖合に湾曲し，女子水泳場の北限とは30米位に接近している箇所もあって，その深さは干潮時にも水溜り位の海水をたたえ，満潮時になると，2米前後の水深に達する程度のものであることが認められる。しかして，河口やみお筋は潮の流に変化が多く危険であることは周知の事実であるから，たとえ河口との距離や澪の深さが叙上の如き程度のものであったにしても，このような場所に水泳能力の乏しい女子生徒の水泳場を設定したことが当を得たものであったか否かについては疑問がないではないが，水泳場の設定された文化村海岸というのは本件の橋北中学校のみならず他の多くの小中学校が例年水泳訓練を行いきたった遠浅の海で，これまで格別事故のあったこともなく，また一般に水泳に好適の場所として知られている海岸であるし，市教育委員会も正課として行われた本件水泳訓練の実施場所としてここを用いることを許可していたことなどから考えてみると，本件女子水泳場の設定が前述の如き意味あいにおいて適当でない点があったとしても，いまだもって被告人が女子水泳場の設定についてその職務上通常用うべき注意義務を懈怠したものとは認めがたい。
　男，女水泳場の沖側境界線に立てられた標識竿がわずか4本であったことや監視台や監視船を設けてなかったことは所論のとおりであるけれども，本件水泳訓練はその実施計画によると参加生徒数約660名をまず男女別にし，水泳能力を基準に編成した男子7組，女子10組計17組とし，教諭16名，事務職員1名に各1組を担当して生徒の指導監督にあたらせ，このほか陸上勤務者として教諭1名を配置して陸上

からの監視救護等の任務につかしめ，さらに，被告人A，同Bの両名は生徒全般に対する指導監督にあたり，同CはD教諭の担当生徒数が多いためこれを補助することになっていて，本件事故当日もこの計画案どおり実施されていたのであって，女子生徒に対する監視についてとくに不十分であったと認むべき点は認められない。

　本件水泳訓練に救命具としては竹竿や浮袋以外にとくに用意されていなかったことは検察官の所論のとおりであるが，本件水泳訓練は遠泳が行われる計画があったわけではなく，単に比較的狭いしかも最深部でさえわずか1米足らずの水泳場内において約20名にも及ぶ教職員の監視のもとに行われたのであるから，監視船はもちろん，救命具なども絶対的に必要であったともいえないから，これらのものが用意してなかったからといって，あながち被告人等にその職務の懈怠があったとも認めがたい。

　小中学校等における水泳未熟の年少者を対象とする集団的な水泳訓練については，これが指導にあたる教職員において危険防止に万全を期せねばならぬことは検察官の所論のとおりであるが，本件水泳事故の原因が生徒の入水後に起きた急激な水位の上昇と異常流にあることは前叙のとおりであって，風波のない快晴のいわゆる海水浴日和にこのような事態の発生をみることはあまりにも稀有な現象であるから，通常人の注意力をもってしてはとうていこれを予見しえないものといわねばならぬ。しかも学校としては予算や教職員の人的構成からする制約も免れないのであるから，このような稀有な事態に備えて，万全を期することを求めるのは，難きを強いることになるであろう。これを要するに，本件水難事故は一つに前叙の如き急激な水位の上昇と異常流の発達という不可抗力に起因するものであって，この事態に処した被告人等の所為につき検察官の所論のような過失を認むべき証拠が十分でないから，本件は刑事訴訟法第404条336条に則り被告人等に対しいずれも無罪の言渡をなすべきものとする。」

Ⅸ 学校事故についての刑事上の責任

 刑の執行猶予

質問

市立高校の教員で柔道部の顧問をしております。先頃，柔道部の練習中に上級生に投げられた下級生が重傷を負いました。私は会議があり練習には立ち会っていなかったのですが，私に対しても警察からの事情聴取がありました。もし，私が刑事責任を問われるとしたら，刑罰を科せられるのか心配です。知人は，最悪でも執行猶予になるといいますが，執行猶予の意味がよく分かりません。そこで，執行猶予制度について教えてください。

回答

刑の執行猶予制度とは，一定の軽い有罪判決の言渡しに付随して言い渡されるもので，当該有罪判決の執行を一定期間猶予し，その間，法に定める事由がなく経過すれば，有罪判決の言渡しは効力を失うというものである。

解説

一 制度の概要

刑の執行猶予とは，刑事裁判によって有罪が宣告された者に対して裁判所が一定の要件のもとに刑の執行を猶予し，猶予期間中にそれを取り消されることなく無事に過ごせば有罪の言渡しが取り消される制度である。刑法25条以下に規定されている。

1 刑の執行猶予の要件は，次のとおりである。まず，有罪判決の言渡しを受けた被告人が，①前に禁錮以上の刑に処せられたことがない，あるいは，②前に禁錮以上の刑に処せられたがその執行を終わり，またはその執行の免除を得た日から5年以内に禁錮以上の刑に処せられたことがない場合には，被告人に対して宣告された刑が3年以下の懲役もしくは禁錮または50万円以下の罰金であれば執行猶予を言い渡すことができる（刑法25条1項）。これがいわゆる初度の執行猶予である。

次に，有罪判決の言渡しを受けた被告人が，前記①，②に該当しなくても，

前に禁錮以上の刑に処せられたが現にその執行を猶予されている場合には，被告人に対して宣告された刑が1年以下の懲役または禁錮であり，被告人に情状特に酌量すべきものがあれば執行猶予の言渡しができる（つまり，現在の執行猶予に重ねて執行猶予を言い渡すこととなり，再度の執行猶予とよばれる。ただし，刑の執行を猶予されている者が保護観察に付されている間に罪を犯した場合には，再度の執行猶予を受けることはできない。もっとも保護観察が仮解除されている場合は再度の執行猶予を受けることが可能となる。刑法25条2項）。

2　裁判官は，被告人に対して刑の執行を猶予する際に，その猶予期間中被告人を保護観察に付する保護観察制度を利用することができる。保護観察制度とは，原則として全国の地方裁判所所在地に設置された保護観察所がそれを実施し，そこに配属された保護観察官が事務を担当する。保護観察官は専門的知識を身に付けた国家公務員であるが，すべての保護観察事件を担当するには人員が十分ではなく（都市部では，1人の保護観察官が担当する事件数は1日当たりで数百件近くに及ぶともいわれる。），実際に保護観察の対象者と接するのは保護観察官ではなく保護司である。この保護観察の事実上の担当者である保護司は，民間篤志家に対して委嘱されており，非常勤の国家公務員として活動をする。前記刑法25条1項に基づき執行猶予を言い渡す場合（初度の執行猶予）は，裁判官は被告人を保護観察に付するかどうかをその裁量によって決定できる。しかし，前記刑法25条2項に基づいて言い渡すいわゆる再度の執行猶予の場合は，必ず被告人を保護観察に付さねばならない（刑法25条ノ2第1項）。

3　被告人が刑の執行を猶予されても，猶予期間中に一定の事由があれば言い渡された執行猶予は取り消されることとなる。取り消されれば言い渡し済みの有罪判決が執行される。取消事由は，刑法26条（必要的取消事由），同26条ノ2（任意的取消事由）に規定されている。

4　執行猶予期間を無事に，つまり猶予を取り消されることなく経過すれば，刑の言渡しによる法的効果は将来に向かって消滅する（刑法27条）。この意味は，有罪判決の宣告が消滅すること，つまり法的に無かったこととなり，

IX 学校事故についての刑事上の責任

その有罪判決は法律上は前科にもならないのである。したがって，将来執行猶予を付すかどうかの判断に際しては，前記1①，②のような法的な制限事由にもならない。その他，各種の法令による有罪言渡しに伴う資格制限もこれによって消滅する。しかし，将来に向かっての消滅であるから過去に生じた事実までを覆すことはできない。例えば，執行猶予付きの有罪判決の言渡しを受けたために職を失うこととなっても，たとえ執行猶予期間経過によって有罪判決の言渡しが消滅しても，当然に従来の職業上の地位の復活を主張できるわけではない。また，将来再度犯罪を犯した場合に，その際の情状として猶予期間経過によって効力を失った有罪判決を言い渡されたという過去の事実を裁判上不利に斟酌されてもやむをえない（最高決昭33.5.1）。

二　執行猶予制度の趣旨および運用状況

1　執行猶予制度の趣旨としては，一つには被猶予者にとっては，もし猶予期間内に再犯すれば，猶予の言渡しが取り消されて刑が執行されることとなる可能性が高いので，その間の行状を慎ませることができる。すなわち犯罪の特別予防効果がある。そして，もう一つは，さまざまな弊害（例えば，悪風感染の弊等）がいわれているいわゆる短期自由刑を回避することである。しかし，この面は現行法では3年までの自由刑に対して執行猶予の言渡しは可能であるが，3年という期間は短期自由刑の範囲を越えているのではないかとの疑問もあり，さらに，現行法が罰金刑にまで執行猶予制度を適用している点からも，この面での趣旨を強調することはあまり適当ではないであろう。

2　懲役刑を言い渡された者について執行猶予が付される率は，平成20年で58.1％である。昭和35年では51.5％であったものが漸次増加してきており，平成6年以降は60％前後で推移している。禁錮刑の言渡しを受けた者に対する執行猶予率は平成20年で94.4％であり，その後も90％台で推移している。ちなみに，学校事故に関して教職員に適用されることの多い業務上過失致死傷罪（刑法211条）は，懲役刑，罰金刑の他に禁錮刑も定められているので，刑事事件の処理を予想する場合の参考とすることができよう（現に，教員について業務上過失致死傷罪が問われ有罪となる場合，罰金以外の刑が選択される場合は懲

役刑ではなく禁錮刑が言い渡される場合が多い。)。

　なお，執行猶予者に対する保護観察制度の適用は必ずしも積極的ではない。初度の執行猶予者に対して保護観察が適用されたのは，平成21年で8.3%にすぎない（なお，前述したとおり初度の執行猶予者を保護観察に付するか否かは裁判官の裁量で決定されるが，再度の執行猶予者は必ず保護観察に付される。）。

　個別のケースにおいて被告人が執行猶予をとれるかどうかについては，①当該事件による被害の程度，②被告人の前科・前歴の有無，③賠償問題の進捗状況（示談成立の有無），④被害者側の宥恕の有無，⑤被告人の家庭状況（特に，将来の生活の安定度，家族等の更生への協力体制）等が裁判官によって斟酌される。学校事故に関して教職員が起訴された場合，被告人はその社会的地位からして，右の②，⑤の点は大きな問題はないであろうから，③，④について有利な状況を作れるよう努力すべきこととなる。

　3　ここで，最近の例で執行猶予が認められた例と認められなかった例をみよう。

　まず，執行猶予が認められた例として，いわゆる校門圧死事件がある。兵庫県立高校において朝の登校時間の門限に生活指導担当教員が校門を閉めたところ，校門に殺到した生徒のうちの1人が門扉に頭部を挟まれて死亡した。この教員は，業務上過失致死罪で起訴され（当初，傷害致死罪で告訴された。），判決で禁錮1年を言い渡されたが，執行猶予3年が付された（神戸地判平5.2.10）。このケースでは，判決前までに兵庫県（加害教員自身ではない。）が被害生徒の両親に対して損害賠償金を支払い示談が成立していたことが執行猶予獲得に少なくない影響を与えたものと思われる。

　次に，執行猶予が認められなかった例として，福岡県内の大学付属女子高校において，指導に従わなかった生徒に対して副担任の教員が殴る等の暴行を加え死亡させるに至った事件がある。この教員は傷害致死罪で起訴され，懲役2年の実刑判決を受けた（福岡地判平7.12.25）。校門圧死事件と比較して，加害教員に被害生徒に対する暴行の故意が存したこと，そもそも傷害致死事件の法定刑が業務上過失致死罪に比較して重いこと等が，実刑判決となった要因であ

IX 学校事故についての刑事上の責任

ろう。

アドバイス 執行猶予率はある程度高いが，被告人としては前記の諸点について全力で猶予を得られるよう努力しなければならない。猶予中の再犯につき再度猶予の言渡しを得られる望みはほとんどない。

【参考条文】
刑法25条から27条

【参考判例】
（神戸地判平5.2.10　判時1460・46）
○　先にあげた校門圧死事件の判決中の量刑の理由中から，裁判所が被告人に有利な事情としてあげた事項を抜粋する。判決は「……このような事情に照らすと，被告人の刑事責任を軽視することはできない」として，本件の重大性を示した後に，①「一方……高塚高校においても開校以来生活指導面に特に力を入れていたのであるが，同高校では，生徒指導の一環としての遅刻指導につき，登校時刻に門扉を閉じてこれを行うことにした際，門扉閉鎖の仕方によってはこれに危険が伴うことに十分注意が及ばず……これは同校の生活指導部員の一員であった被告人個人の責任とは別に，当時学校として，生徒の登校の安全等に関する配慮が足りなかったことを示すものである……」，②「被害者も遅刻になるのを免れようとして，懸命に通用門に駆け込み，却って災いを招いたこと」，③「被告人は，社会科の教諭としての教科授業のほかに，当時まで在職した三つの高校のそれぞれにおいて，荒れがちな高校教育の建て直しの基本であると考えた生徒指導につき自分なりの情熱を傾けてきた教師であること」，④「被告人は刑事責任を争う態度であるものの，事件については反省しており，事件直後被害者のために焼香することも遺族に許されなかったが，毎日被害者の冥福を祈っていること」，⑤「その年齢，経歴，罰金刑（筆者注「被告人には，生徒を殴打し，傷害罪で罰金に処せられた前科が一犯ある」＝判文より）以外の前科はないこと」，⑥「本件により懲戒免職の処分を受け，その後も定職がなく……社会的な制裁を受けていること」をあげ，それに続けて「……などの事情を被告人のために十分斟酌しても，被告人に対し，業務上過失致死罪の所定刑中禁錮刑を選択することはやむを得ないが，右のような情状に鑑み，その刑の執行を猶予し，社会において自ら改善の努力をさせることが相当であると考える」と結んだ。なお，この判決に対しては控訴が行われず判決は確定した。

未成年者に対する処分

質問

中学の教員ですが、今年から生活指導担当になりました。当校は、その所在地が繁華街に近く、生活指導上も困難な問題を抱える生徒も少なくありません。そこで、未成年者が問題を起こして警察に捕まるような事態になった場合に、どのような手続によってどのような法的処分が行われるかについて教えてください。

回答 未成年者が犯罪を犯した場合は、少年法がその処分の手続を定めており、その規定に従って当該未成年者は法的処分を受けることとなる。

解説 一 学校事故が児童・生徒間において生じた場合、あるいは児童・生徒が教員等へ加害行為を行った場合、当事者たる未成年者が刑事責任を問われる可能性が出てくる。このような場合に、未成年者の刑事責任追求につきその取扱いを定める法規が少年法である。成人の刑事事件は通常の刑事裁判所に起訴され刑事訴訟法に基づく裁判を経て判決によって刑罰が言い渡されるが、少年法ではそのような手続をとらずに、少年の事件はすべて家庭裁判所に送られ、家庭裁判所が審判をし、必要があれば一定の保護処分を命ずることとされている。14歳以上の者は刑事法上の責任能力があり（刑法41条。14歳未満の者は刑事未成年である。）、刑法の立場からは通常の刑罰を科してもかまわないはずだが、少年法は少年（20歳に満たない者）に対しては刑罰ではなく原則として保護処分に付すこととし、例外として刑罰を科する場合でもさまざまな制限を設けており、できるだけ通常の刑罰を科することを回避しようとしている。こうした少年に対する特別の取扱いをする目的は、一つには少年の犯罪を減少させて社会防衛に資するためには、成人と同様の刑罰を課するよりは保護処分をもってしたほうが有効であるという点もあるが、さらに、

IX 学校事故についての刑事上の責任

より積極的に少年を非行から立ち直らせ,または悪環境から守ることによって少年を健全に育成するという点も重要である(少年法1条にその趣旨を読み取ることができる。)。

二 少年法でいう「少年」とは,20歳未満の者をいう(少年法2条1項。下限はない。)。この「少年」はさらに分類され,①刑罰法令に触れる行為をした少年と,②それ以外の虞犯性(一定の好ましくない行状があり,罪を犯すおそれがあること。逆からいえば,まだ罪は犯していない。)を有する少年に分けられる。そして,家庭裁判所の審判対象となるのは右,①,②のうち原則として14歳以上の少年である。①のうち14歳未満の少年(これを触法少年とよぶ。)と,②の虞犯少年のうちの14歳未満の少年は,第一次的には児童福祉法の対象であり,都道府県知事または児童相談所長から送致を受けたときに限り家庭裁判所は審判の対象とすることができる(少年法3条2項)。右に関連して「非行」も,犯罪(14歳以上の少年が行った刑罰法令違反行為),触法(14歳未満の少年が行った刑罰法令違反行為),虞犯(前記②記載の行為)に分けられることとなる。

三 家庭裁判所は,これら犯罪少年,触法少年,虞犯少年について審判を行い,それぞれ非行の事実が認められ,再び非行をする危険があり保護の必要性がある場合には,その少年に対して保護処分を与える。

少年事件の審判は,家事事件とともにそれを専門に審理させる目的で設置された家庭裁判所の権限に属する。少年の事件については,警察・検察官はその事件を家庭裁判所に送致するが,送致を受けた事件を審判するかどうか決定するのは家庭裁判所である。成人であれば,検察官が事件を通常裁判所に対して起訴して刑事裁判が開始するが,少年事件ではこの起訴に該当する手続は必要ない。そして,成人事件の刑事裁判が,訴追者たる検察官と被告人と裁判官という三者間で追行されるが,少年審判では一定の重大な事案につき家庭裁判所が審判手続に検察官の関与が必要と認めてその旨決定した場合は,検察官が手続に関与することとなり,この場合に少年に弁護士たる付添人がいない場合に国選付添人制度が適用される。

少年審判の手続は，非訟的な審問形式がとられており，親切を旨としてなごやかに行うものとされ（少年法22条1項），公開もされない（同法22条2項）。しかし，通常の刑事事件で定められているような，黙秘権の告知手続，証拠法則等については少年法は特に定めるところがない。また，家庭裁判所の決定に対して少年が不服を申し立てることができる範囲も制限されており（少年法32条。なお，検察官は抗告をすることはできないが抗告受理申立権限が認められている。），少年の権利保護の観点からこれではなお不十分ではないかとの疑問も出されている。

　以上のように，少年は成人と区別された制度のもとでその保護が図られているのだが，一定の場合には少年に対しても刑事責任を問い刑罰を科することも少年法は認めている。すなわち，行為が死刑・懲役・禁錮にあたる罪の事件については，罪質および情状に照らして刑事処分を相当と認めるときは，家庭裁判所はその少年の事件を検察官に送致しなければならない。加えて，16歳以上の少年が故意に被害者を死亡させた事件では，家庭裁判所は必ず検察官へ送致しなければならない。（少年法20条。例外が但書にある）。

　家庭裁判所からの事件送致を受けた検察官は少年に犯罪の嫌疑があれば少年を起訴することとなり（少年法45条5号），その起訴を受けた刑事裁判所は少年を有罪と認定すれば刑罰を科することとなる。しかし，この段階でも少年法は特則を設けている。例えば，行為の時18歳未満の者に対しては死刑を科することはできず無期刑を科することとし，また無期刑を科すべきときには10年以上15年以下において懲役または禁錮を科さなければならない（同法51条）ほか，長期3年以上の有期懲役または禁錮を科すべきときはその範囲内において長期と短期を定めた不定期刑を科する（同法52条）などである。さらに，刑の執行についても刑事施設に収容する場合も成人と区別すること（同法56条），仮出獄についても成人に比較して有利な扱い（同法58，59条）をすることなどが定められている。

　四　送致された事件に対して家庭裁判所が下す終局処分には，審判不開始，不処分，保護処分がある。審判不開始とは，審判自体を開始することなく事件

IX 学校事故についての刑事上の責任

を処理する場合であり（少年法19条1項），不処分は審判を行ったうえで保護処分に付さないという決定を下すことである（同法23条2項）。いずれも少年について施設に収容してその保護を図る必要のない事案について下される。

これに対して，非行を行ったと認定された少年に対して，その性格矯正，環境調整のために行われる少年法上の主要な処分が保護処分である。少年法は，保護処分として①保護観察，②児童自律支援施設又は児童養護施設送致，③少年院送致の3種類を規定している（同法24条1項）。保護観察とは，非行少年に通常の社会生活を営ませながら，一定の遵守事項を守るように指導監督するとともに，必要な補導援助を行うことによってその改善を図ろうとするものである（保護観察についてはQ83「刑の執行猶予」の項を参照）。

児童自律支援施設（旧教護院）とは，児童福祉法に基づく施設であり不良行為をなし，またはなすおそれのある児童を入院させて，これに対して指導し自立を支援することを目的とする（児童福祉法44条）。児童養護施設も児童福祉法に基づく施設であり，保護者のない児童，虐待されている児童その他環境上養護を要する児童を入所させて，これを養護し，あわせてその自立を支援することを目的とする施設である（同法41条）。

少年院は，少年を収容して矯正教育を授ける施設（少年院法1条）で，少年の年齢と特性に応じて初等，中等，特別，医療の四種が設けられている（少年院法2条）。成人についての矯正施設である刑務所に比較して，懲罰よりも教育に重点を置いた指導をしている点に特色がある。収容期間は退院または仮退院が許されない限り，原則として少年が20歳に達するまでの期間である（少年院法11条）。

家庭裁判所は，以上のような処分を決定する際の参考に供するために，試験観察制度，少年鑑別所での鑑別を利用することができる。試験観察とは，一定期間対象少年を家庭裁判所調査官が観察し，併せて積極的な補導を行いながらその期間中の少年の行状をみたうえで，それを参考にした裁判所が終局処分を決定しようとするものである（少年法25条）。終局処分を下すことを一時留保して行われるところから，成人に対する保護観察付き執行猶予処分に近いもの

がある。次に，少年鑑別所とは，観護措置（成人の場合における未決拘禁に類するもの。少年法17条2項2号）として送致された少年を収容するほか，家庭裁判所の行う少年に対する調査および審判ならびに保護処分の執行に資するため，医学，心理学，教育学その他専門的知識に基づいて少年の資質の鑑別を行う施設である。少年鑑別所は，このほかにも在宅鑑別という家庭，学校などからの委託による少年の資質の鑑別も行っている。

アドバイス 少年に対する家庭裁判所での審判手続に関してはさまざまな問題点が指摘されてきており，審判手続への弁護士（付添人とよぶ。）の関与も多くはない。少年の法的地位の養護とともに，いじめ問題等も含めて少年のおかれている現在の社会状況を再検討する必要がある。

【参考条文】
少年法，少年審判規則，少年院法の各条文

【参考判例】
（大阪家判昭59.12.26）
○ 少年は……小学生当時は……毎日剣道を習い，中学生当時も殆ど毎晩，塾通いをし，休みには家業を良く手伝い新聞配達のアルバイトをするなど真面目な生活を送っていた。成績は中学3年までずっと中の下であった……少年は1学期当初に軟式野球部に入部したが，選手には到底なれないと7月初めに退部し……高校では……責任感もあり真面目で，ごく普通の生徒であり……少年は本件時までに，今回の様ないじめ・いじめられ行為の経験はなかった。

一方，被害者は……中学入学後は体格がよく柔道を習って初段になり……責任感が強く，常にリーダー的存在で多数生徒の支持を受けて生徒会会長等を務め，成績は普通で保護者も教育熱心であり……教師からは中学当時と同様の良い評価を受けていたが，高校の柔道部には実力不足でなじめず退部し，2学期以降は，周囲の期待に反し前記のとおりいじめ行為を行なうに至った。なお，少年・A・Bともにこれまで非行歴・補導歴はなく……本件非行は，被害者にも2学期に入り少年らを執拗にいじめる等の落度があり，そのいじめ行為が非行の誘因となったことは明らか……油断している被害者を計画的にいわばだまし討ち的に襲い……瀕死の被害者を河川内に投げ込み，何物にも換え難い人命を奪ったものであり，その結果は重大で態様は悪質であり……少年らの社会的責任は極めて大きい。

他方，高校の授業中にも及ぶ陰湿ないじめ行為を高校側が事前に覚知しておら

ず，級友らも解決できず，少年らの保護者も少年らの深刻ないじめの被害に気付かず，被害者の保護者も，いじめの実体に気付かなかった等の問題点もあるが，義務教育を終了した高校1年生である少年らにとっては，当時教師・保護者に相談するなど他に採るべき解決方法は十分に存したと認めることができる。……少年は普通域の知能（ＩＱ＝100，ＷＡＩＳ16歳水準換算）を有するが，……精神の発達は未熟で……少年は被害者らのいじめの行為に対して，両親が心配すると思い登校を拒否することは考えず，また逃げることになるとして自殺することも考えておらず，本件非行は高校での自己の耐性を越えたいじめ行為に対する過剰な情動反応としての攻撃だけでなく，いわば確信的とも言える報復行動の面があり，非行態様の残忍さや非行の重大性への認識の乏しさ，非行後の罪障感に乏しい状況等からみて，少年は冷情性を有すると認められ……以上のような事案の重大性や，少年は現在16歳に達していること等を考慮すると，少年には刑事責任を追及する余地もあるが，他方，非行時少年は15歳であり，少年の人格面での未熟さが本件非行の一因であること，非行後，罪障感の乏しさが認められたが，当裁判所の調査及び3回の審判過程において非行の重大性に気付き始め，また，保護者の少年の更生を願う真摯な姿に接して，少年は現在厳しい反省の態度を示していること等の情状を総合考慮すると，少年は現在，矯正教育による可塑性を十分有していると認めることができ，少年につき今回は保護処分を選択するのが相当であると判断する。従って，以上によれば，少年の将来の健全な育成を期するうえで要保護性が大きいところ，本件非行の内容・少年の性格・保護者の監護能力等から，社会内処遇は不適当であり，むしろ施設に収容の上，規律正しい集団生活の中で，自己の犯した非行事実の重大性を厳しく反省し性格を改善して，社会規範に対する正しい考え方を養い，同種非行の再発を防ぐため，矯正教育を施すことが相当であり，少年を中等少年院に送致することとする。

X 学校事故についての行政上の責任

懲戒処分

質問

学校事故で教職員に行政上の責任が問われるのはどのような場合でしょうか。

回答

教職員の行為の態様によっては，地方公務員法29条の規定により行政上の責任を問われることになる。

解説

学校において児童生徒の重傷災害などが発生した場合には，速やかに適切な救急処置を講じるべき責任があることはいうまでもないが，これとは別に，学校事故が発生したこと自体について法律上の責任を問われることがある。実際に，校長や教員がどのような責任を負うかについては，学校事故の具体的事実関係に即して判断されるべきであるが，一般的には，この責任は，①民事上の損害賠償責任，②行政上の懲戒責任，③刑事上の責任の三つに分けることができることは既に述べた（「Ⅰ　学校事故の意義と現状の概観」参照）。

このうち，行政上の懲戒責任については，公立学校において児童生徒の事故があった場合，教職員の行為の態様によっては，地方公務員法29条の規定により行政上の責任を問われることがある。この規定による懲戒処分は，公務員関係の秩序維持を目的とするものであり，任命権者の裁量によって行うものであるから，学校側が民事上の損害賠償責任を負うか否かという問題とは別個に判断すべきものである。したがって，学校事故が発生したからといって，直ちに，校長や教員が行政上の責任を問われるというものではない。すなわち，学校事故が発生した場合でも，行政上の責任を負うべき事由がないとき，例えば，キャンプ，ハイキングなどの学校行事実施中，教員の指導は適切であったにもかかわらず，不可抗力によって遭難事故が発生したような場合には，行政上の責任を問われることはない。

Ⅹ　学校事故についての行政上の責任

　懲戒処分の種類については（地方公務員法27条および29条）に次の4種類が規定されている。
　○免職　職員の意に反してその職を失わせる処分
　○停職　職員をその職務に従事させない処分（給料は支給しない。）
　○減給　一定期間給与の一定割合を減額して支給する処分（給料の決定そのものは変更しない。）
　○戒告　職員の規律違反の責任を確認し，その将来を戒める処分
　また，処分事由は次のとおりである。
　○地方公務員法，その特例を定めた法律またはこれに基づく規則，規定に違反した場合
　○職務上の義務に違反し，または職務を怠った場合
　○全体の奉仕者にふさわしくない非行があった場合
　なお，地方公務員法32条で職員の法令遵守義務が課されているので，地方公務員法，その特例を定めた法律以外の法令に違反したときも，職務に関するものである限り，地方公務員法違反となる。

　【参考条文】
　　地方公務員法27条，29条

XI 学校教育活動以外の場での児童・生徒の事故

地区子ども会活動と事故責任

質問

私はボランティアで地区子ども会活動の指導をしていますが、活動中に児童・生徒の事故が発生した場合、ボランティアの指導者に対しても法的責任が問われるのでしょうか。

回答 事故発生当時、あるいはその前後の状況、経過等の具体的状況に応じた指導者の地位・役割を実質的に把握し、考察して、指導者の刑事上の注意義務の有無および内容を決することになる。

解説 地区子ども会活動における児童の事故と責任にかかる問題は、地区子ども会活動を実施する場合に、誰にどの程度の注意義務を認めるのが社会通念上相当であるかということに帰着する。一般的にいえば、児童・生徒の事故が発生したとき、当該児童・生徒を保護する立場にあった者の道義的な社会的責任が問われ、その責任が重いとき、「安全配慮義務違反」「保護監督義務違反」として法的責任が問われることになる。

したがって、子ども会活動におけるボランティアの意義をいかに高く評価しても、引率者がボランティアであるとの一事をもって直ちにすべての注意義務を免れるものではないことはいうまでもない。また、子ども会、育成会会員であるとか指導者であるという形式上の名称・役柄・資格等を有する引率者であるとの理由だけで、その実態のいかんを問わずに、参加児童・生徒の生命・身体に対する危険の発生を未然に防止すべき一般的な刑事上の注意義務があるとすべきものでもない。

つまり、事故発生当時、あるいはその前後の状況、経過等の具体的状況に応じた引率者の地位・役割を実質的に把握し、考察して、引率者の注意義務の有無および内容を決することになる。

XI　学校教育活動以外の場での児童・生徒の事故

【参考条文】

刑法210条

【参考判例】

（名古屋高判昭59.2.28）

○　子ども会主催のハイキング中に，川遊びをしていた児童が，子ども会指導者たる保母が川遊びを許可した水域の下流15メートル付近の深みにおいて岩から滑り落ち，溺死した事案

　原判決（罰金5万円）を破棄自判，被告人を無罪とする。

　「問題は，このような状況にある渓谷に，心身とも健康な小学校3年生の児童を引率し，同所で川遊び（なお本件ハイキングにおいて「川遊び」と称したのは，ただ渓流に下肢を浸す程度のものをいい、水泳を含まないものであったことは記録上明らかである。以下，同意義に用いる。）をさせる場合，誰にどの程度の注意義務を認めるのが社会通念上相当であるかということに帰着する。これに関し，所論が力説するような子ども会活動におけるボランティアの社会的意義をいかに高く評価しても，引率者がボランティアであるとの一事をもって直ちにすべての注意義務を免れるものではないことは言うまでもなく，また他方，育成会役員であるとか指導者であるとかいう形式上の名称・役柄・資格等を有する引率者であるからというだけの理由で，その実態のいかんを問わずに，参加児童の生命・身体に対する危険の発生を未然に防止すべき一般的な刑事上の注意義務があるとすべきものでもなく，要は，前記渓谷の状況，本件ハイキング当時あるいはその前後の状況，経過等の具体的状況に応じた引率者の地位・役割を実質的に把握して，考察して，当該引率者の注意義務の有無及び内容を決しなければならない。……（中略）……育成会総会，同役員会又は役員らから直接間接に指示あるいは委託を受けたがために，右役員らの下にあって同人らの意を呈し，あれこれ現実に行動した関係上，特に外見上その動きが目立つ被告人の言動のみをことさら重視するのは相当ではなく，本件ハイキングの計画からその実施に至る全体の経緯のなかで各人の地位・役割を総合考察するとき，前記上田及び薦田の両名は被告人以上に実質的に重要な立場にあったことが窺知されるのであって，これに対し原判決のように右上田及び薦田の両名の地位・役割を過小評価し，その反面被告人のそれを過大評価するものであって，原判決の右認定判断には到底左担するわけにはいかない。原判決の右認定には事実の誤認があったものといわざるを得ない。」

社会教育活動と事故責任

質問

公民館等の社会教育施設で実施される社会教育活動において，児童・生徒に事故が起きた場合，責任はどのようなものが考えられるでしょうか。

回答 公営の施設が原因となって発生した事故については，公立学校の事故と同じ扱いになり，民営の施設が原因となって発生した事故については，私立学校の事故と同じ取扱いとなる。

解説 公民館等の社会教育施設を利用している間に発生した事故については，学校の事故と同じ取扱いとなる。すなわち，公営の施設の職員（公務員）の指導・監督の過失が原因となった事故や施設・設備の瑕疵が原因となった事故であれば，当該職員の使用者たる公共団体あるいは，当該施設・設備の設置者たる公共団体に対して損害賠償の請求ができる。この場合の適用法規，取扱い，その他については，本書「Ⅲ　国・公立学校における学校事故についての損害賠償請求」の章を参照されたい。

民営の施設が原因となって発生した事故については，私立学校における事故と同じである。適用法規，取扱い，その他については，同じく本書「Ⅳ　私立学校における学校事故についての損害賠償請求」の章に詳述したので参照されたい。

XI 学校教育活動以外の場での児童・生徒の事故

 スポーツ少年団活動と事故責任

日本スポーツ少年団の活動はボランティア活動ですが，事故が発生した場合，ボランティアの指導者に対しても法的責任が問われるのでしょうか。

回答 地区子ども会活動における事故と同様である。

解説 スポーツ少年団活動中の事故については，地区子ども会活動における事故と同様であり，適用法規，取扱い，その他については，本書Q86「地区子ども会活動と事故責任」の項を参照されたい。

【参考条文】
民法709条，719条

【参考判例】
（札幌地判昭60.7.26）
○ スポーツ少年団活動の一環としての海岸での磯遊び中に，それに参加した小学6年生の児童が溺死した事案（控訴）
「右被告らは，白石少年剣道会の指導者としての活動を従前から継続して行っていたこと，被告日向寺から同高橋及び同千葉に対する同行の依頼は，指導員としての同行を求める趣旨のものであったこと，本件旅行会の直前に会員に配布された班編成表には，被告らも父母会（後援担当）の一員としてではなく，指導員として記載されていたこと等に照らせば，被告らは共同して日向寺らを補佐し，会員児童らを引率する立場にあったと認められる。）で，本件旅行の日程中，会員児童らの事故を防止するため，会員児童らを指導・監督すべき条理上の注意義務があったものと解するのが相当である。この点に関し，被告らは，被告らが無報酬のいわゆるボランティア活動の一環として事実上本件旅行会の引率に当たったにすぎないこと及びこのようなボランティア活動の社会的有益性を理由に，被告らに課される注意義務または過失責任が免除されるべきことを主張するが，被告らの活動が無報酬の社

411

会的に有益ないわゆるボランティアであるということのみから当該活動の場で予想される危険についての予見及び結果回避に必要な注意義務が軽減または免除されるべきであるとの結論を導くことはできず、また、本件全証拠によるも被告らが主張するような事実たる慣習が存することも認めることもできないから、被告らの右主張は採用されない。そして、本件旅行会のように、小学生を海岸で遊ばせる場合、引率者としては、児童が海で溺れることのないよう、海の深さ、海底の起伏、潮の流れの向き及び強弱等につき事前に十分な調査をし、その調査結果を踏まえて児童に対する注意と指導を徹底しておくこと及び児童が危険な行動に出ることのないよう常に監視と救助の体制を整えておくべき注意義務があるものというべきである。……（中略）……この注意義務を十分に尽くさず、かつ被告らにおいてこの注意義務を十分に尽くしていれば本件事故を未然に防止し得たものと認めるのが相当であるから、被告らは、民放709条、719条に基づき本件事故によって貴義に生じた損害を賠償すべき責任がある。」

（さいたま地判平21.3.11）

○　マイクロバスから、小学生の男児が転落し死亡した事故で、自動車運転過失致死罪に問われた、運転手の少年サッカークラブのコーチについて、弁護人は、予見できなかったとして無罪を主張したが、ドアロックをしないで、高速道路でマイクロバスを運転したことは、事故の予見可能が容易で、ドアが開かないようにする注意義務を怠ったとして、禁錮1年6月、執行猶予3年を言い渡した事例

XII

判決の読み方・探し方

Q89 判決を読むポイント

質問

学校事故に関する判例の研究会を定期的に開いておりますが，判例を理解するのが苦手です。言い回しが分かりにくいこともありますが，何をポイントにして読んだらよいかがよく分かりません。そのあたりを教えてください。

回答 判決を読む場合は，できるだけ判決全文が掲載されている資料にあたること，そして，当該事件の事実関係を十分把握することを前提として，当該事件での争点に対する裁判所の判断を検討することが必要である。

解説 一 学校事故に関して下された判決も相当数の集積を重ねており，この分野を対象とした専門の研究書も多数公刊されている。このような状況のなかで日々生み出される学校事故に関する判決を読む際にはどのような点に注意したらよいのだろうか。

二 まず，どのような資料によって判例を読めばよいのかであるが，日本の裁判所が示す見解を知るための資料には実にさまざまなものがある。手近なものでは新聞がある。重大な学校事故であれば，事故の発生自体のほか，その事故に関して訴訟が提起された場合は，その結果下された判決を含めて新聞紙上で報道される場合もあり，その新聞記事も判決を知る資料の一つである。それ以外にも，専門書である法律の解説書中や法律雑誌（判例雑誌ではないもの）等でも判決内容を知ることができる。さらに，六法全書の中にも各関連条文ごとに参照すべき判例を多数掲載するものがある。しかし，注意しなければならないのは，これらの資料から知りうる判決に関する情報は，その大半が判決文そのものではなく，当該新聞，書籍，雑誌等の編集の都合上非常に短く要約されたものであるということである。つまり，それは下された判決そのものでは

なく，当該判決を下した裁判官以外の第三者が「この判決はこのように要約することができるであろう」と考えて新たに生み出した文章であるということである。もちろん，その中には判決の一部を忠実に抜き出したものもあり，そうであれば一部であれそれは判決そのものだが，そのような例を除けば，それはあくまで元の判決とは別物である。したがって，このような新聞，雑誌，六法等を読むことからは判決内容をおおよそ知ることはできても，判決そのものに接することはできないのである。まして，これらの資料には後述するように判決内容を研究するうえで極めて重要な事実関係の紹介が不十分である場合が多い。それに加えて当該判例の要約として示されたものが，なかにはその判例にとっては傍論（その事件での真の論点ではない事件解決と関連が薄い事項についての判示）にすぎない部分ではないか，あるいは稀に元の判決内容と食い違うものがあるのではないか，というような問題点が指摘されることがある。そこで，とりあえず判決のさわりを知るだけでよいというならともかく，判決そのものを研究しようとするならば判決文そのものにあたることが必要である。

　判決文そのものにあたるためには，手近なものとして○○法判例百選というような書物があり，判決文中の必要な部分が原文のまま掲載されているほか，事実関係，解説も加えられており，判例研究の入門にはふさわしいものといえよう。しかし，この種の判例解説書も，その判決文のうち掲載部分の選択の仕方，解説内容等に編集者・著者の主観が入っており，当該判決を冷静に理解することになんらの障害もないというわけではない。

　そこで，判決文全文を読むことが不可欠となってくる。そのためには判例専門雑誌（判例時報，判例タイムズ等）が便利である。そこには判決がかなり全文に近い形で再現されており（理解に必ずしも必要でない図，表，目録等がカットされることはある。），また速報性の点からも利用に便利である。そして，当該事件の事実関係も先にあげた資料よりは詳しく把握できる。また特に最高裁判所の判決であれば最高裁判所（民事・刑事）判例集も利用できる。

　　三　では，このようにして読むべき資料が揃った場合に，具体的に判決を読む際にはどのような点に注意すべきであろうか。

1　まず，これは判例一般の読み方に通ずるものであるが，当該判決が対象としている具体事実を十分検討することである。判決を読む際に，往々にして陥りやすいのは，判決理由中のいわゆる「さわり」のみを読んで当該判決を理解しようとすることである。確かに，判決を書く裁判官は，その判決が当該事案の解決を図るだけでなく，同種類似の事案についても一般的妥当性をもつような理論を展開しようと考えることも多いであろう。そのような場合は，判旨の中で展開される一般的・抽象的な理論にもそれなりの重要性が存することは否定できない。しかし，そのような具体的な事実関係から離れた法律理論のみに注目するだけでは，当該判決の具体的な意義を十分理解することは難しい。裁判は当事者間で具体的に発生した生の事実で構成される事件を解決することが主たる目的であり，その事件の事実関係の特徴を離れてその解決基準たる判決を語ることはできないからである。例えば，学校事故で同じくプールでの飛込み（逆飛込み）事故といっても，受傷者が小学生か高校生か，一般生徒か運動部のエリート選手か，水深何メートルのプールであったのか，逆飛込みを禁止していたのかどうか等，具体的な事実経過がどのようなものであったかが，それを解決する判決に対して影響を及ぼすことは当然である。学校事故とひと口にまとめてもみても，具体的な事故態様は千差万別である。したがって，この分野でも当該事件の事実関係を詳しく検討するという作業は必要不可欠である。

　2　次に，その事件では何が争点なのかを把握することである。つまり，どのような点については争いがなく，どのような点について当事者の攻防がなされているのかを把握することである。通常，判決はこのような争点についての裁判所の判断を前提にして下されることとなるから，何が争点かを知っておくことは判決を読むうえで極めて重要なこととなる。例えば，学校のスキー教室などの際，スキー場でのスキーヤー（生徒）同士の衝突事故に関して，一方は「上から滑走して降りて来るスキーヤーが衝突を避ける義務を負う」と主張し，他方は「下から滑走し始めたスキーヤーが衝突を避ける義務を負う」と主張して，それぞれ相手方に事故に関して過失があったと争っている場合は，裁

判所がそれ（誰がどのような注意義務を負うのか）についてどのような判断を下すのかが、その裁判の勝敗を左右する争点となる（ちなみに、最高裁判所第二小法廷は平成7年3月10日に「スキー場では、上の方にいる人が下の方を滑っている人と衝突しないようにスピードやコースを調節する注意義務がある」という趣旨の判決を下した。）。このような双方が攻防を重ねている争点が何かを十分把握してはじめてその判決を理解することができる。

　3　このように事実関係を把握し、争点を理解して、最後に判決に記載された争点に対する裁判所の判断を読むこととなる。このような裁判所の判断は、通常判例解説書などに「判旨」として紹介されている部分である。これでその判決に現れた裁判官の考え方が一応理解できることとなるだろう。しかし、ここで注意しなければならないことは、通常法律専門書等で法理論を学ぶ際には、それぞれの説に関してなぜそのような見解をとるかというその説の根拠が示されているが、判決中にはなぜその理論をとるのかという理由付けはあまり説明されていないことである。結論のみが示されることが多く、理由については簡単に「相当であるから」等で終わってしまう。したがって、その判決が採用する見解の論拠や問題点などは他の文献等で研究しなければならない。

　アドバイス　判決内容はその事件をどのように解決することが最も妥当かという視点に導かれることが多いから、事実関係を軽視した判決の研究は意味をもたない。事件自体、その後の交渉経過等を詳しく把握することが重要である。

判決を探すには

質問

大学の有志のゼミで学校事故の判例を研究することになりましたが、判例の探し方がよく分かりませんので、教えてください。

回答 まず研究したい事故の事例を決めたうえで、その事故が法のどの条文に関わるかを判断して、その条文に関する文献で調査する、あるいは、その事例で重要なキーワードをピックアップしてコンピュータを利用してデータベースから調査する、などの方法がある。

解説 一 学校事故に関する判例を探すとしても、ただ闇雲に判例集等を端から探すのでは非効率的過ぎる。まず、研究テーマを決める必要がある。例えば、授業中（理科の実験等）の事故、課外活動（運動部、文化部）中の事故、児童・生徒同士の事故（けんか等）、学校の施設・器具等による事故など、研究対象たるテーマを絞り、そこで発生する事故事例を限定してから判例調査をするのがよい。

　まず、文献から判例を調査する初歩的な方法について述べよう。事故事例を限定したとしても、すぐに判例調査に取りかかれるかというとそうではない。その事例が、いったいどの法律のどの分野、どの条文に関わるものかの判断が付かないと、具体的な判例にたどり着くことは難しいであろう。というのは、わが国の法学文献の多くは法体系上の分類に基づいて記されており、それは各法律の条文の配列が基礎になっていることが多いから、例えば、学校事故として教師の過失をテーマとする場合、安全配慮義務なる概念、さらには公立校であれば国家賠償法の、私立校であれば不法行為ないしは使用者責任という概念のある程度の理解がないと、その事例がどの文献中のどの法分野に関わるものであるかが分からず、結果、その事例に関する法情報に接することは容易ではないということになる。したがって、判例調査には、当然のことながら、関連

法分野に関する一定の知識の習得が前提として要求されるのである。このような基本的な法知識を学ぶには、初学者向けの教科書としては、例えば民法であれば『民法Ⅰ～Ⅲ』（内田貴、東京大学出版会）がある。

　事故事例が特定され、その事例がいかなる法分野に関わるものかが分かれば、その法分野を解説した文献により、関連する判例を見つけることが可能となるであろう。例えば民法の関連法分野でさらに関連条文が判明すれば、より詳しい文献としてコンメンタール（法律を逐条解説したもの。代表的なものとして、『注釈民法』（有斐閣））の利用もできる。なお、最近出版されているいわゆる六法全書には、条文ごとに関連判例の要約を掲げているものが多くあり、コンパクトな重要判例集の機能も果たしてくれる。

　二　一昔前であれば、前記のような方法で判例を調べるのが、判例調査入門としては一般的なものであったが、現在ではコンピュータを利用して判例のデータベースから容易に検索することが可能となっている。普及しているソフトとしては、『判例ＭＡＳＴＥＲ』（新日本法規出版）、『判例体系』（第一法規出版）、『リーガルベース』（日本法律情報センター）等がある。また、最近ではインターネットの裁判所の『判例検索システム』（無料）も充実してきている。検索方法としては、判決の年月日で検索する、関連条文で検索する、判決文中に用いられているであろうキーワードによって検索する、などがある。探したい判例の判決年月日や関連条文が判明していなくとも、キーワードから検索することが可能であるが、キーワード検索は誰にでもすぐにできるわけではない。その事例を特徴付けるキーワードとなる語は何か、それが判決文中でいかなる表現で使用されるか等につき判断できないと適切な判例を検索することは成功しないかも知れない。キーワード検索を効率的に行うためにもある程度の法的知識が必要となるのである。

　三　インターネットを利用して裁判に関する情報を検索することも考えられるが、法律家が作成した資料でない場合は、研究資料としての価値に疑問が生ずる場合がある。例えば、裁判所名が不明確であったり、判決の要約が不正確であったり、事実関係が不明確であったり、判決内容も刑事事件であれば罪

名，主文等が不明確，不十分であったりと，その情報のみを根拠として判決を語るには躊躇されるものも多い。むしろ，他の文献で確認することを前提とした判例発見の端緒として活用する程度がよい。

　四　注意したいのは，前記のようにして調査したい判例にたどり着いたとしても，前記の文献やデータベースには，その判決の要約しか記されていない場合が多い。データベースに関しては，判決文の全文収録が進んでいるようだが，しかし，まだ完全ではない。したがって，判例調査としては，見つかった判決の全文が掲載されている出典に当たり，その事件の事実関係や当事者がいかなる主張をしたか等まで調べる必要がある。そのための手近な資料としては，『判例時報』（判例時報社），『判例タイムス』（判例タイムス社）などがある。

　五　判例の調査，研究はまだ終わらない。かようにして判決全文に目を通したならば，さらに，その判決が持つ意義や特徴，その判決に対していかなる評価が加えられているのか等を把握しておく必要がある。学生諸君が利用しやすい判例解説書では『判例百選』（有斐閣），各年度毎の『重要判例解説』（同）等がある。また，前記の文献やデータベース中でも，当該判決に関して論評している文献を紹介していることがあるので，それも参照されたい。以上述べたような範囲の調査が，学生諸君としては「最低限」行わなければならないものであろう。

[判例索引]　（太字は参考判例登載）

明43. 10. 20	大　審　院　判	民録16.719	*291*
大 4. 5. 12	大　審　院　判	民録21.629	*139*
大 5. 6. 1	徳　島　地　判		*26*
大 6. 4. 30	大　審　院　判	民録23.715	*139*
大 9. 4. 20	大　審　院　判	民録26.553	*275*
大15. 2. 16	大　審　院　判	民集5.150	*275*
昭 2. 5. 30	大　審　院　判	新聞2702.5	*276*
昭15. 5. 10	大　審　院　判		*102*
昭16. 12. 27	大　審　院　判	民集20.1597	*275*
昭27. 12. 6	東　京　高　判	下民集3.12.1739	*196*
昭28. 11. 21	東　京　地　判		*20*
昭29. 9. 5	東　京　高　判		*19, 20*
昭29. 9. 15	東　京　高　判	高民集7.11.848 下民集5.9.1523	*17*, **27**, *53*, *173*, **186**
昭30. 4. 19	最　高　三　小　判	民集9.5.534　判時51.4	*49*
昭30. 7. 4	札　幌　地　判		*387*
昭31. 4. 3	最　高　三　小　判	民集10.4.297	*341*
昭31. 11. 30	最　高　二　小　判	民集10.11.1502　判時95.11　判タ67.62	*59*
昭33. 3. 26	津　　地　　判	判時156.11	*386*
昭33. 5. 1	最　　高　　決		*393*
昭34. 10. 9	福岡地飯塚支判	下民集10.10.2121	*53, 137*
昭34. 10. 13	岡　山　地　判		*386*
昭36. 1. 24	名　古　屋　高　判	判時263.7	*386*, **389**
昭36. 4. 12	大阪地堺支判		*380*
昭36. 5. 9	宇　都　宮　地　判		*380*
昭36. 7. 5	東　京　高　判	高民集14.5.309	*280*
昭37. 2. 27	最　　高　　判	民集16.2.407	*142*
昭37. 9. 4	最　　高　　判	民集16.9.1834	*291*, **292**
昭37. 10. 12	名　古　屋　地　判		*191*

昭38. 1.12	宇都宮地判	…………………………………………		*172*
昭38. 3. 8	最高二小判	民集17.2.304 ………………………………		*337*
昭38. 4.12	最高二小判	民集17.3.468 ………………………………		*346*
昭39. 6.19	東京地判	下民集15.6.1438　訟月10.7.944 判時375.6　判タ162.205	………………	*56*
昭39. 6.24	最高大判	民集18.5.854 ………………………	*283*, ***284***,	*288*
昭39. 9.25	最高大判	民集18.7.1528………………………………		*288*
昭40. 4.21	松山地西条支判	下民集16.4.662 ………………	*53*, *76*, ***81***,	*196*
昭40. 9. 9	東京地判	…………………………………………		*66*
昭41. 4. 5	津地判	…………………………………………		*53*
昭41. 5.12	高松高判	高民集20.3.234 ……………………………		*197*
昭41.10.31	大阪地判	訟月13.6.669 ………………………………		*60*
昭41.11.18	最高判	民集20.9.1886………………………………		***258***
昭42. 1.31	最高判	民集21.1.61 ………………………………		***280***
昭42. 6.13	最高判	民集21.6.1447……………………………		***280***
昭42. 6.27	最高判	民集21.6.1507……………………………		*284*
昭42. 7.18	最高判	民集21.6.1559……………………………		*295*
昭42. 8.30	広島地三次支判	下民集18.7〜8.899 ………………	*17*, *44*, *53*,	***166***
昭42.11. 1	最高判	民集21.2249 ……………………………	*276*,	***277***
昭43. 1.17	熊本地判	…………………………………………		*370*
昭43. 2.15	最高一小判	民集22.2.184 ………………………………		*355*
昭43. 3.12	秋田地大曲支判	…………………………………………		*386*
昭43. 4.11	最高判	民集22.4.862 ……………………………		*360*
昭43. 5. 2	大阪地判	判タ222.208………………………………		*239*
昭43. 5.27	静岡地富士支判	………………………………	*371*,	*379*
昭43. 9.19	最高判	民集22.9.1923……………………………		***280***
昭43.10. 9	福岡地飯塚支判	下民集10.10.2121 …………………………		*44*
昭43.10.21	東京高判	下民集19.9〜10.628　訟月14.11.1246 判時536.18　判タ227.101	………………	*56*
昭44. 5.12	高田簡略式命令	…………………………………………		*371*
昭44. 5.20	大阪地判	判タ237.205………………………………		*57*
昭44. 9.17	越谷簡判	…………………………………………		*370*

昭44. 10. 8	八代簡略式命令		*371*
昭45. 5. 7	東 京 地 判		*67*
昭45. 6.19	最 高 判	民集24.6.560	*295*
昭45. 7.20	熊 本 地 判	判時621.73	*65*, *85*, **91**
昭45. 8.12	福岡地飯塚支判		*136*
昭45. 8.20	最 高 判	民集24.9.1268	*174*, *178*, **180**, *189*, *191*
昭45. 8.28	福岡地飯塚支判	判時626.74	*196*
昭45. 10.11	徳 島 地 判		*67*
昭46. 6.29	東 京 地 判	行集22.6.899	*209*
昭46. 9. 3	最 高 判	判時645.72	**24**
昭46. 10.11	東 京 地 判	下民集22.9〜10.994	*24*, *157*
昭47. 3. 8	東 京 地 判		*371*
昭47. 7.14	京 都 地 判	判時691.57　判タ283.168	*52*
昭47. 8.30	大 阪 地 判		*68*
昭47. 11.10	秋 田 地 判	下民集23.9〜12.616　判時695.101	*55*
昭47. 11.30	京 都 地 判		*19*
昭48. 1.17	大 阪 地 判	判時1027.72　判タ302.212	**41**, *180*
昭48. 3.29	東 京 地 判	判時701.84	*57*
昭48. 4. 9	高 松 高 判	判時764.49	**143**
昭48. 6.27	大 阪 地 判	判時727.65	*241*
昭48. 9.19	大 阪 地 判	下民集24.9〜12.650　判時720.40	*54*
昭49. 3.22	最 高 判	民集28.2.347	*150*
昭49. 3.25	東 京 地 判	判タ310.223	**206**
昭49. 4.24	山 形 地 判		*388*
昭49. 4.26	大 阪 地 判		*68*
昭49. 9. 9	千 葉 地 判	判時779.93	*17*, *89*, **95**
昭49. 10.31	高 松 高 判		*64*
昭49. 11.28	千 葉 地 判	判タ320.222	*77*, **82**
昭50. 2.25	最高三小判	民集29.2.143　判時767.11	*209*, **226**, *295*
昭50. 5.12	福 岡 高 判		*136*
昭50. 7.14	熊 本 地 判	判タ332.331	**34**, **37**, *249*

昭50.11.28	最　高　　　判	民集29.10.1754 ··	*197*, **198**
昭50.12.12	金　沢　地　判	判時823.90	**55**
昭50.12.23	宇都宮地足利支判	下民集26.9〜12.993　判時811.29 判タ332.170	**55**
昭51. 2.27	大　阪　地　判	···	*65*, *189*
昭51. 3.25	東　京　高　判		**370**
昭51. 7. 6	最　高　　　判	金融商事判例508.19 ··	**157**
昭51.11.25	京　都　地　判		**65**
昭52. 1.21	長　野　地　判		**67**
昭52. 3.30	山　形　地　判	判時873.83···	***30***, ***220***
昭52. 4.27	東　京　高　判	高民集30.2.78　判タ357.253 ····························	**52**
昭52. 9. 5	横浜地横須賀支判	···	**176**
昭52. 9.13	大　阪　地　判		**201**
昭52.10.25	最　高　三　小　判	判タ355.260···	**136**
昭52.12.20	大　阪　高　判	··	*175*, *192*
昭53.10.20	最　高　二　小　判	民集32.7.1367　訟月24.12.2555 判時906.3　判タ371.43 ································	***50***, ***156***
昭53.10.20	最　高　　　判	民集32.7.1500··	**288**
昭53.12. 1	札　幌　地　判	判時936.107··	**199**
昭53.12. 4	千　葉　地　判	判時925.101··	**184**
昭53.12.21	東　京　高　判		**173**
昭54. 2.28	岐　阜　地　判		**190**
昭54. 3.28	松江地出雲支判	判時940.99 ··	*87*, **93**
昭54. 3.29	鳥　取　地　判	判時941.105 ···	*86*, **92**
昭54.10.29	長　野　地　判	判時956.104　判タ401.110 ··········	***18***, *85*, *87*, ***90***, **209**
昭55. 2. 8	札　幌　地　判	判時971.88 ··	**213**
昭55. 3.31	名　古　屋　高　判	判時972.41 ···	**295**
昭55. 4.24	津　　　地　　判	判時994.94 ···	**54**
昭55. 6.30	福　岡　地　判		**190**
昭55. 9. 8	福　岡　高　判	判時997.128 ···	*88*, *90*, ***94***
昭55.11.25	福　岡　地　判	判時995.84　判タ433.52 ····························	**55**
昭55.12.18	最　高　　　判	民集34.7.888　判時992.44 ····················	***226***, ***292***

昭55.12.24	大　阪　高　判	判タ444.124 ………………………………………………………	*55*
昭56. 2.24	東　京　高　判	判時998.68 …………………………………………………………	*295*
昭56. 2.25	大　阪　地　判		*174*
昭56. 4. 1	東　京　高　判	判時1007.133………………………………………………	***372***, *378*
昭56. 7.15	岐　阜　地　判	判時1030.77 ………………………………………………………	*61*
昭56.10.27	新　潟　地　判	判時1031.158 ……………………………………………………	*136*
昭57. 3. 4	最　　高　　判	判時1042.87………………………………………………………	*257*
昭57. 4. 1	最　高　一　小　判	民集36.4.519　訟月28.11.2147 判時1048.99　判タ473.133 ………………………	*55*, *57*
昭57. 7.16	横　浜　地　判	判時1057.107 ……………………………………… *18*, *74*,	***79***
昭57.11.22	東　京　高　判	判タ490.68 …………………………………………………… *88*,	***94***
昭58. 2.18	最　高　二　小　判		*65*
昭58. 7. 8	最　高　二　小　判	判時1089.44 ………………………………………………… *88*,	***93***
昭58.11.21	浦　和　地　判	判タ521.169……………………………………………………	*151*
昭58.12.12	東　京　高　判	判時1096.72 ………………………………………………… *78*,	***83***
昭59. 2.28	名　古　屋　高　判		***409***
昭59. 4.25	長　崎　地　判	判時1147.132……………………………………………… ***134***,	*137*
昭59. 6.25	東　京　地　判	下民集35.5〜8.349　訟月31.1.17 判時1122.34 ………………………………………	*55*
昭59.10. 3	佐　賀　地　判	判時1140.37 ………………………………………………………	*186*
昭59.11.29	最　　　高　　　判		*173*
昭59.12.26	大　阪　家　判		***400***
昭60. 1.25	松山地八幡浜支判	判時1156.129 ………………………………………………………	***21***
昭60. 4.22	浦　和　地　判	判タ552.126 ………………………………………………… ***144***,	*259*
昭60. 7.26	札　幌　地　判		***411***
昭60. 9.12	岐　阜　地　判	判時1187.110 ……………………………………… *190*, ***192***,	*262*
昭60. 9.17	新　潟　地　判	判地自63.44 ………………………………………………… *119*,	*122*
昭60.11.20	東　京　地　判		*174*
昭60.11.21	最　高　一　小　判		*131*
昭61. 2.14	東　京　地　判	判時1207.81　判タ591.92 ………………………………………	*57*
昭61. 9.30	京　都　地　判	判時1221.109 ……………………………………………………	*212*
昭61.12.25	浦　和　地　判	判時1252.86 ……………………………………………………	***123***

昭62. 2. 6	最 高 二 小 判	裁判集民事150.79　判時1232.100 判タ638.137　判地自31.32 …………	*18, 52, 75*
昭62. 8.26	横浜地川崎支判	判時1261.141 ……………………………………………	*382*
昭62. 8.26	金 沢 地 判	判時1261.141 ……………………………………………	*380*
昭62.12. 4	福 岡 地 判	交通事故民事裁判例集20.6.1560 ………………	*237*
昭63. 5.30	宮 崎 地 判	判タ678.129 ……………………………………	*75, 80*
昭63.12.27	福 岡 地 判	判時1310.124 …………………………………	*74, 78*
平元. 2.27	福 岡 高 判	高民集42.1.36　判時1320.104 ………………	*212*
平元. 3.31	浦 和 地 判	…………………………………………………………	*54*
平元. 6.27	松山地今治支判	判時1324.128 ………………………………………	*120*
平元. 9.28	札 幌 地 判	判タ717.172 ………………………………………	*242*
平 2. 4.24	水 戸 地 判	判地自76.35 ……………………………	*87, 89, 92*
平 2. 6.25	東 京 地 判	判時1366.72 ……………… ***31, 210, 212, 270***
平 2. 7.18	神 戸 地 判	判タ741.225 ……………………………… *75, 77, 80*
平 2.12.21	大 阪 地 判	…………………………………………………………	*203*
平 2.12.26	福島地いわき支判	判時1372.27 ……………………………… *100, 136*
平 3.10.25	浦 和 地 判	判時1406.88 …………………………………… *118, 121*
平 4. 2.21	千 葉 地 判	判時1411.54 ………………………………………	*154*
平 4. 3.23	神 戸 地 判	判時1444.114　判タ801.208 …………………	*255*
平 4. 3.30	札 幌 地 判	判時1433.124 ……………………………………	*187*
平 4. 6.26	京 都 地 判	判時1463.127 ……………………………………	*289*
平 4. 7.20	大 阪 地 判	判時1456.159 ……………………………………	*373*
平 4.10. 6	最 高 判	判タ815.130 ……………………………… *38, 251*
平 5. 2.10	神 戸 地 判	判時1460.46 ……………… *370, 388, 394,* ***395***
平 5. 3.19	広島地呉支判	…………………………………………………………	*61*
平 5. 3.26	最 高 判	民集47.4.3201 ……………………………………	*359*
平 5. 5.11	福 岡 地 判	判時1461.121 ……………………………… *109,* ***111***
平 5. 7.20	東 京 高 判	…………………………………………………………	*200*
平 5. 9. 6	岐 阜 地 判	判時1487.83　判タ851.170 ……………… *137, 157*
平 6.11.24	大 阪 高 判	判時1533.55 ……………………………… *74,* ***80***
平 6.11.29	東 京 高 判	判タ884.173 ………………………………………	*289*
平 6.12.27	水戸地土浦支判	判時1550.92 ………………………………………	*227*

平 7. 2.20	大 阪 地 判	判時875.296	**200**
平 7. 3.10	最 高 二 小 判		***417***
平 7. 3.24	大 阪 地 判		*100*
平 7. 7.26	千葉地木更津支判		**202**
平 7. 9.22	秋 田 地 判	判夕903.192	***151***
平 7.12.25	福 岡 地 判		*370, 379, 394*
平 8. 1.29	鹿 児 島 地 判	判夕916.104	**192**
平 8.10.11	浦 和 地 判	判時1613.120	**201**
平 9. 1.28	佐 賀 地 判		66
平 9. 3.17	山口地下関支判		*174*
平 9. 4.23	松 山 地 判	判夕967.203	**238**
平 9. 5. 9	大 阪 地 判		**204**
平10. 3.13	金 沢 地 判	判夕988.173	**20**, **273**
平10. 3.24	広 島 地 判	判時1638.32	**198**
平10. 9.30	静岡地沼津支判	判夕1025.133	**286**
平11. 9. 2	福 島 地 判	判夕1027.244	**106, 296**
平11. 9.10	大阪地堺支判	判夕1025.85	**187**
平12. 3. 1	神 戸 地 判	判時1718.115	***110, 112***
平12. 5.19	鹿 児 島 地 判	判地自211.50	**103**
平12. 7. 4	東 京 地 判	判夕1056.218	**285**
平12. 7.25	浦 和 地 判	判夕1102.246	**243**
平13. 3.13	横 浜 地 判	判時1754.117	***214, 232***
平13. 3.26	大 阪 地 判	判夕1072.124	**277**
平13. 5.30	東 京 地 判		76
平13. 7.13	最 高 判		90
平13.11.26	東 京 地 判	判夕1123.228	**140**
平14. 1.31	東 京 高 判	判時1773.3	**101**
平16. 2.25	東 京 高 判	判時1856.99	**24**
平16. 7.29	大 分 地 判	判夕1200.165	***288, 290***
平18. 8. 1	東 京 地 判	判時1969.75	**215**
平20. 1.25	さいたま地判		**216**

平20. 3.19	仙 台 高 判	判タ1283.110	**168**
平20. 5.29	東京地八王子支判		**193**
平21. 3.11	さいたま地判		**412**
平22. 2.26	宮崎地延岡支判		**371**
平22. 3.18	広 島 高 判		**372**
平23. 5.13	横 浜 地 判	判時2120.65	**124**
平24. 2.10	水戸地麻生支判	ＬＬＩ／ＤＢ判例秘書	**263**
平24.11. 7	大 阪 地 判	判時2174.86	**68**
平24.11.16	千 葉 地 判	ＬＬＩ／ＤＢ判例秘書	**145**
平26. 1.31	大 阪 高 判	ＬＬＩ／ＤＢ判例秘書	**158**
平26. 6.16	福 岡 高 判	ＬＬＩ／ＤＢ判例秘書	**161**
平27. 1.22	大 阪 高 判	判時2254.27	**96**
平27. 3. 3	福 岡 地 判	判時2271.100	**112**

筆者紹介

関口　　博（東京弁護士会所属）

昭和53年3月　　中央大学卒業
平成2年4月　　弁護士登録
平成17年4月〜現在　文部科学省高等教育局私学部「学校法人の会計・法務等に関するアドバイザー」就任
平成20年4月〜現在　日本私立学校振興・共済事業団「私立学校等経常費補助金特別補助審査専門委員」就任

菊地　幸夫（第二東京弁護士会所属）

昭和56年3月　　中央大学卒業
昭和62年4月　　弁護士登録
平成15年1月〜平成18年1月　司法研修所教官
平成20年〜現在　社会福祉法人練馬区社会福祉事業団　理事

〔改訂版〕学校事故の法務と対処法　Q&A

平成22年11月25日　初版発行
平成28年10月15日　改訂版発行

定価　本体4,500円（税別）

著　者　関　口　　　博
　　　　菊　地　幸　夫
発行者　野　村　哲　彦
発行所　三協法規出版株式会社

本　　社（〒160-0022）東京都新宿区新宿1-27-1
　　　　　　　　　　　クインズコート新宿2階
　　　　　　　☎(03)6772-7700（代表）
綜合営業所（〒502-0908）岐阜市近島5-8-8
　　　　　　　☎(058)294-9151（代表）
FAX　東京(03)6772-7800　岐阜(058)294-9153
URL http://www.sankyohoki.co.jp/
E-mail info@sankyohoki.co.jp

落丁・乱丁本はお取替え致します。　舟橋印刷(株)

ISBN978-4-88260-275-0